명료
하게
생각
하는
법

명료하게 생각하는 법

—

2023년 6월 28일 초판 1쇄 발행

—

지은이 크리스테르 스투르마르크
편역자 더글러스 호프스태터
옮긴이 최이현
펴낸이 강준규
책임편집 유형일
마케팅지원 배진경, 임혜솔, 송지유, 이원선

—

펴낸곳 (주)로크미디어
출판등록 2003년 3월 24일
주소 서울특별시 마포구 마포대로 45 일진빌딩 6층
전화 02-3273-5135
팩스 02-3273-5134
편집 02-6356-5188
홈페이지 http://rokmedia.com
이메일 rokmedia@empas.com

—

ISBN 979-11-408-1193-9 (03100)
책값은 표지 뒷면에 적혀 있습니다.

—

비잉은 로크미디어의 인문 도서 브랜드입니다.
잘못 만들어진 책은 구입하신 서점에서 교환해 드립니다.

극단과 반이성의 소음 속에서 살아 가는
현대인을 위한 명확한 사고의 기술

명료
하게

To Light the Flame of Reason

생각
하는
법

크리스테르 스투르마르크 지음
더글러스 호프스태터 편역
최이현 옮김

Being

일러두기

1. 인용된 성경 구절은 개역개정 성경에서 그대로 가져온 것으로, 인용구가 등장하는 부분이 주로 미국의 개신교와 관련된 내용이고 원문에서는 킹 제임스 버전을 인용했으나, 국내에는 공인된 킹 제임스 성경 번역본이 없어서 부득이하게 우리나라 개신교회에서 가장 많이 쓰는 개역개정 성경을 참고했다.
2. 단행본, 정기간행물 등은 《 》로, 영화와 노래 제목은 〈 〉로 묶었다.

저자 | **크리스테르 스투르마르크**Christer Sturmark

크리스테르 스투르마르크는 스웨덴의 작가이자 IT기업가, 출판사 대표이다. 스웨덴 웁살라 대학교에서 컴퓨터 과학을 공부했으며, 컴퓨터 교육 회사인 데이터미디어Datamedia를 창업하고 컴퓨터 프로그램 관련 책을 출판했다. 스웨덴에서 인터넷에 관한 책을 최초로 출간하기도 했다. 이후 셀 네트워크Cell Network를 운영하면서 정보 사회에 관한 글을 언론에 기고했고, 정부 IT위원회 위원, 디지털 경제 자문 그룹 의장 등을 맡았으며, 2003~2004년에는 정부 IT정책 전략 그룹을 이끌었다. 2005~2018년 휴머니스트 협회Humanists Association 회장을 역임했고, 현재는 2007년 그룹 아바ABBA 멤버인 비요른 울바에

우스Björn Ulvaeus와 설립한 출판사 프리 탄케Fri Tanke 대표이자 잡지《산스Sans》의 편집장이다.

스투르마르크는 이 책에서 명확한 사고 기술을 다루고 있다. 명확한 사고와 함께 과학, 진리, 자연주의, 도덕을 더 깊이 이해할 수 있는 도구들을 제공하여, 극단주의와 포퓰리즘이 만연하며 발생한 각종 문제를 통찰하고, 새로운 계몽 시대를 모색하도록 돕는다. 옳고 그름, 진실과 거짓, 이성과 선악 등에 대한 모순된 메시지들이 날마다 쏟아지는 세상에서 이 책은 대처 방법을 알려줄 뿐만 아니라, 믿을 수 있는 인생철학을 찾는 데 좋은 길잡이가 되어줄 것이다.

편역 | 더글러스 호프스태터Douglas Hofstadter

더글러스 호프스태터는 미국의 인지과학자이자 작가이다. 1961년 노벨 물리학상을 수상한 아버지 로버트 호프스태터의 학문적 자질을 이어받아 일찍이 과학자의 길로 접어들었다. 1965년 스탠퍼드 대학교를 졸업했고, 1975년에는 오리건 대학교에서 물리학 박사학위를 받았다. 인디애나 대학교 컴퓨터 과학과와 미시간 대학교 심리학과에서 인공지능 연구에 몰두했다. 독일 레겐스부르크 대학교, 미국 인디애나 대학교와 MIT 등 여러 대학교의 객원교수를 역임했다. 현재 인디애나 대학교 인지과학 및 컴퓨터 과학 교수로 재직하고 있으며, 프린스턴 대학교와 하버드 대학교에서 과학철학, 비교문학, 심리학 분야의 객원교수로도 활동하고 있다. 전문가 못지않은 음악 실력을 갖추었고, 독일어, 프랑스어, 이탈리아어, 스페인어, 네덜란드어, 러시아어, 스웨덴어를 구사하는 언어 천재로, 과학계의 움베르토 에코Umberto Eco라 불린다. 《사고의 본질: 유추, 지성의 연료와 불길》, 《괴델, 에셔, 바흐: 영원한 황금 노끈》, 《이런, 이게 바로 나야!》 등 많은 책을 썼고, 《괴델, 에셔, 바흐》로 1980년 퓰리처상 일반 논픽션 부문을 수상했으며, 같은 해에 미국 도서 대상을 받았다.

역자 | **최이현**

연세대학교에서 행정학을 공부했다. 독서와 글쓰기에 마음을 뺏겨 10년 가까이 다니던 안정된 직장을 그만두고 전문 번역가의 길로 들어섰다. 현재는 바른번역 소속 번역가로 활동 중이다. 옮긴 책으로 《블랙 쉽: 잠들어 있는 내 안의 검은 양을 일깨워라》, 《지루함의 심리학: 지루함이 주는 놀라운 삶의 변화》, 《리볼트: 세계화에 저항하는 세력들》, 《쿠데타, 대재앙, 정보권력: 민주주의를 위협하는 새로운 신호들》, 《당신이 꼭 알아야 할 자본주의 키워드 50》, 《정치는 어떻게 시간을 통제하는가?》, 《침묵하지 않는 사람들》 등이 있으며, 철학 잡지 《뉴필로소퍼》 한국어판 번역에 참여하고 있다이 책의 추천사를 쓰게 되어 기쁘다. 또한 이런 좋은 책을 영어로 번역할 수 있어서 영광이었다. 이 역서는 내가 수년에 걸쳐 애정을 갖고 작업한 결과물이다.

내가 크리스테르 스투르마르크라는 사람을 알게 된 때는 2016년 초였다. 그때 크리스테르가 '지식의 한계'라는 제목으로 스톡홀름에서 작은 심포지엄이 열리니 참석해 달라는 이메일을 보냈다. 그가 명단을 보내준 참석 예정자들이 내가 알았거나 이름을 들어본 사람들이었기에, 나는 구미가 당겼다. 게다가 오래전에 머물렀던 스톡홀름을 몹시 좋아하는 터라 그 초대는 저항할 수 없는 유혹이었다. 무엇보다 그 미지의 신사가 보낸 초대장의 어투가 재기발랄하고 다정다감

했기에 더욱 마음이 움직였다.

좀 전에 나는 크리스테르를 몰랐었다고 말했고, 스톡홀름에 가기 전까지도 그렇게 믿었는데, 나중에 보니 내가 잘못 알고 있었다. 크리스테르는 1980년대 초 내게 열정적인 팬레터(진짜 우편으로 보낸 편지)를 보냈었는데, 당시 그는 록 음악가를 꿈꾸던 10대 청소년이었다. 어쨌든 그때 나는 그에게 답장을 보냈고, 이에 그가 다시 편지를 썼으며, 내가 두 번째 답장을 보냈다는데…… 나는 그 일을 모두 잊고 있었다! 분명한 사실은 오래전에 그의 편지에 내가 보인 반응이나 최근 내 반응이 비슷할 것이라는 점이다. 2016년의 크리스테르는 여전히 소년 같고 패기 넘쳤다.

2016년에 스톡홀름에서 열린 크리스테르의 심포지엄은 아주 좋았는데, 특히 빈 출신의 수학자 겸 작가인 카를 지그문트Karl Sigmund를 알게 되어 기뻤으며, 나중에 우리는 좋은 친구가 되었다. 크리스테르 덕분에 사귀게 된 좋은 친구는 카를만이 아니었다. 나는 크리스테르와도 좋은 친구가 되었다. 자초지종은 이렇다.

심포지엄이 끝나고, 크리스테르는 몇몇 참석자를 스톡홀름의 동쪽, 릴라 베르탄 해협 너머의 아름다운 리딩외 섬에 있는 자신의 집으로 초대해서 저녁식사를 대접했다. 그날 저녁에 여전히 좋은 친구로 지내는 구닐라 바크만Gunilla Backman과 크리스테르의 전처가 수학자 안데르스 카를크비스트Anders Karlqvist의 피아노 반주에 맞춰 내 노래를 불렀던 것을 결코 잊지 못한다. 나는 정말 감동해서 눈물을 흘렸다.

크리스테르는 내가 스웨덴어를 몇 마디 할 줄 안다는 사실에 크게 놀랐고, 자신의 새 책인 《21세기 계몽Upplysning i det tjugoförsta århundradet》

을 건네주었다. 그것은 두껍고 무거운 책이었는데, 크리스테르는 웃으며 이렇게 말했다. "걱정하지 마세요. 쉬운 스웨덴어로 쓰였어요. 읽기 어렵지 않으실 거예요." 그의 말은 복잡한 전문 용어나 이해하기 어려운 방언, 고어 등을 쓰지 않았다는 의미였다. 실제로 그 책은 대단히 세련된 스웨덴어로 쓰였지만, 내가 읽기에는 그리 쉽지 않았다. 그러나 다행히 나는 사전을 들추지 않고도 그 책의 대부분을 이해할 수 있었다.

처음에는 책의 내용을 전혀 몰랐지만, 집으로 오는 비행기 안에서 몇 장 읽자마자 대단히 재미있는 책이라는 것을 깨달았다. 갈등이 만연한 세상에서 인류가 더불어 잘 살 수 있는 방법에 대해 개인적 비전을 제시한 책이었다. 관용, 명확한 사고, 과학에 대한 믿음에 바치는 일종의 감동적인 찬가였다. 어떤 면에서는 우리 시대 영웅인 마틴 가드너Martin Gardner의 고전, 《과학의 이름 아래 유행과 오류Fads and Fallacies in the Name of Science》가 떠오르게 하는 책이었다. 가드너의 책은 10대 시절 내 인생을 바꾸었다.

평생 이상주의와 과학에 대한 믿음을 품고 살았던 나는 크리스테르의 책이 무척 마음에 들었기에, 집에 오자마자 그것을 영어로 번역해야겠다고 생각했다. 이는 크리스테르를 돕는 일이기도 했지만, 나 스스로를 위한 일이기도 했다. 나는 1966년에 스웨덴에서 반년간 살면서 스웨덴어를 좋아하게 되었는데, 크리스테르의 책을 번역하려면 스웨덴어를 다시 공부해야 했고 이는 내게 즐거운 일이었다. 그뿐만 아니라 이 번역서를 통해 영어권 독자들에게 소중한 이상주의 사상을 소개할 수 있었다. 이런 근사한 이유로 나는 크리스테르에게 번역을 하고 싶다고 말했고, 기쁘게도 크리스테르는 내 제안에 감동했다. 왜 그렇지 않겠는가? 한때 존경했던 작가가 자신의 책을 번역하겠다는데. 그것도 순전히 우정에서! 이보다 더 놀랍고 기쁜 일이 있을까?

2016년 가을, 나는 열정적으로 번역 작업에 착수했다. 하루 한 쪽씩 몇 달간 번역해 책의 3분의 1쯤 작업했을 무렵이었다. 인디애나 대학교에서 제공하는 안식년이 다가오고 있었기에, 나는 멋진 도시 웁살라에서 겨울을 지낼 계획을 미리 세웠다. 웁살라에서 3개월을 보내는 동안 번역을 마무리하면 좋겠다고 생각했던 건 그곳에서 스톡홀름까지 한 시간 정도밖에 되지 않아 수시로 크리스테르와 만나 세부 내용을 논의할 수 있었기 때문이다.

실제로 그랬다. 2017년 12월부터 2018년 2월까지 웁살라에서 춥고 어두운 겨울을 지내는 동안, 내 아내 바오펜과 나는 여러 번 기차를 타고 리딩외에 사는 크리스테르를 찾아갔고, 우리는 즐거운 시간을 보내며 더욱 가까워졌다. 이렇게 우연한 강연 초대가 멋진 우정으로 이어지게 되었다.

지금부터는 사람들이 추천사에서 기대하는 것처럼, 크리스테르의 책에 대한 이야기를 하겠다.

이 책은 젊은 크리스테르가 논리, 수학, 과학에 품었던 열정에서 탄생했다. 그는 어렸을 때 우주의 역설, 불가사의, 마법 등에 매료되었다. 그러나 그는 무수한 미스터리를 연구하고 통찰할 방법으로 과학과 수학을 택했다. 그는 학문 연구에 매진함과 동시에 체스 같은 취미 활동도 열심히 했다(특히 그는 어린 아들 레오와 함께 체스 두기를 좋아한다).

진지한 연구 끝에 크리스테르는 모든 도그마와 미신, 종교를 초월하는 한 가지 진리가 있다고 믿게 되었고, 만약 인류 전체가 그 진리를 받아들일 수만 있다면 놀라운 계몽의 시대가 열리고 세계 평화도 실현되리라 확신했다.

여러 해에 걸쳐 크리스테르는 과학을 공부했는데, 처음에는 컴퓨터 과학으로 시작해 나중에는 다른 과학 분야까지 섭렵하면서 일종의 십자군(감히 선동적인 단어를 써보았다) 운동을 벌이고 있다. 이는 인종과 생활방식, 문화와 신념 체계 등을 가리지 않고, 과학적 사실에 근거해서 모든 사람에게 관용을 베풀어야 한다는 개혁 운동이다.

크리스테르는 자신과 생각이 같은 운동가들, 즉 세속적 휴머니스트들이 전 세계에서 이미 활동하고 있다는 사실을 발견했다. 이들은 인간의 선의를 믿는데, 이는 종교적 이유에서가 아니라 관용과 명확한 사고의 힘 그리고 수십 억 개의 은하 중 하나에서 수십 억 개의 별 사이를 돌고 있는 작은 청록색 구 안에서 집단을 이루어 살고 있는 존재의 연약함을 믿기 때문이다. 바꿔 말하면, 지극한 겸손이 크리스테르(와 다른 세속적 휴머니스트)로 하여금 다른 사람들을 '적'으로 간주해 끊임없이 싸움을 벌이지 않도록 그리고 맹목적인 편견에 사로잡혀 증오하지 않도록, 서로 사이좋게 지낼 방법을 찾게 한 것이다.

영원한 이상주의자 크리스테르는 결국 자신에게 맞는 출판사(프리탄케Fri Tanke는 '자유사상'이라는 뜻)를 만들기로 했고, 그곳에서 양질의 도서뿐만 아니라 《산스Sans('감각'이라는 뜻)》라는 잡지도 발행했다. 이 잡지는 과학과 논리, 세속적 휴머니즘 철학을 지지하고 설명하는 한편, 사이비 과학과 미신, 종교 근본주의를 비판한다. 크리스테르의 꿈은 친한 친구인 비요른 울바에우스Björn Ulvaeus(팝그룹 ABBA의 멤버) 덕분에 실현되었는데, 몇 년 전 울바에우스가 스웨덴에서 영향력 있는 출판인이 되었기 때문이다. 프리 탄케가 출판한 책들 중에는 내가 존경하는 사상가들, 즉 리처드 도킨스Richard Dawkins, 대니얼 데닛Daniel Dennett, 레베카 골드스타인Rebecca Goldstein, 미하일 고르바초프Mikhail Gorbachev, 앤드루 호지스Andrew Hodges, 스티븐 핑커Steven Pinker 등이 쓴 책의 번역서도 많다.

시간이 갈수록 크리스테르는 스웨덴에서 인지도가 높아지면서 유명 연설가 겸 방송인뿐만 아니라 무엇보다 세속적 휴머니즘 사상을 알리는 사람이 되었다. 그는 주로 사람의 운명이 별자리로 미리 결정된다고 주장하는 점술가에 맞서거나, 다윈의 진화론이 거짓말이라고 주장하는 종교계 인사와 논쟁을 벌이거나, 다른 기성 종교와 마찬가지로 무신론도 스웨덴 법에서 존중되어야 한다는 신념을 옹호하는 자리에 모습을 드러냈다. 크리스테르는 늘 예의바르게 행동했지만, 자신이 확고히 믿는 입장을 공개적으로 지지할 때는 아무리 힘들어도 열정적으로 행동했다. 그의 열정과 용기에 경의를 표한다!

웁살라에 머물면서 크리스테르와 자주 교류하는 동안, 나는 그가 자신의 말을 실천하는 사람이라는 사실도 알게 되었다. 그는 이민자와 종교 탄압을 피해 스웨덴으로 온 난민을 돕는 운동을 벌였다. 나는 크리스테르가 자유사상과 관용을 증오한 테러 집단에 살해 위협을 받고 고국을 떠난 한 방글라데시 블로거에게 개인적으로 많은 도움을 주는 모습을 직접 목격했다. 그 블로거를 위협했던 테러 집단은 파키스탄에서 소녀들의 교육권을 위해 투쟁했던 말랄라 유사프자이Malala Yousafzai를 잔인하게 공격하고 살해하려 한 극단주의자들이다.

요컨대 나는 크리스테르를 사상가로, 작가로, 출판인으로 그리고 한 인간으로 존경하게 되었다. 지금 우리는 친한 친구가 되었다. 인간에 대한 희망과 이상주의에 대한 믿음이 우리를 단단히 묶어준다. 이 책은 그의 이상을 명확하고 구체적이며 흥미롭게 구현한다. 나처럼 크리스테르도 풍부한 예화를 적절히 사용해서 생각을 전달하고 있다.

더구나(여기에서 내가 끼친 작은 영향의 흔적을 발견했다) 그는 정형화되지 않은 글쓰기를 좋아한다. 내가 《괴델, 에셔, 바흐: 영원한 황금 노끈 Gödel, Escher, Bach: An Eternal Golden Braid》에서 진지한 내용을 서술한 장마다 재미있는 대화를 배치했듯이, 크리스테르도 장마다 다소 가벼운 〈막간글〉을 삽입했고, 거기에서 좀 더 자유롭게 개인적인 감상을 밝히고 있다.

여러 책을 영어로 옮긴 번역자로서 나는 자유로운 스타일을 추구하며, 특별히 이것을 "시적 라이 센스 lie-sense"라고 부른다. 나는 여기저기에서 영어에 맞게 원문의 내용을 조금 변형시켰다. 또한 몇 가지 아이디어를 추가(하거나 삭제)하기도 했다. 과거 번역서들처럼, 이 책에서도 거침없는 스타일을 유지했지만, 이번에는 작은 수정 사항도 저자에게 확인을 받을 수 있어서 좋았다. 고맙게도 크리스테르는 거의 항상 내 의견을 따라주었다. 덕분에 저자와 번역자로서 우리는 편안하고 좋은 관계를 유지하고 있으며, 지난 몇 년간 (그의 모국인 스웨덴의 언어와 문화에 기초한) 그의 사상을 이렇게 내 모국어(영어)로 우리나라(미국 문화)에 소개하는 일을 함께 즐길 수 있었다.

이제 작업이 마무리되었으므로 나는 저자와 번역자로서 흥미로웠던 우리 관계를 그리워할 테지만 나로서는 새로운 프로젝트로 옮겨

가야 할 시간이 되었다. 앞으로 크리스테르의 책을 번역할 기회가 생기지 않더라도, 우리의 우정은 영원할 것이다. 무엇보다 크리스테르의 바람대로, 특별히 이 흥미롭고 사적인 책을 통해 과학을 존중하고 관용을 중시하는 열린사회가 구현되기를 간절히 바란다.

2020년 11월 17일
인디애나 블루밍턴에서

서문

캄캄한 밤에 이따금 나는 우리 인간이 서서히 그러나 확실히, 명확하고 독립적으로 사고하는 능력을 잃어가고, 이성적이고 합리적인 태도는 잊어간다는 걱정에 사로잡힌다. 내 생각에는 베를린 장벽 붕괴와 냉전 시대의 종말로 시작된 자유주의 시대가 안타깝게도 저무는 듯하다.

21세기가 시작되고 20여 년이 지난 지금 전 세계는 눈부신 발전을 이루었지만, 오히려 내 시름은 깊어졌다. 지금 전 세계는 코로나라는 새로운 바이러스의 공격을 받아 힘겨운 시간을 보내고 있다. 다행히 전 세계 과학자들이 각고의 노력을 기울인 덕분에, 유례없이 빠른 속도로 백신이 개발되었다. 이는 분명히 과학과 협력의 힘을 인상적으로 증명한 사례이다. 그러나 이와 동시에 백신 반대 운동도 증가하고 있는데, 이것은 '새로운 세계 질서New World Order'에 대한 음모론을 믿는 사람들에게서 (항상은 아니더라도) 자주 나타나는 현상이다. 그들에 따르면 '새로운 세계 질서'라는 조직은 보이지 않는 엘리트 집단(주로 유대인으로 예상되며, 그렇기 때문에 이에 대한 비판은 반유대주의적 성향을 띤다)이 통제하고 있으며, 이들의 목적은 생각을 통제하는 마이크로칩과 백신으로 인류를 지배하고 세계 인구를 지금의 10분의 1 수준으로 줄이는 것이다. 미국에서 시작된 이 음모론의 뿌리는 호전적인 반정부 우파와 적그리스도의 출현과 세상의 종말을 두려워하는 기독교 근본주의 집단에서 찾을 수 있다.

큐어넌QAnon 음모론은 미국에서 등장한 또 다른 기괴한 사상이다. 이 집단은 정부 기관과 경찰 조직 그리고 정치계에 사탄을 숭배하고 글로벌 매춘 기업을 운영하는 소아성애자들이 있다고 주장한다. 그래서 이들은 아무도 믿지 않는다. 그런데 음모론은 진짜 문제의 작은 일부일 뿐이다. 다양한 신념 체계를 풍자한 글이나 그림을 금지하고 이를 어긴 사람을 사형에 처해야 한다는 생각이 전 세계적으로 확산되고 있다.

많은 사람이 1989년에 이란 지도자였던 아야톨라 호메이니Ayatollah Khomeini가 살만 루슈디Salman Rushdie에게 내린 파트와fatwa(이슬람법에 따른 결정이나 명령-옮긴이), 즉 전 세계 무슬림에게 루슈디를 죽이라고 명령한 사건을 기억할 것이다. 이런 위험한 사상이 급속도로 퍼지고 있으며, 언론의 자유를 탄압하는 나라도 점점 늘고 있다.

2020년 10월 16일에 프랑스 중학교 교사였던 사뮈엘 파티Samuel

Paty가 한 무슬림 청년에게 참수 당했다. 파티는 언론의 자유를 논하는 수업에서 이슬람 예언자 무함마드Muhammad를 풍자한 만화를 보여 줬었다.

폴란드에는 대단히 보수적인 가톨릭 정권이 들어섰다. 헝가리도 비슷한 상황이다. 이들 나라는 언론의 자유와 독립 언론의 활동을 엄격하게 제한한다.

2018년 이탈리아에서는 포퓰리즘 정당(오성운동Movimento Cinque Stelle)과 극우 정당 '동맹Lega'이 연합 정부를 구성해 정권을 잡았다. '동맹'의 전신은 '북부 동맹Lega Nord'으로, 이들은 나폴리 이남 지역을 이탈리아에서 분리시키자는 운동을 벌였다. 오스트리아와 러시아에서는 우파 포퓰리즘과 보수적인 도덕적 가치관이 빠르게 확산하고 있다.

필리핀에서는 로드리고 두테르테Rodrigo Duterte 대통령이 마약 및 이슬람 지하디스트와의 전쟁을 선포하면서 국민의 인권과 법적 권리를 존중하지 않겠다고 선언했다. 그는 자신이 범죄자를 직접 살해했으며, 적법 절차를 따르지 않고 마약 복용자와 다른 범죄자들을 살해하는 암살단을 조직적으로 지원해 왔다고 자랑스럽게 밝혔다. 이 과정에서 수많은 거리의 아이들이 희생되었다. 또한 두테르테는 군인들에게 필요시 여성을 강간해도 좋다고 말해 물의를 빚기도 했다.

최근 중국에서 일어나는 일들 역시 심상치 않다. 정보 기술이 국민을 감시하고 통제하는 데 널리 사용되고 있으며, 경제가 발전할수록 중국 정부는 더욱 권위적이 되어 간다. 튀르키예에서는 이슬람교와 민족주의가 지배적 사상이 되었고, 인도에서는 힌두교 민족주의자가 정권을 잡았다.

마지막으로 중요하게 덧붙일 사실은 과거 계몽주의와 희망의 불빛이던 미국이 지난 4년간(2017~2020년) 무능해 보이는 대통령의 통치를 받았다는 점이다. 그 시대는 끝났지만, 미국은 치유하는 데 오랜 시간이 걸리는 지독한 양극화 사회가 되었다.

그럼, 이 모든 문제를 해결할 방법은 무엇일까?

나는 내가 '계몽주의 가치관'이라 부르는 것을 회복해야 한다고 생각한다. 즉, 명확한 사고 기술과 세속적 윤리관을 부흥시켜야 한다. 이 책의 목적은 그런 가치관을 기르는 데 도움을 주는 것이다. 나는 개인의 작은 실천이 중요하다고 본다. 나이가 많든 적든, 모든 사람이 새로운 세상을 건설하는 데 일조한다는 생각으로 마음을 열고 체계적이고 명확한 사고를 한다면, 세상이 조금씩 내 비전에 가까워지리라 믿는다.

또한 나는 내 이상이 전 세계 학교에서 교과 과정에 포함될 수 있기를 바란다. 오늘날 수많은 학교가 위기에 처했다고 한다. 위기의 원인은 규율과 태도에 있지 않고 지식과 사고의 본질에 대한 관점 상실에 있다. 어린 학생과 대학생은 좀 더 철학적인 접근법에 노출될 필요가 있다. 즉, 신중하고 명확하게 사고하고, 복잡한 삶을 좀 더 예민하게 자각하며, 인간의 본질을 좀 더 깊이 탐구하는 훈련이 필요하다. 참된 자기 성찰을 할 줄 아는 의식 있는 인간만이 충만한 인생을 살 수 있고 자신뿐만 아니라 다른 사람을 위해 삶을 개선할 수 있다.

또한 우리는 윤리적 도덕적 가치가 종교에서만 나오는 것이 아님을 깨달아야 한다. 윤리학은 오래전부터 철학의 한 분야였지 종교와 불가분의 관계가 아니다. 도덕적 가치는 철저히 비종교적이고 세속적인 휴머니즘에 단단하게 뿌리내리고 있다. 우리는 아이들에게 과학적 세계관이 가장 매력적이며, 인본주의적 윤리학과 더불어 과학을 토대로 자신의 세계관을 세울 수 있다고 가르쳐야 한다.

이 책은 21세기가 시작되고 20여 년이 지나는 동안, 종교 근본주의, 사이비 과학, 문화 상대주의, 탈진실post-truth 상대주의, 음모론, 각종 반과학적 태도가 전 세계에서 들불처럼 번지는 상황에서 합리주의와 계몽주의에 대한 내 개인적인 관심에서 탄생했다. 이 책을 기획한 것은 몇 년 전이었는데, 그때 나는 21세기에 필요한 새로운 계몽주의에 관한 책을 쓰고 있었다. 여기에서 계몽이란 이성, 명확한 사고, 세속적 휴머니즘에 토대한 윤리관과 관용으로 돌아간다는 의미다.

이 책은 내 10대 시절의 지적 영웅이자 몇 년 전부터는 좋은 친구가 된 더글러스 호프스태터 교수와의 멋진 협업으로 탄생했다. 그의 책《괴델, 에셔, 바흐: 영원한 황금 노끈》은 20대 초반에 내 인생을 바꾸어놓았다. 나는 그 책을 읽고 팝스타(혹은 적어도 대중 음악가, 그중 어느 것도 되지 못했지만)가 되고 싶은 (열정적이지만 철없던) 야망을 포기하고, 수학과 철학, 컴퓨터 과학을 공부하게 되었으며, 그 덕분에 지금은 책을 쓰고 과학 책을 출판하는 일까지 하게 되었다. 자세한 이야기는 1장에 나온다.

더글러스 호프스태터와 이 책을 작업한 과정에 대해서는 그가 쓴 추천사에 잘 나와 있으므로, 여기에서 반복하지는 않겠다. 그의 탁월한 언어 능력과 박식함 덕분에 내 책이 처음으로 영어로 번역될 수 있었다.[1] 그가 내 모교인 웁살라 대학교(나는 여기에서 컴퓨터 과학을 공부했다)에 와 있는 3개월 동안 우리는 영어권 독자들을 위한 나의 '계몽 성명서'를 공동 작업했다. 나는 이 책이 중국, 러시아, 한국 등에서 출판되리라는 사실에 설레고 있으며, 내 메시지가 스웨덴어를 사용하지 않는 수많은 독자에게 잘 닿기를 바란다.

이 책은 2부로 나뉜다. 1부에서는 '미시적 관점'을 취했다. 여기에서의 목표는 독자들에게 일상에서 좀 더 명확하고 효과적으로 사고하는 데 필요한 도구를 제공하는 것이다. 나는 독자들이 정교하고 폭넓게 사고하고, 자신이 가진 잠재력을 충분히 발휘할 수 있도록 비법과 통찰을 제공하고 싶다.

무엇보다 중요한 2부는 '거시적 관점'을 취했다. 여기에서의 목표는 **새로운 계몽 시대**를 위한 정치적·철학적 비전을 제시하는 것이다. 내가 꿈꾸는 자유롭고 세속적인 세상은, 사람들이 도그마나 미신으로부터 제약이나 억압을 받지 않고, 인종이나 성 등으로 차별을 받지 않는 열린사회이며, 인권을 중요하게 여기는 사회이다.[2] 나는 이 책이 통찰력 있는 결론을 도출하고 현명한 결정을 내리게 돕는 도구를 제공하여, 사람들이 이 도구를 사용해 사고 및 분석 능력을 기를 수 있기를 바란다.

마지막으로 지금까지 모든 이야기는 **명확한 사고 기술**로 수렴된다. 명확한 사고란 생각하고 추론한 내용이 흐릿하거나 엉성하지 않고 명쾌하고 날카롭다는 의미이다. 또한 상황을 판단할 때 사소한 증거에 근거해서 성급하게 결론짓지 않고 신중하게 생각해야 한다는 의미도 담겨 있다. 지식 습득과 처리 방법을 확실하게 이해하는 것이 사고 과정의 기초라는 점을 깨닫는 과정에서 자연스럽게 이 책의 유용성이 증명될 것이라 믿는다.

혹자는 나를 종교 비판자로 여길 것이다. 그러나 종교 비판이 내 진짜 목적은 아니라고 강조하고 싶다. 지난 20년간 나는 랍비, 이맘 Imam(이슬람교 지도자), 예수회 사람, 과학자, 철학자 등 종교를 가리지 않고 여러 친구를 사귀었다. 이 모든 친구와 지인 덕분에 내 생각은 훨씬 깊고 풍성해졌다.

나는 모든 사람의 개인적 믿음을 존중한다. 종교가 개인의 삶에서 핵심 역할을 하며, 특별히 슬픔과 절망에 빠졌을 때 크게 도움이 된다는 사실도 안다. 비록 나는 사후 세계나 초자연적 존재, 창조자를 믿지 않지만, 많은 사람이 종교에서 위안을 얻는다는 것을 잘 알며 그런 태도를 전적으로 존중한다. 나는 그런 위안을 줄 순 없다. 내가 사후 세계를 입증할 증거는 제시할 수 없지만, 지상의 삶에 집중해야 할 확실한 이유는 제공할 수 있기를 바란다. (사후 세계가 있다 하더라도, 그것이 지금 여기에서 열심히 살지 말아야 할 이유가 되지는 않는다.)

마지막으로 나는 독자들에게 비판적 시각으로 이 책을 읽으라고 권고하고 싶다. 어쨌든 '새로운 계몽주의'라는 내 핵심 사상은 다른 사람의 주장을 비판적으로 검토하고 판단하는 것이다. 또한 부디 이 책에 간간이 등장하는 철학적 내용 때문에 중도에 포기하지 않기를 바란다. 많은 사람이 철학은 어렵고 까다롭다고 생각하지만, 이것은 오해이다. 피아노를 치는 일은 어려울까? 그것은 당신이 바흐의 곡을 치느냐 〈반짝반짝 작은 별〉을 치느냐에 따라 달라진다. 철학도 비슷하다. 실제로 나는 열한 살짜리 아들 레오와 종종 철학적, 실존적 문제에 관해 이야기를 나누는데, 아이가 내게 던지는 질문은 어른의 질문과 상당히 비슷하다. 철학은 나이와 상관없이 누구나 할 수 있다. 당신이 질문에 어떻게 접근하는지, 철학의 어떤 면을 다루는지에 좌우될 뿐이다.

이 책의 장과 장 사이에는 각 장의 주제와 관련된 〈막간글〉이 (마치 코스 요리에서 배부른 음식들 사이에 제공되는 소량의 레몬 셔벗처럼) 있다. 여기에는 본문보다 조금 자유롭고 개인적인 내용이 담겼다. 또한 답이 제공되지 않는 수수께끼가 있는 경우도 있다.

개인적으로 나는 '새로운 계몽주의'를 통한 재각성이 좀 더 열린사회를, 좀 더 민주적인 생활방식을, 모든 인간에게 좀 더 유리한 생활 조건을 만들어 줄 수 있다고 믿는다. 내 생각에, 오늘날처럼 세계화된 세상에서는 세속적 휴머니즘과 세속적 윤리관이 인류를 평화로운 공존의 길로 안내하는 가장 유망한 수단이다. 지금 여기에서, 우리는 지구의 모든 생명체에 대해 책임을 져야 한다. 오늘날 너무 많은 사람이 종교적 혹은 미신적 억압에 시달리고 있다. 그러므로 내가 제안하는 세속적 비전은 계몽주의의 전파뿐만 아니라 해방을 위한 수단이기도 하다.

내가 이 책의 원제를 'To Light the Flame of Reason: Clear Thinking for the Twenty-first Century(이성의 불꽃을 피우다: 21세기를 위한 명확한 사고 기술)'로 정한 이유는 이 책이 새로운 '계몽 시대'를 위한 낙관적인 성명서가 되기를 바라서다.

2021년 1월 1일
스웨덴 스톡홀름에서

2부 새로운 계몽의 길

어제의 세계와 오늘의 세계

> 나는 계시 종교를 믿지 않는다.
> 나는 당신의 불멸과 무관하다.
> 이생도 충분히 비참한데,
> 다른 생까지 추측해야 하다니, 부조리하다.
> - 바이런 경Lord Byron

오스트리아 작가 슈테판 츠바이크Stefan Zweig(1881~1942)가 구세계의 붕괴에 관한 유명한 책을 쓴 곳은 브라질의 한 호텔 방이었다. 이 책은 그가 절망적인 상태에서 쓴 최후의 성명서였다. 책을 다 쓴 후 그는 아내와 함께 목숨을 끊었다. 이 책 《어제의 세계Die Welt von Gestern》는 1942년에 스웨덴에서 처음 출판되었다. 오랫동안 츠바이크는 유럽에서 대단히 유명한 작가였으나, 나치가 그를 추방했고 그의 책들을 불태워버렸다.

《어제의 세계》는 광기의 세상에 대한 츠바이크의 인식에서 탄생했다. 그는 제1차 세계 대전이 일어나기 전까지 유럽에서 대유행했던 윤리적 나침반과 미래에 대한 믿음이 갑자기 뿌리 뽑히고 그 자리를 광신주의와 비합리주의가 대체하는 시대에 살았다. 그는 이렇게 썼다.

종말을 알리는 죽음의 사자들(혁명, 기근, 화폐 가치 하락, 공포, 전염병, 망명)이 내 삶을 휩쓸고 지나갔다. 나는 거대한 대중 이념이 세력을 키워 점점 퍼져 나가는 모습을 목도했다. 그 이념은 바로 이탈리아의 파시즘, 독일의 국가 사회주의, 러시아의 볼셰비즘, 그리고 무엇보다 최악의 전염병이자 유럽 문화를 시들게 한 민족주의다.
상상도 할 수 없었는데, 인류가 고의적으로 계획한 비인간적인 도그마와 함께 오래전에 사라졌다고 생각했던 야만 상태로 되돌아가는 모습을 나는 무방비 상태로 무력하게 바라보고 있다. 수백 년이 지난 지금도 인류는 여전히 선전포고 없는 전쟁, 강제 수용소, 고문, 집단 약탈, 무방비 도시 폭격 등을 자행하고 있다. 지난 150년간 나타나지 않았던 이런 잔인함을 미래 세대는 결코 겪지 않길 바란다.

츠바이크는 자신이 살고 있는 시대의 역설적인 면을 계속해서 지적했다.

역설적이게도 도덕 시계가 천년 뒤로 역행하는 지금, 인류는 기술과 지식 분야에서 전대미문의 위업을 달성했다. 이는 지난 수백만 년간의 모든 업적을 간단히 뛰어넘는 것이다. 항공기로 하늘을 정복했고, 순식간에 전 세계로 소식이 전달되며, 원자를 쪼갤 수 있고, 잠행성 질병도 치료하는 등 어제까지만 해도 불가능했던 일들이 이제는 가능해지고 있다. 지금처럼 인류가 악행을 저지른 적이 없고, 이렇게 훌륭한 발전을 이룬 적도 없다.

세계적 정신병

유럽 중심의 관점을 제외하면, 츠바이크의 글은 오늘날의 모습과 흡사하다. 인터넷이 발달하면서, 전 세계는 웹사이트와 이메일, 페이스북이나 트위터 같은 소셜 미디어 등을 통해 서로 연결되고 있다.

츠바이크는 과학의 눈부신 발전, 미래에 대한 깊은 신뢰, 계몽주의 정신으로 충만하던 경이로운 시대에서 비합리주의와 광신주의가 만연하는 악몽의 시대로 급변하는 유럽의 모습을 묘사했다. 그와 똑같은 일이 오늘날에도 벌어지고 있는데, 지금은 그 규모가 전 세계로 확대되었다. 오늘날 과학의 발전은 눈부시다. 원하는 정보와 지식은 쉽게 찾을 수 있다. 이제 독재자나 전체주의 정권은 국민을 무지에 가둬두지 못한다. 세계인에게 자신의 모습을 보여주고 목소리를 들려주며 글을 읽히기가 너무나 쉬워졌다.

그러나 그와 동시에 세계는 일종의 집단 정신병도 앓고 있다. 날마다 동성애자는 특정 집단이 해석한 '신'의 뜻에 따라 살해되거나 투옥된다. 불가피한 낙태 수술을 거부당한 여성은 목숨을 잃는다. 신의 율법에 따라 돌에 맞아 죽거나 손이 잘리는 사람도 있다. 종교적 근본주의자들은 인터넷에 참수 영상을 올리면서, 시청자들에게 성전holy war에 참여하라고 촉구한다. 사람들은 '신'이 기적을 일으켜 불치병을 치료해준다는 말에 속는다. 잘못된 구마 의식으로 학대나 사망 사건이 일어나며, 아이들도 자주 희생된다.

1979년에 아야톨라 호메이니가 이란에서 권력을 잡은 때부터, 1989년 베를린 장벽이 무너지고 냉전이 종식된 후부터, 그리고 무엇보다 2001년 9월 세계무역센터가 테러 공격을 받은 후부터, 우리 주변에는 비합리성, 미신, 광신주의가 득세하고 있다. 이런 사례는 무궁무진하나, 여기에서는 몇 가지 대표 사례만 소개하기로 한다.

2015년 11월, 파리 시내와 북부 교외 지역에서 연쇄 테러가 발생했다. 카페와 식당에서 총기 난사와 자살 폭탄 테러가 있었다. 테러 공격으로 130명이 사망했으며, 그중 90명은 바타클랑 극장에서 공연을 보기 위해 대기 중인 사람들이었다. 이슬람 국가Islamic State(일반적으로는 'ISISIslamic State of Iraq and Syria[이라크 시리아 이슬람 국가]'로 불리며, 그들끼리는 '칼리파The Caliphate'라 부른다)는 이를 자신들의 소행이라고 주장했다.

2016년 7월 14일 프랑스 니스에서는 19톤 트럭이 혁명 기념일 축제를 즐기던 사람들에게 고의로 돌진했다. 이 사건으로 86명이 사망하고 459명이 다쳤다. 이번에도 IS는 자신들의 소행임을 밝혔다.

유사한 트럭 테러가 2017년 4월 7일 스톡홀름에서도 일어났으며, 당시 6명이 사망했고, 다친 사람은 그보다 많았다. 트럭 운전자는 IS에 충성을 맹세한 사람이었다.

2017년 9월 인도 벵갈루루에서는 언론인이던 가우리 란케시Gauri Lankesh가 귀가 중 총에 맞아 사망했다. 란케시는 힌두교 민족주의 단체를 신랄하게 비판해서 유명해진 인물이었다. 2016년에 그녀는 인도인민당Bharatiya Janata party 의원들의 절도 행위를 고발한 기사를 써서 명예훼손으로 유죄 선고를 받은 바 있다.

2016년에 캔자스에서는 '십자군'을 자처한 민병대가 소말리아에서 온 무슬림 이민자에 대한 테러를 계획했다는 죄목으로 기소되었다. 그들은 무슬림 이민자가 모여 살고 주변에 모스크도 있는 아파트 단지에 폭탄을 설치할 계획이었다.

2018년에는 인도 우타르 프라데시에 사는 한 육류 판매자가 암소를 도살했다는 의혹을 받고 경찰에 구타당한 후에(힌두교에서는 소를 신성시한다), 델리 병원에서 사망했다. 2010년 이후 인도에서 신성한 소와 관련된 폭력 행위로 124명이 다치고 28명이 사망했는데, 사망자 중 24명이 무슬림이었다.

같은 해 스리랑카에서는 불교 폭도가 모스크와 무슬림 소유 회사들을 공격해서 2명이 사망하는 사건이 있었다. 스리랑카는 불교도가 다수인 나라이다. 2012년부터 과격한 불교도들과 그들의 조직인 BBS Bodu Bala Sena('불교도의 힘'이라는 뜻)로 인해 긴장이 고조되었고 폭력 사건이 자주 발생하고 있다.

2012년 사비타 할라파나바르Savita Halappanavar는 임신 17주 때 유산했다. 그녀는 아일랜드에 살고 있었는데, 그곳 의사들은 유산된 태아를 제거하는 수술을 거부하며 이렇게 말했다. "이곳은 가톨릭 국가입니다." 그로부터 일주일 후 그녀는 패혈증으로 사망했다.

2014년 2월, 우간다 대통령 요웨리 무세베니Yoweri Museveni는 동성애자를 사형에 처할 수 있는 법안에 서명했다. 그와 동시에 동성애 의심자를 의무적으로 신고하게 했다. 이와 같이 성경의 영향을 받은 것이 분명한 법률은 성공회의 열렬한 지지를 받았다. 이 법이 시행된 날, 한 우간다 신문은 동성애자로 의심되는 200명의 이름과 사진을 공개

했고, 그날부터 이들은 끊임없이 살해 위협을 받으며 살아야 했다. (2014년 8월에 이 법은 폐지되었는데, 우간다 헌법재판소는 해당 법이 통과될 때 출석 의원이 부족해서 의결정족수를 채우지 못했다는 형식적인 이유로 법 폐지를 결정했다. 그러나 우간다의 일부 교회는 그 법을 다시 부활시키기 위해 끊임없이 의회에 압력을 넣고 있다. 우간다에서 동성애는 여전히 범죄이다.)

2013년 3월, 부룬디의 가톨릭교회는 소수파가 매월 하는 성지 순례를 금지해달라고 정부에 청원했다. 순례자들은 성모 마리아가 모습을 드러낸다고 생각하는 장소를 주기적으로 찾고 있었는데, 교회는 마리아의 출현이 거짓이라며 그들의 성지 순례를 막고 싶어 했다. 그 때문에 매달 경찰과 순례자들 사이에 충돌이 일어났다. 그러다 한번은 경찰이 쏜 총에 10명이 사망하고 35명이 부상당하는 사건이 벌어졌다.

2014년 수단에서는 27세 마리암 야히아 이브라힘Mariam Yahia Ibrahim 이 기독교로 개종했다는 죄목으로 교수형을 선고받았다. (1983년에 수단은 샤리아 법을 도입했는데, 이 내용은 10장에서 자세히 다룬다.) 당시 그녀는 임신 8개월이었음에도, 교수형 집행 전에 채찍 100대도 선고받았다. 이에 국제 사회의 반발이 거세지자, 그녀는 석방되었고 미국으로 망명했다.

2014년에 브루나이는 샤리아 법 도입을 위한 첫 단계에 돌입했다. 먼저 혼외 임신, 금요 기도 시간 미준수, 이슬람교 이외의 타종교로의 개종 등을 범죄로 간주하고 벌금형부터 징역형까지 선고할 수 있게 했다. 그다음 단계로, 물건을 훔치거나 술을 마신 무슬림은 채찍형이나 신체 절단형까지 받을 수 있게 했다. 이 법률은 2015년에 시행되었다. 세 번째 단계로 2016년에는 간음, 동성애자 간 성관계, 예언자 무함마드 모독 등을 모두 돌팔매질형으로 처벌하게 했다.

2018년 6월 방글라데시에서 무종교 블로거로 활동하던 샤자한 바흐추Shahzahan Bachchu가 신원 미상자들의 공격을 받아 사망했다. 안타깝게도 이 일은 방글라데시에서 일어난 세속주의 운동가에 대한 연쇄 살인 사건 중 하나에 불과했다. 그보다 앞선 2015년에는 파이잘 아레핀 디판Faisal Arefin Dipan이라는 세속주의 출판인이 난도질당해 사망했고, 그전에는 세속주의 블로거 아비짓 로이Avijit Roy가 살해됐다. 또한 무신론을 옹호했던 블로거, 닐로이 닐Niloy Neel이 방글라데시의 수도 다카의 자택에서 난도질당해 사망했다. 방글라데시에 살던 세속주의 블로거 중 일부는 스웨덴으로 탈출했고, 2017년과 2018년에 임시 망명을 허가받았다.

2017년과 2018년에 미얀마에서는 무슬림 로힝야족 다수가 불교 극단주의자들의 공격을 받아 사망했다. 다행히 많은 로힝야족이 방글라데시로 탈출해서 현재는 난민 수용소에서 지내고 있다.

2015년에는 동성애를 반대하는 초정통파 유대인 하나가 예루살렘에서 게이 페스티벌을 즐기던 사람들을 칼로 공격해 한 명이 사망하고 여러 명이 다쳤다. 이 공격자는 불과 3주 만에 석방되었는데, 2005년에도 비슷한 일을 저질러 10년을 복역했었다.

2015년 1월에, 이슬람 극단주의자들이 프랑스의 풍자 전문 잡지 《샤를리 에브도Charlie Hebdo》의 편집실에 침입해서 12명을 살해하고 여러 명에게 상해를 입혔다. 희생자들의 '죄목'은 이슬람교를 포함해 다양한 종교를 비판하는 풍자만화를 출판했다는 것이었다. 침입자들은 공격 직후 도망쳤으나, 3일간 경찰의 집중 수색 끝에 사살되었다. 이 사건과 연계된 또 다른 공격이 파리의 한 유대인 상점에서 일어났는데, 이때는 인질도 몇 명 있었다. 인질 중 일부는 프랑스 경찰의 구출 시도 중 사망했다.

같은 달 나이지리아 북동부의 한 시장에서는 두 명의 자살 폭탄 테러범에 의해 여러 사람이 사망했다. 범인은 10대 소녀 두 명이었는데, 이들은 허리에 달고 있던 폭탄을 터뜨렸다.

무엇이 이런 광기 어린 행동을 추동하며, 그런 행동의 밑바탕에 있는 기괴한 신념은 무엇에서 비롯되는가?

왜 그렇게 많은 사람이 야만적인 행동을 묵인하는 것 같은 신을 사랑하고 존경하는지 의아하다. 그들이 사랑하는 신은 온갖 자연재해로 수없이 많은 무고한 사람을 상상도 못할 고통에 빠뜨린다. 가족과 함께 태국으로 휴가를 왔다가 거대한 해일에 부모를 잃은 어린아이를 신은 왜 그냥 두고 볼까? 버스 충돌 사고 생존자들이 옆자리 사망자들은 아랑곳없이 자기 목숨을 구해준 '신'에게 감사하고 있다면, 이 사람들은 과연 도덕적인가? 이들의 신은 날마다 전 세계에 재앙을 허용(또는 야기)하는 동시에, 일부 신자의 추측처럼 줄기세포 연구와 동성애 같은 악행에 정당하게 분노한다.

그리고 이 신은 자신을 믿지 않는 사람들을 참을 수 없어 하는 것 같다. 수많은 나라가 '신'의 존재를 거부하는 태도를 '범죄'로 규정해 가혹하게 처벌한다. 확실히 신에게는 독특한 특권이 주어지는 듯하다. 그래서 나는 궁금해졌다. 대체 왜 수십 억 명이 그런 신을 존경 혹은 숭배하는 걸까?

치명적 미신

전 세계에 만연한 비합리적 현상에 종교 극단주의만 있지는 않다. 마술적 사고와 각종 미신도 널리 퍼져 있으며, 더구나 이것들은 사람들의 생명을 위협할 때도 있다.

2014년 10월, 인도 차티스가르에 사는 한 55세 여성은 마술을 부려 가족 한 명을 아프게 했다는 의심을 받고, 다른 가족들에게 고문을 당한 후 살해됐다. 그들은 이 여성의 눈 주위와 귀에 고춧가루를 부은 다음 회초리로 때려 죽였다.

브라질에서는 소아암에 걸린 열두 살 소녀가 현대 치료법인 화학요법과 방사선 치료 대신 치유력을 가졌다는 '기적의 의사'를 더 신뢰한 아버지 때문에 사망했다.

영국에서는 여호와의 증인을 믿는 어느 부모가 종교적 신념에 어긋난다는 이유로 자녀의 수혈을 거부했다. 여호와의 증인은 구약(창세기 9:4, 레위기 17:10, 신명기 12:23)과 신약(사도행전 15:28-29)에 기록된 수혈 금지 명령을 따른다. 그러나 2014년 3월, 영국의 한 재판부는 부모가 자녀의 수혈을 막을 권한이 없다고 판결했다.

이 판결은 바람직한 사례였지만, 여전히 많은 나라에서 자녀의 생명보다 부모의 잘못된 믿음을 더 중요하게 여긴다. 미국의 37개 주에는 부모가 종교적 이유로 자녀의 치료를 거부해도 결과에 대해 법적 책임을 지지 않는다고 규정한 법이 있다.

현대 의학 연구와 의료 행위는 진화론을 토대로 삼는다. 그러나 미국인의 거의 반이 다윈의 이론은 틀렸으며, 하나님이 인간을 지금 모습대로 창조했다고 믿는다. 그들에게는 인간과 유인원 사이에 연결 고리가 존재한다거나 인간의 모습이 시간에 따라 점점 변했다는 것은 상상도 할 수 없는 일이다.

또한 미국인의 3분의 1이 유령과 텔레파시를 믿으며, 4분의 1은 점성술과 (앞으로 50년 안에 이뤄질) 예수의 재림을 믿는다. 일부 미국 정치인은 지구 온난화를 걱정할 필요가 없다고 주장하는데, 나중에 재림 예수가 모든 문제를 해결해 줄 것이기 때문이라고 한다.

2014년 5월, 민족주의자로 인도 인민당Bharatiya Janata Party, BJP을 이끌던 나렌드라 모디Narendra Modi가 인도 총리가 되었다. 그즈음 라메시 포크리얄 니샹크Ramesh Pokhriyal Nishank 인민당 의원이 한 정치 토론에서 점성술이 과학보다 훨씬 앞서며, 과학은 점성술과 비교하면 '피그미'에 불과하다고 발언했다.

스웨덴의 극단주의와 미신

스웨덴도 종교 극단주의와 미신에 취약한 나라다. 2012년 여름 이후, 수백 명의 스웨덴 사람이 지하디스트jihadists('성전주의자'라는 뜻)와 함께 싸우기 위해 시리아로 갔다.

보로스에 사는 어떤 부부는 열두 살짜리 딸이 악령에 사로잡혔다고 판단했다. 이들은 악령을 쫓아내기 위해 지역 자유 교회(정부의 지원을 받지 않는 기독교 교회) 목사에게 도움을 청했다. 아이는 모진 학대를 당했고, 그 부모와 목사는 징역형을 선고받았다. 1613년이 아닌 2013

년에 일어난 일이었다. 그 후 얼마 지나지 않아 같은 도시에서 또 구마 의식으로 추정되는 고문 사건이 일어나 논란이 되었다.

스웨덴에서 구마 의식으로 어린아이들이 학대당한 사건이 일어났을 무렵, 마침 영혼을 믿는다는 전제로 만든 TV 오락물이 방영됐는데, 주된 내용이 '유령의 집'과 망자와 교신할 수 있다고 주장하는 영매들의 교령회였다. 당시 TV4 채널의 관계자들은 그 프로그램을 무해한 오락물로 여겼다.

스웨덴 북부에 사는 한 10대 소녀는 자신을 상습적으로 구타하는 남자와 한집에 살고 있었다. 어느 날 소녀는 점을 보러 갔고, 점쟁이는 타로 카드로 그녀의 미래를 예측했다. 점쟁이는 지금은 동거인과 문제가 있지만 둘 사이에 아이가 생기면 동거인이 따뜻하게 대해줄 것이라고 말했다. 이런 조언을 들은 소녀는 더는 도움을 청하지 않았다. 타로 카드의 점괘는 앞으로 수년간 그녀가 계속 피해자로 살아야 한다는 것을 의미했기 때문이다.

스웨덴 녹색당Green Party 의원 중 하나가 하늘에 보이는 수상한 비행운이 '켐트레일chemtrails('화학물질chemical'과 '비행운contrail'의 합성어—옮긴이)' 같아 보인다고 의회에 조사를 요청했다. (비행운을 '켐트레일'로 해석하는 입장은 비행기가 지나가면서 하늘에 남기는 흰 선이 날씨, 인간의 행동, 그 밖의 무수한 현상을 통제하려는 비밀공작의 하나라는 음모론에서 나왔다. 사실 비행운은 비행기 엔진이 내뿜는 뜨거운 가스가 높은 고도의 차가운 공기와 만나서 생긴다. 그러니까 그 선들은 단지 빙정 줄기일 뿐이다.) 전 녹색당 당수는 하늘에 나타나는 기현상의 배후에 CIA와 러시아가 있다고 주장했으며, 한 중앙당Center Party 의원은 날씨를 통제하기 위해 비행기가 화학물질을 살포한 것이라고 주장했다.

스웨덴에서 규모는 작지만 강한 목소리를 내고 있는 기독교가치당 Christian Values Party은 낙태를 전면 금지해야 한다고 주장한다. 또한 아동 체벌 금지에 반대하고 전력을 다해 **체외** 수정 반대 운동을 편다.[3] 동성 결혼과 동성 커플이 자녀를 입양할 권리도 반대한다. 그리고 학교의 진화론 수업이 해롭다고 믿는다.

스웨덴 남부에는 '플리머스 형제단Plymouth Brothers'이라는 기독교 종말론파가 운영하는 학교가 있다. ('플리머스'는 영국에 있는 도시의 이름인데, 1832년에 이 도시에서 첫 번째 집회가 열렸다. 스웨덴에는 1870년대에 설립되었고, 현재 스웨덴 신도 수는 약 400명이다.) 이 종파의 신도는 자녀를 공립학교에 보내지 않으며 심지어 신도가 아닌 사람과 같이 밥을 먹지도 않는다. 이 아이들은 사회와 거의 교류하지 않으며, 예수의 재림을 기다리며 산다. 여성은 머리를 자를 수 없고 결혼 후에는 집 밖에서 일하지 못한다. 신도는 텔레비전을 보거나 라디오도 들을 수 없다. 대학에 가서도 안 되고 투표도 금지된다. 그런데 스웨덴 의회는 종교의 자유를 보장한다는 명목으로 이 종파가 운영하는 학교에 연방 지원금을 주기로 결정했다. 의회는 그곳 아이들이 광범위하게 세뇌당하고 있다는 사실을 문제로 여기지 않는 것 같다.

종교, '뉴에이지New Age' 운동, 엉터리 약, 미신 등은 유해할 수 있다. 인간이 무엇을 믿는가는 대단히 중요한 문제다. 그런데 정치인과 언론인, 일반 사회는 각종 믿음에 대한 태도가 일관적이지 못한 경우가 많다. 가령, 친한 친구가 당뇨병 치료약 복용에 점점 회의를 느끼고 있다고 하자. 당신은 걱정스러운 마음에 친구에게 그 이유를 단도직

입적으로 묻는다. 친구는 CIA가 자신을 독살하려 하므로 그 약을 먹지 않겠다고 설명한다. 그들이 자신을 죽이려 한다는 것이다. 당신은 의사에게 전화를 걸어 친구의 상황을 이야기한다. 그 의사가 당신의 친구를 진찰한 후 이렇게 진단한다. 편집증적 망상, 심리 장애, 정신 질환. 그러니까 당신 친구는 치료가 필요하다.

다른 친구는 오래 동거하던 파트너와 막 헤어졌다. 당신은 친구가 실수했다고 생각하고는 친구에게 이유를 묻는다. 친구는 '생명의 말씀'이라는 기독교 모임을 통해 결혼하지 않고 동거만 하는 것은 잘못임을 알게 되었다고 말한다. 그녀는 혼전 성관계를 한 대가로 영원히 지옥에서 벌을 받을까 두렵다고 했다. 그뿐만 아니라 앞으로 나쁜 말도 하지 않을 것인데, 나중에 말이 씨가 되기 때문이라고 했다. 당신은 다시 한 번 의사에게 전화를 걸어 이 친구를 진찰해달라고 부탁한다. 그랬더니 의사는 앞의 친구와 같은 진단을 내린다. 편집증적 망상, 심리 장애, 정신 질환. 그런데 사회적 진단은 달랐다. 두 번째 친구가 '다시 태어났다'고 말한다. 친구는 종교인이 되었다. 그뿐이다.

사회는 당신의 두 친구를 완전히 다르게 평가했는데, 친구2가 죽었을 때 지옥에 갈 확률은 CIA가 친구1을 당뇨병 약으로 독살할 확률보다 훨씬 적다. 어쨌든 적어도 CIA는 **존재**하며, 심지어 그곳은 위험 인물을 독살한다고 알려진 기관이니까.

확실히 사회의 일반적 잣대는 무엇이 합리적이고 무엇이 비합리적인지에 근거하지 않는다. 합리적 행동이냐 아니냐를 결정하는 것은 다른 요소들이다.

사람들은 왜 종교나 뉴에이지 운동 혹은 미신을 확신할까? 왜 그런 이상한 사상과 도그마를 믿을까? 이는 복잡한 질문이라서 여러 답이 존재한다. 사회학적 답이 있을 수 있고, 정치나 심리학, 진화 생물학적 관점에서도 답이 나올 수 있다.

점점 세계화되어 가는 세계는 불안감과 뿌리가 없다는 느낌 그리고 정체성 위기를 야기할 수 있다. 어떤 사람들은 그 해결책으로 뉴에이지 운동의 따뜻하고 포근한 감성에서 위안을 찾으려 한다. 뉴에이지는 X세대의 종교이다. 동종요법, 풍수, 레이키('보편적 생명 에너지'라는 뜻의 일본어) 치료, 홍채 진단법, 중국의 대체 의학, 자석 요법, 정신통합psychosynthesis, 차크라chakra 균형 같은 돌팔이 치료법과 점성술, 타로 카드, 키를리안 사진Kirlian photography(키를리안 사진기로 찍으면 육안으로 보이지 않던 빛이나 파장이 사물 주변에 찍힌다.—옮긴이) 같은 초자연적 현상과 사이비 과학이 미디어의 도움을 받아 광적으로 확산되고 있다.

인터넷에 떠도는 피라미드식 일확천금 계획과 마찬가지로 이익에 눈먼 사람들이 개설한 '리더십과 자기 계발' 과정은 모두 뉴에이지 운동에서 영감을 받았다. 중병 환자를 대상으로 삼는 온갖 돌팔이 치료법은 즉각적이고 놀라운 효과를 약속한다. 점점 많은 사람이 사이비 과학과 뉴에이지 사상에 현혹되고, 그들 중 상당수는 속임수에 넘어가 착취당하기도 한다. 그리고 이따금 비극적인 결과가 발생한다.

사람들은 자신의 믿음이 근거가 없고, 그 믿음이 참이라는 증거도 없다는 사실을 알게 되었을 때, 흔히 뉴에이지 사상의 영향을 받은 반박 논리를 이용한다. 즉, 진리의 개념을 정의하는 방식을 따진다. 그들에 따르면, 주장들은 참이기도 하고 거짓이기도 한데, 말하자면 어떤 주장은 단순히 **특정 사람들**이나 **특정 문화**에서만 참이다. "어떤 생각은 **당신**에게는 참이 아닐지라도 **내**게는 참이다!"

스웨덴에서는 모든 진리가 상대적이라는(즉, 사람마다 진리로 여기는 것이 다르다는) 생각과 다른 것보다 더 나은 문화적 가치는 없다는 생각이 특정 지식계뿐만 아니라 문화 논쟁에서도 장려된다. 안타깝게도 그런 애매한 사상은 지구 온난화 문제나 도덕적 양심과 관련된 일반 문제들을 해결하는 데 아무 도움이 되지 않는다. 오히려 새로운 계몽 프로젝트에 반드시 참여해야 할 사람들을 속인다. 사실 그런 상대주의적 태도는 심사숙고해서 결론에 도달하기보다 이 생각 저 생각을 교묘히 왔다 갔다 하는 것을 선호하는 사람들의 지적 게으름의 결과이다. 그리고 상대주의자들은 객관적인 진리가 없다면, 아무것도 **틀릴** 수 없다는 사실을 이해하지 못하는 것 같다! 상대주의는 형편에 따라 마음대로 자기를 강화하는 신념 체계이다.

상대주의자는 명확하고 과학적인 것을 믿기로 한 사람들에 대해 편견이 심하다. 흔히 상대주의자나 뉴에이지 운동가는 과학적인 사람들에게 이런 식으로 말한다. "당신은 과학으로 설명되는 것만 믿는군요! 어떻게 그렇게 편협할 수가 있나요!" 혹은 "그럼, **사랑**은 어떻게 되나요? 당신은 사랑을 안 믿나요? 분명히 사랑은 **설명**할 수 없으니 당신은 사랑을 믿지 않는다는 말이군요!"

일부 상대주의자와 뉴에이지 운동가는 자신의 모호한 사고방식을 옹호하기 위해 비판에 스스로를 단련시키고, 자신의 견해를 새로 등장한 사실에 맞춰 조정하기를 꺼린다. "당신은 과학적 근본주의자일 뿐이에요!"라는 기괴한 모욕 뒤에는, 흔히 과학과 과학자에 대한 경멸과 불관용 그리고 거대한 무지가 자리하고 있다.

스웨덴은 철저한 세속 국가이다. 다른 나라와 비교해 볼 때, 스웨덴에서 종교의 역할은 크지 않다. 국민 대부분이 스스로 무교라고 생각한다. 오늘날 스웨덴 루터 교회(과거 스웨덴 국교)의 메시지는 불명확하고 모호해서, 이들의 가르침을 신경 쓰는 사람은 거의 없다.

그러나 스웨덴도 유럽의 일부이며, 유럽의 상황은 전반적으로 몹시 심각하다. 오늘날 수많은 유럽 정치인이 기독교 가치를 회복해야 한다고 주장하며, 폴란드 같은 나라에서는 기독교 근본주의자들이 정권을 잡고 있다.

오랜 정교분리의 역사에도 불구하고, 오늘날 미국에서는 보수적인 기독교 운동이 정치에 강한 영향력을 행사한다. 이는 가톨릭 국가나 빠르게 정교일치 사회가 되고 있는 이슬람 국가들에서도 마찬가지이다. 이슬람 국가들은 샤리아 법을 국가의 기본법으로 삼고, 코란을 모든 인간이 지켜야 할 궁극적인 지도 원리로 만들려 한다.

새로운 계몽 시대

종교적 믿음은 사회와 정치 문제에 심각한 결과를 초래하기도 한다. 전 세계적으로 여성권, 낙태법, 줄기세포 연구, 산아 제한, 아동의 권리, 동물권, 안락사, 동성애, 결혼, 과학 등에 관해 여론이 형성될 때 종교관이 크게 영향을 미칠 수 있다.

오늘날 국제 정치 무대에서는 새로운 계몽을 추구하는 세속주의자와 보수적인 세계관을 고수하는 사람들이 사상 투쟁을 벌인다. 이런 충돌은 세계 정치뿐만 아니라 평범한 사람들의 일상에도 영향을 준다. 유럽을 포함한 전 세계는 테러리즘과 종교 근본주의에 맞서 전쟁을 벌이고 있다. 한때 희망을 주었던 '아랍의 봄Arab Spring'은 동력을 잃고 차가운 겨울로 변했으며, 이슬람 국가의 부침 과정에서 역대 최악의 섬뜩한 폭력이 자행되었다.

우간다, 수단, 시리아, 이라크 같은 나라에서 나타나는 최악의 종교 근본주의는 세계 곳곳에서 별로 지지받지 못한다. 그러나 도덕 원리가 '신'이 직접 내린 명령이라는 주장과 같이 근본주의의 기저에 깔린 생각들은 진보적인(그리고 주로 비종교적인) 스웨덴 같은 나라에서조차도 널리 확산되고 있다.

그런 도덕관은 과거의 유물이므로 모조리 폐기해야 한다. 그리고 그 자리에 계몽주의를 지향하는 세속적 휴머니즘을 심어야 한다. 그럴 때 비로소 **인간적인** 것이 핵심 주제가 될 수 있다. 우리는 과거 계몽 시대의 기본 가치와 이상을 다시 살려내야 한다. 우리가 사는 세계는 자연의 일부이며, 이곳에는 초자연적인 힘이나 마법이 작용하지 않는다는 생각을 받아들여야 한다. 그런 세계관이 우세할 때에야 비로소 인간과 신의 관계보다 인간과 인간의 관계가 더욱 주목받게 될 것이다. 윤리 문제는 종교와 분리해야 한다. 그렇게 해야 답을 쉽게 찾는다는 의미가 아니다. 그저 종교적 도그마에 물들거나 구속받지 않은 채 생각을 검증하고 평가해야 한다는 뜻이다.

세속적 휴머니즘의 토대는 자유사상, 즉 자연계를 연구하고 이해하는 힘이다. 비록 **모든 것**을 연구하고 이해할 수는 없지만, 진지하게 지식을 탐구하고 세상을 이해하려는 태도는 유연하고 독단적이지 않은 사람을 만든다. 그런 태도의 핵심은 호기심과 개방성이다. 열린 태도로 신중하게 검증하는 과학적 방법과 창의적이고 성찰적인 사고가 핵심 도구를 제공한다. 무엇보다 우리는 명확한 과학적 사고를 통해 인간은 선하며 신적 존재에게 복종하거나 명령받지 않아도 선행을 할 수 있다는 사실을 깨달을 수 있다.

이런 태도를 갖게 되면 사회 구조와 정치 형태를 세속적으로 바꾸고 싶은 욕구가 생기는데, 그런 환경에서는 모든 사람이 각자 가진 신념이나 문화적 배경과 상관없이 똑같이 존중과 배려를 받는다. 그런 사회의 법과 규범, 공공 영역은 특정 종교적 신념이 아니라 종교와 연계되지 않은 윤리 원칙을 반영한다. 종교와 정치는 분리된다. 모든 사람은 남에게 해를 끼치지 않는 한, 그리고 국교에 복종하도록 강요받지 않는 한 자신이 믿고 싶은 것을 믿을 수 있다. 그런 세속적 휴머니즘은 인간과 인간의 재능, 성장하고 변화할 수 있는 인간의 잠재력 등을 확고하게 믿는다. 또한 인간의 선의는 높은 곳에서 하사되는 것이 아니라 **인간 안**에서 나온다고 여긴다.

오늘날 인터넷이 구축한 글로벌 사회는 빠르게 변모하고 있다. 기업뿐만 아니라 국가도 점점 세계화되고 있으며, 당연히 개인도 마찬가지다. 전 세계에서 사람들이 목소리를 높여 자기 생각을 알리고, 전에 없던 지식과 기술로 경쟁한다. 소셜 미디어 덕분에, 외딴곳에 사는 사람도 정치 발전에 중요한 역할을 할 수 있다. 전에는 꿈만 꾸던 정보와 지식에 더 많은 사람이 접근할 수 있게 되었고, 세계정세를 걱정하는 사람도 더 많아졌다. 그리고 스스로의 행동으로 세상을 바꿀 기회가 더 많은 사람에게 생겼다.

우리는 모두 중요한 존재이다. 그러므로 의식적인 태도와 성찰하는 자세로 실재와 세상과 인간에 대한 자신만의 관점을 선택해야 한다. 이는 명확한 사고 기술을 스스로 훈련해야 한다는 의미이다.

명료하게 생각하는 법

1부

Light the Flame of Reason

명확한
사고의
기술

THE ART OF THINKING CLEARLY

01
열린 마음으로 세상과 만나기: 지식 탐구에 필요한 도구와 나침반에 관하여

> 대답이 아닌 질문으로 그 사람을 판단하라.
>
> – 프랑수아 마리 아루에François-Marie Arouet (일명 볼테르Voltaire)

　머리 위 하늘이 항상 흐렸다면, 인간이 세상과 우주에 대해 호기심을 품을 수 있었을까? 난 모르겠다. 별이 빛나는 밤하늘을 올려다본 사람이라면 아마도 가장 먼저 이런 위대한 실존적인 질문들을 던질 것이다. 저 너머에 무엇이 있을까? 나는 어디에서 왔나? 나는 왜 존재하는가? 저기에 아무것도 없는 것이 아니라 뭔가가 있는 이유는 무엇일까? 인간이 된다는 것은 무슨 의미일까? 나는 무엇을 믿어야 할까? 내 도덕적 가치관을 어떻게 정할 것인가? 그리고 마지막으로, 삶의 의미는 무엇인가?

　모든 사람은 어린이에서 어른이 되어 가는 험난한 여정에서 이런 영원한 질문들을 새로운 방식으로 맞닥뜨리고, 남은 생애 동안 끊임없이 그 질문들을 숙고한다.

좌충우돌 성장기

어렸을 때 나는 판타지 소설을 좋아했다. 그중 하나가 루이스 캐럴 Lewis Carroll(1832~1898)[4]의 《이상한 나라의 앨리스Alice in Wonderland》이다. '이상한 나라'는 모든 것이 가능한 환상적인 공간인데, 앨리스는 의심이 많은 아이였다. 이 책을 생각할 때마다 나는 늘 앨리스가 하얀 여왕을 만난 순간을 떠올린다. 앨리스가 "불가능한 것들은 믿을 수 없어요"라고 천진하게 말하자, 하얀 여왕은 오만하게 응수한다. "넌 연습을 많이 하지 않았구나. 나는 어릴 때 날마다 30분씩 그것을 연습했단다. 어떨 때는 아침을 먹기도 전에 불가능한 것들을 여섯 가지나 믿었지."

어렸을 때 나는 앨리스의 사고방식이 답답했다. 당연히 사람들은 불가능한 것도 믿으니까! 그때 이미 호기심은 내 인생의 강력한 추동력이었다.

또한 나는 유리 겔러Uri Geller라는 이스라엘 마술사 때문에 생각만으로 사물을 움직일 수 있다고 믿었다. 1972년에 겔러는 미국의 텔레비전 프로그램에 출연해서, 손을 대지 않았는데도 열쇠가 휘고 시계가 갑자기 멈추는 장면을 수백만 명의 시청자에게 보여주었다. 그는 놀라운 집중력으로 사물을 움직임으로써 초능력이 있는 척 사람들을 속였지만, 레이 하이먼Ray Hyman과 제임스 랜디James Randi 같은 회의주의자 마술사들에게 그 속임수를 들키고 말았다. 그러나 그들의 폭로 내용은 일반 대중에게 잘 알려지지 않았으므로, 어린아이인 내가 모르는 것은 당연했다.

어린 나는 유리 겔러를 너무나 선명하게 기억했으며, 물론 그의 초능력도 믿었다. 나는 성냥갑을 앞에 두고 앉아 있을 때가 많았고, 그때마다 내 모든 힘을 집중해서 성냥갑을 움직여보려 노력했다. 조금만, 아주 조금만, 제발 1밀리미터만이라도! 나는 정말로 성냥갑이 움직이기를 간절히 바랐다! 어쩌면 나는 내가 남과 다른 특별한 사람이라고 느끼고 싶었는지도 모르겠다. 내가 그렇게 믿고 싶다는데, 그렇게 믿지 말아야 할 이유가 어디에 있겠는가? 그러나 결코 그런 일은 일어나지 않았다. 어느 순간 나는 사실이기를 바란다는 이유만으로 그것이 실현되는 것은 아닌가 보다고 생각하기 시작했다. 오늘날은 유리 겔러가 사기꾼이라는 사실을 안다. 확실히 내가 속았다.

자라면서는 물리학을 포함해서 여러 과학 책을 탐독하기 시작했다. 그중에는 공상과학 소설들도 있었다. 나는 아이작 아시모프Issac Asiov의 《파운데이션 3부작The Foundation Trilogy》과 톨킨J. R. R. Tolkien의 《반지의 제왕Lord of the Rings》을 걸작이라고 생각한다. 세상을 알아가면서 쌓인 지식은 나를 매혹시켰던 '마법' 현상과 점점 충돌하기 시작했다. 내 안의 아이는 마법과 초심리적 현상, 신과 그 밖의 다른 초자연적 존재들을 어떻게든 계속 믿고 싶어 했지만, 어쩔 수 없이 나는 성장하고 있었다.

나는 스웨덴의 (스톡홀름에서 서쪽으로 약 48킬로미터 떨어진) 마리에프레드라는 소도시, 아니 실제로는 작은 마을에 불과한 곳에서 자랐는데, 그곳은 생활체육 말고 어린이들이 할 만한 놀이가 부족했다. 그런데 운동은 내게 맞지 않았다. 나는 살면서 한 번도 축구나 아이스하키를 해본 적이 없다. 열두 살이 되었을 때는 수학에 빠졌다. 다른 아이들이 축구를 하는 동안 나는 방에 틀어박혀서 곡선 그래프를 그렸다. 곧이어 텍사스 인스트루먼트Texas Instruments에서 만든 휴대용 계산기(TI59)와 개인용 컴퓨터(ABC80)를 가지고 프로그램을 짜기 시작했다. 나는 정말로 컴퓨터밖에 모르는 바보였다.

열다섯이 되었을 때, 우연히 영국 철학자 버트런드 러셀Bertrand Russell(1872~1970)의 글을 접했다. 처음 읽은 책은 러셀의 회고록이었는데, 그 책에 깊은 감명을 받았다. 러셀은 단순한 철학자가 아니었다. 그는 정치 운동가로서, 다른 사람들에게 영향을 주고 싶어 했다. 그는 10대였던 내 선택에 결정적인 영향을 미쳤다. 언젠가 읽은 그의 《나는 왜 기독교인이 아닌가Why I Am Not a Christian》(1958)는 나를 철학의 세계로 이끌었고, 사회와 정치 참여에 대한 관심을 촉발시켰다. 1950년에 러셀은 "인도주의적 이상과 사상의 자유를 옹호하는 중요한 저술을 다양하게 남긴 공로를 인정받아" 노벨문학상을 수상했다.

그즈음 나는 어떤 것이 사실이기를 바란다는 이유로 그것을 믿는 것은 지적으로 올바른 행동이 아니라는 사실을 마지못해 깨닫기 시작했다. 또한 믿을 만한 타당한 이유 없이 뭔가를 믿는 일은 자칫 비도덕적일 수 있다는 사실도 이해하게 되었다. 내가 믿고 싶은 것만 믿는다면, 내가 다른 사람을 대하는 방식도 어쩌면 완전히 자의적일지 모른다. 이제 나는 사람이란 자신의 신념을 정당화할 수 있어야 한다는 사실을 이해하기 시작했다. 어떤 주장을 사실로 받아들이려면 그럴 만한 이유가 있어야 한다. 바로 그런 이유로 마침내 나는 마법과 초심리적 현상에 대한 믿음을 포기했다. 그래도 마술 부리기는 계속 좋았으므로, 요즘도 여전히 마술놀이를 즐긴다.

내 머릿속에서 마술적 사고를 대신한 것은 현실에도 놀랍고 불가사의한 일들이 가득하다는 인식이었다. 과학계의 풀리지 않은 수수께끼는 소망을 이뤄주는 마법과는 차원이 다른 방식으로 나를 매혹시켰다. 수학, 물리학, 화학, 생물학 등에 존재하는 불가사의한 현상은 그것이 실재하기 때문에 훨씬 흥미로웠다. 좀 더 추상적이긴 하나, 그것도 마법이나 다름없었다.

나는 논리적 역설을 처음 접했던 순간을 결코 잊을 수 없다. 때는 만우절이었다. 그날 아침에 수학을 좋아했던 친구 하나가 내게 이렇게 말했다. "오늘은 만우절이니까 아무도 너한테 써먹은 적이 없는 수법으로 너를 속여볼 작정이야!" 이 말은 약간 무서우면서도 도전적으로 들렸다. 그래서 나는 하루 종일 친구가 하는 말과 행동에 신경을 곤두세웠지만, 아무래도 함정 같은 것은 없어 보였다. 마침내 저녁이 되었다. 하루를 되짚어보며 그가 나를 언제 혹은 어떻게 속이려 했었는지 곰곰이 따져보았다. 하지만 의심할 만한 점은 도무지 없었다. 생각에 생각을 거듭하다 보니 잘 시간이 되었지만, 잠이 오지 않았다. 다음날 그 친구와 마주친 나는 전날 그가 나를 골탕 먹이겠다는 약속을 지키지 않아서 어젯밤 잠을 설쳤노라고 짜증스럽게 말했다. 그러자 그가 의기양양하게 말했다.

"그러니까 넌 어제 내가 널 골탕 먹일 거라고 예상했단 말이지?"

"그래."

"그런데 난 널 골탕 먹이지 **않았고**. 그렇지?"

053

01. 열린 마음으로 세상과 만나기: 지식 탐구에 필요한 도구와 나침반에 관하여

"그랬지."

"하지만 넌 내가 골탕 먹일 거라고 **믿었지?**"

"그렇다니까."

"뭐, 그럼 내가 널 속인 게 맞네. 아니야? 넌 아침에 내가 한 말을 그대로 믿었으니까!"

친구의 말을 듣는 순간, 나는 녀석이 나를 속이지 **않음**으로써 사실상 나를 속였다는 사실을 깨닫게 되었다. 더 정확히 말하면, 그가 나를 전혀 속이지 **않았기** 때문에, 내가 속은 것이었다. 여러 해가 지나서 나는 그 친구가 당시 읽었던 미국의 철학자 겸 논리학자 레이먼드 스멀리언Raymond Smullyan(1919~2017)**5**의 책에서 역설적 속임수를 빌려왔다는 사실을 깨달았다.

10대 반항기를 거치면서 나는 컴퓨터밖에 모르는 바보에서 벗어나 특별히 여자아이들 앞에서 멋진 모습을 보여주고 싶어졌다. 그때 떠오른 방법은 기타를 배워 록밴드 활동을 하는 것이었다. 밴드 활동은 마리에프레드에서 북서쪽으로 약 16킬로미터 떨어져 있는, 마리에프레드보다는 조금 크지만 여전히 작은 마을인 스트랭네스에서 보낸 내 고등학교 시절의 주된 생활이었다. 나는 자주 학교 수업을 빼먹고, 통근 열차로 스톡홀름으로 가서 악기를 연주하고 나이트클럽을 들락거렸다.

스무 살에는 한 록밴드에서 기타를 연주했는데, 당시 나는 내가 음악가가 될 줄 알았다. '히어로즈Heroes'라는 이름의 우리 밴드는 음반도 냈으며, 당시 나는 영국 음악계에서 인맥을 쌓아 음반 계약을 따낼 목적으로 런던으로 자주 여행을 갔다. (만약 당신이 우리 밴드의 이름에서 데이비드 보위David Bowie의 영향력을 느꼈다면, 그 느낌은 틀리지 않았다.) 그러나 결국 나는 런던 나이트클럽의 생활과 음악계가 내게 맞지 않는다는 사실을 깨달았고, 심지어 거기에서 삶의 방향마저 잃고 말았다. 밴드 일이 잘 풀리지 않았으므로, 얼마 지나지 않아 스웨덴 집으로 돌아가기로 마음먹었다.

집으로 돌아가는 길에 우연히 더글러스 호프스태터가 1979년에 출간한 《괴델, 에셔, 바흐: 영원한 황금 노끈》을 사게 되었다. 집으로 가는 내내 그리고 집에 도착하고 몇 주에 걸쳐 그 책을 탐독했다. 그것은 미술과 음악, 수학과 철학의 문제들을 대위법이라는 흥미로운 방식에 따라 분석한 대단히 인상적인 책이었다. 나는 완전히 새로운 세계에 눈을 뜨게 되었다. 이것이야말로 내가 원하던 삶이었다! 문득 10대 시절 수학을 향해 품었던 열정이 되살아났고, 곧이어 웁살라 대학교에서 수학, 철학, 컴퓨터 공학을 공부해야겠다고 결심했다. 내가 이 모든 관심 영역을 한데 엮고 싶어 한다는 사실과 음악은 그저 취미로 삼고 싶었다는 사실도 깨닫게 되었다. 사실 호프스태터의 책이 유명해진 다음부터는 공붓벌레들의 인기가 올라가기 시작했다. 우리 공붓벌레에게도 희망이 생겼다!

지금 나는 과거에 내가 지나치게 공부만 했다는 사실을 인정하지만, 대학 생활에서 습득한 사고 도구에 대해서는 마음 깊이 고맙게 생각한다.[6]

열린 사고

가장 즐거운 여행은 호기심과 경이로움에 자극받아 지식과 통찰을 얻는 여행이다. 그런 여행의 놀라운 점은 여행을 하면 할수록 더 많은 것을 발견할 수 있다는 사실이다. 또한 이해하는 내용이 많아질수록, 원칙적으로 이해 가능한 것 중에서 실제로 이해하는 것은 얼마나 적은지도 깨닫게 된다.

그런 여행을 제대로 하려면, 적절한 장비를 준비해서 가방을 꾸려야 한다. 덫에 걸리지도 길을 잃지도 않으려면 특수 장비가 필요한데, 무엇보다도 방향을 제대로 알려줄 나침반이 중요하다. 이 책은 그런 여행에 필요한 도구들을 소개하고 독자에게 나침반을 제공하기 위해 노력한다. 그와 동시에 우리가 너무나 쉽게 빠지고 마는 함정과 막다른 골목도 함께 다룬다.

한 가지 중요한 도구는 개방적 태도이다. 사람은 마음을 열 줄 알아야 한다. 그런데 '열린 마음'이란 무슨 의미일까? 종종 나는 다른 사람들과 이 주제에 관해 이야기를 나누곤 하는데, '열린'이라는 개념이 곡해되는 경우를 자주 본다. 예를 하나 들어보겠다.

당신은 친구와 함께 유령이 나온다는 집에 관한 TV 프로그램을 보고 있다. 출연자 중에는 교령회를 열어 '저세상'으로 떠난 고인과 소통할 수 있다고 주장하는 '영매'가 있다. 나중에 당신은 친구와 그 프로그램에 관해 대화를 나눈다. 친구는 망자의 유령과 영혼이 정말로 존재하므로 이들과 소통할 수 있는 사람도 당연히 있다고 주장한다. 그러나 당신은 유령이나 영혼 따위는 없다고 생각하므로, 이른바 '영매'

라는 사람들은 사기꾼이거나 스스로를 속이고 있다고 말한다. 그러자 친구는 이렇게 말한다. "제발 좀! 마음을 좀 열어봐! 그렇게 속 좁게 굴지 말라고! 유령이 존재하느냐 아니냐에 관해서 좀 더 열린 사고를 해봐."

내가 얼마나 자주 그런 상황에 처하는지 모른다! 어떤 때는 텔레비전을 보다가, 어떤 때는 평범한 일상 대화를 나누다가 그런 상황을 만난다. 그러나 앞의 대화에는 석연치 않은 점이 있다. 당신과 친구 중 어느 쪽이 더 열린 마음을 가진 걸까? 무언가를 믿는다고 해서 열린 태도를 가졌다고 말할 수 있을까? 사람이 얼마나 개방적인가 하는 문제는 믿음의 유무와 무관해야 하지 않을까? 그보다는 새로운 사실과 증거에 기초해서 자신의 견해를 바꿀 의사가 얼마나 있느냐에 따라 판단해야 하지 않을까?

유령의 존재를 믿지 않는 회의주의자는 확실히 덜 개방적인 사람으로 보인다. 그 사람은 이런 고집스런 주장을 할지 모른다. "나는 절대로 유령 따위는 믿지 않아. 대낮에 눈앞에서 맞닥뜨린다고 해도 말이야!" 확실히 이런 태도는 그리 개방적이지 않다. 그러나 훗날 인간의 영혼이 사후 세계에서도 계속 존재한다는 사실이 증명된다면, 그리고 이들 '영혼'과 소통할 수 있는 채널을 마련할 수 있게 된다면, 그 회의주의자는 생각을 바꿔 망자와 대화를 나눌 수 있다고 믿기 시작할 것이다.

한편, 유령을 믿는 사람의 마음이 덜 열렸을 가능성도 있다. 이 사람이 이렇게 말했다고 상상해 보자. "전에 내가 말로 표현하기 어려운 아주 이상한 사건을 목격했는데, 그때 본 일은 절대로 과학적으로 설명할 수가 없어. 그러니까 난 유령이 있다고 계속 믿을 거야!" 이런 경우에 이 사람은 열린 마음의 반대인 대단히 편협한 사고를 가졌다고 말해야 한다.

다른 예로 나와 내 친구가 다른 행성에 생명체가 존재하는가를 두고 토론을 벌인다고 해보자. 내가 다른 행성에 생명체가 존재한다고 말하자 친구는 바보 같은 생각이라고 일축한다. 우리 중 누가 더 열린 사고를 가졌을까? 믿음의 유무만으로는 이 질문에 명확히 답하기 어렵다.

또 다른 예를 들어보겠다. 내 무릎 위에 작고 검은 상자가 밀봉된 채로 놓여 있고, 내가 아담과 이브라는 두 친구에게 이렇게 말한다. "너희는 이 상자 안에 사과가 있다고 생각하니? 직관과 상식을 동원해서 한번 추측해봐. …… 자, 이 상자 안에 사과가 있을까?"

아담은 상자 안에 틀림없이 사과가 있다고 말했고, 이브는 상자가 비었다고 생각했다. 한 사람은 사과가 **있다**고 생각하고 한 사람은 사과가 **없다**고 생각한다는 사실을 안다는 것만으로는, 둘 중 누가 더 열린 사고를 하는지 가릴 수 없다. 정리하면 개방성의 정도는 그 사람이 무엇을 믿느냐에 좌우되는 것이 아니라, 새로운 사실이 발견되었을 때 자신의 생각을 바꾸는 **의지**에 달려 있다.

그러나 오늘날에는 A라는 사람이 유령, 비행접시, 외계인의 납치 등을 믿고, B라는 사람이 그런 것들에 회의적일 경우, A가 B보다 더 열린 사고를 가졌다고 주장하는 사람들을 흔히 만난다. 그런 견해의 이면에는 어떤 생각이 깔려 있을까? 정신 나간 소리처럼 믿기 어려운 생각들을 믿는다는 이유만으로 열려 있다고 인정할 수 있을까? 확실히 이런 견해는 이치에 닿지 않는다.

믿음의 내용만으로 사고의 열린 정도를 측정하는 것이 부적절하다는 사실을 명확히 보여주는 사고 실험을 하나 해보겠다. 오늘날 유럽의 수많은 극우주의자 가운데는 제2차 세계 대전 중에 홀로코스트가 **일어났다**는 사실조차 부정하는 사람들이 있다. 이는 전적으로 터무니없는 태도이다. 그런데 홀로코스트가 일어났다는 사실을 확신하는 평범한 우리와 달리, 그것을 부정하는 사람들은 그런 믿음을 가졌다는 이유만으로 **우리보다 더 사고가 열려 있다고** 말할 수 있을까? 그렇지 않다. 그것은 단순히 우스꽝스럽기만 한 정도가 아니라 어리석기 그지없는 생각이다.

지금까지 인류는 달에 가본 적이 없으며, 1969년 달 착륙 영상은 할리우드 스튜디오에서 조작한 화면이라고 확고하게 주장하는 사람들은 과연 열린 사고를 가졌을까? 이들이 달 착륙이 실제 일어난 일이라고 믿는 사람들보다 더 열린 사고를 가졌다고 말하기는 힘들다.

오히려 '개방성'은 호기심과 유사한 특성으로 봐야 한다. 열린 마음이란 새로 접한 사실이나 관점에 끊임없이 민감하게 반응하며, 거기에 맞게 자신의 가치관과 관념을 수정하려 애쓰는 태도를 의미한다.

그런데 어떤 사상을 꼼꼼하게 따지기 위해서는 그저 열린 마음만으로는 부족하다. 가능한 사실로 생각하기에 합리적이라고 볼 만한 기준이 필요하다. 스웨덴 철학자 잉게마르 헤데니우스Ingemar Hedenius는 그 자신이 '지적 정직의 원칙the principle of intellectual honesty'이라 부른, 매우 단순하지만 유익한 원칙을 지켜야 한다고 주장했다. 즉, 그것을 사실로 여길 만한 타당한 이유가 있을 경우에 한하여 그 사상을 믿어야 한다는 것이다.

이는 가장 합리적이거나 그럴듯한 것을 고르기 위해 가능한 한 모든 대안을 탐구할 준비를 갖추어야 한다는 사실을 의미한다. 그런 태도는 훌륭하고 참된 개방성의 구성 요소이며, 이는 아무렇게나 던져진 생각을 함부로 받아 삼키려는 태도와 상반된다. 순진하게 잘 속는 태도를 '열렸다'고 말하기는 어렵다. 그것은 그저 미성숙한 사고방식의 징후일 따름이다. 미국 슬로건 중에 이런 표현이 있다. "뇌가 밖으로 나올 정도로 너무 활짝 생각을 열지는 마라." 이런 표현대로라면 누가 열린 사고를 하고 싶겠는가?

그러나 많은 사람이 비합리적이거나 그럴듯한 증거가 없는 것들을 믿는다. 비합리적인 사상들 중에는 사회적으로 높은 권위를 인정받는 것도 있고, 짜릿하거나 신비스럽다고 여겨지는 것도 있다. 바로 이점이 '뉴에이지 영성New Age Spirituality'이 오늘날 유행하게 된 이유 중 하나다. 그러나 만약 자기 자신과 타인에 대해 지적으로 정직한 태도가 중요하다고 느낀다면, 그런 근거 없는 '이유들'은 사상의 진위를 판단하는 데 아무 영향을 미치지 않을 것이다.

오컴의 면도날

같은 현상을 두고 여러 설명이 경합할 때 **가장 단순한 것**을 선택해야 한다는 아주 오래된 기본적인 철학 원리가 있다. 예를 하나 들어보겠다.

어느 날 내가 귀가한 후 우리 집 창문이 깨져 있고 텔레비전이 없어진 것을 발견했다고 가정해보자. 이 상황에 대해 다양한 설명이 나올 수 있지만, 그중 세 가지만 추려보면 다음과 같다.

1. 비행접시를 타고 지구에 온 외계인이 우리 집 창문을 부수고 들어와서 텔레비전을 훔쳐 갔다.
2. 도둑이 우리 집 창문을 부수고 들어와서 텔레비전을 훔쳐 갔다.
3. CIA 요원이 현대 과학으로는 설명할 수 없는 기술을 사용해 내 텔레비전을 다른 차원으로 순간 이동시켰다.

이 세 가지 설명 중 가장 간단하고 합리적이며, 그렇기 때문에 가장 좋은 설명은 두 번째이다(첫 번째나 세 번째 설명을 진지하게 생각해볼 만한 근거가 되는 새로운 정보가 나타나기 전까지 그렇다).

이런 식의 사고 방법은 과학적으로 설명할 수 없는 초자연적인 현상에도 적용할 수 있다. 가령, 다음의 두 가지 주장을 보자.

1. 나는 인간이 가진 초자연적인 능력들은 제7의 감각이 있다고 가정했을 때 제대로 이해될 수 있다고 생각하며, 제7의 감각은 그것을 가정하지 않으면 접근할 수 없는 정보와 지식을 제공한다.
2. 나는 인간이 가진 초자연적인 능력들은 특정 분야 연구자들이 확립한 과학적 설명을 통해서 제대로 이해될 수 있다고 생각한다. 이런 설명에는……[7]

가장 간단하고 그럴듯한 과학적 설명이 가장 좋다고 믿는 것보다 더 겸손하고 더 열린 태도가 어디 있겠는가? 좋은 설명이란 간단한 것이라는 생각을 대개 '오컴의 면도날Ockham's razor'[8]이라 부른다.

간혹 "과학으로는 이런 것들을 설명할 수 없다"는 주장을 듣는데, 여기에서 이런 것들이란 아마 의식의 본질, 생명 혹은 우주의 기원 같은 주제일 것이다. 그러나 그런 자신만만한 선언은 독단적이면서 편협하다. 인간성이란 결국 이런 것이라고 (혹은 이런 것이 아니라고) 단언할 수 있는 사람이 과연 있을까? 물론 **지금** 우리가 설명할 수 없으니 앞으로도 그것을 **영영** 설명할 수 없다는 의미는 아니다.

이런 식의 자기 확신적 주장들은 그동안 **설명된 것**과 원칙적으로 **설명 가능한 것**을 혼동한 데서 기인한다. 의식의 본질이 좋은 예다. 많은 사람이 뇌에서 일어나는 의식 작용을 깊이 연구해서 그에 관해 타당한 이론을 제시해 왔지만, 모든 과학자가 동의하고 인정하는 완벽한 의식 이론은 아직 없다. 그러나 이런 사실은 앞으로 의식이 설명될 수 있을 것인가에 관해 어떤 정보도 주지 않는다. 우리는 그저 겸허히 열린 마음으로 미래 지식을 기다리며 이렇게 말해야 한다. "오늘날의 과학은 의식의 본질을 제대로 설명하지 못하지만, 미래에 언젠가는 설명할 수 있을 것이다. 지금은 그저 모를 뿐이다."

뉴에이지 운동을 펼치는 사람들은 종종 이렇게 주장한다. "내가 경험한 사건은 설명할 수 없는 것이므로, 초자연적인 현상이 분명하다!" 그러나 자신이 설명할 수 없는 현상이라고 해서 그것을 과학적으로 전혀 설명할 수 없고, 앞으로도 설명할 수 없을 것이라고 생각해야 할 이유가 있을까? 좀 더 건전한 관점은 자신이 설명할 수 없어도 다른 누군가, 자신보다 지식이나 능력이 많은 사람이 설명할 수 있으리라고 생각하는 것이다. 불가사의한 사건을 설명하지 못하는 자신을 아마도 진짜 설명을 암시할지도 모를 오랜 연구 결과들보다 더 신뢰할 만하다고 생각하는 것은 오만한 태도이다. 과학적 결과물의 가치를 무시하고 자신의 개인적 경험에 최고의 권위를 부여하는 것은 겸손하지 못한 태도이다.

자신의 유한한 인생 경험에만 근거해서 사고하고 축적된 모든 과학적 연구 결과를 거부하는 태도는 새로운 통찰력으로 이어지기 어렵다. "내가 거기에 있었지만 그 문제를 해결할 수 없었기 때문에, 그것은 전혀 해결될 수 없는 문제이다!"라고 말하는 사람은 그 불가사의를 설명할 수 있는(혹은 없는) 자신의 (무)능력과 시간이 지나도 변치 않는 좀 더 일반적인 '설명 가능성'의 의미를 그저 혼동하고 있다. 그들의 말의 진짜 의미는 이것이다. "그때 무슨 일이 일어났는지 내가 알 수 없다면, 맹세코 아무도 알 수 없다." 이것은 아주 오만한 생각이다. 사람은 겸손해야 한다.

생각의 함정

지혜로운 소크라테스는 실제로는 모르는 것을 안다고 믿어서는 안 된다고 주장했다. 사형 선고 후 법정에서 최후 변론을 할 때 그는 이렇게 말했다(아니 적어도 플라톤은 그렇게 적었다).

나는 이 사람보다 현명하다. 우리 중 누구도 가치 있는 무언가를 알고 있을 가능성이 적지만, 그는 모르는 것을 안다고 생각하는 반면 나는 모르는 것을 안다고 생각하지 않는다. 그러므로 이 점과 관련해서, 즉 나는 내가 모르는 것을 모른다고 생각한다는 점에서 그보다 좀 더 현명하다.

사람의 지식을 과대평가하는 것은 옳지 않다. 또한 사람의 판단이 그릇된 길로 빠지게 내버려두는 것도 옳지 않다. 영국의 철학자 프랜시스 베이컨Francis Bacon(1561~1626)은 모든 사람이 쉽게 빠지는 생각의 함정들을 이론화한 최초의 인물이다. 베이컨은 과학이 유용한 학문이 되려면 체계화되어야 한다고 생각했다. 특별히 연구 논문과 학술지 등을 통해 연구 결과를 수집하고 배포해서 같은 실수를 반복하지 않게 해야 한다고 주장했다. 베이컨은 《신기관Novum Organum》(1620)에 이렇게 썼다.

인간의 마음은 투명하고 균질한 유리와 본질적으로 달라서 입사된 사물을 있는 그대로 반사하지 못한다. 아니, 어쩌면 그것은 마법 거울과 같아서, 거기에는 사기와 미신이 가득할지 모른다.

베이컨은 종종 사고를 그릇된 방향으로 이끌고 지식을 향한 여정을 막다른 골목에 다다르게 할지 모를 네 가지 '우상'('가짜 신'이 아닌 '그릇된 사상'을 의미한다)에 관해 썼다. 베이컨의 네 가지 우상을 내 방식대로 설명하면 다음과 같다.

1. **종족의 우상**Idola tribus: 첫 번째 인지 함정은 과잉 일반화 경향이다. 우리는 상황을 해석하는 습관적 방식과 관념에 따라 사실들을 해석한다. 자연에 존재하지 않을지 모르는 질서를 자연에 부여하고, 범주를 설정하고 유형별로 분류해서, 한 범주의 일부 구성원이 특정 속성을 가진 경우 나머지도 모두 그런 속성을 가졌다고 치부해버린다. 이런 인지 함정을 통해 여성, 독일인, 동성애자, 아프리카인 혹은 일반화해서 다른 사상에도 적용해 보려고 마음먹고 생각해낸 어떤 집단이든, 그들에 대한 편견이 만들어진다.

2. **시장의 우상**Idola fori: 두 번째 인지 함정은 유행어, 진부한 표현, 널리 퍼진 견해 등에 이끌려 무비판적으로 사고하는 경향이다. 인간의 언어는 부정확하고 모호하다. 사람은 자신이 말하는 내용이 무엇인지 정확하게 파악해야 하는데, 그렇게 하지 못하면 어처구니없게도 불필요한 오해를 불러일으키고 부정확한 언어에 사고를 지배당할 수 있다. 가령, 앞에서 논의한 '개방성'이라는 용어를 생각해보자. 이 단어는 자주 오용되는데, 그 때문에 우리는 잘못된 방향으로 사고하게 된다.

3. **동굴의 우상**Idola specus: 세 번째 인지 함정은 자신의 관점으로만 세상을 바라봄으로써 진실에 닿지 못하게 하는 소망적 사고를 하는 경우다. 이에 더해, 타고났든 훈련의 결과든 우리가 가진 한계는 우리가 관찰한 것들을 해석하는 방법을 결정한다. 여기에서 우리는 '인지 편향cognitive bias'이라 불리는 상황을 만나게 되는데, 이는 자신의 믿음에 어긋나는 사실을 찾는 대신, 기존 믿

음을 강화하려는 경향을 말한다. 이런 식이다. "내가 설명할 수 없기 때문에, 그것은 설명 불가능한 문제임이 분명하다."

4. **극장의 우상**Idola theatri: 네 번째 인지 함정은 유명한 가르침이나 교리 혹은 전통을 무비판적으로 믿는 경향이다. 한 가지 유형으로는 어떤 것에 대해 이론을 확립한 권위자가 있다. 그의 제자들은 맹목적으로 그의 이론을 따르는 경우가 있다. 또 다른 유형으로는 모호하고 불분명한 신학적 사유 체계가 있는데, 이는 극장에서 보는 연극처럼 순전히 상상력에서 나온 생각이다. 어떤 사람들은 그것이 존경받는 옛 전통에 속한다고 주장하지만, 그것을 무조건 믿을 이유는 없다. 오히려 그 내용을 더욱 비판적으로 따져봐야 한다.

합리성과 지혜

합리적이고 현명하다는 것은 무슨 의미일까? 내가 생각하는 '합리적 사고'는 일관적이고 모순이 없는 추론이다. 합리적 추론은 정의상, 타당한 추론 단계 즉 일련의 논리적 단계로 구성된다(그러나 그 안의 전제들은 현명하거나 어리석을지 모른다). 그 반대인, '비합리적 추론'은 하늘 아래 어느 길로도 이어질 수 있는, 혼란스럽고 비논리적인 생각의 사슬이다.

합리적 추론의 장점은 그 결과가 기계적으로 늘 옳다는 것이다. 즉, 논리적 추론을 거쳐 얻어진 산출물은 그 투입된 정보가 참인 한 항상 참이다. 그러나 합리적 추론의 결론이 참이 아닐 때가 있다. 다수의 전제 중 하나라도 거짓이면, 합리적 추론의 결론도 거짓이 된다. 예를 들어, 다음과 같이 전제를 세웠다고 해보자.

(a) 현존하든 멸종했든 모든 동물은 6,000년 전에 창조되었다.
(b) 공룡은 멸종 동물이다.

여기에서 우리는 다음과 같은 논리적 결론을 도출할 수 있다.

(c) 공룡은 6,000년 전에 창조되었다.

이 예에서 추론 과정은 오류가 없지만, 전제 (a)가 거짓이므로 결론 역시 거짓이다. 잘못된 전제는 반드시 잘못된 결론으로 이어진다!

그런데 …… 앞의 마지막 몇 문장에서 내가 저지른 중대한 논리적 오류를 혹시 발견한 독자가 있을지 모르겠다. 오류를 발견한 사람들에게는 축하를 드린다! 혹시 발견하지 못했다면 다시 한 번 시도해보라. 귀띔을 하자면, 잘못된 전제가 하나라도 있으면 **반드시** 잘못된 결론으로 이어진다는 문장은 실제로 논리적인 주장일까?

그렇지 않다. 내 주장은 틀렸다. 내가 저지른 중대한 오류를 지적해 준 사람은 내 책을 영문으로 번역해준 더글러스 호프스태터였다. 다음의 네 가지 간단한 반례를 통해 내가 얼마나 큰 오류를 저질렀는지를 밝혀준 그에게 감사한다.

01. 열린 마음으로 세상과 만나기: 지식 탐구에 필요한 도구와 나침반에 관하여

전제1: 1+1=1 (거짓)

전제2: 2+2=5 (거짓)

결론: (좌변과 우변을 각각 더해서): 3+3=6 (참)

전제1: 크리스테르 스투르마르크는 중국에서 태어났다. (거짓)

전제2: 중국인은 모두 스웨덴어를 유창하게 한다. (거짓)

결론: 크리스테르 스투르마르크는 스웨덴어를 유창하게 한다. (참)

전제1: 버락 오바마는 케냐에서 태어났다. (거짓)

전제2: 케냐인은 모두 배꼽이 있다. (참)

결론: 버락 오바마는 배꼽이 있다. (참)

전제1: 버락 오바마는 하와이에서 태어났다. (참)

전제2: 하와이에서 태어난 사람은 모두 미국 대통령이 된다. (거짓)

결론: 버락 오바마는 미국 대통령이 되었다. (참)

이 흥미로운 네 가지 예는 앞선 내 주장을 반박한다. 즉, "다수의 전
제 중 하나라도 거짓이면, 합리적 추론의 결론도 거짓이 된다"는 주장
은 그야말로 완전히 거짓이었다. 확실히 이것은 솔깃한 아이디어였고,
어쩌면 당신은 그 주장이 완벽하게 타당하다고 생각했을지 모르겠다.
나 자신도 거기에 완전히 속았듯이, 이제 독자 여러분은 상황이 좀 더
미묘하다는 사실을 파악했을 것이다. 여기에서 내가 얻은 교훈은 우리
모두 경험을 통해 배워야 하며, 그렇게 할 때 서서히 그러나 확실히 더

논리적이고 합리적이며 명확하게 사고하는 사람이 된다는 사실이다.

합리적 논증의 결론은 **도덕적으로** 옳거나 바람직할 필요가 없다. 합리적 논증에서는 도덕적 차원을 고려할 필요가 없다. 물론 전제들이 도덕적 가치에 관한 문제가 아닐 때에만 해당되는 말이다. 도덕적 가치관은 사람마다 다를 수 있으므로, 한 가지 합리적 방법으로 도출된 결론을 모든 사람에게 적용하지는 못할 텐데, 그 이유는 사람마다 다양한 도덕적 가치관을 전제로 삼을 것이기 때문이다. 더구나 어떤 관점에서는 합리적으로 보이는 것이 다른 관점에서는 비합리적으로 보이기도 한다. 즉, 합리성은 맥락에 의존한다.

만약 성인이 산타클로스에게 편지를 쓴다면, 그 행위는 비합리적이고 유치하다는 말을 들을 것이다. 그러나 그 편지를 다섯 살짜리가 쓰고 있다면, 이는 충분히 합리적인 행동이다. 그 아이는 산타클로스의 존재와 자신의 편지가 크리스마스트리 아래에 놓일 선물에 영향을 미칠 수 있다는 사실을 정말로 믿고 있기 때문이다.

합리성이 도덕적 정당성을 확보하려면, 거기에 지혜를 첨가해야 한다. 합리성만으로는 지혜가 생기지 않는다. 그럼, 지혜란 무엇일까? 그리고 지혜로운 행동과 단순히 **합리적인** 행동을 어떻게 구분할까? 합리적이라는 의미는 알려진 사실과 논리적으로 모순되지 않는 결론을 도출한다는 것이다. 합리적 결론은 전제들에서 논리적으로 도출되므로 당연히 반박되지 않는다. 그러나 지혜는 그 차원을 넘어선다.

인간의 지혜는 **수단**뿐만 아니라 목적과도 관련이 있다. 지혜는 도덕적 선악과도 관계가 있다. 지혜는 합리성을 필요로 하지만, 합리성은 지혜를 필요로 하지 않는다. 합리적 논증은 논리적 단계가 기계적으로 연결된 것이나, 지혜는 결론이 암시하는 내용을 주의 깊게 들여다보고 도덕적으로 판단하는 것이다. 지혜는 합리성보다 포괄적이어서 정확하게 포착해서 설명하기가 매우 어렵다.

현명한 추론은 합리적이나, 합리적 추론이 늘 현명한 것은 아니다.

자신만의 생각으로 인생철학 세우기

세상은 어떤 모습이고, 나는 어떻게 살아야 할까? 정말로 중요한 것은 무엇일까? 우리는 살면서 한 번씩 그런 질문들을 곰곰이 생각해본다. 적어도 한 번쯤은 누구나 세상이 어떤 모습이고 그 안에서 자신이 무엇을 해야 하는지에 관해 나름대로 일관된 그림을 그려보려고 노력한다. 그 과정을 거쳐 결국 자신만의 인생철학을 구축한다.

누군가에게 인생철학이 있다는 것은 그가 실재의 본질을 믿으며, 인생을 어떻게 살아야 하는지, 자신과 타인 그리고 다른 생명체와 환경을 어떻게 취급해야 하는지를 잘 안다는 의미이다. 모든 인생철학에는 두 가지 면이 있는데, 하나는 기술적인 면(상황이 **어떤 모습인지**에 관한 설명)이고, 다른 하나는 규범적인 면(상황이 **어떠해야 한다고** 느끼는지에 대한 설명)이다. 기술적인 인생철학은 우주가 어떻게 구성되었는지를 이해하기 위해 노력하는 반면, 규범적인 인생철학은 인간의 본성을 파악하고 가치 체계를 확립하는 것을 목표로 삼는다. 종교와 인생철학에는 그 두 차원이 모두 담겨 있다.

'종교'라는 개념은 일반 대중이 합의하고 포괄적인 설명으로 포착하기 어려운 문화를 표현한다. 종교를 단순하게 정의하면, "인간 생활에 관여하거나 관여하지 않는 더 높은 초자연적인 힘에 대한 믿음"일 것이다. 흔히 종교는 하나 혹은 다수의 신 또는 초자연적 존재의 개념에 기초한다. 많은 종교인이 "개인적이고 의식적인 신"을 이야기하지만, 다른 사람들은 '신'이란 무엇인가에 대해 모호하게 생각한다.[9]

당연히 인생철학은 신이나 초자연적인 힘을 상상하지 않고도 세울 수 있다. 인생철학에는 마술적 존재가 불필요하다. 기술적이든 규범적이든, 광범위하고 체계적이며 일관성 있는 견해만 제공할 수 있으면 된다. 신이나 초자연적 존재는 선택 사항이다. 그러므로 모든 종교는 인생철학이지만, 모든 인생철학이 종교는 아니다.

다 아는 사실이지만, 신을 믿지 않는 사상을 **무신론**이라 부른다. 그 반대인 **유신론**은 (하나 혹은 다수의) 신을 믿는 사상이다. 유신론이든 무신론이든, 이것들이 그 자체로 인생철학이 될 수 있을까? 우선, 스웨덴 백과사전에서는 '인생철학'이라는 용어를 이렇게 정의하고 있다.

인간과 우주에 관해 큰 그림을 그리게 하거나 그것에 지대한 영향을 미치는 이론적이고 가치 판단적인 일련의 사상이며, 일련의 기본 신념을 표현하고 가치 체계를 포함한다.

이런 이유로, 오래 전해 내려온 사상이라고 해서 그것이 인생철학의 구성 요소가 될 수 있다고는 말할 수 없다. 예를 들어, 내가 다른 행성에 생명체가 산다고 믿는다고 해서, 그것 자체가 인생철학은 아니다. 이것은 한 가지 문제에 대한 견해에 불과하다. 여기에는 도덕적

함의가 전혀 들어 있지 않다(즉, 규범적인 면이 전혀 없다).

내가 무신론자, 즉 신(혹은 괜찮다면, 하나님)의 존재를 믿지 않는 경우에도 마찬가지다. 한 번 더 말하지만, 그런 태도는 한 가지 개별 질문에 대한 관점일 뿐이어서 각종 윤리적 함의를 포함한 전반적인 인생철학을 구성하기에는 부족하다. 당연히 유신론의 경우도 마찬가지다. 유신론(신의 존재를 믿음) 역시 인생철학이 되지 못한다. 그것도 한 가지 믿음에 불과하다.

고통스러운 동물 실험 중단, 낙태 금지, 동일노동 동일임금 등의 주장도 그 자체로는 인생철학이 아니다. 그러나 이런 주장들은 모두 개인의 인생철학에 **근거**한 그 사람의 도덕적 관점에 속하는 입장이 될 수 있다. 요약하면, 인생철학이란 광범위하고 합리적이며 일관된 관념 체계이다.

인생철학의 **기술적**인 면에는 유효한 지식에 대한 정의와 그것을 활용하는 방법에 관한 이론(철학에서는 이것을 '인식론'이라 부른다) 그리고 무엇이 존재하고 실재하는지에 관한 이론(이것은 "존재론"으로 불린다)이 모두 포함된다.

인생철학의 **규범적**인 면에는 인간의 가치와 권리에 관한 기본 관념이 포함되며, 여기에 (반)인종주의, 페미니즘, 동물권, 환경 문제 등에 관한 견해도 추가할 수 있다. 우리가 가진 모든 가치관이 인생철학의 규범적인 면에 해당한다.

대부분의 사람들은 살면서 이따금 존재에 관한 기본적인 질문들을 숙고하기 마련이다. 물론 그 문제를 생각하는 정도는 사람마다 차이가 있다. 그러나 많이 생각하든 적게 생각하든, 누구나 그런 문제들에 자신만의 견해를 가진다. 기본적인 인생철학이 없다면, 세상을 헤쳐 나가고 일관된 방식으로 주변을 바라보는 데 어려움을 느낄 것이다.

인생철학에서 기본적인 질문들은 무엇일까? 당연하지만, 그런 질문들은 다양한 방식으로 표현될 수 있다. 그러나 아마도 핵심 질문들에는 다음의 내용이 포함될 것이다.

1. 지식과 앎에 관한 질문들: 우리는 실재에 관해 무엇을 알 수 있나? 안다면 그 무엇을 어떻게 알 수 있는가? 결국 지식이란 무엇인가? 지식을 얻기 위해 우리는 어떤 방법들을 사용할 수 있는가? 이것들은 지식론 혹은 인식론과 관련된 질문이다.

2. 존재하는 것과 실재의 본질에 관한 질문들: 이것은 존재론적 질문이다. 여기에는 신(들)의 존재 유무, '신'이라는 개념의 의미와 그 개념이 세상에 관한 우리의 지식이나 신념과 양립할 수 있는지 등에 관한 질문이 포함된다. 이런 종류의 질문들은 신학 혹은 종교 철학에 속한다.

3. 도덕성의 본질·존재·정당화 등 도덕성에 관한 질문들: 도덕적으로 바람직한 행위의 특징은 무엇인가? 특정 행동이 도덕적으로 바람직한지 아닌지를 어떻게 정할 수 있는가? 자신의 생각과 욕구와 무관한 객관적 도덕성이라는 것이 존재하는가? 이것은 윤리학의 문제이다.

4. 선과 악, 운명과 의식, 필멸과 불멸 등을 포함한 인간성의 본질에 관한 질문들: 우리에게 자유 의지가 있는가? 의식은 뇌의 화학 작용으로 설명할 수 없는 다른 과정인가? 악은 존재하는가?

01. 열린 마음으로 세상과 만나기: 지식 탐구에 필요한 도구와 나침반에 관하여

존재한다면, 악이란 무엇인가? 이런 질문은 형이상학에 속한다.

5. 사회생활과 생활 조건을 체계화하는 방법에 관한 질문들: 사회의 기능 혹은 역할은 무엇인가? 사람은 법과 권위와 어떤 관계를 맺어야 하는가? 사람은 다른 사람과 생명체들과 관련해서 어떤 권리와 의무를 가지는가? 이런 종류의 질문들은 주로 정치철학(과 이따금 윤리학)에서 논의된다.

왜 당신(혹은 모든 사람)은 이런 질문들을 숙고하게 될까? 아마도 한 가지 타당한 이유는 순전히 오랜 호기심 때문이다. 즉, 세상의 모습이 어떠한지 혹은 어떠해야 하는지에 관심을 갖지 않기가 어려워서다. 다른 이유로는 그런 질문들을 곰곰이 생각할수록 자신의 삶이 풍요로워져서다. 세상을 깊이 들여다볼수록, 세상은 더욱 매혹적인 공간이 된다.

또 다른 이유는 당신의 생각이 실제 독립적인 사고의 결과물인지 아니면 부모님이나 친구, 당신이 자란 사회의 대변자들에게서 들은 말을 무비판적으로 받아들여서 일종의 '문화유전cultural inheritance'으로 형성된 것인지를 가려내기 위해서일 수도 있다. 만약 당신이 인간과 세계에 관한 일련의 도그마, 가치, 관념들을 어느 순간 의심하지 않고 받아들인다면, 그것들은 진짜 당신의 생각이 아니므로, 타인에 의해 쉽게 조종되는 꼭두각시가 될 위험을 무릅쓰는 일이라 할 수 있다. 그러니 인생에서 한 번만이라도 자신의 가치관에 대해 반성하고 자신만의 인생철학을 세우도록 노력해야 한다. 지금도 늦지 않았다.

내 관점

누구나 자신만의 세계관이 있다.

나는 인종 구성이나 경제적 형편이 거의 비슷하고 국민 대부분이 물질적으로 풍족하게 생활하는 나라에서 1964년에 태어났다. 최근 200년간 전쟁이 일어난 적이 없으니, 겉보기에 안전한 나라이기도 했다. 내가 어렸을 때, 우리나라 여성들은 대부분 가사를 전담했는데, 많은 여성이 그 역할에 만족하지 못했는지 곧이어 여성 해방 운동이 일어났다. 지금 돌아보니, 당시에 남녀평등과 성 역할과 관련해서 광범위한 사회적 변화가 일어났던 것 같다. 또한 내가 자란 나라는 자유 시장 경제를 토대로 한 민주주의 국가이며, 자유 기업과 강력한 공공 부문이 혼재된 체제를 갖췄다. 수년간 주로 유럽과 아시아, 아프리카에서 이민자들이 물밀듯 들어왔다. 마지막이자 중요한 사실은 내가 1990년대에 중요한 디지털 혁명이 일어난 세상의 일원이었다는 점이다. 디지털 혁명 덕분에 스웨덴은 컴퓨터와 인터넷이 지배하는 세계를 선도하는 나라가 되었다. 오늘날 스웨덴은 가장 세계화된 나라 중 하나이며, 내가 어렸을 때와 달리 인종적으로도 매우 다양해졌다. 요약하면, 나는 우리나라에서 일어난 수많은 사회적·경제적·정치적 변화를 직접 목격했다.

이 격동의 시기에 스무 살 무렵이던 나는 내가 **세속적** 세계관을 가졌다는 사실을 깨달았는데, 그것의 첫 번째 의미는 내가 '신'이라는 개념을 인간이 창조한 신화로 인식했다는 것이고, 두 번째는 사람이란 무엇인가라는 문제를 **휴머니즘적**으로 바라보게 되었다는 것이다. 그

01. 열린 마음으로 세상과 만나기: 지식 탐구에 필요한 도구와 나침반에 관하여

러므로 그때 나는 **세속적 휴머니스트**가 되었고, 지금도 그렇다. 이 책에서 내가 하는 주장들에는 바로 그런 세계관이 깔려 있다.

오늘날 우리는 대단히 다채로운 인생철학과 이념, 가치관을 가진 사람들이 공존하고 협력하는 세상에 살고 있다. 내가 보기에, 세속적 휴머니즘은 실재의 본질뿐만 아니라 건전하고 합리적인 가치관을 포함해서 세상을 주의 깊게 고찰함으로써 사람들의 공생을 이롭게 하는 태도와 관련된다.

이것은 머리와 관련된 합리성에 대한 공격과 가슴과 관련된 도덕성에 대한 공격을 두루 방어할 수 있는 가치관이다.

세속적 휴머니즘

그렇다면 대체 세속적 휴머니즘이란 무엇일까? 'secular(세속적)'이라는 용어의 어원은 라틴어 형용사 '**saecularis**(새쿨라리스)'인데, 그 의미는 '종교의'(혹은 '교회의')의 반대인 '지상의'이다. 오늘날 '세속적'이라는 용어는 인간사는 종교 사상이나 종교 규범(에 의한 통제는 고사하고 그것)과 뒤섞이지 말아야 한다는 생각을 나타낸다.

실제 스웨덴에서 '휴머니즘'이라는 용어는 다음과 같이 세 가지 다른 의미를 지닌다.

1. **교육 목표**로서 휴머니즘: 스웨덴에서는 대학에서 미술사나 비교문학과 같은 인문학을 전공으로 삼은 사람을 휴머니스트라

부른다.

2. **인류 전체의 복지에 관심을 두는 분야**로서 휴머니즘: 스웨덴에서
는 사람과 인권 보호를 위해 헌신하는 사람을 휴머니스트라 부른
다(당연히 무신론자, 기독교인, 무슬림, 불교인 등 누구나 휴머니스트가 될 수 있
다).

3. 비종교적인 인생철학으로서 휴머니즘.

스웨덴어와 달리, 영어에서는 앞의 세 가지를 지칭하는 용어가 모두
다르다. 첫 번째는 '인문학humanities', 두 번째는 '인도주의humanitarianism',
세 번째는 '휴머니즘'(혹은 이따금 '세속적 휴머니즘')이라 한다.

따라서 '세속적'이라는 단어와 '휴머니즘'이라는 단어가 따로 쓰일
때는 의미가 달라진다. 세속적인 사람도 신을 믿을 수 있다. 이런 태
도를 가진 사람은 신을 믿는 행위를 철저히 사적인 문제로 여기며, 그
렇기 때문에 사회가 특정 종교를 지지하거나 그것에 특권을 부여하
면 안 된다고 생각한다.

'세속적 휴머니즘'처럼 두 단어를 붙여 사용하면, 그 의미는 일종의
광범위한 인생철학이 된다. 여기에서는 신이나 초자연적인 힘 대신
사람과 사람의 관심사를 중요하게 다룬다.

세속적 휴머니즘이 현실을 해석하는 방식은 세계가 초자연적인 것
이 아니라 자연적이라는 관념에 바탕을 둔다. 세계는 물질과 에너지
로 구성되어 있으므로, 자연법칙의 지배를 받는다. 신과 정령 같은 초
자연적 존재나 온갖 종류의 마술적 능력을 믿을 이유가 없다.

그러므로 세속적 휴머니즘은 하나의 인생철학이지 종교가 아니

01. 열린 마음으로 세상과 만나기: 지식 탐구에 필요한 도구와 나침반에 관하여

다. 신과 같은 존재가 필요하지 않다고 보는 인생철학은 아주 많다. 신의 존재를 믿는지와 상관없이, 인생철학으로 간주할 수 있는 사상에는 유교, 선불교, 소승 불교[10], 도교 같은 중국 철학도 있다.

세속적 휴머니즘은 우리가 사는 세상과 타인에 대한 인간의 태도도 다룬다. 여기에서는 자유, 자율성, 가치, 책임 등을 강조한다. 또한 지식을 추구하고 경험에서 배우는 사람들의 능력을 믿는다.[11]

나는 많은 사람이 세속적 휴머니즘과 무신론을 혼동한다는 사실을 발견했다. 무신론은 나중에 자세히 다룰 예정이므로, 일단 여기에서는 무신론이 세속적 휴머니즘과 어떻게 연관되는지만 설명하겠다.

무신론자는 신이 없다고 생각하는 사람이다. 이런 관념은 한 가지 질문, 신의 존재 여부에만 관심을 둔다. 무신론은 이 질문만 다루기 때문에, 온전한 인생철학이 되지 못한다. 그와 반대로, 세속적 휴머니즘은 세상에 다양한 가치가 존재한다고 보는 포괄적인 세계관이다. 무신론은 본질적으로 세속적 휴머니즘에 근거한 하나의 관점이다. 세속적 휴머니스트는 늘 무신론자이지만 무신론자가 꼭 세속적 휴머니스트는 아니다.

무신론과 세속적 휴머니즘의 관계는 "예수는 메시아가 아니다"라는 지적 신념과, 그 신념을 공유하는 광범위한 인생철학이자 종교인 유대교 및 이슬람교와의 관계와 비교해볼 수 있다. 유대교와 이슬람교는 예수를 메시아로 여기지 않지만, 그런 신념을 가졌다고 해서 반드시 유대인이나 무슬림이 되어야 한다는 의미는 아니다!

막간글 - 영성과 몰입

당신은 존재론적 혼란을 느껴본 적이 있는가?

가끔 나는 저녁에 아들 레오와 안뜰에 나란히 누워서 별을 바라본다. 물론 별을 보기에 가장 이상적인 장소는 가로등이나 다른 인공광이 전혀 없는 곳이다. 그리고 추운 겨울밤이 별을 보기에 가장 좋은 때인데, 그때가 가장 맑기 때문이다.

만약 레오와 내가 운이 좋다면, 우리는 목성을 볼 수 있으며, 일반 쌍안경으로 목성의 위성 중 네 개를 찾아낼 수도 있다. 또한 무수한 별 속에서 하늘 높이 우윳빛 줄무늬를 이루고 있는 은하수의 중심도 볼 수 있다. (덧붙이자면, 은하수를 가리키는 스웨덴어는 'Vintergatan'인데, 그 뜻은 '겨울 거리'이다.) 아무튼 레오와 나, 이 두 작은 지구인은 수십억 개의 은하 중 하나인 우리 은하의 바깥쪽 가장자리 어딘가에 있는 셈이다.

한번은 우리가 위를 올려다보는 것이 아니라 아래를 내려다보고 있는 게 아닐까라는 생각이 들었다. 대체 우주에서 '위'란 어느 쪽을 말하는 걸까? 누가 혹은 무엇이 그것을 정할까? 그런 생각이 들 때면 이따금 나는 허를 찔렸다는 생각에 '존재론적 혼란'에 빠지게 된다. 내가 무한히 큰 무언가의 아주 작은 일부라는 생각이 뚜렷하게 든다. 그런 다음에 레오와 나는 광대한 우주에 있는 두 개의 먼지 입자 말고는 거의 아무것도 아닌 존재가 된다. 혹시 이것이 사람들이 말하는 영적 체험일까?

종교를 가진 내 친구들은 참된 영적 체험을 하려면 '신'의 존재가 반드시 필요하다고 힘주어 말한다. 그러나 나는 그 말을 믿지 않는다.

01. 열린 마음으로 세상과 만나기: 지식 탐구에 필요한 도구와 나침반에 관하여

별이 빛나는 광활한 하늘 속으로, 헤아릴 수 없이 깊은 우주 속으로 내 자신을 몰아넣을 때 내가 느끼는 환희와 경외감은 어떤 초자연적 신화나 전설이 할 수 있는 것보다 훨씬 강력한 영적 반응을 불러일으킨다.

이런 감정은 아주 다른 상황에서도 유발될 수 있다. 피아노 앞에 앉아 다른 사람들과 함께 음악을 연주할 때면, 아마추어인 나로서는 음을 틀리지 않고 합주에 방해되지 않으려 땀을 뻘뻘 흘려야 한다. 그러나 이따금 아주 특별한 체험을 할 때가 있는데, 내가 하던 연주를 잊고 갑자기 음악에 '몰입'하게 될 때가 그렇다. 그럴 때 나는 나보다 더 큰 무언가의 일부가 된다. 그리고 연주되는 음악보다 더 위대한 어떤 감정을 느끼게 된다. 이 역시 내게는 깊은 영적 체험인데, 여기에는 종교적 혹은 신비스러운 색채는 전혀 없다.

인간에겐 종교가 필요하다고 말하는 사람들이 더러 있다. 정말 그럴까? 그러면 무엇을 종교라 불러야 할지 누가 정할 것인가?

우리에게 정말로 필요한 것이 도그마, 신, 죄의식, 수치심, 지옥에 대한 두려움, '신의 율법'에 따라 살라는 강요, 진실과 거짓을 구별하기 위한 끝없이 격렬한 싸움 같은 것이 없는 인생철학이라면 어떻게 하겠는가? 우리에게 정말로 필요한 것이 예술, 음악, 문학, 자연, 우주, 현실, 타인 등에 호기심을 품고 매혹되고, 개방적인 태도와 탐구를 독려하는 인생철학이라면 어떻게 하겠는가?

내게 영성은 초자연적이지 않으며, 전적으로 자연하고만 관계가 있다. 모든 사람은 대단히 큰 무언가의 작은 조각일 뿐이다. 우리는 인류에 속하고, 우주의 작은 일부이며, 실재하는 아주 작은 조각이다.

이런 생각만으로 나는 충분히 짜릿하다. 나는 그런 기분을 신적인 존재나 마술적 힘으로 돋울 생각이 없다.

02
나는 내가 안다고 믿는다: 실재, 지식, 진리에 관하여

'과학자'를 다른 사람과 구별해주는 것은
그가 믿는 것이 아니라 그가 그것을 믿는 방법과 이유이다.
그의 신념은 임시적이고, 독단적이지 않다.
그것은 권위나 직관이 아닌 증거에 기초한다.
- 버트런드 러셀

실재에 관한 자신만의 관점을 형성할 수 있으려면, 몇 가지 도구와 개념어가 필요하다. 우선, **진리, 학습, 신념, 지식** 등의 개념을 이해해야 한다. 또한 무엇을 기본 가정으로 세울지 스스로 정해야 한다. 진짜 같아 보이는 것은 **실제로** 진짜일까 아니면 그저 꿈일까? 내 머릿속에 든 모든 생각은 허깨비에 불과할까? 혹은 진정한 진실과 거짓이 존재할까? 합리적인 태도는 왜 좋을까?

합리적인 사람은 세계의 본질에 관한 모든 질문에 빠짐없이 완벽하게 대답할 수 있다고 주장하지 않는다. 아직은 현대 과학과 지식으로 지구와 우주에서 일어나는 현상을 전부 설명해낼 수 없으며, 아마 앞으로도 그럴 것이다. 그러므로 합리적 태도란 지적으로 겸손한 태

명료하게 생각하는 법

도를 의미한다. 그리고 사람들이 당연시하는(그리고 특별히 집착하는) 아이디어와 개념을 자기 비판적으로 검토하는 것도 의미한다. 이는 전통적인 종교적 태도와 정반대다.

실재를 종교적으로 해석하는 사람들의 주된 특징은 절대주의적 관점에서 세상을 설명하거나 종교 문헌과 전통에만 근거해서 세상이 돌아가는 방식을 이해한다는 점이다. 이들은 아마 현대 과학이 아직은 설명할 수 없는 것들을 '신'을 들먹이며 설명할 것이다. 그러나 이는 문제를 회피하는 태도다. 가령 "우리는 생명의 기원을 알지 못하므로, 신이 생명을 창조했음이 틀림없어"라거나 "우리는 우주가 어떻게 생겨났는지 알지 못하므로, 신이 우주를 창조했음이 분명해" 혹은 "우리는 뇌에서 일어나는 의식 작용에 대해 알지 못하므로, 그것은 분명 '신'이 역사하신 일일 거야"라고 말하는 식이다. 그러나 완전히 다른 태도도 있다. 간단한 우화 하나를 예로 들어보겠다.

나는 우리 집 같은 건물을 어떻게 짓는지 그 원리를 잘 모른다. 손재주도 지독히 없어서 전구도 겨우 갈아 끼우는 사람이다. 그러나 그렇다고 해서 우리 집을 어떤 신이 지어줬다고는 생각하지 않는다. 일단 내가 집 짓는 방법을 모른다는 사실은 인정한다. 그러나 집 짓는 원리처럼 지금 내게 불가사의해 보이는 지식이 모든 사람에게 영원히 불가사의하지는 않을 것이다. 그저 나만 이해를 못 하고 있을 뿐이다! 어쩌면 아직 내가 올바른 지적 도구를 갖추지 못했는지도!

이 우화에서처럼 우리는 오늘날의 주요 난제와 불가사의 중 상당수는 아직 대답을 찾지 못했다는 사실을 받아들여야 한다. 그것들은 미래에 과학으로 설명될 수도 있고 그렇지 않을 수도 있다.

02. 나는 내가 안다고 믿는다: 실재, 지식, 진리에 관하여

지식이란 무엇인가?

지식이란 무엇일까? 우리는 무엇을 알 수 있을까? 진리는 무엇일까? 우리는 진실인 것과 거짓인 것을 어떻게 정할 수 있을까? 이런 질문들에 답을 찾으려는 철학 분야를, 앞서 언급했듯이, **인식론** 혹은 **지식론**이라 부른다. 이제 우리는 이성을 최대한 활용할 수 있게 해주는 몇 가지 기본 도구를 익힐 예정이다.

나는 스웨덴의 수도 이름을 알고 있다. 그러므로 나는 이 특정 사례에 대해 **지식**을 가진 사람이다. 그러나 일반적으로 지식이란 이런 하찮은 것보다 훨씬 더 복잡한 것이 아닐까? 우리가 무언가를 **안다**고 말할 때 그렇게 말할 수 있는 **필수** 조건은 무엇일까? 무언가를 **안다**는 것은 정확히 무슨 의미일까?

지식이 있다고 말하려면 믿음, 진실, 타당한 이유, 이 세 가지 기준을 충족해야 한다. 내가 생각하기에 무언가(여기에서는 'X'라고 부르겠다)를 알려면 다음의 조건을 모두 충족해야 한다.

1. 나는 X라고 **믿는다**.
2. X는 **진실**이다.
3. 내게는 X를 믿을 만한 **타당한 이유**가 있다.

첫 번째 조건은 쉽게 이해할 수 있다. 믿지 않는 것을 알 수는 없기 때문이다. 만약 파리가 프랑스의 도시라는 것을 믿지 않는다면, 파리가 프랑스 안에 있다는 것을 **안다**고 말할 수 없다.

명료하게 생각하는 법

X가 진실이고 그것을 믿을 만한 타당한 이유가 있는데도 첫 번째 기준이 충족되지 않는 상황을 상상해보자. 즉, X가 진실임을 믿지 않는 경우이다. 가령 내 친구가 내 험담을 했고, 내가 그것을 몇몇 공정하고 믿을 만한 사람(이런 이유로 나는 그 이야기를 진실이라 믿는다)에게서 들었다고 하자. 그러나 여전히 나는 그 이야기를 믿고 **싶지** 않으므로, 그것을 진실이라고 받아들이지 않는다. 이런 경우에 나는 내 험담에 관해 확실히 **아는** 상태가 아니다. 그 이야기를 **믿지도** 않는데 어떻게 그것을 **알 수** 있겠는가? 그러나 나머지 두 기준은 충족된다. 이런 내 행동은 비합리적이지만, 심정적으로는 이해가 된다.

두 번째 기준은 어떨까? 무언가를 **안다**고 말하려면, 그것은 반드시 **진실**이어야 한다. 우리가 무언가를 믿고 그것을 믿을 만한 타당한 이유도 있지만, 단순히 그 내용이 틀렸을 수 있다. 가령 내가 어떤 역사적 사건에 관해 책을 몇 권 읽었고, 여러 식견을 갖춘 사람들과 그 내용에 관해 논했다고 해보자. 내게는 그 주제에 관해 내가 지식을 갖췄다고 믿을 만한 타당한 이유가 있다. 그러나 내가 읽은 책들에는 틀린 정보가 담겨 있었으며, 나와 대화를 나눈 사람들도 잘못 알고 있거나 심지어 그들이 내게 거짓말을 했다고 해보자. 즉, 내가 확고하게 믿었던 사상 중 일부가 사실이 아니었던 것이다. 이 경우 내가 그것들을 믿을 만한 타당한 이유가 있지만 나는 그것들을 **안다**고 할 수 없다.

마지막으로 세 번째 조건인 타당한 이유에 대해 살펴보자. X라는 지식은 X가 진실이라는 것과 내가 X를 믿는다는 것 외에 다른 조건이 필요하다. 즉, 내가 X를 믿을 만한 타당한 이유가 있어야 한다. 예를 하나 들어보겠다. 어느 날 난데없이 내 안의 작은 목소리가 우리 집 식탁 위에 있는 그릇 안에 아몬드가 213개 들어 있다고 속삭인다. 그리고 뜻밖에도 그것이 사실이었다고 해보자. 내가 믿은 그 말은 진실이지만, 그런 직감은 **지식**으로 간주할 수 없다. 내 지식의 진실성을 뒷받침할 만한 타당한 이유가 없기 때문이다. 나는 그 아몬드를 세어보지 않았고 심지어 상식을 이용해서 그 수를 제대로 예측한 것도 아니다. 그저 우연히 답을 맞혔을 뿐이다. 실제로 그릇에는 아몬드 213개가 들어 **있다**. 그러나 나는 대충 짐작만 했을 뿐이고, 내가 답을 맞힌 것은 그저 운이었다. 확실히 나는 그릇 안에 들어 있는 아몬드가 213개인 것을 **알지** 못했다. 어쨌든 요약하면, 진실인 신념을 **지식**으로 간주하기 위해서는 타당한 이유가 필요하다.

흔히들 '신념'과 '지식'이 서로 반대어라고 생각한다. 그러나 일상 대화에서 "나는 X를 안다"는 말은 단순히 내가 X를 믿을 만한 확실한 이유가 있다는 의미이다. 내가 지구는 둥글다거나 파리는 프랑스에 있다는 것을 '안다'고 말할 때, 그 말은 내가 그렇게 믿고, 확신하며, 그렇게 믿을 만한 강력한 이유가 많다는 뜻이다. 물론 원칙적으로 이런 기본적인 내 신념이 틀릴 **가능성**도 있다. 어쩌면 내가 아주 어릴 때부터 그것에 관한 거짓말을 체계적으로 들어왔을지도 모르니까.

지식론의 관점에서 신념과 지식은 반대 개념이 아니다. 그러나 여기에서 '신념'은 "나는 아무 증거가 없어도 이것을 진실로 받아들인다"는 의미의 **종교**적 '신념'과는 반대된다. 만약 당신이 어떤 것을 믿고 **싶기** 때문에 그것을 믿는다면, 당신의 신념을 **지식**이라 부를 만한 타당한 이유는 없는 셈이다. 그럼에도 종종 사람들은 어떤 것이 자신의 기분을 나아지게 하기 때문에 혹은 그것들이 미래에 대한 희망을 주기 때문에 그것들을 믿는다.

사실로 보이는 것은 정말로 사실일까?

잠시 신념에 관한 근본적인 질문 몇 가지를 생각해보자. 영화 〈매트릭스The Matrix〉를 본 사람이라면 우리가 사는 이 세계가 환영일지 모른다는 생각을 해봤을 것이다.

우리가 아는 한 수백만 년에 걸쳐 일어난 자연 선택에 의해 우리의 뇌는 진화해왔고, 그 목표는 감각을 통해 전달받은 정보를 처리하는 것이다. 뇌는 진화 과정에서 생존에 도움이 되는 정보를 잘 제공하도록 선택되었고, 그 덕분에 우리는 세상에 적응할 수 있게 되었다. 그런데 우리의 뇌가 단순히 생존에 유용한 정보보다 세상에 대한 **진짜** 정보를 제공한다고 믿는 이유는 무엇일까? 뇌가 세상의 모습을 충실하게 반영하면 진화적 목표가 달성되는 것일까? 어쨌든 진화 과정에서 진실을 파악하는 능력이 아닌, 순수하게 생존 능력에 필요한 뇌가 선택됐다.

그렇다 하더라도, 우리 인간은 일종의 부작용으로서 아주 깊숙이 숨겨진 진실을 찾아내고 알아보는 독특한 능력을 개발했다. 이런 능력은 수학 분야에서 가장 두드러진다. 수학 지식 대부분은 물질세계에 토대를 두지 않고 발전했으나, 이 '확고한 기반이 없던' 수학 지식들이 나중에는 물질세계를 지배하는 법칙을 설명하는 데 핵심 역할을 했다.[12]

수백 년간 철학자들은 인간이 자신의 몸 밖에 있는 사물들에 관해 조금이라도 알 수 있는 가능성이 있는지 고찰해왔다. 왜 우리는 감각 기관을 통해 두뇌로 들어온 정보에 의존해야 할까? 사실 우리 모두는 감각이 이따금 우리를 속이기도 한다는 사실을 잘 알고 있다. 그렇다면 감각이 **항상** 속일 수도 있지 않을까? 모든 것이 꿈이나 환각일 수 있지 않을까? 내 앞에 있는 탁자는 내가 눈을 감아도 계속 그 자리에 있을까? 심지어 눈을 뜰 때 그 탁자가 제자리에 있다는 사실을 확신할 수 있을까?

철학자들이 생각해낸 이런 딜레마들은 상당히 일리가 있다. 우리는 실재가 마음과 별개로 다른 어딘가에 존재한다고 100퍼센트 확신할 수 없다. 또한 내일 아침에 해가 뜰지, 심지어 3분 후에도 우리가 계속 살아 있을지조차 전혀 확신할 수 없다. 어쩌면 불과 3분 전에 세상이 새로 시작되었는지도 모른다. 어린 시절에 대한 모든 기억은 뇌 속에 이미 심어져 있었는지도 모르고……

자신의 의식 말고 다른 의식이 존재하는지에 대해서도 100퍼센트 확신할 수 없다. 혹시 다른 사람들은 내 상상의 산물이 아닐까? 이런 관념을 철학에서는 **유아론**solipsism이라 부른다. 버트런드 러셀은 눈을 반짝이며, 유아론에 관해 이렇게 말했다.

책을 읽는 것과 책을 쓰는 것은 완전히 다른 경험이다. 그러나 만약 내가 유아론자라면, 나는 셰익스피어와 뉴턴Isaac Newton(1642~1727)과 아인슈타인Albert Einstein(1879~1955)의 업적을 내가 이루었다고 생각해야 한다. 그들의 글은 내 경험 속에 들어 있기 때문이다. 그들의 책이 내 책보다 훨씬 훌륭하고 그들의 책을 읽는 일이 나로서는 별로 힘들지 않으므로, 굳이 어리석게 시간을 들여 내가 직접 책을 쓸 필요가 없다.[13]

실제로(즉, 일상에서) 철학자들이 실재의 본질에 대해 확신하지 못한다는 것은 어떤 의미인가? 그런 불확실성은 생각이 많은 사람들이 일상에서 행동하고 사고하는 데 영향을 미칠까? 이 질문에 대해 유일하게 합리적인 답은 '아니요'이다.

엄격하게 말해서 우리는 실재가 존재한다는 것을 **알** 수 없어도, 그것이 존재할 가능성은 인정할 수 있다. 이런 관점에 대한 간단한 논거 세 가지는 다음과 같다.

1. 실재는 시간이 지나도 대체로 안정적이고 동일하게 보인다. 탁자는 내가 눈을 감은 후에도 제자리에 있다. 우리 집은 다음 날에도 똑같아 보인다. 이 모든 것의 의미는 우리가 시시각각 만나는 상황이 무작위로 형성된 것이 아니라 신뢰할 만한 규칙성, 즉 자연법칙의 지배를 받는다는 것이다.
2. 만약 나와 내 의식이 존재한다면, 다른 사람들도 그렇지 않을까? 이보다 단순한 가정이 있는가?
3. 우리는 생존에 유리하도록 진화했다. 그리고 생존하려면 환경을 올바르게 해석해야 한다. 횡단보도에서 보행 신호를 기다리다 내 쪽으로 돌진하는 차를 발견했을 때, 그 차가 나를 덮칠 것이라고 믿는 것이 믿지 않는 경우보다 내 생존 가능성을 높인다.

02. 나는 내가 안다고 믿는다: 실재, 지식, 진리에 관하여

철학적 성찰은 비록 그 안에 극단적인 회의주의가 포함되더라도 늘 흥미진진하다. 그러나 일상(가령, "그녀가 차를 가져간 걸 네가 어떻게 알아? 확실히 알 수 있는 건 아무것도 없어!"라고 누군가 말할 경우)에서는 상황이 좀 다르다. 엄밀한 철학적 의미에서 확실한 것이 아무것도 없다고 해서 상상할 수 있는 모든 일이 동일한 확률로 발생하지는 않는다.

이성과 왕성한 호기심으로 무장하면, 우리는 실재에 대한 진짜 지식을 찾는 여행을 시작할 수 있다. 끝내 목적지에 도달하지는 못하더라도 명확한 사고의 도움으로 진짜 지식에 좀 더 가까이 다가갈 수 있다.

사실과 취향의 문제

우리는 실재에 관한 두 종류의 질문을 구분해서 각각 다른 방식으로 다루어야 한다. 그 둘은 **사실**에 관한 문제(객관적 질문)와 **취향**에 관한 문제(주관적 질문)이다. 사실을 묻는 질문에는 명확한 답이 존재한다. 즉, 그 답은 참이거나 거짓이다. 그러나 취향을 묻는 질문은 그렇지 않다.

사실의 문제에 관한 간단한 예를 들어보겠다. "바구니 안에 사과가 세 개 들어 있다"라는 진술이 있다. 바구니 안에 들어 있는 사과의 개수는 관찰자에 따라 달라지지 않는다. 바구니 안에 사과가 세 개 들어 **있다**면 그 주장은 사실이고, 세 개보다 **적거나 많다**면 그 주장은 거짓이다. 즉, 여기에서 우리가 다루고 있는 문제는 취향이 아닌 사실에 관한 것이다.

다만 무엇을 사과로 볼 것인가 하는 기준은 따져봐야 하다. 예컨대 썩은 사과나 덜 익은 사과 혹은 누가 먹고 일부만 남은 사과 등이 있는 상황에서는 합리적인 두 사람이 사과 개수를 두고 이견을 보일 여지가 있다. 또한 "바구니 안에"라는 말의 의미가 무엇인지도 모호하다. (가령, 세로로 긴 바구니라면 그 안의 사과는 한 줄로 길게 쌓일 것이고, 그래서 맨 위에 있는 사과의 일부가 바구니 입구 밖으로 튀어나왔다고 해보자. 이때 맨 위의 사과는 "바구니 안에" 들어 있는 것일까?) 이 두 번째 상황은 문제를 좀 더 복잡하게 만든다. 그러므로 독자들이 허락해준다면, "3은 소수다"와 같은 좀 더 간단한 예로 바꿔보겠다. 혹은 이런 예는 어떨까. "지구는 평평하다." 물론, 이것은 거짓이다.

그럼 "다른 행성에 생명체가 있다"는 주장은? 이것은 사실의 문제일까, 취향의 문제일까? 이 진술은 사실에 관한 문제처럼 보이므로, 참이거나 거짓이어야 한다. 그러나 우리는 다른 행성에 생명체가 있는지 알지 못하며, 어쩌면 영원히 모를 수도 있다. 그렇더라도 우주 어딘가에는 생명체가 **있거나 없다**. 우리가 답을 모른다고 해서 그리고 심지어 앞으로도 모를 거라고 해서, 그 주장이 객관성을 잃는 것은 아니다.

"이 집은 귀신 들린 집이야", "사후 세계는 있어", "신은 존재해" 같은 주장들 역시 사실에 관한 진술이므로, 그것들 모두 참이거나 거짓이다. 당연하게도, 이런 주장들의 진위를 가려내려면, "귀신 들린", "사후 세계", "신" 등의 개념에 대한 합의가 있어야 한다.

사실 문제와 관련해서, 참과 거짓을 구분하는 방법은 이미 확립되어 있다. 그중 과학적 방법론에 관해서는 나중에 자세히 다룰 예정이다. 어쨌든 이런 방법론을 이용하면, 어떤 주장이 참이고 어떤 주장이 거짓인지 합리적으로 판단할 수 있다.

그러나 취향과 관련된 문제는 다르다. 만약 내가 "레이디 가가가 비욘세보다 낫다"고 주장하고, 당신이 "비욘세가 레이디 가가보다 낫다"고 반박한다면, 우리 중 누구의 말이 참인가? 당연히 누구의 말도 참이 아니다! 단지 우리의 기호와 선호가 다를 뿐이다. 즉, 이것은 취향의 문제다. 당신이 싫어하는 것을 내가 좋아할 수 있고, 내가 싫어하는 것을 당신이 좋아할 수 있다.

레이디 가가와 비욘세 중 누가 더 나은가라는 질문에 객관적인 답은 없어도, 대화 주제가 될 만한 참인 진술은 많다. 예를 들어, 내가 비욘세보다 레이디 가가를 더 좋아한다는 말은 **참**이다. 그러므로 만약 당신이 내게 "아니야, 너는 비욘세를 좋아하지 않는 것처럼 레이디 가가도 좋아하지 않아!"라고 말한다면, 나는 당신에게 화를 낼 것이다. 당신의 말은 거짓이니까.

사실(혹은 취향) 문제에서 나타나는 의견의 불일치는 나중에 따져보면 **겉보기**에만 그랬음이 밝혀질 때가 종종 있다. 가령 '신'의 존재에 관한 문제를 생각해보자. 당신이 "'신'은 존재해"라고 말하고 나는 "'신'은 존재하지 않아"라고 말했을 때, 우리가 같은 의미로 '신'이라는 단어를 사용하고 있는 때에만 의견이 불일치한다. 만약 당신이 '사랑'의 의미를 표현하기 위해 '신'이라는 단어를 사용했다면, 우리는 둘 다 '신'이 **존재한다고** 생각한다. 그러나 만약 내가 말하는 '신'이 구름 위에 바른 자세로 앉아 있는 수염이 듬성듬성 난 노인을 의미한다면 그리고 당신도 이런 정의를 인정한다면, 우리는 둘 다 '신'이 **존재하지**

않는다고 생각한다.

취향에 관한 문제도 비슷하다. 만약 레이디 가가와 비욘세 중 누가 더 나은가 하는 문제에서 우리 의견이 정말로 다르려면, 사용하는 **언어**의 의미는 일치해야 한다. 가령 우리는 '더 나은'이라는 단어를 같은 의미로 사용해야 한다. 그러나 음악에서 더 낫다는 것이 무슨 의미인지는 명확하지 않다. 음악에 대해 내가 "더 낫다"고 말할 때 '좀 더 독창적'이라는 뜻인 반면, 당신은 '대중적 인기가 더 많다'는 의미로 생각했을지 모른다. 이런 상황이라면, 당신과 내 견해가 둘 다 참일 수 있으므로, 실제로 우리 의견이 불일치하는 것은 아니다.

사실 문제와 취향 문제를 구분하는 방법을 알면, 불필요한 다툼을 어느 정도 피할 수 있다. 토론이 교착 상태에 **빠지는** 이유 중 상당수는 토론자들이 같은 단어를 다른 의미로 사용해서다.

진리란 무엇인가?

진리란 무엇인가를 설명하기 위해 이론적으로 많은 시도가 있었다. 그중 가장 합리적인 이론은 **대응설**correspondence theory이다. 이 이름은 진리란 세계와 그 세계에 관한 진술이 서로 연결되고 대응된다는 생각에서 나왔다. "저기에 사과가 있다"는 진술은 정말로 저기에 사과가 **있는** 경우에 한해서만 참이다. 이 개념의 본질을 아리스토텔레스 Aristotle(기원전 384~322)는 《형이상학Metaphysics》이라는 책에서 이렇게 설명했다.

02. 나는 내가 안다고 믿는다: 실재, 지식, 진리에 관하여

없는데 있다고 말하거나 있는데 없다고 말하는 것은 모두 거짓이고, 있는 것을 있다고 말하고 없는 것을 없다고 말하는 것은 모두 참이다.

진리 대응설은 흔히 **실재론**realism이라 부르는 철학적 입장을 지지한다. 실재론이란 실재가 우리의 예상과 무관하게 객관적으로 존재한다는 입장이다. 실재론의 반대 이론을 **반실재론**antirealism이라 부르는데, 이는 인간의 관념과 독립적인 실재란 없다는 입장이다.

과학 실험실은 말할 것도 없고, 일상에서도 환경에 잘 대처하려면 실재론적 세계관이 필요하다. 실재론적 관점이 아니면, 주변 상황을 제대로 파악할 수 없기 때문이다. 그런데 대응설과 철학적 실재론은 알고 보면 그리 간단하지 않다. 다음 진술을 생각해보자.

내 식탁 위에 연한 파란색 다이아몬드가 놓여 있다.

이 진술은 사실일까? 진리 대응설에 따르면, 이 진술은 내 식탁에 연한 파란색 다이아몬드가 진짜 **있는** 경우에 한하여 사실이다. 그런데 "다이아몬드"란 무엇인가? 또 "연한 파란색"은 어떤 의미인가? 이것들은 인간이 만든 개념이다. "파란색"은 다른 모든 색깔과 마찬가지로 우리의 눈과 뇌가 빛을 감지하고 해석한 개념이고, "연한"이라는 수식어는 딱 떨어지는 기준점 없이 "파란" 정도를 표현하는 말이므로 사람마다 의견이 다를 수 있다. 그러므로 "연한 파란색"이라는 표현은 대단히 모호하다.

그럼 "다이아몬드"는 어떨까? 이것 역시 인간의 발명품이다. 세상에 있는 돌 중에서 무엇을 다이아몬드로 부르는가? 어떤 돌이 진짜 다이아몬드**인지** 전문가들도 다툴 정도로 세상에는 각종 '다이아몬드 원석'이 존재한다. 그럼 "다이아몬드"라는 단어가 '마름모꼴'을 의미하는 경우는 어떨까? 또는 놀이용 카드(네 세트 중 하나)에서의 다이아몬드는?

그리고 이 진술에서 "위에"라는 단어의 의미는 무엇인가? 식탁 위에 식탁보가 있는데, 그 위에 놓인 물건은 **식탁 위에도** 있는 것인가? 식탁 위에 식탁보, 그 위에 놓인 도자기 촛대에 꽂혀 있는 초도 **식탁 위에** 있다고 할 수 있을까? 초의 꼭대기에서 촛불이 타고 있다면, 그것 역시 **식탁 위에** 있는 것일까?

우리가 개념과 단어를 만드는 이유는 세상에 관해 타인과 의견을 나누고, 대화를 통해 자신의 생각을 타인에게 이해시키기 위해서다. 그러나 익숙한 개념을 사용해서 만든 문장이 늘 정확한 의미를 전달하지는 않는다. 앞에서도 봤듯이, 상용어로만 구성된 문장도 정확하지 않을 수 있다!

특정 개념이 세상과 대응하는 방식도 생각해볼 문제다. 가령 '산타클로스'라는 단어를 떠올려보자. 성인은 산타클로스가 없다는 사실을 알지만, 쇼핑센터나 광고에서 늘 산타클로스의 모습을 본다. 그럼 우리는 그 단어를 어떻게 사용해야 할까? 그 단어는 무엇을 가리킬까? 우리 모두 산타클로스가 **오직 한 명**밖에 없다는 사실을 아는 상황에서(그리고 문제를 복잡하게 만들기 위해 이 '유일무이한' 존재가 실존 인물이 아니라는 사실도 알고 있는 상황에서), 그 단어의 **복수형**은 타당할까?

우리는 가운데에 태양이 있고 그 주위를 행성들이 도는 태양계처

02. 나는 내가 안다고 믿는다: 실재, 지식, 진리에 관하여

럼, 원자도 가운데에 핵이 있고 그 주위를 전자들이 도는 아주 작은 태양계라고 배웠다. 그런데 사실 그 설명은 실재와 아주 다르다. 물론 원자는 핵과 그 주위를 '도는' 전자들로 이루어져 있지만, '돈다'는 개념이 원자마다 그리고 행성마다 아주 다르다. 양자 역학에 따르면, 원자 안에 들어 있는 전자는 특정 시점에 특정 위치에 있지 않다. 매 순간 모든 전자가 우주의 **모든 가능한** 지점에 아무렇게나 자리하며, 그 확률도 매번 다르다. 태양계 모형은 효율적이고 간단하게 원자 모형을 상상할 수 있게 해주어, 특히 학교에서 '원자'라는 개념을 처음 가르칠 때 유용하다. 그러나 그런 교육 모형과 '저 밖'에 있는 실재를 혼동하면 안 된다.

양자 역학은 놀라운 학문이다. 거기에서 사용하는 방정식과 계산법으로 각종 물리 실험의 결과물을 대단히 정확하게 예측할 수 있기 때문이다. 이런 점에서 실재에 대한 양자 역학 모형은 사실이며, 양자 역학이 거의 완벽하게 실재를 설명한다고 말할 수 있다. 그러나 양자 역학 체계(예컨대, 원자 모형)는 우리가 주변 사물에 대해 갖는 이미지와 일치하지 않는다. 한 입자가 동시에 여러 장소(실제로 무한히 많은 장소!)에 존재할 수 있다는 양자 역학 가설은 살면서 우리가 세상에 대해 확립해온 직관과 격렬하게 충돌한다.

양자 역학적으로 두 입자가 서로 **얽혀** 있을 수 있다는 사실(이것은 더욱 반직관적이다)도 마찬가지다. 이것의 의미는 두 입자의 사이가 아무리 멀어도, 서로 얽혀 있다면 둘 중 하나가 어떤 상태(가령, '위'를 향해 회전)를 취할 때마다 즉시 다른 입자의 상태가 그 **반대**('아래'를 향해 회전)로 결정된다는 것이다. 두 입자는 우주만큼 멀리 떨어져 있어도 서로 연결되어 있는 것처럼 보인다. 이것은 양자 역학의 불가사의 중 하나이다. 이 현상을 부정했던 알베르트 아인슈타인은 이를 가리켜 "유령 같은 원격 작용"이라는 유명한 말을 남겼다.[14]

양자 역학의 세계는 불가사의해 보이는 현상들로 가득하기 때문에, 뉴에이지 운동 집단이 여기에 열광했다. 그러나 안타깝게도 뉴에이지 추종자들은 양자 역학을 제대로 이해하지 못했으며, 나도 그들의 저술에서 양자 역학에서 영감을 얻었다고 할 만한 내용을 전혀 찾지 못했다. 그들은 그저 멋있어 보이는 단어들을 이리저리 뒤섞어서 글을 썼다. 양자 역학이 그렇게 간단한 것이라면 얼마나 좋겠는가!

그런데 이 모든 것이 실재를 정확하고 확실하게 설명하기란 불가능하다는 의미일까? 전혀 그렇지 않다. 그러나 실재에 관한 모든 설명이 똑같이 타당한 것은 아니다. 다른 것보다 더 나은 설명이 있다. 만약 식탁 위에 사과가 3개 있다면, "식탁 위에 사과가 **4개** 있다" 혹은 "식탁 위에 **오렌지**가 3개 있다" 혹은 "식탁 **아래에** 사과가 3개 있다" 혹은 "**소파** 위에 사과가 3개 있다" 등의 설명보다 "식탁 위에 사과가 3개 있다"는 설명이 훨씬 정확하다. 자신이 직접 만든 개념들을 가지고 무작위로 여러 개의 진술을 만든다고 해도 그것들이 모두 똑같이 참일 수는 없다.

과학은 실험을 통해 세상에 대한 진술 중 무엇이 더 나은지 정할 수 있다. 실험 결과를 가장 정확하게 예측하는 모형이나 설명이 실제로 '가장 진실에 가깝다'. 또한 실재에 관한 모형들은 기술(기계와 도구들)을 개발하는 데에도 **적용**할 수 있다. 타당한 모형은 그것을 뒷받침하는 이론에 구애받지 않고 현실에서 유용하게 쓰일 수 있다. 2014년에 노벨 물리학상 수상자들이 개발한 청색 LED를 예로 들어보겠다. 기존의 적색 LED, 녹색 LED와 함께 이 청색 LED 덕분에, 이제 백색 LED(적색, 녹색, 청색 빛을 합성하면 백색 빛이 나온다)를 만들 수 있게 되었다. 그러나 이 기술을 개발했다고 해서 빛의 본질에 관한 기존 이론이 **정확**하고 **완벽**하게 빛을 설명한다는 의미는 아니다. 그러나 기존 이론은 백색 LED를 만들 수 있을 만큼은 정확했다. 모형에 붙은 의문이 모두 해결되지 않았더라도 이따금 그 모형은 유용하게 쓰일 수 있다.

절대 진리, 상대 진리

실재의 본질을 더 많이 알아낼 수는 있지만 완벽하게 알아내기는 어렵다고 생각하는 태도를 **비판적** 실재론이라 부른다. 그런데 지난 몇십 년 사이에 전혀 다른 진리관이 등장했고, 일부 학계에서 크게 인기를 끌었다. 그것은 바로 **진리란 상대적인 개념**이라는 입장이다. 이게 무슨 말일까?

사람들이 흔히 하는 발언 중에 "내게 참인 것이 너한테도 참일 필요는 없다"는 말이 있다. 이것은 객관적인 설명이나 진리가 존재하지 않는다는 의미가 아니라 모든 것은 상황을 인식하는 사람에 달렸다는 의미이다. 즉, 실재에 관한 주장은 실재의 진짜 모습과 무관하다. 어떤 사람의 주장은 그렇게 말한 사람의 개인적 생각, 사회적 관계, 이념, 그가 가진 여러 힘 등을 표현하는 수단일 뿐이다.

이런 과격한 진리관은 진리 대응설과 정반대인 철학 사상에서 유

명료하게 생각하는 법

래했다. 이것을 **진리 정합설**coherence theory이라 부르는데, 기이하게도 진리 정합설은 논리학과 수학에서 탄생했다. 어떤 진술이 특정 틀 안에서 다른 진술들과 양립한다면 **그 틀 안에서 참**이며, 그 안의 진술이 다루는 모든 개념은 양립한다. 바꿔 말하면, 정해진 틀 안에 속해 있는 진술은 그 틀이 **내적** 무모순성internal consistency을 갖는 한 '참'이라 할 수 있다. 즉, 그 진술은 **외부** 세계와는 일치하지 않아도 된다.

사적인 경험을 예로 들어보겠다. 나는 10대 시절에 **10**이 아닌 **2**가 기준이 되는 이진법 체계를 처음 배웠는데, 그때의 흥분을 평생 잊지 못할 것이다. 가령 이진법에서 '1111'은 십진법의 15를 의미하며, 이를 각각 전개식으로 표현하면 $(1 \cdot 2^3 + 1 \cdot 2^2 + 1 \cdot 2^1 + 1 \cdot 2^0)$와 $(8+4+2+1)$이다. 이와 마찬가지로 '1001'은 9와 같으며, 이를 각각 전개식으로 표현하면 $(1 \cdot 2^3 + 0 \cdot 2^2 + 0 \cdot 2^1 + 1 \cdot 2^0)$와 $(8+1)$이다. 나는 이진법의 덧셈과 곱셈도 배웠다. 가령 나는 '10×10=100'인 것을 알게 되었다. 당신은 내 발견이 별로 놀랍지 않을 것이다. **10 곱하기 10은 100**이라는 걸 당신은 이미 알고 있으니까! 그런데 그 수식을 이진법으로 해석하면 달라진다. 즉, 이진법으로 표현하면, **2 곱하기 2는** $2^2 ([2^1 + 0 \cdot 2^0] \times [2^1 + 0 \cdot 2^0] = 2^2 + 0 \cdot 2^1 + 0 \cdot 2^0)$이 된다.

'10×10=100'이라는 수식에 대해서 앞의 이진법 문장과 십진법 문장은 모두 참이지만, 수식의 기호 중 일부는 두 체계에서 가리키는 의미가 서로 다르다. 내적 일관성만 유지한다면, 두 문장 중 어느 것을 선택해도 무방하다. 이진법과 십진법은 서로 다른 체계이며, 둘 다 내적 무모순성을 갖는다.

그런데 나는 '10+10=100'이라는 수식이 **이진법 체계에서는 참**이지만, **십진법 체계에서는 거짓**이라는 것도 배웠다. 그 수식은 이진법에서는 '2 더하기 2는 2^2'을 의미하지만, 십진법의 표기로는 '10 더하기 10은 100'이 된다. 이 두 진술 중 첫 번째는 참이지만, 두 번째는 거짓이다!

어린 나에게는 이 모든 내용이 충격적이었다. 기호가 아이디어에 어떻게 대응되는지, 그리고 자의적이기는 하나 그 대응 관계가 어떻게 체계적으로 확대될 수 있는지, 또한 이렇게 확대된 아이디어들은 같은 기호를 사용해서 표현되었으나 서로 다른 것을 가리킨다는 점에서 서로 완전히 독립적이라는 사실을, 나는 분명하게 이해할 수 있었다. 나는 흥분과 동시에 해방감을 느꼈다!

진리 정합설은 비유클리드 기하학이 발견되었던 1830년쯤에 처음 등장했다. 비유클리드 기하학의 공리 중 하나는 2000년 된 유클리드 기하학의 공리 중 하나와 **정반대**였다. 이 공리는 흔히 유클리드의 '평행선 공리parallel axiom'라 불리며, 그 내용은 이렇다. "선 1과 그 선 밖의 한 점 P가 있을 때, P를 지나고 1과 평행이 되는 선은 오직 하나밖에 없다." 이 명제는 유클리드 기하학 체계에서는 **참**이었지만, 비유클리드 기하학 체계에서는 **거짓**이었다. 직설적으로 표현하면, 한 체계에서 참이었던 명제가 다른 체계에서는 거짓이었고, 그 반대도 마찬가지다. 이 말은 진리 상대주의와 상당히 비슷하게 들린다!

그렇게 보이지만, 너무 앞서가지는 말자. 결론은 평행선 공리(와 그것의 반대)에서 사용한 '선'이라는 용어는 체계가 달라지면 지칭하는 것도 달라지므로, **같은 진술**이 어떤 이에게는 사실이고 어떤 이에게는 거짓이라는 진리 상대주의와는 다르다는 것이다. 가령 **유클리드** 기하학에서 두 평행선 사이의 거리는 항상 같지만, **비유클리드** 기하학에서 두 평행선 사이의 거리는 다양하다. 즉, 유클리드 평행선과 비유클리드 평행선은 전혀 별개이며, 바로 그런 이유로 두 기하학을 비교하는 것은 대단히 흥미롭다. 두 기하학에서 사용하는 '선'의 개념은 같지 않다. 즉, 비유클리드 기하학 체계에는 유클리드 선이 존재하지 않고, 유클리드 기하학 체계에는 비유클리드 선이 존재하지 않는다!

이 모든 내용은 '10+10=100'이라는 식이 이진법 체계에서는 참이지만 십진법 체계에서는 거짓이라는 사실만큼이나 혼란스럽다. 이와 마찬가지로 "시카고는 여기에서 동쪽에 있다"는 문장은 어떤 사람에게는 참이지만 어떤 사람에게는 거짓이다. 그 이유는 매우 간단하다. 샌프란시스코 거주자가 말하는 '여기'가 보스턴 거주자가 말하는 '여기'와 다른 것처럼, 이진법에서 '10'은 십진법의 '10'과 같은 수가 아니다.

비유클리드 기하학(과 이후의 다른 독특한 기하학들)의 발견 덕분에, 수학자들과 논리학자들은 똑같아 보이는 식이 다른 개념 체계에서는 다른 것을 의미할 수 있다는 생각에 익숙해졌다. 이는 그들이 진리를 상대적인 개념으로 생각했다는 의미가 아니다. 그들이 일부 용어의 **개념**을 맥락에 따라 바꿀 수 있다는 사실을 이해했다는 뜻이다. 이에 따라 어떤 진술이 한 공리 체계에서는 참이 되고 다른 공리 체계에서는 거짓이 될 수 있는데, 이때 그 진술은 같은 **상황**을 지칭하고 있지 않다. 겉보기에 진리 상대주의와 **유사해** 보이지만, 진리를 관찰자에 좌우되는 애매한 개념으로 보고 있지는 않다. 사실 수학에서 진리는 핵심 개념이자 확고부동한 개념이다.

한편 '대립하는' 기하학들이 다수 발견되었다는 사실은 수학 체계

02. 나는 내가 안다고 믿는다: 실재, 지식, 진리에 관하여

가 내적 자기 일관성만 유지한다면 물리 체계와 반드시 일치하지 않아도 된다는 점을 증명했다. 그 다음에 등장한 질문은 '대립하는' 기하학 중 어느 것을 실제 세계에 적용할 수 있는가였다. 그리고 마침내 우리는 실생활에서는 유클리드 기하학으로 세계를 설명할 수 있지만 광활한 우주는 비유클리드 기하학으로 설명된다는 사실을 알게 되었다.

수학자는 '서로 다른 진리'를 가진 것처럼 보이는 대립 체계들을 구축할 수 있을 때 희열을 느낀다. 그러나 그들은 이것을 진리 상대주의라고 생각하지 않는다. 그들은 각 대립 이론에 대응하는 실체들이 같은 이름으로 불리더라도 같은 것이 아님을 잘 안다.

진리 정합설은 수학자들이 서로 차단되어 있고 '대립하는' 공리 체계들을 이해할 수 있게 도와주지만, 수학 바깥에는 적용할 수 없다. 또한 수학자들이 수백 년 전부터 붙들고 씨름하다 마침내 깨닫게 된 진리와 무모순성에 대한 난해한 교훈들을 무심코 일반 세상에 적용해서도 안 된다. 세상은 대립하는 공리 체계들의 집합은커녕, 하나의 공리 체계도 아니기 때문이다.

진리의 객관성을 거부하는 것은 순진하고 그릇된 태도일 뿐만 아니라 더욱 나쁘게는 비도덕적이다. 이 문제는 정치 분야에서 대단히 심각한데, 사람들이 합리적이고 타당한 것을 믿는 대신 자신의 목표에 부합하는 것을 믿으려 하기 때문이다.

만약 당신이 숲속 어딘가에 트롤trolls(북유럽 신화에 등장하는 초자연적 존재-옮긴이)이 있다고 생각하고 나는 없다고 생각한다면, 우리 중 한 사람은 **맞고** 한 사람은 **틀렸다.** (충분히 조사하지 않으면) 우리 중 누가 맞는지 알 수 없다 하더라도, 둘 중 한 명은 맞았다는 사실은 인정해야 한다. 당신은 숲에 트롤이 숨어 있다는 생각이 당신의 문화권에서는 대대로 내려온 일관된 세계관(혹은 '우주론')의 핵심이므로 그것을 **당연히** 진실이라고 주장할지 모르겠다. 그러나 터무니없고 무의미한 논거다. 가령 어떤 사람이 당신의 뺨을 때리면서 이렇게 말했다고 해보자. "당신의 뺨을 때린 일은 **내** 현실에서 일어난 일이 아니므로, 나와 상관없는 일이다." 당신이라면 그런 괴상한 진리 상대주의를 받아들이겠는가?

만약 진리 상대주의를 인정한다면, 뉘른베르크 전범 재판에서 헤르만 괴링Hermann Göring은 **자신**의 실재가 **판사**의 실재와 다르다고 주장함으로써 무죄 선고를 받았을 것이다. 만약 법정에서 이런 관점을 허용한다면, 아무도 범죄로 처벌받지 않을 것이다. 다른 것보다 더 옳거나 더 진실인 진술이 존재하지 않는다면, 시대착오적인 말도 그대로 인정해야 할 것이다.

진리 상대주의, 즉 "모든 것이 똑같이 옳다"는 생각은 종교 근본주의만큼 비도덕적인 사회를 만들기 쉽다. 이런 사회가 가진 진리관은 독단적이고 철저히 폐쇄적이며, 허점 없이 완벽하므로, 그 구성원은 생각이 다른 사람을 죽이는 일을 꺼리지 않는다.

묘하게도 진리 상대주의는 자기 패배적인 태도이기도 하다. 자신의 아이디어가 타당하더라도, "모든 진리는 상대적"이므로 그 아이디어는 그것을 좋아하는 사람에게만 참이고 싫어하는 사람에게는 거짓이 된다. 확실히 부조리한 상황이다. 요컨대, 진리 상대주의는 조금만 파고들면 쉽게 무너지는 자기 모순적인 철학이다.

앞서 예로 언급했던, "시카고는 여기에서 동쪽에 있다"와 같이 겉보기에 진리 상대주의와 유사한 언어 현상들이 있다. 어떤 문장은 그것을 말하는 사람에 따라 진실이 될 수도 있고 거짓이 될 수도 있다. 만약 스웨덴 국왕이 "나는 스톡홀름에 산다"고 말하면 그는 진실을 말하는 것이지만, 미국 앤아버에 사는 앨리스 애플트리가 "나는 스톡홀름에 산다"고 말한다면, 그녀는 거짓말을 하는 것이다. 같은 진술이 진실이 되기도 하고 거짓이 되기도 한다! 이것은 명확히 진리 상대주의가 타당하지 않음을 보여준다. 두 사람이 같은 문장을 말하지만, 다른 주장을 할 수 있다. 즉, 스웨덴 국왕이 말하는 '나'와 애플트리가 말하는 '나'가 서로 다른 사람일 수 있다.

혹은 내가 "꽃들이 피아노의 오른쪽에 있다"고 말했을 때, 이 문장은 내가 칠 준비를 하며 피아노 건반을 바라보고 앉았을 경우에는 진실이나, 피아노 의자에서 몸을 돌려서 다른 방향을 바라보고 있을 경우에는 거짓이 된다. "오른쪽에"라는 표현은 기준 틀이 고정되어 있지 않을 때 의미가 모호해진다. 그러나 일단 기준 틀이 고정되면, 그 표현은 더 이상 모호하지 않고 진실과 거짓을 가릴 수 있게 된다.

한편, 운동과 속도도 상대적이다. 다들 익숙한 경험이겠지만, 지금 자신이 역에 정차 중인 기차 안에 앉아서 바로 옆에 정차 중인 다른 기차를 창밖으로 본다고 가정해보자. 갑자기 옆 기차가 움직이기 시작한다. 아니 내가 탄 기차가 출발하는 건가? 뭐가 맞는지 잘 모르겠다! 물체의 속도는 항상 고정된 틀(즉, 기준계)에 대해 상대적이다. 그러나 빛은 예외인데, 빛은 관찰자가 어느 기준계 안에 있는지와 상관없이 그 관찰자에 대해서 항상 같은 속도로 움직인다. 이런 반직관적인 생각이 바로 아인슈타인이 1905년에 발표한 (특수) 상대성 이론의 핵심이다.

아인슈타인은 독일 울름에서 태어났지만, 나중에 스위스와 미국 국적을 차례로 얻었다. 그의 상대성 이론은 한참 전에 갈릴레오 갈릴레이Galileo Galilei(1564~1642)가 처음 제안한 '상대성 원리principle of relativity'를 일반화한 것으로, 갈릴레오는 물리학의 모든 기준계가 평등하다(즉, 물리 법칙이 모든 기준계에 똑같이 적용된다)고 주장했다. 실제로 갈릴레오의 원리가 적용되는 공간은 소위 '관성inertial' 기준계로 제한되는데, 그 의미는 기준계들이 서로에 대해 그리고 역학(갈릴레오의 시대에 있었다고 알려진 유일한 물리학 분야) 실험에서도 항상 일정한 속도로 움직인다는 것이다. 아인슈타인은 갈릴레오의 원리를 **역학** 현상뿐만 아니라 **전자기** 현상(특히 빛)에까지 확대할 수 있다고 추측했다. 겉보기에 아주 작은 지적 발걸음이었던 아인슈타인의 생각은 20세기 초 거대한 물리 혁명으로 이어졌다.

몇 년 후, 아인슈타인은 운동 방식과 관계없이 **모든** 기준계에 적용할 수 있도록 갈릴레오의 상대성 원리를 더욱 발전시켜 이를 '일반 상대성 이론theory of general relativity'으로 부르고, 이전 이론은 '특수 상대성 이론theory of special relativity'으로 이름을 바꾸었다. 아인슈타인은 상대성 이론에 관한 농담을 즐겼다고 전해지는데, 간혹 기차에 타서는 기관사에게 "죄송합니다만, 시카고가 이 역에서 서나요?"라고 물었다고 한다.

최근 몇 년간 학계에서 진리 상대주의의 선봉장은 미국 철학자 리처드 로티Richard Rorty(1931~2007)였다.[15] 로티는 모든 진리관이 우리가 만든 실재에 관한 기본 공리들과 우리가 세상을 고찰하고 경험할 때 선택하는 방법들에 근거한다고 생각했다.

02. 나는 내가 안다고 믿는다: 실재, 지식, 진리에 관하여

대표 사례로 1615년에 갈릴레오가 받은 종교 재판이 있다. 갈릴레오는 천동설을 지지하는 가톨릭교회의 가르침에 어긋나는 천문학 연구 결과를 발표했다. 갈릴레오 재판에서 바티칸 측 대리인은 로베르토 벨라르미노Roberto Bellarmino 추기경이었다. 갈릴레오는 벨라르미노에게 (자신이 직접 만든) 망원경으로 천체를 관측해서 자신의 주장을 확인해 달라고 부탁했다. 그러나 벨라르미노는 망원경 관측을 거부하며, 과학 기기보다 성경에서 더 훌륭한 논거를 찾을 수 있다고 말했다.[16] 갈릴레오는 객관적 관찰법을 선택했지만, 벨라르미노는 성경이 전하는 복음을 선호했던 것이다.

그건 그렇고, 지구가 태양 주위를 도는가 아니면 태양이 지구 주위를 도는가? 진리 상대주의자 로티에 따르면, 그 답은 당신이 실재와 어떻게 관계를 맺느냐에 좌우된다. 그는 두 천체 중 어느 것이 돌고 있는가 하는 질문은 사실의 문제가 아니므로, 객관적인 답을 찾을 수 없다고 생각했다.

또 다른 급진적 진리 상대주의자는 브뤼노 라투르Bruno Latour(1947~)라는 프랑스 철학자로, 그에 따르면 사물은 인지되기 전까지 존재하지 않는다.[17] 그는 박테리아를 예로 들면서, 우리가 발견하기 전에는 박테리아란 존재하지 않았다고 주장했다.

로티와 라투르 모두 현상에 대한 설명과 현상 자체를 혼동하는 실수를 범했다. 물론 사람들은 박테리아가 발견되기 전에는 박테리아와 그 속성을 말할 수 없었다. 질병 사망자의 사인을 설명하는 다른 이론들이 있었다. 하지만 그랬다고 해서 박테리아가 사람들이 인지한 순간부터 존재하기 시작한 것은 아니다.[18]

원자를 포함해서 객관적 실재는 존재하며, 이는 과학 모형이 늘 잠정적이고 수정의 여지가 있으므로 '완전무결하고 영속적'이라는 절대적 의미에서 '진리'는 아니라 하더라도 그렇다. 과학자는 교조주의자가 아니며, 새로운 증거를 기꺼이 받아들이는 사람이다. (덧붙이자면, 이론을 뒷받침하는 무수한 증거가 있더라도 과학자로서 최종적인 절대 진리를 발견했다고 선언하지 않는 지적 정직성은 대단히 겸손한 과학적 태도를 보여준다.) 그러나 극단적인 진리 상대주의자들은 한술 더 떠서, 실재의 존재뿐만 아니라 '진리'라는 개념 자체를 전면 부정한다. 안타깝게도 그런 입장은 종종 과학에 대한 심각한 무지와 심지어 경멸까지 동반한다.

진리는 상대화할 수 있는 개념이 아니다. 그런데 정치권력과 경제력 같은 다양한 요인들이 사회학과 다른 사회과학 분야에서 연구 우선순위와 아이디어, 그리고 어쩌면 자연과학적 아이디어에도 일부 영향을 미친다. 특히 그런 요인들은 정부와 각종 단체가 지원금 대상 연구를 정하는 데 막대한 영향을 미칠 수 있다. 그러나 이 점이 진리란 신뢰할 수 없는 개념이라는 결론으로 이어지지는 않는다. 이론의 타당성은 이론을 믿도록 유도하는 요인들과는 무관하다.

사회 구성주의

사회 구성주의는 여러 이유에서 몹시 수상쩍은 입장이지만, 그럼에도 매우 합리적인 전제에 토대를 둔다. 그 전제는 바로 생활 조건이 주변 세상에 대한 관점, 특히 연구 및 과학적 분석에 대한 관점에 영향을 미친다는 것이다. 인종, 젠더gender, 계급, 정치 이념 등의 요인들은 사회가 수행하는 연구의 유형과 연구 결과물에 영향을 미친다.

이런 영향을 잘 보여주는 사례로 옛 소련의 유전학자 트로핌 리센코Trofim Lysenko(1898~1976)가 대표적인데, 그는 1930년대에 다윈의 진화론을 비판하고, 종의 기원에 대해 이념적 성격의 대안 이론을 주창했다. 무엇보다 그는 유전 형질이 유전자나 염색체로 결정되지 않고, 환경 요인에 따라 바뀔 수 있다고 주장했다. 그의 이론은 오류투성이였지만, 새로운 데다 마르크스 레닌주의에 부합했으므로 스탈린의 관심을 끌었다. 그와 반대로, 서구에서 과학 이론으로 인정받은 멘델의 유전법칙은 "부르주아적 사이비 과학"이라는 꼬리표가 붙었다.[19]

프랑스 철학자 미셸 푸코Michel Foucault(1926~1984) 같은 사상가들에게 영향을 받은 사회 구성주의는 과학적 지식 탐구가 보기와 다르다고 주장한다. 실제로 푸코는 과학을 빈민, 여성, 동성애자, 인종적 소수자, 비유럽인 등을 소외시키고 경제적으로 부유한 중년의 백인 이성애자 남성에게 도움을 주기 위해 특별히 고안된 사악한 도구로 봤다.

안타깝게도 역사적으로 과학이 이따금 푸코가 말한 방식으로 이용되어 왔음은 사실이다. 19세기와 20세기에도 꽤 오랫동안, 생물학과 인류학은 인종차별적 억압을 정당화하는 데 동원되었다. 또한 의학은 비정상으로 보이는 사람들의 감금과 이들에 대한 전두엽 절제술을 정당화했다. (전두엽 절제술은 1930년대에 포르투갈 신경학자 안토니오 에가스 모니스António Egas Moniz가 처음 도입한 뇌수술 방식으로, 전두엽과 뇌의 나머지 부분을 연결하는 신경 경로를 절단하는 것이다. 이 수술의 의도는 중증 불안 장애나 정신병적 행동을 보이는 환자들을 치료해서 진정시키겠다는 것이었다. 그러나 이 수

술법은 치료 과정에서 환자들의 인격과 감정을 크게 훼손했으며, 지금은 더 이상 시행되지 않는다.) 사회의 도덕규범에 어긋나는 행동을 한다고 여겨진 여성들은 강제로 불임 수술을 받았다. 이런 사례들은 과학과 '사회 공학'이 역사에서 어떻게 악용되어 왔는지 그리고 지배 세력의 입맛에 따라 사람들을 억압하고 차별하기 위한 구실로 얼마나 자주 이용되어 왔는지 보여준다.

사회 구성주의적 분석은 많은 경우에 유익하고 타당할 수 있다. 사회 구성주의적 통찰은 우리가 생활환경을 이해하고 싶을 때 필요하다. 즉, 이때는 사회 구성주의의 이론들이 유용하다. 실제로 우리는 늘 사회적 구성물들에 둘러싸여 있다. 가령, 우리가 식료품점에서 사용하는 동전은 사회적 구성물이다. 물론, 동전은 기계로 찍어낸 작은 금속 조각에 불과하나, 일상의 거래 수단으로서 그 가치와 기능은 동전 안에 내재한 것이 아니라 사회에 의해 구성된 것이다.

그러나 모든 실재물을 단순한 사회적 구성물로 간주하는 태도는 문제가 있다. '남성성'과 '여성성' 같은 전통적인 사회적 구성물이 명확한 예를 제시한다. 태곳적부터 여성은 감정적인 존재로, 남성은 지적이고 이성적인 존재로 여겨져 왔다. 이런 낡은 사회적 구성물은 오늘날에도 여전히 남아 있는데, 이는 틀렸을 뿐만 아니라 개인의 잠재력과 기회를 심각하게 제한하는 관념이다.

그 밖의 다른 해로운 사회적 구성물에는 성적 지향·성관계·가족의 본질에 관한 규범들과 소비지상주의·성공·지위에 관한 무수한 가정들이 있다.[20]

02. 나는 내가 안다고 믿는다: 실재, 지식, 진리에 관하여

포스트모더니즘과 교육

일반적으로 사회 구성주의와 진리 상대주의는 **포스트모더니즘**postmodernism이라 불리는 대단히 중요한 사상과 맥을 같이한다고 간주된다.[21] '사회적 구성'이라는 표현은 **문화 상대주의**와 그것과 긴밀한 **가치 상대주의**를 포함하는 포스트모더니즘 신드롬에 속하는 현대 사회학의 전문용어 중 하나일 뿐이다.

포스트모더니즘은 인식론적·도덕적·정치적으로 심각한 문제를 일으킨다. 그 극단적인 예로 자연과학이 사회적 구성물에 불과하다는 주장이 있다. 그들은 자연과학을 아무나 지어내 전파하는 근거가 불명확한 '이야기'라고 비판한다.

1996년에 미국 물리학자 앨런 소칼Alan Sokal은 유명 학술지《소셜 텍스트Social Text》의 편집자들을 속여 자신의 엉터리 논문을 발표했고, 포스트모더니즘의 강력한 비판자로서 논쟁에 불을 붙였다. 그가 제출한 논문은 표면적으로 아인슈타인의 일반 상대성 이론과 양자 역학을 결합하려는 시도를 사회 구성주의적 시각에서 비판하고 있었다. 그의 냉소적인 논문은 '경계의 침범: 양자 중력의 변형 해석학을 위하여Transgressing the Boundaries: Towards a Transformative Hermeneutics of Quantum Gravity'라는 몹시도 난해한 제목을 달고 있었는데, '해체주의deconstructionist'의 내용을 엉터리로 패러디한 글이었다. 그는 오만한 거장 지식인을 흉내 내며 포스트모더니즘의 전문용어를 남발해 '소위 과학적 방법론'을 공격했다.

이렇게 포스트모더니스트로 위장한 소칼은 "개별 인간과 무관한 특성을 가진 외부 세계"라는 개념이 "오랫동안 서양의 지식관을 지배해온 후기 계몽주의적 도그마"일 뿐이라고 썼다. 또한 그는 진리 상대주의자의 가면을 쓰고, 과학 연구는 "반체제 혹은 소외 집단에서 흘러나온 대항 헤게모니적 내러티브라는 점에서 인식론에서 특권적 지위를 주장할 수 없다"고 주장했다. (이를 간단히 표현하면, 과학은 정확한 진실을 제공하지 못하므로, 누구나 자신만의 진실을 가진다는 것이다.) 그는 논문 곳곳에서 전문용어를 남발하고 사이비 과학적 주장을 펼쳤으며, 심지어 초능력과 초자연적 현상을 믿는 뉴에이지 사상을 차용했다. 이 모든 것은 학술지 편집자들이 "남성 중심의 과학"이라 부르는 것을 열심히 비판하는 척하기 위해서였다. 그리고 소칼의 바람대로, 학술지 편집자들은 그의 속임수에 넘어갔다.[22]

또 다른 포스트모더니스트의 허튼소리는 내 모국인 스웨덴에서 나왔다. 몇 년 전에 나는 교육 토론회에 참여했는데, 토론자 중에 교육학과 교수가 한 명 있었다. 그는 진화론과 성경의 창조론이 인류에 관한 서로 다른 "이야기" 혹은 패러다임일 뿐이라고 주장했다. 그러면서 어느 쪽 이야기가 '더 진실에 가까운지'는 밝히지 않았다. 내 생각에 그것은 지적으로 정직하지 못한 태도이다. 모든 것이 그저 의견의 문제라면, 그것에 대한 토론이 무슨 의미가 있겠는가?

이와 비슷한 사례로 스웨덴 교육학과 교수인 모이라 본 브라이트Moira von Wright의 보고서가 있다. 1998년에 그녀는 교육부 제출용으로 물리학 교육에 관한 보고서를 작성했다. 거기에서 물리학 교재에 수록된 "과학적 내용"이 "평등 지향적"으로 수정되어야 한다고 주장하며, 다음과 같이 과학적 사고방식의 도입을 거부했다.

과학적 사고가 우월하다는 생각은 평등 및 민주주의 이상과 양립할 수 없다. …… 과학계에서는 일부 사고방식과 추론방식이 다른 것들보다 더 많이 인정받는다. …… 만약 이를 의식하지 못하면, 그릇된 결론을 도출할 위험에 빠진다. 예컨대 과학적 사고가 더 합리적이라는 생각에서 과학적 사고로 일상의 모든 사고방식을 대체해야 한다는 생각으로 논리적 비약이 일어난다.[23]

보고서의 뒷부분에는 이런 내용이 이어진다.

물리학 교재들이 기계론적·결정론적 세계관의 우월성을 강조하고, 그것을 학생들에게 가르쳐야 한다고 작정할 때 평등이라는 가치는 어떻게 되겠는가? 해석이 고정된 편협한 지식을 강요하는 것은 평등한 교육 목표에 부합하지 않는다. 그런데 대부분의 물리학 교재가 그렇게 하고 있으며, 그 때문에 과학계에서는 남녀 사이에 비대칭적이고 계층적인 관계가 유지되고 있다. 무비판적으로 물리학을 유일한 진리라고 내세울 때, 그것이 과학계의 입장이 되어 학생들의 지식 습득에 (부정적으로) 상징적인 영향력을 행사하게 된다.[24]

젠더를 의식하고 젠더에 민감한 물리 교육이 되려면 관계 중심적 관점이 필요하다. 이에 더해, 물리학 표준 교재의 내용 중 상당 부분을 삭제해야 할 것이다.[25]

보고서의 결론은 다음과 같다.

새로운 시작을 위해, 어쩌면 우리는 여학생들이 자연과학 분야에 직업적 관심을 갖게 할 새로운 방법이 무엇인지 자문해야 할 것이다. 가령 여학생들이 물리학에 관심을 갖게 하는 방법이라는 낡은 질문 대신 다음과 같은 새로운 질문으로 상황을 반전시킬 수 있다. 물리학이 젠더와 여성에 관심을 갖게 하는 방법은 무엇인가?[26]

보고서에 나타난 브라이트의 태도는 반지성적일 뿐만 아니라 반과학적이기도 하다. 이에 더해, 여성이 남성보다 덜 합리적이라는 가정은 여성 비하이다. 그럼에도 불구하고 2010년부터 2016년까지, 모이라 본 브라이트는 스톡홀름의 쇠데르토른 대학교의 총장을 지냈다.

상대주의와 정치

진리 상대주의적 사고가 정치권을 파고들면 문제는 훨씬 더 심각해진다. 가령 다수의 통계 자료에 따르면 스웨덴에서 여성의 평균 임금이 남성보다 낮다(이는 실제로 사실이다). 그런데 스웨덴 의회에서 한 정치인이 연단에서 이렇게 발언한다고 상상해보자. "어쩌면 그 연구가 **여러분**에게는 사실일지 모르지만, **제**게는 전혀 그렇지 않습니다! 제 진실은 여성의 임금이 남성보다 높다는 것입니다!"

객관적 사실이 존재한다는 생각을 거부하는 정치인은 몹시 곤란하다. 물론 사회와 정치 논쟁에서 진실을 가리기란 쉽지 않으므로, 흔히 정치인들은 현실에서 자신이 부각하고 싶은 면만 선택한다. 그들은 무엇에 초점을 맞추고 무엇을 무시할지 신중하게 선택하며, 특히 숫자와 통계가 포함된 자료를 보여줄 때 그렇게 한다. 다루는 주제가 복잡할수록 관련 통계가 특정 해석을 뒷받침하기 위해 '선별된' 자료인지 아닌지 파악하기가 거의 불가능하기 때문이다.

많은 사람이 믿고 있듯 통계는 (의도적으로 조작되지 않는 한) 거짓말을 하지 않지만, 실재의 한 면만 강조하기 위해 필요한 정보만 선별될 가능성은 있다. 이런 식으로 통계는 조작에 이용될 수 있다. 또한 정치인을 포함해서 사회 요직에 있는 사람들은 사실과 가치를 뒤섞는 데 노련하다. 순수한 사실로 제시된 자료라도 은연중에 이념적 메시지를 전달할 수 있다.

통계 분석은 실재를 설명하는 한 방법이지만, 통계 자료들 사이의 복잡한 관계에 대해서는 아무런 정보도 주지 않는다. 바로 그런 이유로 정치인들이 자주 통계를 조작하고 왜곡한다. 한 정당은 실업률이 감소하고 있다고 주장하고, 반대 정당은 실업자 수가 증가하고 있다고 주장한다. 둘 다 통계 자료의 뒷받침을 받고 있으며, 실제로 같은 기간에 두 주장 모두 옳을 수 있다. 왜 그런지를 이해하려면 꼼꼼한 분석이 필요한데 세밀하게 분석하더라도 다른 중요 요인이 누락될 수 있다. 바꿔 말하면, 정치 문제에서 진리 상대주의와의 싸움은 고역이지만 꼭 필요한 일이기도 한데, 진실이 존재하지 않는다는 주장은 부정직하고 부도덕하기 때문이다. 그런 주장은 위험천만한 물속으로 뛰어드는 행동이나 다름없다.

막간글 - 3대 미스터리

과연 우리는 만물의 기원을 알게 될까?

나는 존재의 미스터리를 다룬 책 세 권을 늘 침대 옆 탁자에 둔다. 첫 번째 책은 우주의 기원을, 두 번째 책은 생명의 탄생 과정, 즉 무생물에서 생물로 이행된 과정을 다루며, 세 번째 책은 불가사의한 의식 작용에 관한 내용이다. 실제 탁자에 올려놓는 책은 수시로 달라지지만, 3대 미스터리라는 주제는 바뀌지 않는다. 나는 어릴 때부터 이 세 가지 수수께끼에 매료되었는데, 나 이외에도 많은 사람이 이를 인류 최대 미스터리로 여기며 궁금해한다.

역사를 통틀어, 통찰력을 갖춘 연구자, 철학자, 사상가가 우주와 생명의 기원 및 의식의 본질에 관한 답을 찾고자 다양한 이론을 생각해냈지만, 오늘날까지도 모두가 합의한 설명은 없다. 그러나 인간은 타고난 호기심으로 그 답을 찾기 위해 계속 노력하고 있다.

어떤 사람은 그 답을 과학에서는 영원히 찾지 못할 것이라고 주장한다. 그들은 그 수수께끼들이 과학의 영역을 넘어서는 것이므로, 과학 안에서는 절대 해결될 수 없다고 말한다. 그러므로 그 답을 찾는 일은 과학이 아닌 신성한 종교의 의무라고 주장한다.

유감스럽지만 나는 아무리 생각해도 그런 주장을 이해할 수가 없다. 언젠가는 과학이 오늘날의 미스터리를 풀어주리라는 기대를 일축하는 사람들의 사고방식이 내게는 너무나 낯설다. 왜 그들은 새로운 지식 습득 방법을 거부할까? 눈을 크게 뜨면 세상이 보이는데, 왜 눈을 감아버릴까?

부정적 태도는 가능성을 차단한다. "이건 절대 안 될 거야. 우린 영영 이것을 모를 거야. 그건 불가능해!"라는 말은 극단적으로 들린다. 수세기를 거치는 동안 과학은 이전 시대에 해결할 수 없어서 절망했던 수많은 난제를 해결했다. 하늘을 나는 법을 배웠고, 각종 질병을 치료했으며, 상상도 못 할 먼 거리에 떨어져 있는 별들의 생성 원리와 그 별들의 에너지원이 무엇인지 알게 되었다. 또한 믿을 수 없을 정도로 작은(말 그대로 미시적!) 단위와 믿을 수 없을 정도로 큰(말 그대로 거시적!) 단위에서 일어나는 새로운 현상들을 관찰하는 법도 파악했다. 자연 선택론 덕분에, 자연계에 무수히 존재하는 복잡하고 아름다운 생명체를 설명할 수 있게 되었다. 과거에는 전혀 설명되지 못한 현상들이 이제는 더 이상 미스터리가 아니다. 그런데 왜 이런 사고방식을 거부하는 것일까?

나는 모든 사람이 아직 이해하지 못한 현상들에 대해 좀 더 겸허하고 열린 태도를 지녔으면 좋겠다. 어쩌면 언젠가는 뇌를 구성하는 무수히 많은 뉴런(과 시냅스)의 활동으로 어떻게 의식이 일어나는지 쉽게 이해하게 될지도 모른다.

또한 나중에는 멀리 떨어져 있는 태양에서 지구에 닿은 온기를 받아, 화학 작용을 거쳐 무생물에서 생명체가 탄생하게 된 과정도 설명하게 될 것이다. 어쩌면 먼 미래에는 고도로 발전한 양자 물리학이 우주 탄생의 비밀(무에서 유가 창조되는 기적)을 설명하게 될지도 모른다. 아니면 아직 감도 못 잡은 새로운 우주론이 등장할 수도 있고.

혹은 미스터리에 대한 설명을 전혀 찾지 못할 수도 있다. 하지만 그것도 지금 당장은 알려져 있지 않을 뿐이다. 나는 미리 포기하지 않겠다. 어쨌든 우리가 가진 제한된 지식은 늘 발전한다. 겸허하고 열린 태도로 나는 이렇게 말하고 싶다. "아마도 언젠가 우리는 이 미스터리를 전부 풀게 될 것이다."

그때까지 내 침대 옆에는 세 권의 책이 늘 놓여 있을 것이다. 늘 새로운 아이디어를 제공하는 새로운 저자의 책들로. 나는 그런 책들을 읽을 때마다 아이디어가 마구 솟구치는 것을 느낀다. 그것은 아찔한 경험이다. 그리고 언젠가 좋은 날이 오면, 내 침대 옆에는 단 한 권의 책만 놓일 것이다. 그 책은 모든 질문에 대해 충분한 근거로 무장한 타당한 답을 제공할 것이다.

02. 나는 내가 안다고 믿는다: 실재, 지식, 진리에 관하여

타당한 이유에 근거한 믿음: 확신의 근거에 관하여

> 현대 사회 문제의 근본 원인은 지식인은 의심으로 가득 차 있는 반면,
> 어리석은 사람들은 자신만만하다는 데 있다.
>
> - 버트런드 러셀

실재와 진실의 본질을 탐구하기 시작하면 수많은 질문이 떠오른다. 나는 무엇을 믿는가? 내가 그것을 왜 믿는가? 무언가를 믿는다는 것은 실제로 무슨 의미인가?

'믿음'이라는 단어의 뜻은 아주 많다. 현재 시간이나 케냐의 수도가 어디인지 등을 말할 때 우리는 대개 이렇게 말한다. "5시쯤 됐다고 믿어" 혹은 "나이로비라고 믿고 있어." 이것은 믿음의 한 유형이다. 이와 달리 "나는 헨리를 믿어"라는 문장은 헨리의 존재를 확신할 뿐만 아니라 그를 신뢰한다는 의미도 포함한다. 한편 "나는 정의를 믿어"라는 말에는 어디에서나 정의를 확인하고 싶다는 바람이 들어 있다.

"나는 믿음이 있다"는 문장은 흔히 하나 혹은 여러 신을 믿는 종교

를 가졌다는 의미지만, "나는 네게 믿음이 있다"는 문장처럼 종교와 무관한 의미로도 사용될 수 있다.

그렇다면 뭔가를 믿는다는 말은 어떤 의미일까? 믿음에는 두 종류가 있으며 그 둘을 구분할 필요가 있다.

첫 번째 유형은 '인지적 믿음cognitive belie'이라 부른다('cognitive(인지적)'라는 단어는 '지식'을 뜻하는 라틴어 'cognitio'에서 유래했다). 인지적 믿음은 무언가가 특정 방식으로 행동한다거나 무언가가 어떤 특성을 가졌다고 믿는 것이다. 대표적인 예로 "나는 지금 시간이 5시라고 믿는다"라는 문장을 들 수 있겠다. "나는 내일 아침에 비가 올 거라고 믿는다" 혹은 "나는 다른 행성에 생명체가 있다고 믿는다" 같은 문장들도 좋은 예다. 즉, 인지적 믿음은 진실에 대한 주장이다.

두 번째 유형은 신앙적 믿음faithlike belief이다. 이런 믿음에는 확신, 신념, 신뢰, 의지 등이 포함된다. 즉, 어떤 것을 사실로 **믿는다**는 의미보다 어떤 것 혹은 어떤 사람 자체를 믿는다는 의미와 유사하다. "난 널 믿어"라는 말은 "나는 네가 존재한다고 믿어"라는 의미보다(물론 그런 의미도 포함되어 있긴 하다), "너는 늘 내가 신뢰하고 의지할 수 있는 사람이라는 걸 난 알아"라는 뜻이다.

인지적 믿음이든 신앙적 믿음이든, 우리는 아주 많은 것을 믿는다. 세상에 대한 대부분의 아이디어는 인지적 믿음이다. 우리는 앞에 탁자가 있다는 사실을 믿는다. 자신이 존재한다는 사실을 믿고, 세상이 지난주에 존재했고 다음 주에도 존재하리라는 것을 믿는다. 또한 내일 아침에 해가 뜬다고 믿고(물론 12월 21일경 스웨덴 북부에서는 극야 현상으로 그렇지 않을 수 있다!), 지구가 태양을 돈다고 믿는다. 이 모든 사실이 인식론의 관점에서 완벽하게 **입증**된 만고불변의 진리는 아니지만, 그럼에도 그것들을 사실이라고 믿을 만한 충분한 근거가 있다.

믿음의 본질을 명확히 이해하려면 **증거**evidence와 **증명**proof을 구분해야 한다. 우리는 과학 이론(가령, 진화론)이 참임을 증명할 수 없다는 말을 종종 듣는다. 이것은 확실히 사실이다. '증명'이라는 용어는 순수한 의미에서 수학적 논증에만 적용되기 때문이다.**27**

수학이 아닌 영역에서 엄격한 증명은 존재하지 않는다. 그러므로 순수하게 인식론적 관점에서는 아인슈타인의 중력 이론이 옳다거나 지구가 둥글다는 것을 논리적으로 증명할 수 없다. 그러나 엄격하고 좁은 의미에서 비수학적 명제를 입증할 수 없다는 사실이 수학 밖에 있는 모든 인지적 믿음이 똑같이 근거가 충분(혹은 불충분)하다는 것을 뜻하는 것은 전혀 아니다. 비록 과학이 **절대적**이고 **오류가 없는** 증명을 할 수 없고 하지 않는다 하더라도, 과학은 다양한 이론에 대한 증거 조각들을(일부는 강하고 일부는 약하지만) 제공할 수 있다.

인간은 온갖 것을 믿는다. 의식적으로든 아니든 특정 관념은 받아들이고 나머지는 거부함으로써 실재에 관한 자신만의 이미지를 구축한다. 주변 세계가 어떻게 구성되었는지 설명하고 싶을 때(바꿔 말해서, 자연과학을 연구할 때), 우리는 세상이 돌아가는 방식에 관한 **이론**(또는 사상이나 모형)을 세운다. 이미 설명한 이유들 때문에, 우리는 어떤 이론에 대해 **빈틈없는** 증명은 할 수 없지만, 이론 구성에 필요한 다양한 아이디어와 그 이론에서 도출된 다양한 결론의 진위를 신중하게 검증함으로써 필요한 증거 조각들을 찾을 수는 있다. 근거나 결론이 입증될 때마다 그 이론의 신뢰도는 높아진다. 또한 우리는 어떤 이론이

거짓임(즉, 타당하지 않음)을 입증할 수도 있다. 실험 결과들이 우리의 예측과 어긋났을 때 말이다.

이론을 믿는다는 것은 어떤 사물이 특정 방식으로 행동하거나 특정 성질을 갖는다는 사실을 믿는 것이다. 물론 우리는 믿음이 굳건하지 않을 때 "잘 모르겠지만, 의심스럽기도 하고……"라고 말하기도 하고, 믿음이 굳건할 때 "나는 한 점 의심도 없이 그것을 확신한다"고 말하기도 한다. 그러나 믿음의 강도가 어떠하든, 우리는 여전히 절대적 확신이 아닌 개연성을 따진다. 같은 현상을 두고 대립하는 이론들이 있을 때, 대개 증거가 충분한 쪽을 믿는다. 우리가 무언가를 **안다**고 말할 때, 거기에는 그것을 믿는다는 의미뿐만 아니라 그렇게 믿을 만한 강력한 이유가 있다는 의미도 담겨 있다.

또한 우리는 대개 인지적 믿음뿐만 아니라 신앙적 믿음도 갖는다. 가령 우리는 친구나 연인을 믿는다. 그들의 능력을 확신한다. 또한 사랑이나 민주주의 같은 정치 이념을 믿는다고 선언하기도 하는데, 이는 우리가 그런 추상적인 것의 힘을 확신한다는 뜻이다.

우리는 끊임없이 무의식적으로 자신의 감각에 의존한다. 이런 의존성은 일종의 신앙적 믿음이다. 우리의 눈이 정원에 나무가 있다고 알려주면, 우리는 그렇게 믿는다. 물론 조금이라도 나무의 존재가 의심스러울 경우, 직접 정원으로 나가서 나무를 만져볼 수 있는데, 그런 행동으로 결론을 얻기 위해서는 촉감을 믿어야 한다. 자신의 감각을 믿지 못하는 사람은 이 세상에서 생명을 유지하고 주변을 돌아다니기가 지극히 힘들 것이다. 그런 믿음 없이는 제대로 살기 어려울 것이다.

03. 타당한 이유에 근거한 믿음: 확신의 근거에 관하여

"그럼 당신은 대체 무엇을 믿나요?"

나는 자주 이런 질문을 듣는다. "그럼 당신은 **대체** 무엇을 믿나요? 분명히 당신도 **뭔가**를 믿을 테지요!" 이럴 때 질문자의 목소리에 실망감이 묻어난다. 나는 그 질문의 의도를 전혀 이해하지 못하는데, 정신이 온전한 성인이라면 누구나 무수히 많은 신념을 가지기 때문이다. 다만 나는 그저 신을 믿지 않을 뿐이다. 한 가지를 믿지 않는다고 해서 믿음이 없는 사람이라는 의미는 아니다! 어쨌든 나도 인간이니까. 그렇다면 내게는 어떤 신념이 있을까?

인지적 측면에서 내가 믿는 몇 가지를 소개하면 이렇다. '10+10= 100'(이진법!). 체스 말 중 룩rook은 체스 판에서 가로세로로 움직일 수 있지만 대각선으로는 움직이지 못한다. 내 차에는 핸들은 있지만 용골은 없다. 물질은 원자로 이루어졌다. 생물은 세포로 이루어졌다. 유전 형질은 DNA로 이루어진 유전자로 전달된다. 유니콘은 오직 동화책에만 있다. 다른 행성에도 생명체가 있다. 다윈의 진화론이 종의 기원을 올바르게 설명한다. 또한 '신'은 인간이 만든 개념이며, 외부 세계에 그 단어가 지칭하거나 그 단어와 일치하는 실재물은 없다.

물론 내가 **신앙적 믿음**을 갖는 대상도 아주 많다. 그러나 신에 대해서는 신앙적 믿음이 전혀 없는데, 나로서는 그런 믿음을 가지려면 먼저 신을 **인지적**으로 믿어야 하기 때문이다(전혀 믿지 못하는 것에 기댈 수는 없다!). 그러나 나는 인간의 거대한 잠재력과 추론 능력, 책임감 등에 대해 신앙적 믿음을 가지고 있다. 또한 평등, 반인종주의, 성 평등주의, 인권 등도 믿는다. 이상이 이번 단락의 제목에 사용된 질문에 대한 내 답변이다.

과학에 대한 믿음도 일종의 신념일까?

널리 알려진 오해 중에 **과학을 믿는** 사람은 '**신**'을 **믿는 사람**과 비슷하다는 생각이 있다. 여기에서 문제는 "과학을 믿는"이라는 표현이 오해의 소지가 있다는 점이다. 과학을 믿는 태도, 즉 과학적 방법론을 신뢰하는 태도는 **합리적**이다. 과학적 믿음은 오류가 있거나 심지어 엉터리 주장이라도 무조건 믿고 받아들이는 종교적 믿음과 크게 다르다. 세상에 관한 질문과 관련해서, 과학은 수세기에 걸쳐 예언, 꿈, 성경을 근거로 한 주장들보다 신뢰성이 높다고 입증된, **추론**과 **검증** 방식에 기초한다.

그 결과 충분히 입증된 과학적 아이디어들은 주변 세상에 대해 실용적인 지식을 제공한다. 어느 저녁에 내가 창밖을 내다보며 하늘이 맑은 것을 본 후 내일 아침에 날씨가 화창할 것이라는 일기예보를 듣는다면, 나는 내일 아침에 눈을 떴을 때 날씨가 좋으리라고 확신할 수 있다. 물론 이런 믿음은 엄격하고 확고하고 독단적이지 않다. 내가 잠자리에 들기 전에 하늘이 흐려지거나 최신 정보로 바뀐 일기예보를 듣게 된다면, 내 예상은 바뀔 것이다. 그러므로 내일 날씨에 대한 내 믿음은 수년간 축적된 세상에 대한 경험과 내 감각기관을 통해 입수한 정보에 근거한다. 그리고 이 믿음은 새로운 증거가 확보되면 언제든 바뀐다. 이는 물리학, 화학, 생물학 등 모든 과학이 결과를 만들어내는 방식과 유사하다.

대부분의 사람들이 과학을 믿는데, 이는 존경받는 진지한 연구자들의 연구 결과를 신뢰한다는 뜻이다. 이렇게 우리는 과학에 대해 신앙적 믿음을 갖지만, 이는 우리가 책에서 읽은 과학적 주장을 교조적으로 믿는다는 의미가 아니다. 과학적 아이디어 중에는 시간이 한참 흐른 뒤에 틀렸음이 밝혀지는 것도 아주 많다. 그러나 과학의 매력은 적극적으로 진리를 찾으려는 수천 명의 집단행동을 통해 틀린 아이디어는 서서히 확실하게 제거되고 맞는 아이디어는 유산으로 남는다는 점이다.

지난 몇 백 년에 걸쳐, 과학적 방법론은 세상을 묘사하고 설명하며 미래 사건을 예측하는 데 탁월하다는 사실을 증명해왔다. 그러나 종교적 신념은 그렇지 못했다. 사실 역사적으로 각종 경전은 세상에 대한 오늘날의 지식과 상충하는 경우가 많았다.

종교와 반대로, 과학은 끊임없이 가설을 검증함으로써 발전한다. 즉, 과학은 자기 수정적self-correcting 지식이다. 그러나 오늘날에도 여전히 과학에 회의적인 사람들이 많다. 심지어 신학계 일부에서는 자급자족할 수 있으려면 **과학은 신학이 필요하다**고 주장한다.[28] 언젠가 연구자 하나가 이런 자조 섞인 우스갯소리를 했다.

과학은 종교가 아니다. 그랬으면 얼마나 좋겠는가! 그랬다면 연구 지원금을 아주 쉽게 모을 텐데…….

지적 정직성

오늘날처럼 정보가 넘쳐나는 사회에서는 각종 아이디어가 치열하게 경쟁을 벌인다. 신문에서는 별자리 운세를 알려주고, 텔레비전 심야 방송에서는 끔찍한 질병에 대한 주술적 치료법을 선전하며, 인터넷에는 기적의 다이어트 방법이 떠돌아다닌다. 점쟁이와 영매들은 우리의 미래를 볼 수 있고 마음을 읽을 수 있다고 주장한다. 타블로이드 신문에는 난데없이 보석을 나타나게 할 수 있는 인도 구루gurus나 환생을 다룬 기사들로 넘쳐난다. 거리 축제에서는 행상들이 활력을 준다는 자석 팔찌나 몸의 균형을 회복시킨다는 수정 등을 판다. 그리고 각종 복음 전도사들은 우리가 이런 혹은 저런 신을 믿어야 한다고 제안(혹은 요구)한다. 이렇게 대립하는 주장들이 난립하는 상황에서, 정신이 온전한 사람은 과연 무엇을 믿어야 할지 판단할 수 있을까?

온갖 주장과 아이디어, 제품들이 제대로 된 지식이나 연구 결과의 뒷받침 없이 우리 앞에 펼쳐진다. 그리고 그 배후에는 큰돈을 벌거나 이념을 퍼뜨리려는 욕구가 있다. 그러므로 그런 주장들의 진위를 확인할 수 있는 합리적인 검증 수단이 필요하다.

어떤 과학적 발견이 여러 실험에서 합리적으로 검증되었다면 믿을 만하다. 적어도 그것을 대체할 수 있을 정도로 신뢰도 높은 새로운 이론이 발견될 때까지는 믿어도 좋다. 물론 이는 우리가 항상 열린 마음으로 자신의 믿음을 검증하고 수정해야 한다는 뜻이다.

애석하게도, 우리는 우주가 함부로 떠다니는 찻주전자로 가득 차 있지 않다거나, 우리가 눈에 보이지 않고 냄새도 나지 않으며 소리도 전혀 내지 않는 무형의 코끼리들 사이를 걷고 있지 않다는 사실을 수학적으로 엄격하게 **증명**할 수는 없을 것이다. 그러나 이런 바보 같은 생각들을 완벽하게 반증할 수 없다고 해서 그것들을 **믿어야** 한다는 건 아니다! 사후 세계에 대한 생각도 마찬가지다. 사후 세계의 존재를 반증할 수 없지만, 그렇다고 그것을 **믿어야** 할 이유가 있을까?

거울을 볼 때 자기 모습이 보인다는 사실을 어떻게 아는가? 안 보일 수도 있지 않을까! 또한 손바닥을 폈을 때 쥐고 있던 돌멩이가 바닥으로 떨어지지 않고 공중에 머물러 있다면! 혹은 주방 창문 밖에서 주위를 맴돌던 작은 벌새가 갑자기 창문을 깨고 들어와 익룡으로 변해서 당신의 머리를 물어뜯는다면! 우리는 당연히 이런 것들을 믿지 않는다. 그러나 그런 일이 일어나지 않는다고 **증명**할 수도 없다. 증명은 수학에서만 가능하다.

그러나 아무것도 확신할 수 없다면, 대체 어떻게 세상을 헤쳐 나갈 수 있겠는가? 이런 의문이 들 때 잉게마르 헤데니우스의 지적 정직의 원칙을 기억하면 도움이 된다. "사실이라고 생각할 만한 타당한 근거가 있을 때에만 그 아이디어를 믿어라." 이 원칙은 당연한 말처럼 들리지만, 우리가 날마다 세상에서 길을 찾는 데 도움을 준다. 아이디어는 검증되어야 하며, 심지어 이상한 주장도 검증받을 기회를 줘야 한다. 이보다 더 열린 태도를 어디에서 찾을 수 있겠는가? 이것이 바로 헤데니우스의 원칙이 중요한 이유이다.

세상의 본질에 관한 새로운 주장을 접할 때마다 스스로 이런 질문들을 던져보아라. "이 아이디어를 진지하게 받아들일 만한 타당한 이유가 있는가? 그것을 무시해도 좋을 타당한 이유가 있는가? 그 내용

•
명료하게 생각하는 법

을 다르게 설명할 방법은 없을까? 그것을 가장 잘 설명할 방법은 무엇일까? 그것을 뒷받침하는 증거는 얼마나 강력한가? 그 주장이 우리가 진실이라고 알고 있는 다른 주장들에 부합하는가? 그것은 그럴듯한 주장인가 아니면 개연성이 낮은 주장인가? 이 아이디어를 주장하는 사람이 감춘 다른 의도가 있을까?

살면서 만나는 수많은 상황에서, 우리는 다른 사람들의 생각과 지식에 의존하기 마련이다. 우리는 물리학 교재의 저자가 물리학자인 것을 알고 있으므로, 그 내용을 믿어야 한다. 그와 반대로 미국의《위클리 월드 뉴스The Weekly World News》(지금은 폐간됨), 영국의《데일리 미러The Daily Mirror》, 스웨덴의《아프톤블라데트Aftonbladet》같은 타블로이드 신문에서 읽은 흥미진진하고 선정적인 헤드라인은 거의 혹은 전혀 믿지 않는다.《위클리 월드 뉴스》에 실린 재미있는 헤드라인들을 한번 보자.

세계 최고 추녀, 거울을 본 후 죽다
인간의 팔이 자라는 돌고래
아돌프 히틀러는 여자였다!
오리 사냥꾼이 천사를 쏘다
1939년에 사라진 비행기가 착륙하다!
뉴멕시코에서 악마의 두개골이 발견되다!
허블 망원경에 찍힌 천체의 모습
사람 얼굴로 태어난 말!
버락 오바마는 로봇이다!

스펀지케이크를 4,000개나 먹은 10대 소녀!

힐러리 클린턴이 외계인 아기를 입양하다!

타이타닉호 생존자들이 구명뗏목에서 발견되다!

NASA가 우주에서 유령 사진을 찍다

참치 샌드위치에서 미니 인어 발견!

차드 해안에서 발견된 5,000년 된 UFO

10킬로그램 무게의 메뚜기를 총으로 쏜 농부

자신의 이마에서 달걀프라이를 만든 대머리 남자

왜 우리는 이런 헤드라인에 회의적일까? 우리가 그것들을 의심하는 근거는 무엇일까?

어떤 제목은 개연성이 낮고, 어떤 것은 터무니없다. 어떤 것은 기괴하고, 어떤 것은 주술과 비슷하다. 유치한 것도 있고 익살스러운 것도 있다. 그리고 전에 봤던 것과 '비슷한' 제목들도 있다. 즉, 타블로이드 신문의 헤드라인을 충분히 많이 보고 나면, 우리는 무의식적으로 '이런 식의 난센스'에 육감을 발휘하기 시작한다.

이것을 달리 표현하면, 오랫동안 타블로이드 신문의 헤드라인을 읽어온 사람은 서서히 특정 패턴이 반복된다는 사실을 깨닫는다. 어릴 때는 그런 헤드라인에 호기심을 보이고 재미있어 했지만, 시간이 흐를수록 그런 것들을 의심하는 법을 배운다.

누구나 혼자서는 모든 주장을 검증할 수 없기 때문에, 방법을 찾기 위해 다른 사람들에게 의존해야 한다. 그러므로 우리는 어떤 권위자를 신뢰할지 그리고 '권위자'처럼 보이지만 실제는 그렇지 않은 사람이 누구인지 식별할 줄 아는 능력을 길러야 한다. 아마 물리학 교수는 나보다 물리학을 더 많이 알 것이다. 《뉴욕타임스The New York Times》는 《위클리 월드 뉴스》보다 더 믿을 만하다. 그렇다고 모든 상황에서 맹목적으로 의존할 수 있는 특정 자료가 늘 있는 것은 아니다. 우리는 물리학 교수가 하는 말을 곧이곧대로 믿어서도 안 되고, 《뉴욕타임스》의 기사 전문을 무비판적으로 받아들여서도 안 된다. 충분한 훈련과 경험을 하고 나면, 당신은 우연히 접하게 되는 주장들이 얼마나 타당한지 스스로 판단할 수 있게 될 것이다.

고급 연회장에서 당신 옆에 앉아 있던 우아한 숙녀가 자신이 외계인에게 납치돼 2주간 그들의 우주선에 갇혀 있었다고 말한다. 그러더니 자기 집에 우주선에서 가져온 물건이 몇 개 있는데 그것들을 당신에게 보여주고 싶다고 덧붙인다. 아마 당신은 그녀의 말을 의심할 것이다. 그런데 당신은 **왜** 의심할까? 기본적으로 그 숙녀의 주장이 일생 동안 축적된 세상에 대한 지식과 경험에 어긋나기 때문이다. 또한 그보다는 덜 중요한 이유지만, 만약 정말로 외계인이 그녀를 납치했었다면, 그 사건은 신문에 대서특필되었을 것이다.

그래서 당신은 옆자리 숙녀가 터무니없는 말을 하고 있다고 결론 내리는데, 그 말이 허튼소리라는 것은 어떻게 **증명**할 수 있을까? 당신은 그저 가능성이 희박한 일이라고 넘길 뿐이다.

그녀의 이야기에 대한 **가장 간단하고 합리적인** 설명이 외계인 납치라면, 그녀의 말을 믿어도 괜찮을 것이다. 그러나 이 사례에서 그것은 가장 간단하고 합리적인 설명이 **아니다**. 그보다 훨씬 더 간단하고 합리적인 설명은 그녀가 당신을 놀리고 있거나, 속이고 싶어 하거나,

03. 타당한 이유에 근거한 믿음: 확신의 근거에 관하여

관심을 받고 싶어 안달이 났거나, 술에 취했거나, 심각한 정신질환을 앓고 있거나, 심지어 당신을 유혹해서 자기 집으로 데려가려는 의도가 있다는 것이다. 아니면 그녀는 그저 당황했거나 피곤한지도 모르겠다. 그녀의 황당한 이야기에 대한 이 모든 설명은 당신이 보기에 (혹은 누가 보든) 외계인 납치설을 받아들이는 것보다 훨씬 합리적이다.

"특별한 주장에는 특별한 증거가 필요하다"

깜짝 놀랄 이야기를 들으면, 경험상 우리는 이렇게 자문한다. 그게 사실이라는 말이 이 주장에 대한 가장 유력한 설명인가? 또 다른 경험법칙은 칼 세이건Carl Sagan(1934~1996)의 격언인 "평범한 주장에는 평범한 증거만 필요하지만, 특별한 주장에는 특별한 증거가 필요하다"이다. 칼 세이건은 미국의 저명한 천체물리학자 겸 작가이다. 기억하기 쉬운 그의 격언은 프랑스의 위대한 천문학자이자 수학자인 피에르 시몽 라플라스Pierre Simon Laplace의 말("특별한 주장에 대한 증거의 무게는 그 이상한 정도에 비례해야 한다")과 스코틀랜드 철학자 데이비드 흄David Hume 의 말("현명한 사람은 증거에 맞게 자신의 믿음을 조절한다")을 상기시킨다.

친구가 당신에게 내일 비가 올 거라고 말한다. 당신은 그의 말을 믿는데, 그 말을 의심할 만한 특별한 이유가 없기 때문이다. 친구는 좀 전에 텔레비전에서 일기예보를 봤다고 덧붙이지만, 당신은 일기예보를 보지 못했다. 다음날 친구의 말이 틀렸음이 밝혀지지만, 그렇더라도 그의 말을 믿은 것은 합리적인 행동이었다.

다른 친구가 당신에게 티베트의 수도승들은 명상할 때 공중 부양을 한다고 말한다. 당신은 잠시 생각한 후에, 친구의 말이 전반적으로 현대 과학 이론에 어긋난다고 결론 내린다. 그의 말은 중력 법칙과 물체의 운동 법칙뿐만 아니라 우리의 경험과도 모순된다. 그러나 당신은 친구의 주장이 틀렸음을 수학적으로 엄격하게 **증명**할 수는 없다. 당신은 좀 더 생각한 후에, 만약 티베트 수도승들이 정말로 공중 부양할 수 있다면 이것은 과학적으로 획기적인 사건이므로 순식간에 그 소식이 퍼져나갔을 것이라고 생각한다. 공중 부양하는 수도승을 관찰해서 그 현상을 설명하고 그에 대한 강력한 증거를 제시한 사람이 있었다면, 그는 분명히 노벨 물리학상을 받았을 것이다. 그러나 지금까지 그런 일은 없었다.

혹시 그것은 아직 뉴스로 보도되지 않은 완전히 새로운 현상일까? 이제 당신 친구는 수도승들이 공중 부양해서 명상하는 모습이 전혀 새로운 것이 아니라고 덧붙인다. 티베트에서 **수천 년 동안** 계속 이어져온 현상이라는 것이다. 그러면서 무심결에 당신 친구는 자신이 그 현상을 목격한 것은 아니고 다른 친구에게 그 이야기를 들었는데, 그 친구는 티베트에서 여러 해 거주했고 대단히 똑똑한 누군가를 알고 있다고 말한다.

난데없이 당신의 머리에 "참이라고 생각할 만한 타당한 이유가 있는 경우에만 그 아이디어를 믿어라"는 격언이 떠오른다. 수도승이 명상할 때는 공중 부양하거나 땅에 지루하게 앉아 있거나 둘 중 하나이다. 당신은 마음을 열고 친구의 말을 곰곰이 따져본 후, 티베트 수도승을 포함해서 세상의 **모든** 수도승은 중력 법칙의 지배를 받으며 이

131
•

는 명상할 때에도 그러하므로 그들이 공중 부양할 가능성은 대단히 (깜짝 놀랄 정도로) 희박하다고 결론 내린다.

그런 결론을 도출했다고 해서 당신이 지나치게 의심이 많거나 독단적이고 폐쇄적인 사람이라는 뜻은 아니다. 오히려 그 반대다! 당신이 새로 접한 주장에 마음을 활짝 **열고** 특별한 주의를 기울여 특별한 주장들을 심사숙고했다는 사실을 보여준다. 여기에서 당신의 또 다른 결론은 당신 친구가 자기 친구에게 속았거나 목격자의 말이 이 사람 저 사람에게 전달되는 과정에서 이야기가 와전되었을 가능성이 높다는 것이다.

믿기 어려운 것의 증명

특이한 주장을 증명하는 또 다른 훌륭한 방법으로 **귀류법**이라는 것이 있다. 기본적으로 이 방법은 사고 실험이 수반된다. 먼저 당신이 생각한 아이디어를 참이라고 가정한 다음, 그것이 참일 때 도출될 결론을 꼼꼼히 분석한다. 터무니없는 결과가 나올 가능성이 있는가? 그렇다면, 그 가정은 거짓이다.

물리학의 유명한 사고 실험 하나를 생각해보자.[29] 약 2,300년 전에 아리스토텔레스는 질량이 서로 다른 물체는 낙하 속도가 다르다고 주장했다. 즉, 무게가 0.5킬로그램인 돌은 4.5킬로그램짜리 돌보다 늦게 바닥에 떨어진다. 그러나 그로부터 거의 2,000년 후에 갈릴레오는 아리스토텔레스가 틀렸으며, 실제 모든 물체가 (진공 상태에서) 같은 속도로 떨어진다고 주장했다.[30] 갈릴레오는 이 결론을 논리적으로 증명할 수 있었다. 그가 **귀류법**을 이용해서 어떻게 그것을 증명했는지 알아보겠다.

아리스토텔레스의 주장이 **옳다**고 가정하고, 4.5킬로그램짜리 돌이 0.5킬로그램 돌보다 더 빨리 떨어진다고 해보자. 이제 두 돌을 가는 줄로 함께 묶어서 떨어뜨린다고 상상해보자. 가정대로라면, 천천히 떨어지는 0.5킬로그램 돌이 4.5킬로그램 돌의 낙하를 저지해야 한다. 그와 반대로, 가벼운 돌은 무거운 돌 때문에 아래로 당겨질 것이다. 그러므로 가벼운 돌은 혼자 떨어질 때보다 무거운 돌에 묶여 있을 때 좀 더 빨리 떨어지지만, 무거운 돌은 혼자 떨어질 때보다 가벼운 돌에 묶여 있을 때 좀 더 천천히 떨어진다. 여기에서 나오는 결론은 묶여 있는 두 돌은 무게의 합이 5킬로그램이나, 4.5킬로그램 돌이 혼자 떨어질 때보다 더 **천천히** 떨어지게 된다. 그런데 이 결론은 무거운 물체(5킬로그램, '서로 묶인 두 돌')가 가벼운 물체(4.5킬로그램짜리 돌)보다 **빨리** 떨어진다는 아리스토텔레스의 주장과 모순된다.

이렇게 상상적 추론을 통해 우리는 서로 묶인 두 돌이 4.5킬로그램 돌보다 **더 천천히** 떨어지기도 하고 **더 빨리** 떨어지기도 한다는 결론을 도출했다. 이것은 **터무니없는 결과**이므로(당연하지만 상충하는 두 결론을 동시에 도출할 수 없다), 초기 가정(아리스토텔레스의 주장이 옳다는 가정)을 기각해야 한다.

정리하면, **귀류법**은 먼저 어떤 주장을 '임시로' 참이라 가정한 다음 추론을 통해 그 주장이 자기모순에 빠지는지(혹은 완전히 비합리적인 결과에 이르는지)를 확인하는 방법이다. 만약 자기모순이 확인되면, 처음으로 돌아가서 그 주장이 참이라는 가정을 기각한다. **귀류법**을 요약하면 이렇다.

1. 당신이 들은 X라는 주장을 참이라고 가정하라.
2. 추론 과정을 통해 X가 도출할 결론을 확인하라.
3. 만약 그 결론이 터무니없거나 자기모순에 빠졌다면, X가 참이라는 가정을 기각하라.

귀류법의 또 다른 예를 들어보겠다. 한 떠돌이 발명가가 당신의 현관문을 두드리며 작은 수정 하나를 팔려 애쓴다. 그는 수정에 굉장한 에너지가 숨겨져 있어, 그것을 몸에 지니면 믿을 수 없을 정도로 기분이 좋아진다고 말한다. 더구나 수정을 차 안에 두면, 연비가 20퍼센트나 좋아질 것이라고도 한다. 수정의 가격은 고작 99달러이므로, 눈 깜짝할 사이에 아낀 기름 값으로 지출한 비용을 건질 것이라고 덧붙인다. 자, 그 말을 믿어야 할까?

이 예에서 **귀류법**을 사용할 수 있는지 생각해보자. 먼저 그 발명가가 진실을 말하고 있다고 가정하자. 가정에 따라, 수정은 그가 말한 효과가 나타나야 한다. 그런데 그런 수정이 있다면, 자동차 제조사들이 왜 아직 차에 장착하지 않았을까? 자동차 제조사의 입장에서 경쟁사보다 20퍼센트 효율적인 자동차를 만들 수 있는 장치를 입수하면 기쁘지 않겠는가! 시장에서 막대한 이익을 거둘 수 있을 테니!

혹시 그 발명가가 이 작은 장치에 관해 아직 어떤 자동차 제조사에도 말하지 않았을 가능성은 없을까? 흠……. 그렇다면 왜 이 발명가는 믿을 수 없을 정도로 가치 있는 정보를 자동차 제조사들에게 숨겼을까? 제너럴 모터스General Motors, GM가 그 발명가의 수정에 대한 독점권을 구입할 수 있고, 그 제반 기술에 대한 특허를 취득할 수 있다고 가정해보자. 만약 모든 GM 자동차가 경쟁사의 자동차보다 20% 더 효율적이라면, GM은 모든 경쟁사를 제치고 시장에서 우위를 점할 것이다.

십중팔구 GM은 이 엄청난 기회를 잡기 위해 발명가에게 기꺼이 거액을 지불할 것이다. 그런데 왜 발명가는 이런 아주 간단한 방법으로 부자가 되지 못했을까? 혹시 그는 세상을 돕고 싶은 마음만 있을 뿐 돈 따위에는 전혀 관심이 없는 이상주의자일까? 그렇다면 왜 당신에게 그 수정을 99달러에 팔려 했을까? 왜 당신(이나 다른 사람들)에게 수정을 그냥 줘버리지 않았을까? 당신도 느꼈겠지만, 이야기가 점점 비합리적이고 터무니없고 바보 같아지고 부조리해지고 있다. 어쨌든 핵심은 이런 식의 추론 방법이 **귀류법**이라는 것이다.

먼저 우리는 떠돌이 발명가가 진실을 얘기했다고 가정한 다음 이 가정이 모순된 결과로 이어진다는 것을 증명했다. 그 결과 그 발명가의 주장은 거의 확실히 거짓임이 밝혀졌다.

현실 세계에는 오류가 전혀 없는 추론 방법이란 없으며, 수학의 세계에서조차 탁월한 사상가들이 사유 과정에서 중대한 실수를 범한다. 지금부터는 조반니 지롤라모 사케리Giovanni Girolamo Saccheri(1667~1733)의 흥미로운 사례를 살필 예정이다. 그는 대단히 독창적인 이탈리아 수학자이자 예수회 성직자였으며, 그의 일생일대 목표는 (앞서 언급한) 유클리드 평행선 공리가 참임을 완벽하게 증명함으로써 자신의 영웅이었던 유클리드를 옹호하는 것이었다.

사케리 전에도, 많은 사람이 유클리드 평행선 공리를 증명하려 (부질없이) 노력했지만, 아무도 감히 **귀류법**을 사용한 적은 없었다. 사케리는 귀류법을 이상적인 증명법이라고 생각했으므로, 먼저 과감하게 유클리드 평행선 공리의 **부정** 명제를 참이라고 가정했다. 이것은 확실히 대담한 접근이었다. 어쨌든 이 용감한 성직자는 차근차근 새로운 정리를 증명해 나가기 시작했는데, 그 정리들은 모두 이상한 새 공리에 근거한 것이었고, 사케리는 그런 공리들을 경멸하면서도 계속 분석해나갔다. 비록 새로 만든 모든 정리가 자신의 직관에 맞지 않았음에도, 사케리는 인내심을 발휘해서 수백 쪽에 달하는 증명을 이어갔다. 마침내 몹시 이상하고 믿기 어려운 결과(즉, 삼각형의 최대 면적이 구해진다)를 얻게 되자, 그는 두 손을 들고 이런 유명한 선언을 했다. "이 결과는 **직선의 성질과 모순**되는군!"

이는 사케리가 처음 세운 가정이 완전히 틀렸다는 사실을 의미했다. 이것이야말로 그가 원했던 결과였다! 할렐루야! 사케리는 기뻐하며, 앞에서 설명한 **귀류법**에 따라 처음으로 돌아가서 그 '모순적인' 결과를 가져온 초기 가정을 기각했다. 이 초기 가정이란 유클리드의 신성한 평행선 공리를 **부정**하는 명제였다. 이제 유클리드의 공리에 대한 부정 명제가 **기각**되었으니, 유클리드의 공리는 **채택**되어야 한다. 목표를 달성했다! 만세!

말년에 사케리는 자신의 연구 결과를 《모든 결함으로부터 해방된 유클리드Euclides ab omni naevo vindicatus》라는 책으로 발표했고, 이 책과 그 자신만만한 제목 덕분에 적어도 일부는 한동안 유클리드의 평행선 공리가 마침내 엄밀하게 증명되었고, 유클리드는 혐의를 벗었다고 믿었다. 사케리와 유클리드에게는 행복한 시절이었다!

그러나 안타깝게도, 사케리가 본능적으로 느꼈던 그 '모순'은 진짜 모순이나 역설이 아니었다. 그것은 일종의 감정적 반응이자 직감 혹은 직관이었다. 사케리가 죽고 약 100년이 흐른 후에, 몇몇 용감한 수학자(가장 유명하게는 헝가리인 야노시 보여이János Bolyai와 러시아인 니콜라이 로바쳅스키Nikolai Lobachevsky)가 사케리처럼 유클리드의 평행선 공리를 부정하고, 대립하는 공리를 가정으로 채택한 다음 증명을 시도했다. 그런데 이 대담한 사람들은 자신들의 연구 결과가 단순히 터무니없거나 모순된다고 선언하는 대신, 눈앞에 나타난 새로운 기하학을 알아보았다. 거기에 나타난 '직선'은 유클리드의 선처럼 곧지 않았지만, 내부적으로 완벽하게 논리적이었다. 이 기하학에서는 삼각형의 최대 면적을 구하는 것도 완벽하게 타당했다. 이렇게 해서 헝가리와 러시아에서 동시에 비유클리드 기하학이 탄생했다.

가엾은 사케리는 지나친 선입견에 사로잡힌 나머지 새로운 기하학을 먼저 발견해 놓고도 '사케리 기하학'이라 불릴 기회를 놓치고 말았다. 그는 용기는 있었지만, 그것으로는 부족했다. 그는 **귀류법**을 잘못 사용하는 바람에 오매불망 기다렸던 모순을 너무 빨리, 너무 쉽게 발견했다고 주장했다. "직선의 성질과 모순"된다는 결과는 그의 모든 이상한 정리를 던져버리기에 충분한 이유가 아니었다. 여기에서 교훈은 사고는 대단히 신중히 해야 하며, 편견에 너무 쉽게(혹은 잘못) 이끌리지 말아야 한다는 것이다. 물론 이는 말처럼 쉽지 않다. 어쨌든 여러 면에서 합리적이고 타당한 태도를 유지하기란 과학이라기보다 예술에 가까운 일이다.

많은 사람이 이국적인 티베트 수도승에게 마술적 힘이, 신비한 수정에 치유력이, 극소수에게 초능력이 있다고 기꺼이 생각한다. 그리고 그런 생각들에 회의적인 태도를 보이는 사람은 종종 이런 항의를 받는다. "티베트 수도승이 명상할 때 공중 부양하지 않는다는 사실을 당신은 **증명**할 수 없지 않은가! 당신은 왜 그렇게 편협한가? 좀 더 마음을 열어야 한다! 과학이 모든 것을 설명할 수는 없다! 좀 더 겸손해져라!"

여기에서 우리는 반이성적이고 비합리적인 편견을 맞닥뜨린다. 그런 난감한 상황에서는 각종 아이디어를 반기고, 그 결과를 고찰하며, 가장 강력한 증거가 나온 아이디어를 채택하는 사람보다 더 열린 사람은 없다는 사실을 곱씹는 것이 중요하다. 그와 반대로, 별 근거 없는 아이디어를 기꺼이 믿고, 그와 대립되지만 강력한 증거가 있는 아이디어에 맞게 생각을 바꾸지 않는 사람은 '열린 사람'으로 불릴 자격이 없다. 사실 그런 독단적이고 융통성 없는 태도는 편견에 사로잡혀 마음이 닫혀 있는 사람의 특징이다.

그런데 무언가의 존재에 관한 질문은 조금 특수하다. 무언가의 **비존재**(가령, 빅풋Bigfoot이나 네스호의 괴물)를 완벽하게 증명하기란 불가능하지만, 무언가의 **존재**는 원칙적으로 강력한 증거를 찾기가 어렵지 않다.

친구 하나가 녹색 백조가 있다고 주장한다.

"아니, 아냐, 아니라고!" 당신이 항의한다. "그런 건 없어! 녹색 백조는 존재하지 않아!"

"없다는 증거를 대봐!" 친구가 응수한다.

이런, 당신은 난감해진다. 녹색 백조가 없다는 강력한 증거를 제시하고 싶지만, 그러려면 전 세계를 돌아다니며 모든 백조를 조사해야 한다. 그러나 그렇게 하더라도 충분한 증명이 되지 못한다. 당신이 단 한 마리도 놓치지 않고 모든 백조를 조사했다는 사실도 명확히 입증해야 하니까. 그건 너무 어려운 일이다!

녹색 백조가 존재하지 않는다는 당신의 믿음은 당신 자신과 다른 사람들의 경험에 근거해서 형성되었다. 그러나 당신은 녹색 백조의 비존재를 입증하는 확실한 증거를 제시할 수 없다. 오직 부분 증거만 내놓을 수 있다. (또한 녹색 백조가 **반드시** 존재한다는 가정이 모순된 결과로 이어지지도 않기 때문에, 여기에 **귀류법**을 적용할 수도 없다.) 반면에, 당신 친구는 당신이 틀렸음을 증명하고 싶다면, 녹색 백조를 단 한 마리만 찾으면 된다! 이때는 증명의 책임이 당신 아닌 당신 친구에게 생긴다. 당신은 느긋하게 앉아 친구에게 녹색 백조나 찾으러 나가보자고 제안하면 된다.

공중 부양한다는 티베트 수도승의 사례도 이와 비슷하다. 공중 부양해서 명상하는 수도승의 존재는 입증하기가 어렵지 않다. 그들 중 한 명에게 통제된 장소에서 그렇게 하도록 요청하고 그 장면을 녹화하면 된다. 그러나 그런 수도승의 **비존재**를 증명할 때는 부분 증거만 제시할 수 있다. 앞서 말했듯이, 무언가가 **존재**하지 않는다는 증거는 필연적으로 강력하지 않다. 다만 흩어져 있는 증거 조각들을 모으다 보면 점점 그럴듯해진다. 그러므로 공중 부양한다는 수도승의 사례에서, 그런 수도승의 비존재를 입증하는 부분 증거는 (그 존재를 입증하는 명확한 증거가 나타나지 않는 한) 강력한 논거에 해당한다.

일부 가설적 대상(공중 부양하는 수도승, 히말라야 괴물 예티, 초능력, 힉스 보손, 녹색 백조, 악마, 유령, 암흑 물질, 아틀란티스 대륙, '신' 등)의 존재 혹은 비존재에 관해 논쟁이 벌어질 때, 증명 책임은 그 대상이 존재한다고 주장하는 사람들에게 있다.

막간글 - 체스와 인생 게임에서 상대방의 움직임 분석하기

혹시 체스를 즐기는지? 적어도 가끔은 체스를 두기를 권한다.

체스를 잘 두는 사람일수록, 다음 수手의 후보가 줄어든다. 이 말이 이상한가? 아니, 전혀 그렇지 않다. 체스에서 목표는 최선의 수를 찾는 것이고 그 일을 제한시간 내에 해야 하므로, (적어도 치열한 게임이라면) 늘 시간에 쫓기기 마련이다. 그러므로 수많은 나쁜 수를 확인하느라 아까운 시간을 낭비하지 않는 것이 핵심이다. 당신은 유망한 몇 수를 정확히 찾아내어 그것에만 집중하고 싶을 것이며, 그러는 동안 당신의 목표는 당연히 최선의 수를 고르는 일이 된다.

우리가 사는 복잡한 세상에서 질문의 답을 찾는 과정도 이와 비슷하다. 수년간 축적된 경험과 지식의 도움을 받아, 가망 없는 대안과 유망한 대안을 신속하게 구분하고, 다음에 어떤 길을 택할 것인지(즉, 인생 게임에서 다음에 어떤 '수'를 둘 것인지)를 머릿속으로 분석해서 우선순위를 매겨야 한다. 이 방법이 세상을 깊이 이해할 유일한 길이다.

오랜 경험에서 나오는 넓고 깊고 치밀한 지식은 적당히 범위를 좁

혀서 탐험을 계속하게 돕는다. 여기에서 '범위limit'라는 단어는 대개 거기에 딸려 있는 부정적인 암시와 무관하다. 나는 긍정적인 의미로 이 단어를 썼다.

내 말의 의미를 구체화하기 위해, 인생에 대한 비유로 체스를 들어보겠다. 대부분의 체스 게임에서 원칙적으로 플레이어가 둘 수 있는 수는 대략 35개(오프닝, 미들, 엔드 게임이냐에 따라 조금씩 달라지기는 하지만, 35개가 일반적)이다. 그러나 숙련된 플레이어는 그 35개를 전부 좋은 수라고 생각하지 않는다. 사실 그중 대부분은 아주 나쁜 수다. 그래서 실력이 좋은 플레이어는 신속하게 3개에서 최대 5개 수에만 집중한다. 그런데 35개 중에 어떻게 그렇게 적은 수를 골라낼 수 있을까? 경험이 쌓였기 때문이다!

복잡한 체스 게임에서 그랜드 마스터grandmaster(최고 수준의 체스 선수 -옮긴이)는 여러 경우의 수에서 재빨리 쓸 만한 수들을 추려내고, 거기에서 익숙한 패턴을 확인한 다음, 수년간 게임을 하며 경험했던 상황과 비슷하게 게임을 풀어간다. 이와 같이 체스 상황에 정통한 그랜드 마스터는 다음 수를 찾는 시간을 크게 줄인다. 그러나 경험이 적은 플레이어는 패턴이나 유사성을 제대로 파악하지 못한다. 이들은 그랜드 마스터라면 즉시 버리는 수들까지 고민하고, 그것들에 무슨 문제가 있는지 눈치조차 채지 못한다.

그랜드 마스터는 막 규칙을 배운 풋내기의 혼잣말이나 백 번쯤 체스를 둬본 열정적인 아마추어의 '조언' 따위에 귀를 기울이지 않는다. 그랜드 마스터로서는 그런 초심자의 말에 귀를 기울여봤자 째깍거리는 시계 앞에서 귀한 시간만 낭비하는 셈이다. 그럴 때는 마음을 열지

03. 타당한 이유에 근거한 믿음: 확신의 근거에 관하여

않는 편이 훨씬 낫다! 어쨌든 체스 게임도 인생처럼 유한하니까!

그런데 언제까지 마음을 닫아둬야 할까? 그랜드 마스터라 해도 몇몇 지역 토너먼트에서 우승한 열두 살짜리 천재 선수의 직관에는 귀를 열어야 할까? 이 천재 선수가 최근에 망누스 칼센Magnus Carlsen(현 세계 체스 챔피언)과 게임을 해서 접전을 벌였다면? 그랜드 마스터는 어느 시점에 마음을 열고 그동안 몰랐던 아이디어들을 맞이해야 할까? 아무래도 이것은 예민한 문제이므로, 누구도 '올바른' 답을 알려줄 수 없다.

우리가 일상에서 늘 모든 것에 열려 있을 수는 없다. 사방에서 오는 선의의 제안을 전부 검토할 수도 없다. 그저 직(간)접 경험에 의존해서, 여러 경우의 수에서 쓸 만한 것들을 선별해 대안의 수를 빠르게 줄여야 한다.

그러므로 전에 먹어본 간의 맛이 싫었다면 그것을 다시 맛보는 일에 마음을 열 필요는 없다. 그리고 같은 맥락에서, 아무리 찬사를 받은 책이라도 과거에 그 저자의 책이 마음에 들지 않았다면 굳이 그 책을 읽으려 노력하지 않아도 된다. 친구가 선의로 권유했다 하더라도, 이전에 몇 번 실망한 온라인 데이트 서비스를 계속 이용할 필요는 없다. 그러니 자신의 경험에 확신을 가져보자(물론, 경험이 충분히 쌓였다는 가정하에)!

그랜드 마스터가 풋내기의 제안을 거절하듯, 당신도 마구잡이식 아이디어와 선의의 제안 대부분을 바로 무시할 수 있게 충분한 자신감을 길러야 한다. 물론 그중에는 이따금 좋은 제안도 있으므로, 당신은 (혹은 그랜드 마스터는) 양질의 제안을 식별할 수 있을 만큼 충분히 경험을 쌓아야 할 것이다. 물론 확실한 것은 아무것도 없다. 외부 제안

명료하게 생각하는 법

을 너무 빨리 무시하는 바람에 소중한 기회를 잃을 위험(목욕물과 함께 아기까지 버리게 되는 경우)도 있으니까. 그러나 그게 인생이다. 체스처럼 인생도 위험을 감수하느냐 마느냐가 중요하다. 그러나 위험을 감수할 때는 오랜 경험에 근거해 꼼꼼하게 따져야 할 것이다.

수년간 정수론의 난제를 연구 중인 수학자 A가 전공이 다른 수학자 B에게 그 문제에 관해 이야기한다고 해보자. 한 번도 그 난제를 들어본 적이 없던 B가 이렇게 말한다. "글쎄, 소수의 분포와 관계가 있는 거 같은데. 한번 확인해봐." 이럴 때 A는 갑자기 하던 연구를 중단하고 B의 의견을 확인해봐야 할까? 물론 이런 문제에는 온갖 미지의 변수가 있을 수 있지만, 다른 모든 조건이 같다면 비전문가인 B가 그렇게 말했다고 해서 전문가인 A가 곧바로 연구의 방향을 바꾸는 것은 이치에 맞지 않는 일일 것이다. B의 의견은 단순하며 틀렸을 가능성이 높다. 만약 B가 A처럼 정수론의 전문가였다면 그도 관련 지식을 충분히 갖춘 사람이므로 당연히 상황은 달라진다.

체스와 인생을 혼동하면 안 되지만, 체스는 인생과 유사하므로 거기에서도 분명히 놀라운 통찰을 얻을 수 있다.

03. 타당한 이유에 근거한 믿음: 확신의 근거에 관하여

04
과학이란 무엇인가?:
이론, 실험, 결론, 과학의
본질에 관하여

과학은 일상의 생각을 정교하게 다듬은 것에 불과하다.
- 알베르트 아인슈타인

매 순간 우리는 세상이 돌아가는 방식에 대해 믿음을 쌓는다. 세계의 본질에 대한 믿음이 없다면, 우리는 길을 잃고 말 것이다. 주어진 상황에서 무엇을 해야 할지 갈피를 잡을 수 없기 때문이다. 그러므로 인간의 뇌는 늘 부지런히 움직이며, 주변에서 일어나는 일에 대해 가능한 한 많은 것을 이해하려 애쓴다.[31]

인간은 세상을 알아갈수록, 새로운 지식을 찾아 나서고 싶은 욕구가 커진다. 이런 눈덩이 과정snowballing process은 인생 초기부터 시작된다. 아주 작은 아이가 생명을 유지하고 다치지 않기 위해 얼마나 많은 지식을 습득하게 되는지를 생각해보라. 호기심 많은 과학자가 신중하게 실험을 하듯, 호기심 많은 아이는 놀이를 통해 지식을 얻는다.

아이는 시행착오를 반복하며 주변 환경을 탐색한다. 입안에 온갖 물건을 넣어 맛을 보고, 물건을 구부려보거나 빙빙 돌려보기도 하며, 물건의 자리를 바꿔보기도 하고, 탑을 쌓았다가 무너지는 모습을 관찰하고, 탁자와 의자 위를 올라가고, 침대 아래로 미끄러져 내려오기도 하고, 소파에서 뛰기도 한다. 요약하면, 아이는 끊임없이 모든 것을 확인해본다!

물론 어린아이는 멍이 들고 살을 베이고 가시에 찔리고 깜짝 놀라기도 한다. 그러나 지치지 않는 호기심 때문에 겪게 된 이런 고통들 덕분에, 아이는 세상이 어떻게 만들어졌고 어떻게 돌아가는지를 좀 더 넓고 깊고 치밀하게 이해할 수 있게 된다. 여기에는 다른 사람들과 동물, 나무와 식물, 물과 바람과 날씨, 뜰 것과 가라앉을 것, 맛있는 것과 맛없는 것 등에 대한 감각이 포함된다. 또한 아이는 유모차, 세발자전거, 자전거, 자동차, 전기, 전선, 플러그, 콘센트, 토스터, 스토브, 냉장고, 전자레인지 등에 대해서도 배운다.

세상에서 어린아이가 얻는 지식의 일부는 사물에 대한 어른의 묘사와 설명에서 나오지만, 대부분은 아이가 직접 주변을 뒤지고 탐색하면서 시행착오를 반복하는 가운데 얻은 것이다. 그러나 자랄수록 직접 경험보다 다른 사람들을 통해 더 많은 지식을 습득하게 된다. 과거에 자주 하던 직접 실험의 횟수를 줄이고, 그 대신 책이나 잡지, 신문을 읽거나 텔레비전이나 영화, 비디오를 시청해서 더 많은 정보를 더 쉽게 얻는다. 또한 원하는 정보를 인터넷에서 찾아보거나 웹 검색 중 우연히 몰랐던 정보를 얻기도 하며, 친구들과 끊임없이 나누는 예측 불가한 대화 속에서 그리고 광범위한 주제에 관한 수많은 대립하는 견해를 경청하고 숙고하는 등의 간접 경험 속에서 유용한 통찰을 얻기도 한다.

물론 그 대립하는 견해들 중 상당수는 단순한 의견일 뿐 사실은 아니다. 그리고 그중 대부분은 우리 인생에서 거의 아무런 역할도 하지 않는다. 분명히 우리는 끊임없이 '뉴스'라 부르는 것을 읽고 기억해둘지 모르지만, 그것이 우리와 직접 관련되지 않는 한 그것의 진위에 대해 어떤 입장을 취할 필요는 없다(물론, 간혹 호기심이나 관심이 생겨서 우연히 접한 특정 주장을 좀 더 깊이 생각해볼 수는 있다). 그러나 어떤 이유에서든 특정 주장이나 의견이 우리에게 **개인적으로** 중요해지면, 즉 우리가 할 행동이나 중요한 결정에 그것들을 기준이나 지침으로 삼고 싶어지면, 우리가 시행착오를 거듭하는 어린이로 돌아가야 할 때이다.

그리고 이때 사용해야 할 방법이 바로 과학적 접근법이다. 사실 과학이란 지식을 좀 **더 체계적으로 탐구하는 방법**일 뿐이며, 이는 기본적으로 어린아이가 했던 방법과 동일하다. 즉, 아무것도 당연시하지 말고, 물건을 구부리고 이리저리 돌려보거나 만지고, 그것의 맛을 보거나 냄새를 맡거나, 구체적인 현실과 밀접하게 상호작용하면서, 모든 것을 스스로 확인해야 한다.

과학의 핵심

과학은 시행착오를 거치며 넓은 세상을 탐구하는 고도로 구조적이고 체계적인 방법이다. 일찍이 기원전 2000년에 바빌로니아인(과 그로부터 얼마 지나지 않아, 고대 그리스 철학자들)은 과학의 초석으로 간주되는 조사 방법과 사고방식을 개발했다.

흔히 이슬람 철학자 무함마드 이븐 알하산Muhammad ibn al-Hasan(965~1038)을 과학적 방법의 창시자라고 말한다. 그는 바스라와 카이로에 살면서 《광학 논문Kitāb al-Manāẓir》을 썼는데, 무엇보다 광학과 시각을 과학적으로 설명했다. 그는 가설과 이론을 지지하거나 논박하기 위해 체계적인 실험을 반복하는 방법을 고안했다. 관찰과 실험, 논리적 추론 방법을 모두 결합해서 시각 이론을 만들었는데, 그에 따르면 빛은 사물에 닿았다가 반사되어 우리 눈으로 들어오지, 그 반대는 아니다.**32**

과학에서는 사실, 가설, 이론을 구분한다. **사실**은 과학적 발견 혹은 실험 결과이다. **이론**은 실험 결과를 예측하거나 설명하는 것이 목적인 아이디어들의 집합이다. '이론'이라는 용어는 특정 사건이나 일반 현상을 설명하고 서로 밀접하게 연결된 아이디어들을 통칭할 때 사용된다. 그러므로 이론은 개별 진술보다 훨씬 복잡하다. 임시적이고 불확실한 주장은 일반적으로 **가설**('추측'을 의미하는 그리스어에서 유래)이라 부른다.

과학자는 확인하고 싶은 이론에서 검증 가능한 가설을 뽑아낸다. 그런 다음 다양한 실험과 관찰을 통해 가설을 확인한다. 이런 의미에서 가설은 좁은 범위의 현상에 대한 대략적인 설명인 반면, 이론은 광범위한 현상에 대한 좀 더 일반적인 설명이다.

과학 이론은 기정사실에 부합해야 할 뿐만 아니라 적어도 몇 가지 실험 결과를 **예측**할 수 있어야 한다. 예측력이 없는 이론은 무의미하다. 그러므로 가설과 이론은 **검증 가능**해야 한다. 이것은 그것들이 **반**

04. 과학이란 무엇인가?: 이론, 실험, 결론, 과학의 본질에 관하여

증(즉, 틀렸음이 입증)될 가능성도 있다는 뜻이다. 어쨌든 검증 가능하지 않은 이론이나 가설은 과학적으로 무용하다.

과학사에서 이론과 가설의 차이와 더불어 실제 과학의 작동 방식을 보여주는 이야기를 하나 들여다보겠다. 바로 해왕성 발견에 관한 이야기이다.

17세기 초에 독일의 수학자 요하네스 케플러Johannes Kepler(1571~1630)는 태양 주위를 도는 행성들의 움직임을 설명하는 세 가지 법칙을 발표했다. 무엇보다 그는 행성이 움직일 때 궤도가 원형이 아니며 속도도 일정하지 않다는 사실을 증명했는데, 이는 수천 년간 과학계를 지배해오던 신념(혹은 도그마)에 어긋나는 주장이었다.

몇 십 년 후, 뉴턴이 새로운 중력 이론을 발표함으로써 케플러의 행성 법칙은 강력한 근거를 확보하게 되었다. 그러나 여러 면에서 뉴턴의 이론은 반직관적이었다. 도대체 어떻게 태양과 같은 천체가 신비한 힘을 발생시키고 그것을 우주 전체에 퍼뜨리며 어마어마하게 멀리 떨어져 있는 물체들에 영향을 미칠 수 있는가? 이것이 뉴턴이 발표한 새 이론의 핵심이었다. 많은 비판가가 그 이론이 초자연적이고 불가사의하다고 생각했지만, 19세기에 이르러 뉴턴의 만유인력 법칙과 케플러의 행성 법칙은 확고하게 자리를 잡았다.

프랑스 천문학자 위르뱅 르베리에Urbain Le Verrier(1811~1877)는 파리 소르본 대학교의 교수로 재직하면서 행성의 움직임을 광범위하게 연구했다. 그는 신중하게 관찰한 끝에, 천왕성의 궤도가 살짝 불규칙하다는 사실을 발견했다. 언뜻 이런 일탈은 뉴턴의 법칙과 케플러의 법칙에 어긋나는 것처럼 보였다. 그래서 이런 가설을 세웠다. 천왕성 궤도의 작은 불규칙성은 천왕성의 바깥 궤도에 있는 미지의 새로운 행성으로 인한 중력 때문이다.

이런 추측에 따라, 르베리에는 친숙하고 믿을 수 있는 뉴턴과 케플러의 이론을 이용해 새 행성의 위치를 수학적으로 계산했다. 그런 다음 검증 가능한 구체적인 가설을 세웠다. 질량이 m이고 궤도 o를 따라 돌고 있는 미지의 행성 A는 t시간에 하늘의 p라는 위치에서 관측될 것이다(당연히 실제 가설에는 정확한 숫자가 적혀 있다). 그는 베를린 천문대의 요한 갈레Johann Galle라는 천문학자에게 편지를 보내, 가공의 행성이 언제 어디에서 관측되는지를 정확히 밝혔다. 이 편지는 1846년 8월 23일에 도착했고, 그날 저녁 갈레는 르베리에가 예측한 바로 그 자리에서 새로운 행성의 존재를 확인하고 그의 예측이 맞았음을 입증했다.

이 이야기는 분명 이론, 가설, 관찰, 검증 가능성 사이의 관계를 보여준다. 그럼에도 많은 사람이 사실보다 이론이 약하다고 생각한다. 그들은 이렇게 외칠지도 모르겠다. "하지만 그것은 그저 하나의 **이론**일 뿐이잖아!" 이는 과학에서 사용하는 '이론'이라는 단어의 의미를 오해한 반응이다.

일상에서 '이론'이라는 단어는 충분한 증거 없이 제안된 아이디어를 의미한다. 우리는 흔히 이런 말을 듣는다. "아, 그러니까 **그것**이 잠긴 책상 서랍에서 보석이 사라진 이유에 대한 네 이론이로구나!" 혹은 "경찰은 강도가 하나가 아닌 두 명이라는 이론을 만들었다." 이런 경우에 '이론'이라는 용어는 강력한 증거 없이 어떤 가능성을 제시하는 그럴듯한 추측을 뜻한다.

그러나 과학에서 '이론'의 의미는 아주 다르다. 그것은 논리 정연할 뿐만 아니라 수많은 다양한 현상에 대해 한 가지 설명을 제공하고 더 나아가 새로운 예측까지 유도하는, 서로 밀접한 아이디어의 집합이다. 즉, 아이디어 집합은 다양한 방법으로 사실임이 증명될 때에야 '이론'이라는 명예로운 이름을 **얻게** 된다. 그전까지는 어림짐작에 불과하다.

그러나 일상적 사고와 과학적 사고를 완벽하게 구분할 수는 없으며, 그렇기 때문에 '이론'이라는 단어의 개념은 다소 모호하다. 어떤 이론은 아주 조잡한 증거만 있는 아이디어 한 개인 반면, 어떤 이론은 막강한 증거를 가진 꽉 찬 아이디어 송이이며, 물론 양 극단 사이에 위치하는 이론도 있을 수 있다.

모든 과학 이론은 항상 수정과 개량이 가능해야 하지만, '이론'이라는 이름을 얻은 아이디어는 이미 믿을 만한 테스트를 무수히 통과했으므로 그것을 뒷받침하는 증거 자료를 많이 가지고 있다. 이런 증거 중 일부는 대단히 강력하고, 일부는 약할지 모른다. 그렇더라도 과학 이론은 항상 어느 정도 그것을 뒷받침해 주는 증거가 있다.

아인슈타인의 일반 상대성 이론은 증거가 강력한 이론이며, 100년이 넘는 시간 동안 수많은 실험으로 증명되었다. 또한 다윈의 진화론은 그것을 뒷받침하는 강력한 관찰 증거들이 전 세계에 널려 있다. 반면에 소위 '암흑 물질'과 '암흑 에너지'처럼 여전히 검증이 진행 중인 이론도 있고, 일부 현상만 설명하고 다른 현상은 전혀 설명하지 못하는 이론도 있다.

이론 물리학에는 '끈 이론'이라는 몹시 흥미로운 지식 체계가 있는

데, 이것은 자기모순이 전혀 없는 수학적 아이디어로 채워져 있지만, 지금까지 실험 증거가 나오지 않았다. 매우 예외적인 '이론'이지만, 끈 이론을 (적어도 일부 학자가) 이론으로 간주하는 이유는 아직 실험 증거가 없음에도(아주 작은 증거도 전혀 나오지 않았다), 그 아이디어와 방정식이 모두 타당하고 일관적이어서다(비교를 위해 비유클리드 기하학에서 내적 무모순성을 가진 수많은 정리를 떠올려보라).

과학 이론은 확실히 입증된 것부터 근거가 부족한 것에 이르기까지 다양하다. 과학자는 '이론'의 신뢰도가 광범위하다는 사실에 익숙하다. 그러나 일반인은 개념의 모호성을 이용해서 불편한 이론을 조롱한다. 간혹 들리는 이런 불만처럼 말이다. "진화론은 단지 **이론**일 뿐이잖아!" 그렇게 말하는 사람은 진화론이 강력하게 입증된 **과학** 이론이며, 그런 점에서 진화론은 추측이 아닌 진리로 인정된다는 사실을 모르는 것이다.

그렇다면 어떤 이론이 과학이 될까? 과학 분야에서는 일반적으로 **자연**과학과 **사회**과학을 구분한다. 이 두 과학이 상당히 다른 것은 사실이나, 간혹 외부에서 그 차이를 과장한다. 자연과학의 주된 목표는 자연 현상을 설명해주는 일반 법칙을 찾는 것이다. 입자 물리학은 단순히 사우스다코타의 입자들이 1912년에 어떻게 움직였는지 혹은 평상시 어떻게 움직이는지뿐만 아니라, 특정 유형의 **모든** 입자가 언제나 모든 상황에서 어떻게 움직이는지를 설명한다.

사회과학은 주로 개별 혹은 특수 사례에 관심을 둔다. 사회과학의 목표는 특정 문화의 관습과 전통 혹은 극작가 아우구스트 스트린드베리August Strindberg가 작품에서 구현한 휴머니티를 설명하는 것이다.

04. 과학이란 무엇인가?: 이론, 실험, 결론, 과학의 본질에 관하여

반면 사회과학 중 일부 분야, 특히 심리학은 시각 지각이 뇌에서 어떻게 작용하는지, 특정 시기가 지난 후 외국어를 배우면 왜 외국인 억양이 남는지, 사람들이 어떤 것은 기억하고 어떤 것은 잊는 이유는 무엇인지 등 일반 이론을 체계화하는 것이 목표이다.

'과학'이라는 단어를 정의해야 하는 이유는 진짜 과학과 **사이비 과학**을 구분하기 위해서이다. 사이비 과학은 과학처럼 보이기 위해 겉치레가 요란하지만, 진짜 과학의 특징인 방법론은 따르지 않는다. 사이비 과학자들은 물리학자처럼 **보이기 위해** 전문용어처럼 들리는 신조어를 양산하거나, 습관적으로 그리스 문자와 아래 첨자들로 구성된 긴 공식을 적어 놓는다. 또는 원과 화살표가 난무하는 복잡한 도표와 그래프를 사용해서 진짜 과학의 특징인 엄격성과 정확성을 흉내낸다. 그러나 보이지 않는 곳에서는 과학을 과학답게 만들어주는 가장 중요한 원칙, 즉 시행착오, 이론과 실험, 확증과 반증의 과정을 따르지 않는다. 즉, 온갖 이론이 치열한 경쟁을 벌이고 그 과정에서 최적 이론만 살아남는다는 사실을 무시한다.

과학은 일련의 진술이나 연구 결과 혹은 질문에 대한 답뿐만 아니라 세상 자체를 탐구하는 모든 방법이다. 과학의 중요한 특징은 모든 가설을 신뢰할 수 있는 방법으로 테스트한 다음 엄격한 조사를 통과하지 못한 모든 가설은 가차 없이 버린다는 점이다.

이 방법을 반복하면 진짜 과학과 가짜 과학을 구분할 수 있다. 자연과학에서 이 방법을 사용하지 않은 주장, 즉 검증 방법이 없는 주장은 과학적이지 않다. 가령 이런 주장이 그렇다. "나는 나를 보는 사람이 없을 때에만 물 위를 걸을 수 있어." 또 이런 주장도 비과학적이다.

"반양성자antiprotons로 이루어진 달의 어두운 쪽 표면에 자줏빛 동굴이 있고, 그 안에 아주 작아서 보이지 않고 음의 질량을 가진 코끼리가 수십억 마리 살고 있다." 이따금 얼핏 과학적으로 들리는 말들이 있는데, 특별히 고급 기술 용어가 사용될 때 그렇다. 그러나 꼼꼼하게 살폈을 때 엄격한 조사가 불가능한 주장이라면, 그것은 **사이비 과학**으로 분류해야 한다.

이따금 과학은 독단적이고, 과학적 '진실'만 맹신한다는 비난을 받는다. 이런 비판은 과학적 방법의 개념을 오해한 데에서 비롯된다. 진실을 말하면, 과학적 방법에는 무자비한 자기비판 과정이 포함되는데, 이는 과학자들이 끊임없이 자신의 연구는 물론 동료의 연구 결과까지 재검토하고 개선하려 노력한다는 뜻이다.

물론 일부 과학자는 자신의 아이디어를 입증하고 확인받고 옹호하는 일에 집착함으로써 편견에 눈이 멀기도 하지만, 이들의 부족한 면은 자신의 아이디어에 집착하지 않는 다른 과학자들이 채워줄 것이다. 결론적으로 결함이 있는 이론은 엄정한 과학계에서 오래가지 못한다.

실험, 폐기, 수정: 과학의 핵심

우리는 과학적 방법, 즉 이론을 검증하고 수정하는 과정을 통해 지식을 얻는다. 이런 식으로 점점 우리는 실재에 대한 더 나은 설명을 축적한다.

04. 과학이란 무엇인가?: 이론, 실험, 결론, 과학의 본질에 관하여

물론 수세기에 걸쳐 중대한 과학적 실수들이 존재했는데, 그중 하나는 머리뼈의 모양으로 그 사람의 성격을 파악할 수 있다는 생각(일명, '골상학')이다. 이 학설은 오스트리아 물리학자 프란츠 요제프 갈Franz Joseph Gall(1758~1828)이 창시했다. 골상학의 기본 입장은 색각·언어·수리 능력, 음악 재능, 성욕, 수줍음, 사교성, 자신감, 정직성, 조급증, 관대함, 이타심, 종교심, 신뢰성, 헌신, 자기희생 등 다양한 정신 기능과 능력, 성격 특성을 담당하는 뇌의 기관이 모두 다르다는 것이다. 골상학은 오랫동안 인기를 누렸음에도, 사이비 과학이었다.

과학적 실수의 또 다른 예는 1903년 당시 존경받던 프랑스 물리학자 프로스페르 르네 블론로Prosper-René Blondlot(1849~1930)가 발견했다고 주장한 소위 'N선'으로, 이 사건은 독일 물리학자 빌헬름 뢴트겐Wilhelm Röntgen(1845~1923)이 나중에 일부 나라(독일과 특히 스웨덴)에서 '뢴트겐선Röntgen rays'으로 불리게 되는 X선을 발견한 직후에 일어났다. X선을 연구하던 블론로는 자신이 새로운 광선을 발견했다고 확신했으며, 당시 자신이 교수로 있던 낭시 대학교의 이름을 따서 그것을 N선이라 명명했다. 즉시 수많은 연구자가 블론로의 실험을 반복해서 N선의 존재를 확인했고, 모두 환호성을 질렀다. 발표한 그 이듬해에 블론로와 백여 명의 동료 학자들은 인체를 포함한 모든 물질에서 N선이 나오는 것을 확인했다고 주장했다. 그러나 몹시 이상하게도 N선은 생나무나 별도 처리된 특정 금속에서는 방출되지 않았다. 한편 귀스타브 르봉Gustave Le Bon이라는 연구자는 블론로가 아닌 자신이 N선의 최초 발견자라고 주장하며 공을 인정받고 싶어 했다. (당연히 르봉은 노벨 물리학상을 받기를 기대하고 있었는데, 만약 그랬다면 르봉 노벨Le Bon Nobel이라는 표현이 분명히 회문 애호가들을 즐겁게 했을 것이다.['회문'은 앞에서 읽으나 뒤에서 읽으나 같은 말이 되는 어구를 말하며, 'Le Bon Nobel'은 띄어쓰기 없이 대소문자를 구분하지 않고 읽었을 때 앞뒤로 같은 말이 된다.─옮긴이] 그러나 아쉽게도 르봉 자신과 회문 애호가들은 실망하게 된다.) 초기에는 입증 자료가 꽤 등장했지만, 결국 N선은 존재하지 않는 것으로 밝혀졌다. 얼마 후 모든 실험이 실패하기 시작했고, 곧 전체 내용이 연기처럼 사라져버렸다. 어떻게 그 모든 연구자가 같은 실수를 저지를 수 있었을까? 아마도 그들은 뭔가를 발견하고 싶다는 간절한 **욕구** 때문에 스스로를 속였을 것이다. 이는 유명한 과학 사기극 중 하나였다.

현대에 가장 악명 높은 사기극은 아마도 '상온 핵융합cold fusion' 성공설일 것이다. 이것은 두 원자핵이 실온에서 자발적으로 결합해 거대 에너지(일명, '결합 에너지binding energy')를 방출한다는 이론이다. 만약 이 현상이 실제로 일어난다면, 우리는 일상에서 무한한 양의 에너지를 이용할 수 있게 된다. 인간에게는 더없는 축복이다. 실제 핵융합은 별 내부와 같이 대단히 높은 온도에서만 가능하기 때문에, 그것이 상온에서도 일어날 수 있다는 아이디어는 여러모로 수상했다. 그럼에도 1989년에 존경받는 두 화학자가 유타에서 상온 핵융합 실험에 성공했다고 발표했고, 그해 내내 과학계는 기적이나 다름없는 실험의 성공 여부를 두고 격론을 벌였다. 그러나 어디에서도 신뢰할 만한 방법으로 그 실험을 반복하지 못했으므로 기존 연구 결과는 무시되었고, 결국 상온 핵융합 실험에 대한 소식은 더 이상 들리지 않았다. 예외적으로 소수의 비밀 연구실에서 실험을 수행했으나 엄격한 필수 기준을 충족하지 못하고 출처가 부정확했으므로 그들의 결과물은 권위 있는 주류 학술지에 실리지 못했다. 그럼에도 여전히 상온 핵융합이 가능하기를 **바라는** 과학자들(주로 비주류 과학자들)은 계속 연구를 진행 중이다.

다행스럽게도 상온 핵융합 같은 사례는 극소수이고, 사이비 과학의 거품은 발생 후 얼마 지나지 않아 바로 터진다(그러나 새로운 사이비 과학자들이 끊임없이 등장한다). 평범한 과학의 길은 이와 매우 다르다. 첫 발견을 확인하고 다듬고 발전시키고 확장하는 가운데 연구 결과가 축적됨으로써 아이디어의 내용은 넓고 깊어진다.

과학을 비판하는 사람들은 간혹 이렇게 말한다. "과학은 믿어봤자 소용이 없는데, 날마다 기존 사실이 거짓임을 밝히는 새로운 사실이 등장하기 때문이다." 이런 대표 사례로 종종 언급되는 사람이 뉴턴과 아인슈타인이다. 과학 비판자들의 논거는 이렇다. "200년 동안 모두가 신성한 뉴턴의 세계관을 믿었지만, 아인슈타인이 나타나서 위대한 뉴턴의 오류를 입증했다. 그러자 다들 뉴턴의 이론을 창문 밖으로 던져버렸다! 휙! 조만간 아인슈타인에게도 같은 일이 일어날 것이다. 그리고 이런 일은 계속 반복될 것이다. 그런데도 과학을 믿는다니!"

이런 말은 그럴듯하게 들리지만, 실은 상황을 완전히 잘못 파악하고 있는 근거 없는 주장이다. 뉴턴의 활동 시기는 17세기 말부터 18세기 초였다. 그는 세 가지 운동 법칙과 중력 법칙이 핵심인 역학 이론을 체계화했다. 뉴턴 세계관이라 불리는 이 이론은 200년 동안 행성의 움직임과 지구의 역학 체계를 완벽하게 설명했다. 또한 기체(열역학)와 액체(유체 역학), 자동차와 비행기 등 무수한 기계의 작동 원리도 완벽하게 설명했다.

그로부터 약 200년 후인 20세기 초, 아인슈타인이 일반 상대성 이론을 발표했는데, 시공간에 관한 이 이론은 어떤 의미에서 뉴턴의 모형을 대체하는 것이었다. 아인슈타인의 이론은 뉴턴의 이론보다 **아주 조금 더 정확**했지만, 그렇다고 뉴턴의 이론이 완전히 틀렸다거나 쓸모없다는 것을 입증했다는 의미는 아니었다. 그것이 어떻게 가능하겠는가? 어쨌든 뉴턴의 이론은 오랜 세월 동안 효과성을 입증하며 **세상을 놀라게** 하지 않았던가!

실제로 뉴턴의 이론은 전혀 힘을 잃지 않았다. 그저 새로운 시각이 등장했을 뿐이다. 뉴턴 이론은 아인슈타인 이론의 **특수 사례**에 해당한다. 즉, 광속에 비해 속도가 아주 빠르지 않을 때(이 조건은 하키 공, 사람, 포르쉐, 행성 같은 육안으로 확인되는 크기의 사물에 적용된다)와 중력이 극도로 크지 않을 때(이 조건은 지구의 중력뿐만 아니라 태양계에 작용하는 태양의 거대한 중력에도 적용된다), 뉴턴 모형은 유효하다. 바꿔 말하면, 아인슈타인과 뉴턴의 이론은 속도가 아주 빠르거나 중력이 아주 큰 예외적인 물리 환경을 제외하고는 서로 거의 같다.

아인슈타인의 중력 이론이 뉴턴의 이론보다 실재에 더 가깝다고 말할 수는 있다. 그러나 일상에서는 뉴턴의 이론이 훨씬 정확하고, 현상을 거의 완벽하게 예측한다는 사실도 기억해야 한다. 앞에서 언급했듯이, 뉴턴의 이론은 아인슈타인의 이론을 엄격하게 적용했을 때, 즉 '느린' 속도(그래도 역대 가장 빠른 로켓의 속도보다는 훨씬 빠르다)와 '작은' 중력장(가령, 평범한 별의 중력장과 그것보다는 훨씬 약한 행성들의 중력장 정도의 크기)에서 유효하다. 그리고 뉴턴의 이론은 엔지니어들이 그것에 기초해서 다리, 로켓, 위성, 자동차, 배 등을 제작한다는 점에서 여전히 신뢰도 높은 이론이다. GPS 시스템을 사용해야 하는 극히 정확한 측정이 필요할 때에만 이따금 아인슈타인의 이론과 그 후에 나온 양자 역학이 필요하다.

과학 이론은 실재를 거의 비슷하게 설명하되, 늘 더 나아지고 있다. 아인슈타인의 상대성 이론과 이후에 나온 양자 이론은 뉴턴의 이론보다 더욱 실재에 가까우나, 미래 언젠가는 그것들도 더 정확한 이론으로 '대체'될 것이다. 그러나 그런 일이 일어나더라도 그 이론들은 (100년 전에 뉴턴의 이론이 그러했듯이) '폐기'되지 **않을** 것이다.

또 다른 사례 연구로 19세기에 빛이 전자기파의 일종임이 완벽하게 입증되었다는 사실을 떠올려보자. 이는 스코틀랜드 물리학자 제임스 클라크 맥스웰James Clerk Maxwell이 발견한 놀라운 방정식의 결과물이었는데, 맥스웰은 독립적으로 존재하던 전기 이론과 자기 이론을 아름다운 네 개의 방정식으로 통합했다. 이 놀라운 발견 덕분에 라디오, 텔레비전, 전화, 전기 모터, 영화, 전자레인지와 21세기의 무수한 발명품이 탄생했다.

그러나 1905년에 아인슈타인은 유추 방법을 이용해 빛은 전자기파가 **아니라 입자**라고 주장했다! 수년 동안 어떤 물리학자도 이 아이디어에 관심을 두지 않았다. 이런 믿음을 가진 아인슈타인은 배신자, 괴짜, 외톨이였다. 그러나 18년 후인 1920년대 초, 맥스웰 방정식과 모순되는 빛에 관한 실험 결과들(특히, 콤프턴 효과Compton effect)이 발표되었고, 그제야 물리학자들은 1905년에 빛의 성질에 관한 아인슈타인의 주장이 옳았을지 모른다고 생각하기 시작했다. 그러나 빛을 전자파로 본 맥스웰의 생각이 **틀렸다**는 의미가 아니었다. 현상 안에 깊숙

명료하게 생각하는 법

이 한 겹이 더 있었고, 아주 특수한 상황에서는 빛이 입자일 때만 설명이 가능하다는 의미였다. 맥스웰 이론은 그동안 그것이 유효**했던** 모든 상황과 거의 모든 정상적인 상황에서 **계속**해서 유효할 것이다.

한 번 더 우리는 과학에서 '참'과 '거짓'의 의미가 생각보다 훨씬 미묘하다는 사실을 깨닫는다. **엄밀히 말하면** 거짓일 수 있는 이론도 **실용적인 목적으로는** 완벽하게 참일 수 있다! 이는 앞서 설명했듯이 뉴턴 세계관과 맥스웰의 빛 파동설 모두에 적용되는 이야기이다. 두 이론 모두 과거에는 완벽하게 타당한 보편적 이론으로 간주되었으나, 지금 우리는 그것들이 제한적으로 타당하다는 사실을 안다. 그러나 그렇다고 해서 정상 상황을 설명하는 이론들이 무효가 되지는 않는다. 사실 평범한 현상은 여전히 낡은 이론들이 **가장 잘** 설명한다. 그런 이유로 고등학교와 대학교의 모든 물리 수업에서 그 이론들을 계속 가르치고 있다. 또한 모든 공과 대학에서는 그 이론들을 여전히 필요로 한다.

오늘날은 빛에 파동성과 입자성이 모두 있다고 본다. 하지만 '현실'에서 그 두 가지 성질을 모두 가진 물질을 아직 모르기 때문에, 그것은 불편한 지식일 수 있다. 그래도 그것이 불가사의한 현상을 가장 잘 설명하는 지식이므로, 우리는 익숙해져야 한다. 빛에 관한 현대 이론을 체계화한 아인슈타인조차도 애증의 '광양자' (또는 오늘날 용어로 **광자**) 때문에 평생 골머리를 앓았다. 세상을 떠나기 불과 4년 전인 1951년에 그는 평생의 친구였던 미켈레 베소Michele Besso에게 편지를 써서 이렇게 한탄했다.

50년 동안 곰곰이 생각했지만, "광양자란 무엇인가?"라는 질문에 답을 전혀 찾지 못했네. 물론 지금도 그 답을 안다고 생각하는 악당이 있지만, 그는 스스로를 기만하고 있는 것이네.

어쩌면 훗날 우리는 빛의 성질에 관해 지금보다 더 자세하고 만족스러운 설명을 찾을지 모르지만, 이는 막연한 희망에 불과하다.

빛에 관한 현재 이론이 우리를 만족시키든 그렇지 않든, 이것은 대단히 정확하고 실용적인 이론이다. 예를 들어, 빛과 원자에 대한 현재 수준의 지식은 비록 최종 이론은 아니지만 우리 몸 안에서 벌어지는 현상들을 상세하게 보여주는 놀라운 기계들을 만들게 했다. 특히, 우리에게 익숙한 MRI(자기공명영상) 스캐너는 병원에서 종양을 찾아낼 때뿐만 아니라 실험실에서 다양한 신체 기관에서 일어나는 과정을 연구할 때도 사용된다.

MRI 스캐너는 강한 자기장과 전파를 사용하고 수소 원자의 특성을 활용하는데, 수소 원자의 핵은 양성자 하나로만 이루어져 있다. 물 분자(H_2O)는 수소 원자 2개와 산소 원자 1개로 이루어져 있으며, 인간 몸의 거의 75퍼센트는 수소 분자로 이루어져 있다. 수소 원자의 핵을 구성하는 양성자는 아주 작은 자석으로서 사방에 다양하게 분포되어 있다고 여겨진다(그리고 자기력이 작용하는 공간인 자기장에 노출되면, 이 방향으로 양성자가 정렬을 '시도'한다). MRI 스캐너가 강한 자기장을 일으키면, 그에 따라 무수한 작은 양성자 자석이 재빨리 줄을 선다. 그때 샘플에 전파를 쏘면, 양성자들이 이 전파 에너지를 흡수해서 자리가 바뀐다. 전파가 사라지면, 양성자들은 원래 자리로 되돌아가고 그 과정에서 아까 흡수했던 에너지를 새로운 전파의 형태로 방출한다. 그런데 이 방출된 전파는 수소 원자의 위치에 관해서 유용한 정보를 담고 있기 때문에, 이 전파 신호를 측정해서 컴퓨터를 통해 재구성하면, 신체 내부의 영상을 매우 정확하게 얻을 수 있다.

만성 두통을 심하게 앓던 메리가 의사의 권유로 MRI 검사를 받았다. 검사 결과 메리의 머리에 양성 종양처럼 보이는 뭔가가 있었다. 수술을 맡은 의사가 메리의 두개골을 열어보니 예상했던 자리에 종양이 있었고, 그 모양과 크기도 MRI 사진과 똑같았다. 수술로 종양을 제거한 덕분에, 메리는 재빨리 건강을 되찾았으며 두통도 사라졌다. 그러니까 의사들이 본 MRI 사진은 진실이었다. 이 이야기에서 어떤 결론을 도출할 수 있을까?

MRI 스캐너는 전자기 복사, 전자기장, 원자핵(이 경우에는 양성자)뿐만 아니라 그 모든 실체가 상호작용할 때 개입하는 힘에 관한 이론을 바탕으로 발명되었다. 메리의 의사들은 예상했던 자리에서 종양을 발견했다. 이 놀라운 성공(과 그 이론들이 보여준 수백만 건의 성공 사례들)은 관련 이론이 완벽하다는 것을 뜻할까? 전혀 그렇지 않다.

예를 들어, 나중에 끈 이론이 다양한 실험과 우주 관찰을 통해 기존에 알고 있던 입자의 성질을 대단히 상세하게 설명할 수 있게 되었다고 상상해보자.[33] 특히 양성자와 다른 입자들이 10차원 혹은 11차원에서 '진동하는' 초소형 '끈'으로 설명된다. 분명히 이것은 끈 이론의 거대한 승리이겠으나, 그렇다고 (끈 이론이 아닌 그 이전 이론들에 근거한) MRI 스캐너를 통해 발견한 메리의 종양이 환영이었다는 의미는 아니다!

여기에서 우리는 중요한 결론을 도출할 수 있다. 현재 물리학과 화학의 많은 이론이 컴퓨터나 측정기 등을 제조하는 기술에 응용되고 있으며, 이 장치들은 발명가의 의도대로 정확히 기능한다(가령, 몸 안의 모습을 자세히 보여준다). 그러므로 이런 이론들은 나중에, 즉 50년 혹은 100년 후에 더 정확하거나 '더 실재에 가까운' 이론이 등장하더라도, 그것들과 전혀 충돌하지 않을 것이다. (혹시 충돌한다면, 이는 기존 이론에 근거해서 만들어진 장치들이 속임수였거나 더 나쁘게는 아예 발명될 수 없었거나 제 기능을 하지 못했다는 의미가 된다.) 내일 나올 이론은 오늘의 이론들보다 더 광범위하고 자세하므로, '더 실재에 가깝겠지만', 그렇다고 오늘의 이론을 **무효**로 만들지는 않을 것이다. 오늘날의 이론은 결코 **거짓**이 아니다. 새로운 이론보다 덜 정확할 뿐이다.

지금까지의 내용을 통해 우리는 실재에 대한 과학 이론은 **좋은 것, 더 좋은 것, 훨씬 좋은 것**이 있다는 교훈을 얻는다. '대립하는' 모든 이론은 정확도와 질적 차이가 있지만, 모두 현실에서 다양하게 쓸모가 있다. 그러므로 이들은 서로 경쟁자이기보다 친구이다. 어느 하나가 정확성이 떨어지게 되면 다른 것이 그 자리를 채우기 때문이다. 이것이 바로 과학이 체계화되는 방식이다.

그럼, 과학적 방법에는 어떤 것이 있을까? 이를 설명하려면, 이미 아는 사실에서 결론을 도출하는 두 가지 방법, 즉 연역법과 귀납법을 논해야 한다.

연역적 추론 과정

과학 연구는 논리적으로 추리하는 과정, 즉 전제들에서 타당한 결론을 도출하는 행위를 포함한다. 이것을 **추론 규칙**rules of inference이라 부른다. 그 목적은 **참인 상태를 유지**하는 것이다. 이 말은 만약 우리가 한 개 이상의 참인 전제(혹은 '투입물')에 추론 규칙을 적용하면, '산출물'(즉, 결론)도 반드시 참이라는 뜻이다. 이것이 추론 규칙의 핵심이다. 즉, 전제가 참인 한 그 결론은 **반드시** 참이다.

논리적 추론 규칙은 매우 많지만, 여기에서는 몇 가지만 소개하겠다. 첫 번째는 **전건 긍정**modus ponens이라 불리는 규칙으로, 예를 들면 이렇다.

전제1: 스토브의 점화 스위치가 'on'에 맞춰져 있으면, 스토브 위에 있는 주전자의 물이 잠시 후에 끓기 시작할 것이다.

전제2: 내 스토브의 전면 오른쪽에 있는 점화 스위치가 'on'에 맞춰져 있다.

결론: 내 스토브 위에 있는 주전자의 물이 잠시 후에 끓기 시작할 것이다.

이 결론은 두 전제에서 논리적으로 도출된 것이므로, 두 전제가 참이면 그 결론도 반드시 참이다.

두 번째 추론 규칙은 **후건 부정**modus tollens으로, 앞의 예를 여기에 맞게 변형시켜보겠다.

전제1: 스토브의 점화 스위치가 'on'에 맞춰져 있으면, 스토브 위에 있는 주전자의

04. 과학이란 무엇인가?: 이론, 실험, 결론, 과학의 본질에 관하여

물이 잠시 후에 끓기 시작할 것이다.

전제2: 내 스토브 위에 있는 주전자의 물이 끓지 않았다.

결론: 내 스토브의 전면 오른쪽에 있는 점화 스위치가 'on'에 맞춰져 있지 않았다.

앞의 결론처럼, 이 결론도 두 전제에서 논리적으로 도출된 것이므로 두 전제가 참이면 그 결론도 반드시 참이다.

첫 번째 추론 규칙은 무언가를 **확인**하기 위해 사용한다. 만약 A가 B를 의미하고 우리가 A를 알고 있다면, 우리는 B도 아는 것이다. 두 번째 추론 규칙은 무언가를 **반박**하기 위해 사용한다. 만약 A가 B를 의미하고 우리가 B가 거짓임을 안다면, 우리는 A가 참일 수 없다고 결론 내린다.

세 번째 추론 규칙은 **예시화**instantiation라는 것이다. 이것의 구조는 다음과 같다.

전제1: 모든 X는 P라는 성질을 가진다.

전제2: A는 X이다.

결론: A는 P라는 성질을 가진다.

가령, 우리는 모든 완숙 딸기(즉, X)가 빨갛다는 사실을 안다. 그리고 A라는 사물이 완숙 딸기라는 사실도 안다고 해보자. 이제 우리는 사물 A가 빨갛다는 결론을 전적으로 확신할 수 있다.

나중에 우리는 이 추론 규칙들이 과학에서 어떻게 사용되는지 살펴볼 것이다. 그런데 추론 규칙에 따른 결론이 반드시 실재와 일치하는 것은 아니라는 점을 기억해야 한다. 가령, 전제 자체가 실재와 맞지 않는 경우가 있다! 다음이 그런 예다.

전제1: 모든 개는 다리가 여덟 개다.

전제2: 피도는 개다.

결론: 피도는 다리가 여덟 개다.

이 예에서는 **전건 긍정** 규칙을 제대로 사용했고, 결론도 전제들에서 논리적으로 도출되었다. 그러나 이 결론은 참이 아니다. 왜냐하면 전제1이 거짓이기 때문이다. 그러나 논리는 전제가 참인가와는 상관없고, 추론 규칙을 제대로 적용했는가만 확인한다. 여기에서는 **전건 긍정** 규칙이 올바르게 적용되었다. 만약 **두 전제가 모두 참이었다면**, **전건 긍정** 방식으로 도출된 결론도 참이었을 것이다.

또 다른 고전적인 추론 규칙으로 **제3의 가능성의 부인**tertium non datur('배중률'이라고도 부른다)이라는 것이 있다. 이것은 명제와 그것의 부정 명제가 동시에 참이 될 수 없다는 당연한 사실을 언명한다. 가령, 체스에서 내 킹이 체크를 **당하면서** 동시에 **당하지 않는** 상황은 있을 수 없다. 이것은 말이 되지 않는다! 지구는 **둥글면서** 동시에 **둥글지 않을**(즉, 평평할) 수 없다. 이것도 이치에 맞지 않는다! 이와 비슷하게, 네스호의 괴물은 존재하면서 동시에 존재하지 **않을** 수 없다! 이것이 말이 되겠는가? 전혀 그렇지 않다!

나중에 보게 되겠지만, 이 추론 규칙은 실재의 본질에 관한 아이디어뿐만 아니라 신의 존재를 추론할 때에도 중요한 역할을 한다.

04. 과학이란 무엇인가?: 이론, 실험, 결론, 과학의 본질에 관하여

귀납적 추론 과정

앞에서는 연역법에 따라 결론을 도출할 때 핵심이 되는 추론 규칙들을 설명했다. 타당한 결론을 도출하는 방법에는 **귀납법**도 있다. 이것은 한 가지(혹은 몇몇) 사례에 대한 하나의 명제로부터 좀 더 확장된 일반 명제를 이끌어낸다. 예를 하나 들어보겠다.

전제: 내가 손에서 돌을 놓을 때마다, 그 돌은 땅으로 떨어진다.

이것은 내가 돌을 쥐고 있던 손을 펼 때마다 겪는 경험이다. 내가 귀납법을 사용해서 일반화한 결론은 이것이다.

결론: 돌은 사람이 그것을 놓을 때마다 땅으로 떨어진다.

연역법과 반대로, 귀납법은 전제가 참이어도 결론이 반드시 참이 지는 않다. 전제가 참이어도 결론은 거짓일 수 있다. 버트런드 러셀이 제시한 다음의 예가 대표적이다.

매일 정오에 먹이를 받는 농가의 칠면조를 상상해보자. 처음에 그 칠면조는 겁과 의심이 많았다. 그러나 정오에 먹이를 받는 일이 충분히 반복되자, 칠면조는 거기에 익숙해지기 시작한다. 또한 날마다 먹이를 받는 시간에 교회 종이 울린다는 사실(이 교회 종은 하루에 딱 한 번 정오에만 울린다)도 알게 된다. 여기에서 이런 전제가 만들어진다. "지금까지 교회 종이 울릴 때마다, 나는 음식을 받았어." 이 귀납적 결론은 이런 일반화로 이어진다. "교회 종이 울릴 때마다, 나는 음식을 받을 거야." 이제 칠면조는 교회 종이 울릴 때마다 농부에게 곧장 가기 시작한다. 그런데 추수감사절 전날, 칠면조의 기대와 정반대 상황이 벌어진다. 그날 정오에 교회 종이 울렸을 때 칠면조가 도축된 것이다. 칠면조가 깨달은 교훈은 귀납법이 결론 도출 방법으로 항상 신뢰할 수 있는 것은 아니라는 점이다. 그래도 손에서 놓은 돌이 바닥으로 떨어지는 앞의 예처럼, 귀납법에 따른 결론은 비교적 신뢰할 만하다.

원칙상 과학적 결론은 항상 잠정적이라는 사실을 기억해야 한다. 비록 귀납적 추론을 토대로 세운 전제가 참이라도, 그 결론은 칠면조의 사례처럼 거짓으로 드러날 수 있다. 결론은 입수된 새로운 사실에 맞게 조정되어야 한다. 엄밀한 의미에서 손에서 놓은 돌이 **전부** 땅으로 떨어지는지는 증명할 수 **없지만**, 우리는 그럴 가능성이 매우 높다고 생각한다. 우리는 충분히 경험이 쌓였으므로, **돌이 항상 땅으로 떨어질 것**이라는 가정이 틀렸을까 걱정하지 않는다. 완전무결한 논리로 도출한 결론이 완벽하지 않다고 해서 그것을 의심해야 한다는 의미는 아니다.

흔히 과학 연구는 검증 가능한 일련의 이론적 가설을 세운 다음, 이 가설을 연역법과 귀납법을 사용해서 검증한다. 흔히 이런 검증 방법을 '가설 연역법hypothetico-deductive method'이라 부른다.

연역법으로 도출한 결론은 전제가 참이고 추론 과정이 논리적이면 항상 참이다. 그러나 세상을 더욱 깊이 이해하고 싶을 때는 대개 **귀납적** 추론 규칙을 사용한다. 그러나 귀납법은 참인 결론을 보장하지 않으므로, 가설 연역법을 사용한 모든 결론이 항상 실재와 정확히 일치하지는 않는다.

과학이 무엇인지 간단하게 설명하면 이렇다. 먼저 사물들의 연결 혹은 작동 방식에 대해 아이디어를 얻는다. 그리고 그 사물과 관련된 현상에 대해 이론을 만든다. 그런 다음 일련의 검증 가능한 가설을 세운다(설명력이 있는 가설이라면 어떤 식으로든 검증 가능해야 한다). 이제 실제 일어나는 현상을 연구하기 시작한다. 실험 결과가 예측과 일치하는가? 실험 결과에 따라 우리가 세운 가설은 확인되거나 반박된다.

이 과정을 계속 반복한다. 즉, 처음으로 돌아가서 아이디어를 검증한 후, 수정하고 다시 검증한다. 가설 연역법의 내용을 요약하면 다음과 같다.

1. 기존 이론으로 시작하거나 새 이론을 만들어라.
2. 한 개 이상의 검증 가능한 가설을 세워라.
3. 관찰 혹은 실험을 통해 그 가설을 검증하라.
4. 검증 결과에 따라, 이론의 신뢰성이 높아지거나 낮아질 것이다.

여기에서 귀납법의 역할은 무엇일까? 대개 첫 번째 단계에서 이론을 만들 때 귀납법을 사용한다. 예컨대, 지금까지 우리가 봤던 까마귀가 전부 검은색이었다면, 이를 토대로 우리는 세상의 모든 까마귀는 검은색이라고 추측할 수 있다.

명료하게 생각하는 법

사례 연구: 루이 파스퇴르와 자연발생설

가설 연역법을 적용한 대표 사례는 19세기 프랑스의 위대한 화학자이자 생물학자 루이 파스퇴르Louis Pasteur(1822~1895)의 실험이다. 그는 당시 유명 이론이었던 '자연발생설'을 검증하기 위해 이 실험을 고안했다.

사람들은 항상 생명 기원의 기원을 궁금해했다. 지구에서 생명체는 어떻게 생겨났을까? 무생물은 어떻게 생물이 될 수 있을까? 아리스토텔레스는 생물이 스스로 생겨날 수 있다는 '자연발생설'을 주장했는데, 이것이 수백 년 동안 지배 이론으로 군림했다. 퇴비 더미에 군집해 있는 초파리와 썩고 있는 살 속에 들끓는 벌레는 환경만 적당하면 미생물들이 자연적으로 생겨날 수 있다는 증거였다. 적어도 몇몇 사상가는 그렇게 주장했다.

파스퇴르는 그 견해를 확신하지 못했다. 그는 고기 두 점을 식탁 위에 올려놓았다. 그런 다음 한 점은 밀폐된 서랍에 넣고 다른 한 점은 공기 중에 노출시켜 놓았다. 자연발생설을 검증하기 위해 파스퇴르는 이런 가설을 세웠다. 만약 자연발생설이 참이라면, 두 고기 모두에서 벌레가 생겨야 한다. 실제로 공기 중에 노출시킨 고기에는 며칠 후 벌레가 생겼다. 그러나 밀폐된 서랍에 넣은 고기에는 벌레가 전혀 생기지 않았다. 파스퇴르는 그 실험 결과가 자연발생설의 반증이라고 결론 내렸다. 그는 다음과 같이 **후건 부정**을 사용해서 결론을 도출했다.

전제1: 자연발생설이 참이면, 두 고기에 모두 벌레가 생겨야 한다.

전제2: 두 고기 중 하나에는 전혀 벌레가 생기지 않았다.

결론: 자연발생설은 참이 아니다.

진지한 연구자라면 한 가지 실험으로 강력한 결론을 도출하기에는 불충분하다고 생각할 것이다. 그래서 파스퇴르는 새로운 가설을 세우고 실험을 통해 검증했다. 마침내 파스퇴르의 고기 실험으로 아리스토텔레스의 자연발생설은 부정되었다.

이후 파스퇴르는 공기 중에 떠다니는 박테리아가 부패 작용을 일으킨다는 새로운 이론을 만들었다. 이는 박테리아와 감염에 관한 최초의 아이디어이자 음식이나 상처 관리 등 지금까지도 현실적으로 유용한 이론이다. 파스퇴르의 후속 연구 역시 대단히 중요했다. 예컨대, 그는 광견에 물린 어린이에게 백신을 접종했다. 의학 사상 최초였다.

파스퇴르의 사례는 지식 추구가 과학의 핵심임을 잘 보여준다. 과학은 실재를 정확하게 설명하기 위해 노력한다. 검증을 통과하지 못한 이론은 폐기된다. 검증에 **통과한** 이론은 수명이 연장되지만, 추가로 계속 검증받아야 한다. 이것이 바로 **이상적**인 과학의 방식이다.

이론이 실재를 제대로 설명하고 있다는 결론은 언제 내리는 것이 합리적인가? 답은 그 이론이 이전 이론들보다 한 개 이상의 현상을 더 잘 설명할 수 있고, 테스트를 반복해도 동일한 결과를 얻을 때이다. 해당 이론을 의심하게 하는 다른 테스트가 없다고 여겨질 때, 그 이론은 인정받기 시작한다. 게다가 그 이론이 새로운 실험 기구와 기계 장치를 만드는 데도 활용될 수 있다면, 그것은 실용성도 증명됐다고 말할 수 있다.

물론 과학계에서 새로운 이론을 수용할 때는 저항이 따른다. 새 이론이 획기적이고 놀라운 것일수록, 과학계가 그것을 수용하기까지 더 많은 증거가 필요하다. 이것이 1905년에 아인슈타인이 빛이 입자라는 파격적인 의견을 제시했을 때 철저히 무시당했던 이유이다. 그의 의견은 지나치게 과격했을 뿐만 아니라 그것을 뒷받침할 충분한 실험 증거도 없었다. 이는 아이디어의 역사에서 다소 유감스러운 경우였지만, 다행스럽게도 대단히 탁월한 생각이었다. 우리는 과학자들이 즉석에서 떠오른 새로운 아이디어에 쉽게 넘어가는 사람들이 아니라는 사실에 안도해야 한다. 만약 그들이 진지한 검토 없이 새로운 아이디어를 닥치는 대로 받아들인다면, 과학은 진실과 거짓이 뒤죽박죽 섞인 학문이 되고 말 것이다.

과학의 핵심은 경험과 실험이다. 그런데 실험 결과는 항상 믿을 수 있을까? 혹시 실험자가 일부 인자를 빠뜨리거나 특정 결과를 얻고 싶은 욕심에 객관성을 잃을 가능성은 없을까? 특히 새로 얻은 결과가 이전 결과들과 크게 다르다면, 그 결과를 의심하는 것은 당연하다.

그러므로 과학의 핵심 원칙은 검증과 실험이 반복 가능해야 한다는 것이다. 말하자면, 다른 연구자들도 자신의 연구실에서 같은 실험을 반복하고 당연히 같은 결과를 얻어야 한다. 어떤 이론이 타당하다면, 실험자가 누구든 똑같이 타당한 결과가 나와야 한다. 널리 수용된 이론이란 (지금까지) 아무도 그 이론에 어떤 허점도 발견하지 못했다는 뜻이다. 그러므로 어떤 이론이 다방면에 적용 가능하다면, 적어도 설명력이 더 나은 새로운 이론이 등장하기 전까지는 그 이론이 실재를 제대로 설명하고 있다고 가정해야 할 것이다.

04. 과학이란 무엇인가?: 이론, 실험, 결론, 과학의 본질에 관하여

반증 가능성

철학자 칼 포퍼Karl Popper(1902~1994)는 20세기 가장 유명한 과학철학자이다. 포퍼는 '반증 가능성falsifiability'이라는 용어를 처음 소개했으며, 그것이 실질적인 과학 진보의 핵심이라고 주장했다.

어떤 이론이 반증 가능하다는 것은 원칙적으로 그 이론이 틀렸음을 입증할 수 있는 실험이나 상황을 고안해낼 수 있다는 뜻이다. 다르게 표현하면, 그 이론이 틀렸음을 확실하게 밝힐 방법이 있다는 의미다. 만약 그런 방법이 없다면, 그 이론은 내용이 과학적이지 않고 과학적 가치도 없다.

이런 면에서, 반증 가능성은 추론 규칙 중 하나인 **후건 부정**의 한 예이다. 가령, 이론 A가 참이면 B라는 결과가 나온다고 가정해보자. 그런데 실험을 해보니 B가 아닌 결과가 나왔다. 이로써 우리는 연역적으로 이론 A가 참이 아니라고 결론 내릴 수 있다. 즉, 이론 A를 반증했다.

포퍼에 따르면, 그것이 진짜 과학의 핵심이다. 어떤 과학 이론도 **최종적**으로 참이 될 수 없다. 기껏해야 과학 이론은 **잠정적**으로 참이며, 언제든 반증될 수 있다. 포퍼는 이렇게 썼다.

이론이 발전할수록 우리에게 더 많은 것을 설명해준다. 즉, 설명하는 내용이 많아진다. 그러나 이론이 많은 내용을 설명할수록, 그것이 배제하거나 금지하는 것이 더욱 많아지며, 우리가 그 이론을 반증할 기회도 더욱 많아진다. 그러므로 설명하는 내용이 많은 이론일수록 더욱 철저하

게 검증해야 한다.[34]

반증 가능성이라는 개념은 스무 고개라는 유명한 게임으로도 설명할 수 있다. 이는 상대방이 생각하고 있는 사물(이나 동물 혹은 사람)이 무엇인지 알아맞히기 위해 '예'나 '아니요'로만 답하는 질문을 (최대 스무 개까지) 던지는 게임이다. 당연히 여기에서는 최대한 많은 정보를 얻을 수 있는 질문을 해야 한다. 이상적인 방법은 질문마다 답으로 예상되는 사물(이나 동물 혹은 사람) 집단이 '예'와 '아니요'로 반씩 쪼개지는 문제를 구성하는 것이다. 이것이 수수께끼의 답을 찾아내는 가장 효율적인 방법이다. (질문의 개수가 스무 개로 제한되어 있으므로, 답이 뻔한 질문은 하지 않아야 한다.)

과학 이론을 검증하기 위한 실험은 실재의 본질을 묻는 것과 같다. 만약 '아니요'라는 답을 유도할 질문을 만들어낼 수 없다면, 그 이론은 과학 이론이 아니다. '예'라는 답만 나오는 이론은 질문의 내용이 무엇이든 반증 가능성이 없기 때문에, 세상에 대해 어떤 정보도 제공하지 못한다. 과학의 목표는 세상에 대한 정보를 제공하는 것이므로, '예'라는 답만 나오는 이론은 과학이 아닌 사이비 과학이다.[35]

그러므로 반증 가능성은 과학과 사이비 과학을 구분하는 하나의 방법이다. 포퍼는 자서전에서, 자신이 생각하는 과학의 본질을 이렇게 설명했다.

일찍이 나는 (아인슈타인의 이론 같은) 과학 이론과 (마르크스Marx와 프로이트Freud, 아들러Adler의 이론 같은) 사이비 과학 사이에 구획을 정하는 방법을 계속 발전시켰다. 이론이나 명제가 과학이 되려면, 그것이 설명하는 현상이 일어나지 못하게 방해하거나 차단하는 능력이 있어야 한다는 사실을 분명히 알게 되었다. 그러므로 제약이 많은 이론일수록 우리에게 더 많은 것을 말해준다.[36]

만약 당신이 과학 이론을 제시하고 싶다면, 그 이론이 어떤 상황에서는 성립되지 않는다는 점을 인정할 수 있어야 한다. 이것이 바로 과학과 사이비 과학을 구별하기 위한 포퍼의 유명한 '구획 기준demarcation criterion'이다. (좀 더 일반적인 용어로, 과학 철학의 '구획 문제 demarcation problem'는 진짜 과학을 어떻게 정의하고 어디에 경계선을 그을 것인지를 논한다. 이런 경계선은 과학과 **사이비 과학** 사이 혹은 과학과 **종교** 사이 혹은 과학과 **미신** 사이에 그을 수 있다.)

수학과 절대 진리

새로운 사실이 발견되더라도 결코 뒤집히지 않는 절대 진리가 존재하는 분야가 있을까? 딱 하나 있는데, 그것은 바로 수학(과 논리학처럼 수학과 관련된 주제들)이다. 수학은 진짜 **선험**priori 과학이다. (**선험**이란 라틴 어로 '처음부터'라는 뜻이며, **선험** 지식은 감각 경험이나 물리계와의 접촉에 의존할 필요 없이 타당한 지식을 말한다.)

선험적으로 이를 수 있는 결론이란 우리가 편히 앉아 있는 안락의 자에서 굳이 일어나지 않아도 도출되는 결론이다. 어떤 결론을 얻기 위해 세상 곳곳을 돌아다니며 이런저런 관찰을 할 필요가 없다는 말이다. 수학은 외부 세계를 관찰한 결과에 좌우되지 않는다. 수학적 결론은 논리적 추론을 통해 도출된다. (혹은 적어도 수학적 증명을 다룬 학술 논문에서 도출된다. 그러나 현실에서 거의 모든 수학자의 첫 결론은 논리를 무시한 유추에 의해 직관적으로 도출된다. 수학자들도 다른 사람들처럼 추측을 많이 하지만, 논문을 쓸 때는 로봇처럼 모든 내용을 철저하게 논리적인 언어로 서술함으로써 최초 아이디어가 추측에서 나왔다는 흔적을 교묘하게 감춘다.) 이 말은 일단 철저하게 검증된 수학적 정리는 외부 세계를 관찰, 측정, 경험한 모든 결과에 의해 무효가 될 수 없다는 의미이다. (앞에서도 말했듯이, 정리는 공리로부터 철저하게 논리적인 규칙에 따라 도출된 명제이다. 일련의 형식 기호formal symbols와 공리, 추론 규칙들이 모여서 **형식 체계**formal system 혹은 **공리 체계**axiomatic system를 구성한다. 어떤 체계 안에서 유도된 정리는 그 체계 안에서는 항상 참이다.)

당연히 수학자도 겸손해야 한다. 다른 사람들처럼 수학자도 오류를 범할 수 있기 때문이다. 실험으로 수학적 결론을 뒤집을 수 없다고 하더라도, 정리를 증명(했다고 주장)할 때 논리적 오류가 발생할 수 있다. 이런 이유로 수학은 과학계에서 독특한 지위를 차지한다. 만약 정리를 유도하는 과정에 어떤 오류도 없었다면, 그 정리는 이를테면 '정리 박물관Museum of Theorems'에 모셔둘 만하다. (주의할 점: 증명된 정리는 그 정리가 사용되는 형식 체계 안의 박물관에만 보관해야 한다. 해당 정리와 무관한 **다른** 형식 체계에는 그에 맞는 **다른** 박물관이 있을 것이다. 실제로 1931년에 오스트리아 출신의 젊은 논리학자 쿠르트 괴델Kurt Gödel의 증명에 따르면, 대단히 복잡한 공리 체계에는 **진리**를 표현하므로 확실하게 정리로 인정받고 **싶지만** 그것이 속한 체계 안에서는 입증이 불가한 명제들이 있다. 바꿔 말하면, 특정 공리 체계에는 **참**인 것과 **입증 가**

능한 것 사이에 괴리가 있다는 의미이다. 괴델은 수많은 공리 체계에 **참**이지만 **증명할 수 없는** 명제가 무수히 많다는 것을 보여주었다. 수십 년간 수학계를 매료시킨 이 놀라운 발견을 '괴델의 불완전성 정리Gödel's incompleteness theorem'라고 부른다.)

눈가림 실험과 플라세보 효과

세상을 과학적으로 탐구할 때 어떻게 하면 실수를 피할 수 있을까? 물론 실수를 완벽하게 막을 비법은 없다. 수백 년간 많은 연구자가 부주의와 소망적 사고, 명예욕과 공명심 때문에 길을 잃었다. 그러나 인간의 불완전성에도 불구하고, 인간 활동의 **집합체**로서 과학은 인간이 정직한 태도를 유지하고 좁지만 바른 길로 나아갈 수 있게 돕는 훌륭한 장치이다. (그 때문에 과학자를 당연히 정직한 사람으로 여긴다.) 연구자가 정직한 태도를 유지하게 돕는 방법으로, 의학에서 특별히 중요하게 여기는 **눈가림**blind 테스트와 **이중 눈가림**double-blind 테스트가 있다.

이런 테스트의 목적은 연구자와, 실험 대상이 사람일 경우에는 그 대상자까지 포함해서 이들의 무의식적 편견이나 소망적 사고를 제거하는 것이다. 오늘날 우리는 사람의 소망과 신념이 신약 테스트와 같은 상황에서 긍정적·부정적 효과를 모두 일으킨다는 사실을 잘 안다.

한 불면증 환자는 매일 밤 수면제를 복용하고 싶다. 이 환자가 의사에게 수면제를 처방받지만, 의사는 따로 말하지 않고 수면제 대신 위약을 준다. 그런데 이 환자는 위약을 먹은 후 숙면을 취한다. 이것을 **플라세보 효과**placebo effect('플라세보'는 라틴어로 "내가 [당신을] 기쁘게 해주겠다"는 뜻)라 부른다. 이를 요약하면 사람의 심리적 기대가 이따금 진짜 약처럼 의학적 효과를 발휘한다는 것이다.

플라세보 효과의 반대는 **노세보**nocebo 효과라 부르며, 이는 긍정적 기대가 부정적 결과로 이어질 때를 의미한다. 이 현상의 좋은 예는 아프리카 토속 신앙에서 찾을 수 있다. 나이지리아의 작은 마을에 어느 날 가스 발전기 도난 사건이 발생한다. 누군가 그것을 훔쳐갔다. 마을의 주술사가 전 주민을 소집한 후, 발전기 도둑에게만 걸리는 주문을 외겠다고 발표한다. 주문이 걸린 사람은 잘 먹지 못하고 극심한 복통에 시달리다 점점 중병을 앓게 된다고 했다. 며칠 후에 사라졌던 발전기가 갑자기 나타났다. 한 어린 소년이 아팠는데, 그가 주문에 관한 이야기를 들었다. 아이는 제대로 먹지도 마시지도 못하다가, 결국 사라진 발전기 이야기를 떠올렸다. 이것은 명백한 노세보 효과이다. 마술적 힘에 대한 믿음이 주문이 의도한 증상을 유발했다. 플라세보 효과와 노세보 효과 모두 꼼꼼하게 연구하고 기록해야 한다.

신약의 효과를 확인할 때는 **눈가림 테스트**라는 방법을 사용해서 플라세보 효과를 차단해야 한다. 한 집단에는 진짜 약을, 다른 집단에는 진짜 약과 똑같아 **보이지만** 실제로는 약효가 전혀 없는 위약을 준다. 두 집단 모두 누가 진짜 약을 받았는지 알지 못한다. 즉, 실험과 관련된 지식에 대해 '눈이 가려진' 상태이다. 이렇게 통제된 환경에서만, 그 약이 진짜 효과가 있는지 혹은 플라세보 효과인지, 아니면 그저 우연인지를 가릴 수 있다.

일부 신약 테스트에서는 위약을 받은 집단에게서 긍정적인 결과가 나오는 경우가 있다. 이것은 확실히 플라세보 효과이다. 바람직하기

04. 과학이란 무엇인가?: 이론, 실험, 결론, 과학의 본질에 관하여

로는 **진짜** 약을 받은 집단에게서 **더 강한** 긍정적인 결과를 얻는 경우이다. 그런 경우에는 두 결과의 강도 차이가 진짜 약의 효과가 된다. 만약 둘 사이에 차이가 별로 없다면, 그 약은 효과가 없는 것이다.

그런데 실험자가 편견이 있거나 소망적 사고를 한다면 어떻게 될까? 그것이 눈가림 테스트 결과에 영향을 미치지 않을까? 당연히 미친다! 바로 그런 이유로 **이중 눈가림** 테스트가 고안되었다. 여기에서는 실험자든 피험자든 어느 집단이 진짜 약을 받고 어느 집단이 위약을 받았는지 전혀 모른다. 실험 결과를 통계적으로 분석해야만 누가 무슨 약을 받았는지 드러난다.

눈가림 테스트와 이중 눈가림 테스트는 사람을 대상으로 하는 과학 연구에서 대단히 중요하다. 특히 오늘날 뉴에이지 운동 집단과 대체 의학 전문가들 사이에 널리 퍼진 사이비 과학적 치료법과 약물 문제를 해결하는 데 필요하다. 사이비 과학의 실험과 가짜 약은 안타깝게도 많은 사람을 유혹하고 속인다. 피해자들은 금전적 손해뿐만 아니라 마음의 상처도 입는다. 주로 뉴에이지 운동 집단(그리고 대체 의학)과 연계된 치료법과 약물은 눈가림 테스트나 이중 눈가림 테스트를 제대로 시행할 경우 거의 항상 취약점이 드러난다.

그렇다면 정말로 효과가 **있는** 대체 의학은 뭐라고 불러야 할까? 그것은 진짜 **의학**이다.

과학의 어두운 면

우리는 가끔 지나치게 엄격한 과학의 대리자를 만나는데, 이들은 주로 의사들이다. 누구나 한 번쯤 환자의 말을 경청하지 않는 의사를 만난 경험이 있을 것이다. 의사의 머릿속을 가득 채운 지식은 우리가 말로 표현하려는 내용보다 훨씬 중요해 보인다.

만약 당신이 거만한 의사에게 실망했다면, 잘못은 **과학**이 아니라 과학의 **대리자**에게 있는 것이다. 그들은 선입견 때문에 다른 사람의 말을 듣지 못한다.

과학을 실천하는 사람이라고 해서 다른 사람을 속이지 않으리라는 보장은 없다. 인간 사회처럼 과학계도 분명히 자신의 정서적 욕구와 심리적 의제를 가진 사람들로 가득하다. 그래서 단순히 명예욕과 공명심에 조작된 결과를 발표하는 연구자들이 있다.

또한 끊임없이 새로운 사실과 결과를 받아들이기를 주저하는 연구자들도 있는데, 그것들을 수용할 경우 자신의 오랜 믿음을 포기해야 하고 그동안 쌓아온 경력도 무너질지 모르기 때문이다. 새로운 연구 결과에 적극적으로 의문을 제기하는 사람들의 경우에는 그 이면에 금전적 이해관계가 있을 수 있다. 가령 신약이 출시되면 기존 약의 매출이 줄어들어 손해를 보는 식이다.

좋은 예로 위궤양 연구가 있다. 2005년에 배리 마셜Barry J. Marshall과 로빈 워런J. Robin Warren은 **헬리코박터 파일로리**Helicobacter pylori라는 이름의 균을 발견한 공로로 노벨 의학상을 받았다. (이들은 이미 1982년에 만성 위염 환자에게서 얻은 점막에서 이 균을 처음 발견했고 배양에도 성공했었다.) 그

04. 과학이란 무엇인가?: 이론, 실험, 결론, 과학의 본질에 관하여

이전까지는 스트레스와 잘못 먹은 음식물을 위궤양의 원인으로 여겼다. 그러나 마셜과 워런은 다르게 생각해서 위궤양이 균 때문에 발생한다고 봤다. 얼마 후, 마셜은 자신의 이론을 증명해낸다. 그가 배양한 **헬리코박터** 균을 넣은 물을 직접 마셨는데, 그 결과 급성 위염에 걸린 것이다. 이렇게 인과관계를 확인한 다음, 마셜과 워런은 항생제로 위궤양을 영구 치료할 수 있다는 사실도 밝혀냈다. 세균 감염과 위궤양의 관계가 확인되기 전까지 위궤양은 만성 질환이자 재발이 잦은 질환이었다.

처음에 사람들은 마셜과 워런의 발견에 회의적이었다. 제약업계의 영업 이익에 심각한 타격을 주는 사건이었기 때문이다. 제약업계는 각종 위염 치료제로 막대한 돈을 벌고 있었으므로, 위궤양에 관한 기존 이론에 문제를 제기하는 새 이론에 관심이 없었다. 어쨌든 제약업계 입장에서는 환자가 완치되는 것보다 병이 자주 재발하는 쪽이 더 이익이었으니까. 마셜과 워런의 연구 결과가 더디게 발표된 데에는 복잡하게 얽힌 금전적 이해관계도 한몫했다.

일반적으로 지식을 탐구하는 데 과학적 방법이 가장 효과적이나 예상보다 훨씬 더 많은 시간이 걸릴 수 있다. 허영심이나 물욕 혹은 고집 때문에 진보를 방해하는 시도는 늘 있지만, 대개는 그리 오래가지 않는다. 이따금 과학 연구자들은 자기들끼리 서로 격려하고 상대의 실수를 감춘다는 비난을 받는다. 그러나 실제로 과학계는 실패한 이론을 거의 보호하지 않는다. 기존 이론을 성공적으로 무너뜨린 연구자는 부와 명예를 모두 얻을 수 있다. 그리고 어쩌면 노벨상도 받을지 모른다. 이것이 이론을 조작하게 하는 막강한 동기가 되기도 한다!

종교와 과학은 양립 가능한가?

공공 담론에 자주 등장하는 주제 중 하나는 과학과 종교의 양립 가능성이다. 그런데 이 주제는 종종 장황하고 어쩌면 심오한 다른 논의로 변질되기도 한다.

사실 종교와 과학의 양립 가능성은 비교적 대답하기 쉬운 문제이다. 종교가 과학 지식에 어긋나는 주장을 하지 않는 한 둘은 양립할 수 있다. 좀 더 간단히 표현하면 이렇다. 종교가 세상에 대해 아무 말도 하지 않으면 둘은 충돌하지 않는다. 예를 들어, 창조자가 무에서 우주를 창조하고, 그 후에는 아무 역할도 하지 않았다는 믿음에 대해 생각해보자. 이런 신앙은 현실에서 아무 의미가 없다. 그것은 우리가 왜 여기에 있고 어디를 향해 가고 있으며 어떻게 살아야 하는지 또는 실재의 본질은 무엇인지에 대해 아무런 정보도 주지 못한다.

반면 다양한 욕구와 힘을 가진 신을 믿는다면, 문제는 심각하다. 기도를 듣고 기적을 행하는 신은 과학과 절대로 양립할 수 **없다**. 육체가 죽은 후에도 영혼은 남는다는 생각이나, 부활 사상과 그와 유사한 초자연적 힘에 관한 믿음도 마찬가지다. 이런 생각들이 그 자체로 **반드시** 틀렸다는 말이 아니다. 과학의 결과물이 그 생각이 틀렸음을 분명하게 밝힌다는 뜻이다.

자주 논의되는 또 다른 문제는 오늘날 신학이 과학에 어느 정도 기여할 수 있는지 아니면 반대로 과학이 신학에 기여할 수 있는지다. 첫 번째 질문에 대해서는 '아니요'라고밖에 대답할 수 없다. 신학적 주장들이 옳든 그르든, 신학은 (과학과 직접 충돌하는 주장 외에는) 과학의 영역을 벗어나는 문제들을 다룬다. 그러나 과학은 신학이 인간이 자연의 진화와 무관하며 진화의 결과물이 아니라는 선입견을 포기하도록 도울 수 있다.

그럼 종교도 과학에 도움이 된 적이 있을까? 과학사를 들여다보면, 그랬다고 말할 수 있다. 세상을 이해할 수 있다는 생각은 역사적으로 지적인 창조자가 존재한다는 생각과 연결된다. 세상을 이해할 수 **없다**고 생각하는 사람은 과학에 헌신할 이유가 없다. 이런 식으로 종교는 과학이 발전하도록 길을 만들었다. 그러나 이런 사실이 신이나 지적인 창조자의 존재 가능성을 높이지는 않는다. 세상을 이해할 수 있다는 발상만 과학의 발전에 도움을 줬을 뿐이다.

막간글 - 과학의 유용성

과학을 맹신하는 사람이 있을까? 어쨌든 역사는 과학이 항상 옳았던 것은 아니라고 우리에게 가르쳐준다. 과학이 그저 세상에 대한 진실을 생산하는 일만 하지 않는다는 사실을 우리는 잊기 쉽다. 과학은 훨씬 많은 일을 한다. 과학은 실재를 탐구하는 한 방식이다. 즉, 세상이 작동하는 방식을 상상하고 모형과 이론을 만든다. 과학이 상상한 실재의 모습은 자주 변경되어야 하며, 그런 과학적 방법보다 실재에 관한 지식을 습득하는 더 나은 방법을 우리는 알지 못한다. 이런 점에서 과학을 맹신하기란 불가능하다.

우리가 과학이라고 부르는 것은 그것이 암이나 콜레라 같은 질병을 치료할 도구와 약을 제공할 때 혹은 중력 같은 친숙한 자연의 제약을 극복할 기발한 방법을 제공해서 인간을 달이나 아마도 화성에 보낼 수 있게 될 때, 그 결과물이 얼마나 효과적인지에 근거해서 평가되어야 한다.

과학은 항상 유익할까? 가령 니트로글리세린은 협심증 환자의 생명을 구하는 약이면서 동시에 사람들을 산산조각 낼 수 있는 폭발물의 원료이기도 하다는 사실을 떠올려보자. 과학은 지식일 뿐이다. 과학의 도덕성은 그 결과물이 어떻게 사용되느냐에 따라 달라진다. 과학적 지식 자체는 중립적이다.

과학은 우리 일상에서 어떤 의미를 가질까? 새로운 과학적 발견은 종종 대단히 추상적이고 현실과 동떨어질 때가 많은데, 가령 2012년 힉스 보손(일상에서 거의 알 필요가 없는 지식)의 발견이나 2014년에 우주탐사선 로제타가 탐사를 시작한 지 약 10년 만에 혜성 표면에 착륙한 사건 등이 그러하다. 그러나 2014년 노벨 물리학상은 청색 LED를 개발한 사람들에게 돌아갔다는 사실을 잊지 말아야 한다. 이렇게 수년간 연구하고 개발한 결과물은 전 세계 수억 명의 생활을 향상시켰다.

개인적으로 과학은 내 기대 수명과 더 많은 경험을 할 기회를 늘려주었다. 나는 몇 백 년 전에 살았던 내 조상들보다 두 배나 더 오래 살 확률이 높다. 그래서 그들보다 두 배나 더 사랑하는 사람들과 시간을 보낼 수 있다. 나는 내 아들이 자라면서 독서하고 놀면서 이런저런 지식을 얻는 모습을 볼 수 있다. 내가 그 모든 행운을 누리는 것은 과학 덕분이다. 이렇게 놀라운 선물을 준 과학이 늘 고맙다.

04. 과학이란 무엇인가?: 이론, 실험, 결론, 과학의 본질에 관하여

05
우리 머릿속 유령: 경이롭지만 쉽게 속는 뇌에 관하여

> 내가 생각할 때, 생각하는 것은 내가 아니라 내 뇌다.
>
> – 4세 어린이, 레오 스투르마르크

세상을 배우기 위해 과학적 방법을 따라야 하는 이유는 무엇일까? 공식 훈련을 하지 않아도 우리의 경이로운 뇌만으로 충분하지 않을까?

흔히 과학자들은 인간의 뇌를 "우리가 아는 우주에서 가장 복잡한 현상"으로 표현한다. 실제로 우리 뇌의 능력은 어마어마하고 대단히 놀랍다. 그러나 완벽하게 건강한 뇌라도 온갖 방향으로 길을 벗어날 수 있다.

뇌가 눈을 속인다

인간의 뇌는 몇 가지 눈에 띄는 결점이 있는데, 그 일부 혹은 전부는 앞으로 수백만 년에 걸쳐 진화 과정을 거치다 보면 아마도 해소될 것이다. 그러나 당분간은 그런 결점들을 참고 견뎌야 할 것이다.

착시

뇌의 결점 중 가장 간단한 예는 착시이다. 길이가 같은 두 선을 보면서 길이가 완전히 다르다고 쉽게 확신해 버린다. 예를 들어, 아래 그림(이 착시 그림은 1980년대 초에 스탠퍼드 대학교 심리학과의 로저 셰퍼드Roger Shepard라는 뛰어난 교수가 고안한 여러 그림 중 하나다)의 두 탁자를 보자. 왼쪽 길쭉한 탁자의 세로선과 오른쪽 탁자의 가로선의 길이가 같다고 말할 수 있을까? 아마 아닐 것이다. 왼쪽 탁자의 세로선이 훨씬 길지 않은가?

아니, 사실 그렇지 않다. 두 선분의 길이는 정확히 같다. 당신의 눈

05. 우리 머릿속 유령: 경이롭지만 쉽게 속는 뇌에 관하여

은 둘을 나란히 놓고 보면 왼쪽 탁자는 세로로 길고 오른쪽 탁자는 가로로 길다고 올바른 정보를 제공하지만, 당신의 뇌는 그 올바른 정보를 받고도 두 선분의 길이가 다르다고 잘못 판단한다. 이 잘못된 추론은 대단히 흥미롭지 않은가? 나는 이 놀라운 그림을 볼 때마다 **여전히** 믿을 수 없어서 기어이 두 선분의 길이를 **측정**해본다. 그리고 나면 내 뇌가 나를 속였다는 생각에 속이 답답해진다.

또 다른 착시 사례는 실제로는 모든 선분이 평행한데도 전혀 그렇지 않다고 확신하는 경우다. 다음 그림은 1973년에 두 영국 심리학자, 리처드 그레고리Richard Gregory와 스티브 심슨Steve Simpson이 영국 브리스틀의 한 카페 벽지를 보고 만든 유명한 '카페 벽 착시Café Wall illusion' 그림을 최근에 변형한 것이다. 당신이 보기에, 그림 속 가로선들이 평행한가? 그렇게 보이지 않을 것이다! 그러나 저 선들은 평행하다!

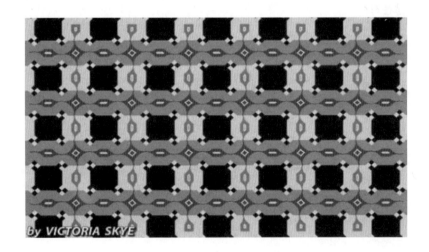

명료하게 생각하는 법

아래 그림에서는 톱니바퀴처럼 생긴 것 주위를 원들이 돌고 있는 것처럼 보인다. 그런데 한 원만 집중해서 보면, 그것이 돌고 있지 않다는 사실을 알게 될 것이다. 그리고 나면 답답하게도, **다른** 원들이 전부 돌고 있는 것처럼 보인다! 이것은 당신(과 나, 그리고 모든 사람)의 뇌가 그림 속 정보를 올바르게 분석하지 못한다는 사실을 드러내는 전형적인 착시 현상이다.

또 다른 착시 현상에서는 똑같은 색깔을 가진 두 물체가 사악할 정도로 교묘하게 우리를 속여서 전혀 다른 색깔로 보인다.

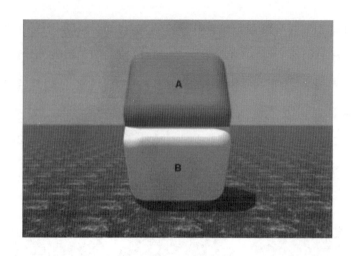

믿을지 모르겠지만, 이 물체의 위쪽 'A'라고 적힌 부분과 아래쪽 'B'라고 적힌 부분의 색깔은 정확히 같다. 이 말도 안 되는 주장이 맞는지 확인하려면 물체의 이미지 외 나머지 부분(가운데 두 그림을 나누는 '경첩' 부분 포함)을 모두 가려야 할 것이다. 그러지 않으면 당신의 눈과 뇌가 물체 위아래의 색이 전혀 다르다고 계속 아우성쳐댈 것이다.

이런 모든 이유 때문에, 우리는 세상을 제대로 이해하기 위해 **도구들**이 필요하다. 그 도구는 쓸모없는 우리의 감각과 속기 쉬운 우리 뇌보다 훨씬 믿을 만하다.

공감각

이따금 우리의 뇌는 조각 정보들을 모아서 논리적이지는 않지만 놀랍도록 창의적인 결론을 도출한다. 그 대표적인 예가 두 도형 그림에 각각 '부바Bouba'와 '키키Kiki'라는 이름을 붙이는 실험이다. 자, 다음 두 도형을 보고, 어느 것이 '부바'이고 어느 것이 '키키'인지 말해 보라.

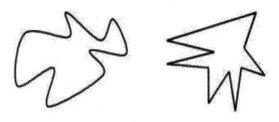

　실제로 이 두 도형을 본 사람들은 모두 왼쪽 것을 '부바'로, 오른쪽 것을 '키키'라고 확신했다. 이에 대한 납득 가능한 이유는 무엇일까? 이 그림은 당신이 일상에서 자주 보는 도형들이 아니며, 도형에 붙인 두 이름도 아무 의미가 없는 말이다. 그런데 대체 무엇 때문에 사람들은 이 도형에는 이 이름이, 저 도형에는 저 이름이 붙었다고 확신했을까?

　거기에 타당한 이유는 없다. 그저 '부바'의 발음은 좀 더 부드럽고 둥글둥글하게, '키키'는 좀 더 뾰족하고 모난 소리로 들릴 뿐이다. 그리고 왼쪽 도형을 부드럽고 동그란 모양으로, 오른쪽 도형을 뾰족하고 각진 모양으로 인식한다.

　이런 식으로 소리와 형태를 연결하는 것은 **공감각**의 한 유형으로, 공감각이란 여러 감각 기관이 받아들인 감각들을 융합하는 것을 말한다. 공감각의 다른 예로는 특정 숫자와 색깔을 연결 짓는 것이 있다. 예컨대 '7'을 파란색으로, '3'을 노란색으로 느끼는 식이다.

　뛰어난 공감각의 소유자 대니얼 태멋Daniel Tammet은 원주율 π의 소수점 이하 숫자를 2만 자리 이상(3.14159265358979323846264⋯) 암송할 수 있다. 그는 자신의 책 《브레인맨, 천국을 만나다Born on a Blue Day》에

05. 우리 머릿속 유령: 경이롭지만 쉽게 속는 뇌에 관하여

서, 그렇게 많은 숫자를 암기할 수 있는 것은 숫자를 숫자로만 보지 않고 그것을 색깔과 높낮이가 있는 풍경으로 인식했기 때문이라고 설명한다.

우리의 뇌는 우리에게 수많은 속임수를 쓰지만 우리는 그것을 눈치조차 못 챈다. 게다가 착시에 늘 감각 지각이 수반되는 것도 아니다. 우리의 가엾은 뇌는 여러 면으로 취약하다. 이 점이 과학적 절차와 이중 눈가림 테스트를 개발해야 하는 중요 이유가 된다.

닻 내림 효과

이스라엘 출신의 미국 심리학자 대니얼 카너먼Daniel Kahneman(1934~)은 우리가 어떻게 의사를 결정하고, 그 과정에 어떤 영향을 받는지 연구했다.[37] 그가 파악하고 연구한 현상을 **닻 내림 효과**anchoring effect라 부른다. 이는 우리가 어떤 수치를 추측하려 할 때마다 직전에 본 관련이 없는 수치가 무의식적으로 기준점이 되어 판단이 왜곡되는 현상이다.

카너먼은 편견이 드러나는 대표적 예로 '운명의 수레바퀴 실험 wheel-of-fortune experiment'을 소개한다.[38] 이 실험에서 피험자는 "전 세계 국가 중 아프리카 국가가 차지하는 비율은 얼마인가?"와 같은 질문에 1과 100 사이에 있는 숫자로 답해야 한다. (여기에서 피험자는 정답을 몰라야 하고, 그래서 답을 추측해야 한다는 점이 중요하다.) 피험자는 그 질문을 듣기 전에, 먼저 회전식 추첨기로 숫자를 받아보겠느냐는 제안을 받는다. (대부분은 받겠다고 답한다.) 원래 회전식 추첨기는 1과 100 사이에 임의의 숫자에 멈추지만, 이 실험에 사용된 추첨기는 16이나 45에만 멈추도록 조작되었다. 이 실험은 대규모 피험자(가령, 1,000명)를 대상으로 여러 번 시행되었다. 이 말은 질문을 듣기 전에 피험자의 500명 정도는 추첨기에서 '16'이 나왔고, 나머지 500명 정도는 '45'가 나왔다는 의미이다.

실험 결과, 대체로 '16'을 받은 피험자들은 '45'를 받은 피험자들보다 아프리카 국가의 비율을 낮게 추측했다. 추첨기에서 나온 숫자와 피험자가 받은 질문이 아무런 관련이 없는데도 이런 편견이 발생했다.

피험자의 추측 결과는 그들이 답을 추측하기 직전에 본 숫자에 무의식적으로 영향을 받았다. 이 실험 결과는 우리의 뇌가 얼마나 쉽게 속을 수 있는지 그래서 얼마나 근거 없는 추측을 하게 되는지를 보여준다. 우리는 직관이나 '직감'을 따를 때 뇌의 취약성을 의식할 필요가 있다. 이런 무의식적 편견은 특히 증인이 추측한 숫자가 관련자에게 중대한 영향을 미칠 수 있는 재판 같은 상황에서 문제가 된다.

부풀려진 자아상

인간은 스스로를 과대평가하고 지나치게 긍정적인 자아상을 가진 탓에 때로 곤란을 겪는다. 이를 확인하기 좋은 실험이 하나 있다. 이 실험에서는 컴퓨터 화면으로 사람들의 얼굴 사진 100장을 무작위로 보여준다.[39] 피험자는 화면 속 사진들을 보다가 '우연히' 자신의 사진도 보게 된다. 실험자는 피험자가 수많은 사진 중 본인의 사진을 발견하고 주목하는 시간을 측정한다. 이 실험은 여러 번 반복되는데, 매번 사진들이 뒤섞이고 화면에 보이는 사진의 위치도 바뀐다.

그런데 화면이 바뀔 때마다 피험자의 사진은 실물보다 (적어도 상식 수준에서) 좀 더 매력적으로 보이도록 조작된 사진으로 대체되는데, 피험자는 이를 알지 못한다. 실험 결과를 보면, 피험자는 **덜 매력적**인 자신의 사진보다 **더 매력적**인 사진을 좀 더 빨리 찾아낸다.

말할 필요도 없지만, 자아상과 관련해서 이 실험이 주는 메시지는 다소 당혹스럽다. 어쩌면 과거에는 자신의 외모에 조금이나마 자신감을 갖는 태도가 유용했을 것이다. 그런 식의 자아상이 생존에 도움이 되었는지도 모르니까. 그러나 오늘날에도 그럴까? 낙관주의자가 이상주의자보다 행복하다는 말이 있긴 하지만, 그럼에도 우리는 자신의 뇌가 이런 편견에 사로잡힐 수 있다는 사실을 인지해야 한다.

초점과 맹점

우리는 자신의 바람과 달리 그렇게 관찰력이 좋은 편이 아니다. 종종 나는 명확한 사고를 위한 철학과 도구를 이야기할 때 유명한 실험 영상이 담긴 짧은 비디오 한 편을 보여준다. 영상 속 피험자들은 여섯 명이 왔다 갔다 하며 농구공을 이리저리 토스하는 장면을 보면서 그중 흰 옷을 입은 세 명이 패스를 몇 번 하는지를 세고 있다. 영상 속 실험 결과는 대단히 놀라웠다. 피험자들이 영상을 보면서 센 패스의 횟수는 제각각이었다. 훨씬 충격적인 결과도 있었으나 여기에서는 더 언급하지 않기로 한다. 그 대신 다음 내용을 읽기 전에 당신이 직접 그 영상을 확인해보기를 권한다.[40] 자, 흰 옷을 입은 세 명이 패스를 몇 번 했는지 정확히 세어보라.

이 영상을 본 많은 사람은 공이 오가는 동안 그 안에서 일어난 다른 흥미로운 장면을 의식하지 못하다가, 같은 영상을 두 번째로 보고 크게 놀라게 된다.

좀비 바이러스 감염 가능성

우리 뇌가 가진 또 다른 결점은 위험과 확률을 제대로 예측하지 못한다는 점이다. 우리의 뇌는 특별히 그런 판단에 미숙하기 때문에 심각한 오판을 내리기 일쑤다. 다음 사고 실험을 통해 당신의 능력을 한번 테스트해보라.

1. 현재 전국에 좀비 바이러스가 급격하게 퍼지고 있다. 알려지기로 500명당 1명꼴로 바이러스에 감염된다고 한다. 감염자는 모두 한 달 안에 좀비로 변하기 때문에, 심각한 상황이라 할 수 있다.

2. 병원에서 바이러스 검사를 받을 수는 있다. 그러나 검사 신뢰도가 높지 않다.

3. 바이러스 **보유자**에 대한 이 검사의 정확도는 100퍼센트이다. 즉, 바이러스 보유자는 이 검사로 감염 여부를 확인할 수 있다.

4. 바이러스 **미보유자**에 대한 이 검사의 정확도는 95퍼센트에 불과하다. 이는 피검사자 중 건강한 사람의 5퍼센트는 양성으로 나온다는 의미이며, 이들은 감염되지도 않았는데 감염자라는 통보를 받게 된다.

당신은 좀비가 되고 싶지 않다. 그래서 감염 여부를 확인하기 위해 병원에 가서 검사를 받아 본다. 며칠 후에 결과를 통보받았는데, 양성이었다!

당연히 당신은 이 결과에 속상해한다. 그런데 당신도 알다시피 이 검사가 100퍼센트 정확한 것은 아니다. 자, 이제 질문을 던져보겠다. 당신이 진짜 바이러스에 **걸렸을** 확률은 얼마일까? 내가 정답을 기대하는 것은 아니니, 신경 쓰지 말고 그냥 어림짐작만 해보시라. 당신의 감염 확률은 50퍼센트보다 높을까 낮을까? 잠시 답을 생각해본 후에 내 웹사이트(www.sturmark.se/zombievirus)를 방문하라. 거기에 정답이 있다.

세 개의 문과 한 대의 차

우리는 직관과 격렬하게 충돌하는 확률의 착시에 빠지기도 한다. 여기에 고전적인 예를 하나 소개하겠다. 당신은 지금 TV 퀴즈 쇼에 참가 중이다. 커다란 커튼이 열리고, 세 개의 큰 문이 나타난다. 쇼 진행자가 말하기를, 세 개 중 **한 개**의 문 뒤에 최신형 스포츠 자동차가 있다. 그리고 만약 당신이 **그** 문을 열게 되면, 그 차를 받게 된다! 그러나 다른 두 문의 뒤에는 **염소들**이 있고, 그 문들을 열면 역시 그 염소를 가져가게 된다. 당연히 당신은 차를 갖고 싶지, 염소를 집으로 데려가기는 싫다.

진행자는 세 개의 문 뒤에 무엇이 있는지 알고 있지만, **당신**은 모른다. 이 게임의 규칙은 간단하다.

1. 당신이 문을 하나 선택하고 그 옆으로 가서 서되 **그 문을 열 수는 없다.** 당신의 선택이 끝나자마자 진행자가 다른 두 문 중 하나를 열어보였고, 그 뒤에 염소가 있었다.

문이 하나 열렸고 그 뒤에 염소가 있는 것이 확인된 지금, 당신은 두 문 중 한 문 앞에 서 있는 상황이다. 이제 진행자가 당신에게 다음과 같이 새로운 안을 제시한다.

2. **다른** 문으로 바꾸겠는가 아니면 **처음** 선택을 유지하겠는가?

당신이라면 어떻게 하겠는가? 선택을 바꾸면 차를 받을 확률이 높아질까 아니면 확률은 그대로일까? 다음 내용으로 넘어가기 전에 잠시 이 문제를 생각해보라.

대부분은 이 단계에서 선택을 바꿔봤자 당첨 확률은 변하지 않는다고 말한다. 처음에 문을 선택할 때는 당첨 확률이 3분의 1이었다. 그런데 다시 기회가 주어진 지금은 **두** 문 중 하나를 선택하는 상황이다. 그러니 '당첨' 문에 서 있을 확률과 '낙첨' 문에 서 있을 확률이 50 대 50으로 같을 것이다. 그러니 이 시점에서 선택을 바꾸는 것이 무슨 의미가 있을까? 아무 의미가 없지 않은가?

문제는 이 추론이 겉으로는 완벽해 보이지만, 실은 완전히 틀렸다는 점이다. 사실은 당신이 지금 선택을 바꾸면 당첨 확률은 3분의 1에서 3분의 2로 **두 배**가 된다! 이 주장은 우리의 직관과 전혀 다르지만, 정확히 사실이다.[41]

논의를 이어가기 전에 잠시 멈춰보자. 우리는 지금 대단히 흥미로운 인지 영역을 다루고 있는데, 문 선택하기 게임에서 결론을 도출하기 위해 완벽한 추론을 사용한 것 같기 때문이다(가령, 어차피 당첨 확률은 높아지지 않으므로 선택을 바꾸는 말든 전혀 중요하지 않다고 했던 부분). 편견

05. 우리 머릿속 유령: 경이롭지만 쉽게 속는 뇌에 관하여

이나 경전, 어림짐작에 기대지 않고 이성을 사용해 결론을 얻는 것이 이 책의 주된 내용이지 않은가? 그런데 지금 안타깝게도, 우리의 추론이 타당하지 **않다고**, 추론이 틀렸다는 말을 들었다! 우리의 추론 과정이 우리를 속였다니! 그렇다면 지금까지의 논의는 우리의 추론 과정을 믿지 말고 **의심**하라는 의미일까? 만약 그렇다면, 이것은 결론을 얻기 위해 항상 추론 방법을 사용하라는, 이 책의 주제와 어긋나지 않는가!

어쨌든 진리에 닿기란 무척 힘든 일이며, 추론도 자동적으로 진행되는 자명한 과정이 아니다. 문 선택하기 게임에서 내가 논의하고 싶은 내용은 **지각** 착오perceptual illusions와 **추론** 착오reasoning illusions다. 우리 인간은 시각뿐만 아니라 **논리적으로도** 착오를 자주 일으킨다. 즉, 번지르르한 말과 흠이 없어 보이는 논증에 속아 잘못된 길로 들어선다.

미국의 논리학자 레이먼드 스멀리언이 쓴 《셜록 홈스의 체스 미스터리The Chess Mysteries of Sherlock Holmes》**42**라는 굉장한 책이 있다. 이 책에 등장하는 "체스 미스터리"의 대부분은 셜록 홈스와 그의 성실한 친구인 왓슨 박사가 자주 가는 런던의 체스 클럽에서 우연히 접한 체스 게임들이며, 일부는 귀족의 시골 저택이나 심지어 외국으로 가는 증기선 안에서 만난 상황들이다. 책에 나오는 질문은 이런 것들이다. "백과 흑 중 누가 마지막 수를 뒀는가?", "마지막 수를 둔 기물은 무엇이었나?", "마지막에 잡힌 기물은 무엇이었나?" 이런 퍼즐을 **역행 분석 체스 퍼즐**retrograde chess-analysis puzzles이라 부르는데, 이는 어느 한 상황을 고정하고 거기까지 오는 과정을 역으로 거슬러 올라가면서 추론하는 분석법이다.

다음 그림은 책에 등장하는 견본 문제이며, 여기에서 화자는 왓슨 박사다.

홈스가 먼저 말을 꺼냈다. "내가 처음에 풀었던 역행 문제는 '캐슬링 castling(한 번에 두 기물을 움직일 수 있는 체스의 특별 규칙 중 하나—옮긴이) 이 불가능한' 문제였지."

"그게 뭐였는지 기억한다고?" 레지널드 경이 관심을 보이며 물었다.

"아, 그럼요." 홈스가 대답했다. "너무 간단한 문제라서 당신은 재미가 없을 겁니다. 그냥 애들 장난 수준이었어요."

"그래도 그걸 좀 보여주면 어떻겠나? 자네가 뭐 때문에 그 문제에 관심 을 보였는지도 궁금하고, 자네가 초급 기술이라 했으니 그걸로 우리 실력을 테스트해보는 것도 재미있을 것 같은데."

"좋습니다." 홈스가 포지션을 설정한다.

"흑의 차례인데." 홈스가 말했다. "흑이 캐슬링을 할 수 있을지?"

홈스가 이 문제를 "간단"하다고 했으므로, 나는 해결 가능한 문제라 여기고 최선을 다해 문제를 풀었다. 자랑스럽게도 내가 먼저 그 문제를 풀었다. 나는 답을 설명하는 과정에서 몇 가지 실수를 저질렀지만, 그 실수는 추리를 잘못해서라기보다 일부 과정을 생략한 데에서 발생했다. 따라서 심각한 실수는 아니었다. 그럼 내가 (누락된 것을 모두 채워서) 분석한 결과를 설명해보겠다.

백의 마지막 수는 확실히 폰이었다. 흑이 마지막 수를 뒀다면 분명히 그 전에 수를 둔 백 기물을 잡았을 것이다. 이 기물은 분명히 나이트였을 텐데, 그렇지 않았다면 룩들이 체스판 위에 있을 리가 없다. 확실히 흑 폰 중 어느 것도 그 나이트를 잡지 못했고, 흑 룩도 그 나이트를 잡을 수 없었을 텐데, 그 이유는 나이트가 그 위치로 이동하기에는 칸이 부족했기 때문이다. 이와 마찬가지로, 비숍도 그 나이트를 잡을 수 없었다. 나이트가 잡혔다면 분명히 D6에 있었을 텐데, 여기에 있었다면 킹을 체크했을 것이기 때문이다. 따라서 킹이나 룩 중 하나가 기물을 잡았을 것이다. 그러므로 흑은 캐슬링을 할 수 없다.

이 퍼즐은 머리를 쥐어뜯어야 할 정도로 어려워 보이지만, 이 책에 등장하는 퍼즐들 중에서는 가장 쉽다. 이런 충격적인 사실에 《셜록 홈스의 체스 미스터리》 독자들은 기가 죽을 지도 모르겠다. 게다가 설상가상으로, 스멀리언은 다양한 문제로 독자들을 능수능란하게 속인다. 그 대표 사례가 이것이다. 왓슨은 주어진 상황을 조사한 다음 그것을 조리 있게 말한다. 독자는 왓슨의 분석과 추리 내용에서 아무런 모순도 찾지 못한다. 그래서 왓슨이 답을 맞혔다고 확신한다. 물론 (앞에서 언급한 퍼즐의 경우처럼) 왓슨은 일부 퍼즐의 답을 맞힌다. 그러나 이따금 놀랍게도, 셜록 홈스(저자 스멀리언의 분신)는 왓슨의 말에서 잘 보이지 않던 오류를 예리하게 찾아내고 그것을 부드러운 말로 지적한다.

나중에 보면, 왓슨이 한 가지 예외를 간과했거나, 중요한 세부 사항을 놓쳤거나, 애매한 체스 규칙 중 일부를 잊었다는 것이 드러난다. 이럴 때면 갑자기 모든 것이 뒤죽박죽이 된다! 그러다 갑자기 왓슨과 독자는 왓슨의 추리가 설득력은 있었지만 상황을 잘못 분석했다는 사실을 깨닫는다. 물론 왓슨은 추론 방법을 사용했다. 그는 함부로 추측하지 않았고, 근거 없는 미신이나 성경의 내용을 따르지도 않았다. 그러나 왓슨의 추리는, 솔깃하기는 해도(그리고 어쩌면 꽤 설득력도 있지만), **결함**이 있었다.

《셜록 홈스의 체스 미스터리》의 흥미로운 점은 왓슨이 그런 인지적 충격에서 슬기롭게 빠져나와 홈스가 예리하게 지적했던 사항들을 참고해서 전혀 다른 결론을 논리적으로 도출하지만, 여기에서도 홈스가 허점을 찾아낸다는 사실이다!

또 왓슨이 무언가를 간과했는데, 이번에는 좀 더 까다로운 문제였다. 확실히 스멀리언은 독자들을 속이는 일이 재미있었던 모양인지, 왓슨의 추리에 차례로 치명적인 허점들을 숨겨 놓았다!

그 속임수를 몇 가지 살펴보자. 다음은 스멀리언이 "방향 문제 Matter of Direction"라고 부른 체스 미스터리에서 발췌한 내용이다.

홈스와 나는 체스 클럽으로 들어갔다. 거기에는 우리가 잘 아는 마스턴 대령과, 지적이고 위엄 있어 보이면서 무척 유쾌하고 유머도 풍부한 어느 신사 외에는 아무도 없었다.

"여보게, 홈스." 체스를 두던 마스턴 대령이 자리에서 일어나며 말했다. "내 친구 레지널드 오웬 경을 소개하겠네. 방금 우린 아주 흥미롭고 기상천외한 게임을 마쳤네. 아주 치열한 게임이었지. 물론 규칙은 철저히 지켰고."

"그러시군요." 체스 판을 바라보며 홈스가 말했다. 그때 체스 판은 이런 모습이었다.

"그런데, 마스턴 대령님." 홈스가 말했다. "제가 볼 때마다 대령님은 늘 백을 잡고 플레이하시던데, 특별한 이유가 있나요?"

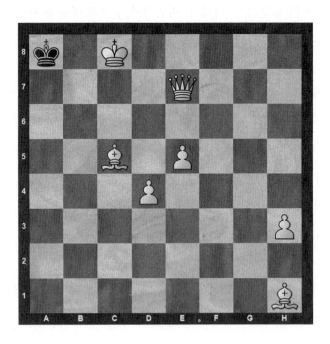

그 말에 갑자기 마스턴은 미소를 거두고 얼굴을 떨어뜨렸다. "아니, 홈스." 그가 말했다. "자네는 도대체 내가 백으로 플레이한다는 걸 어떻게 알았나? 분명히 내가 마지막 수를 둔 건 자네나 왓슨이 이 방에 들어오기 **전**이었는데. 어떻게 그걸 알았지?"

이 답은 공개되지 않지만, 이 시점에서 다른 재미있는 이야기가 시작된다. 이제 홈스와 왓슨이 베이커 스트리트 221b에 있는 자택으로 귀가한 저녁 시간으로 넘어가보자. 편안한 잠옷을 걸치고 좋아하는 파이프 담배를 피우며, 홈스가 왓슨에게 이렇게 묻는다.

"마스턴 대령이 백을 쥐고 체스를 뒀다는 사실을 내가 어떻게 알아냈는지 파악했어?"

"아니." 내가 답했다. "자네가 나한테 가르쳐준 모든 방법을 동원했는데 말이야. 방 전체를 샅샅이 조사했는데도 단서를 하나도 못 찾았다네!"

이때 홈스가 너털웃음을 터뜨렸다. "**방** 전체라니, 왓슨. 방 전체라니! 자네, 건물의 나머지 부분도 조사해봤나?"

"그 생각은 전혀 못 했는데." 내가 순순히 인정했다.

"이봐, 왓슨." 전보다 더 크게 웃으며 홈스가 말했다. "나 지금 농담하잖아, 자네도 알다시피. 건물 전체든, 방 전체든, 탁자든, 플레이어든 그런 건 조사할 필요가 없어. 체스 판만 분석하면 된다고."

"체스 판? 체스 판에 뭐 특별한 거라도 있나?"

"아니, 포지션 말이야. **포지션**. 포지션에서 뭐 이상한 거 생각 안 나나?"

"그래. 지금 생각해보니 포지션이 아주 이상했던 것 같네. 하지만 거기

05. 우리 머릿속 유령: 경이롭지만 쉽게 속는 뇌에 관하여

에서 마스턴 대령이 백으로 플레이했다는 사실을 나로서는 유추할 수가 없네!"

이때 홈스가 일어났다. "포지션을 다시 설정해 볼게……."

홈스가 아까 오후에 봤던 체스 판의 포지션을 그대로 재현했다.

"자, 여기에서 어느 쪽이 백이고 어느 쪽이 흑인지 찾을 수 있겠어?"

나는 한참을 꼼꼼하게 들여다봤지만, 아무 단서도 찾지 못했다.

"이게 자네가 '역행 분석'이라고 부르는 그건가?" 내가 물었다.

"맞아." 홈스가 대답했다. "아주 초보적인 형태긴 하지만. 아무튼, 단서를 전혀 못 찾겠어?"

"전혀." 내가 아쉽다는 듯 대답했다. "그냥 보기에는 백이 남쪽에 있을 것 같은데. 그런데 이것도 그냥 표면적으로 그렇다는 얘기야. 확실히 엔드 게임 단계인데, 그때는 킹 하나가 체스 판의 끝에 몰려 있는 경우가 그리 드문 일은 아니니까. 그래서 백이 그 반대편에 있었던 것 같고."

"이 체스 판에서 특별히 주의를 끄는 것이 **하나도 없다**는 말이야, 왓슨?" 홈스가 실망해서 그렇게 물었다.

나는 체스 판을 다시 쳐다봤다. "글쎄, 홈스. 굳이 찾으면 하나 있을 것 같은데. 흑 킹이 지금 백 비숍에게 체크를 당한 상태라는 점이지. 하지만 그것만으로는 백이 어느 쪽에서 시작했는지 알 수가 없네."

홈스는 의기양양한 미소를 지었다. "모든 조건이 갖춰졌네, 왓슨. 바로 여기에서 역행 분석이 등장하는 거야! 역행 분석에서는 과거 내용을 파헤쳐야 해. 그래, 과거 말이야, 왓슨! 지금 흑이 체크를 당한 상태니까, 백의 마지막 수는 무엇이었겠나?"

명료하게 생각하는 법

내 생각에, 지금이 독자가 체스 판을 분석할 수 있는 좋은 기회 같다. 어쩌면 독자와 왓슨의 생각이 같을 수도 있고 다를 수도 있다. 결과가 어떠하든, 한 번 시도해 보고 다음 내용을 읽어나가길 바란다.

나는 다시 체스 판을 보고서 이렇게 답했다. "흠, 백 폰이 E4에서 E5로 이동하고 비숍이 체크를 불렀을 가능성이 있겠어. 물론, 이것은 백이 남쪽에 있었을 때 얘기지. 하지만 백이 북쪽에 있었다면, 이 경우에 백의 마지막 수는 폰을 D5에서 D4로 이동시킨 걸 거야. 나는 그 두 가지 중 어느 것이 맞는지 모르겠네."

"잘했어, 왓슨. 하지만 자네 말이 맞는다면, 백의 마지막 수는 E5나 D4에 있는 폰들 중 하나였을 거야. 그럼, 그 직전에 흑의 수는 뭐였을까?"

나는 또다시 체스 판을 바라봤다. "당연히 흑 킹이었겠지. 지금 체스 판에 흑 기물은 그것 밖에 없으니까. 흑 킹이 B8이나 B7에서 이동했을 리는 없고. 따라서 흑 킹은 A7에서 체크를 벗어났음이 분명해."

"불가능해!" 홈스가 외쳤다. "흑 킹이 A7에 있었다면, 백 퀸과 C5에 있던 백 비숍에게 동시에 체크를 당했을 거야. 만약 마지막 수에 백 퀸이 체크를 외쳤다면, 블랙은 이미 비숍에게 체크를 당한 후야. 비숍이 마지막 수였다면, 이미 퀸에게서 체크를 당한 상태이고. 역행 분석에서 그런 불가능한 체크를 '가상 체크imaginary check'라고 하네."

잠시 생각해 보니, 홈스가 옳았음을 깨닫게 되었다. "그런데!" 나는 외쳤다. "그 포지션은 불가능하잖아!"

"전혀 그렇지 않아." 홈스가 웃었다. "자넨 모든 가능성을 고려하지 않았어."

"자 봐, 홈스. 자네는 흑이 마지막 수를 두는 건 불가능하다고 좀 전에 증명했잖아!"

"나는 그런 증명을 한 적이 없어, 왓슨."

이제 나는 좀 짜증이 났다. "아니, 홈스. 흑 킹이 마지막 수를 두는 건 불가능하다고 자네가 그랬잖아."

"분명한 건 말이지, 왓슨, 내 증명은 흑 **킹**이 마지막 수를 두는 게 불가능하다는 것이지, 흑이 마지막 수를 두는 게 불가능하다는 말이 아니었어."

"하지만!" 내가 소리쳤다. "지금 체스 판에 있는 흑 기물은 킹**밖에** 없잖나!"

"**지금** 체스 판에 있는 흑 기물은 킹밖에 없는 거지." 홈스가 왓슨의 말을 정정했다. "하지만 그게 백이 마지막 수를 두기 직전에 체스 판에 있던 유일한 흑 기물이라는 의미는 아니야!"

"당연히 그렇지." 내가 말했다. "정말 바보가 된 기분이군! 백이 마지막 수에서 흑 기물을 **잡았을** 수도 있지! 하지만." 나는 아까보다 더욱 어리둥절해졌다. "E5나 D4에 있는 폰 중 어떤 것이 마지막 수를 뒀든 기물은 잡지 못했잖아!"

홈즈가 웃으며 말했다. "그래도 백의 마지막 수가 폰 중 하나였다는 자네의 최초 추측이 틀렸다는 사실은 증명됐지."

"내가 틀렸군!" 내가 당황해서 소리쳤다. "어떻게 틀릴 수가 있지?"

친애하는 독자여, 이 체스 미스터리를 계속 읽어나가기 전에 잠시 쉰 다음, 홈스의 말이 무슨 의미인지 파악해보기를 권한다. 왓슨의 완벽해 보이는 분석은 어디가 틀렸을까?

충분히 생각했으리라 믿고 계속 이어가보겠다.

그러다 갑자기 뭔가가 떠올랐다! "그렇군!" 내가 의기양양하게 소리쳤다. "이제 알겠어! 바보처럼 그걸 못 찾았었군! 백의 마지막 수는 G2에 있던 폰이 H3에 있던 흑 기물을 잡은 것이었어. 이와 동시에 흑 킹은 체크를 당하고 흑 기물 하나는 또 잡혔는데, 그게 뭔지는 모르겠지만, 그 이전에 흑이 둔 수였지!"

"잘했어, 왓슨. 그런데 그것도 아니야! 만약 백 폰이 G2에 있었다면, H1에 있는 비숍은 어떻게 지금 그 칸에 있게 되었을까?"

여기에 새로운 퍼즐이 등장했다! 이때 나는 이렇게 말했다. "사실, 홈스, 나는 그 포지션이 완전히 불가능하다고 확신하네!"

"정말 그렇게 생각해? 이런, 이런! 이것은 내가 자주 말하던 것의 또 다른 예야. 신념이 아무리 확고해도 진리를 보장하지 않아."

"하지만 우린 모든 가능성을 따져봤는데!" 내가 외쳤다.

"하나가 빠졌어, 왓슨. 공교롭게도, 그게 **정답**이야."

"난 정말로 우리가 모든 가능성을 따져봤다고 생각했어. 그래서 이 포지션이 불가능하다는 것을 **증명**했다고 확신했는데!"

홈스의 표정이 진지해졌다. "논리는" 그가 말했다. "가장 섬세하고 연약한 것이야. 그것이 제대로 사용될 때는 강력하지만, 엄밀한 추론이 조금이라도 어긋나면 대참사가 일어날 수 있지. 자네는 그 포지션이 불가능하다는 것을 '증명'할 수 있다고 말했어. 나는 자네가 거기에 대해 **완벽하게 정확한** 증거를 찾으려 애썼으면 좋겠네. 그렇게 할 때 자네는 자네

05. 우리 머릿속 유령: 경이롭지만 쉽게 속는 뇌에 관하여

의 오류를 스스로 발견할 수 있을 거야."

"알겠어." 내가 수긍했다. "그럼, 가능한 안들을 하나씩 검토해보지. 우리(아니 자네)는 마지막 수가 D4나 E5에 있는 폰이 될 수 없다고 확실히 증명했어. 맞지?"

"그래." 홈스가 대답했다.

"H3에 있는 폰도 마찬가지고?"

"맞아." 홈스가 말했다.

"H1에 있던 비숍도 확실히 아니고!"

"맞아." 홈스가 말했다.

"그리고 C5에 있는 비숍과 백 퀸도 마지막 수일 리가 없어. 그리고 백 킹도 **확실히** 아니고!"

"지금까지는 맞았어." 홈스가 인정했다.

"그렇다면" 내가 외쳤다. "증명을 마무리 짓겠네! 마지막 수를 둔 건 절대 백 기물이 아니네!"

"틀렸어!" 홈스가 의기양양하게 외쳤다. "그건 완전히 **불합리한 추론**non sequitur이야."

"잠시만." 조금 흥분해서 내가 외쳤다. "내가 체스 판에 있는 **모든** 백 기물에 대해서는 설명을 했잖나!"

"그랬지." 놀란 내 모습을 무척 재미있어하며, 홈스가 말했다. "하지만 기물들은 체스 판 **밖**에도 있잖아."

이제 나는 내 정신 상태가 의심스럽기 시작했다. "정말, 그렇군. 홈스." 나는 자포자기 상태가 되어 외쳤다. "백이 마지막 수를 두었기 때문에, 방금 그 기물은 체스 판 위에 있겠지. 그리고 흑은 그 기물을 아직 잡지 않았고. 당연히 기물들이 스스로 체스 판 밖으로 나가지는 않으니까!"

"틀렸어." 홈스가 말했다. "그리고 바로 거기에 자네의 모든 오류가 있어!"

이때 나는 내가 꿈을 꾸고 있지 않다는 것을 확인하기 위해 눈을 깜빡이고 몸을 흔들어보았다. 그리고 최대한 자제력을 발휘해서 차분하게 말을 꺼냈다. "그러니까 자네 말은, 체스에서 기물이 잡히지 않았는데도 체스 판 밖으로 나갈 수 있다는 의미야?"

"그렇다네." 홈스가 대답했다. "그럴 수 있는 경우가 딱 한 가지 있어."

"폰이군!" 내가 한숨을 내쉬며 말했다. "당연히 8번째 칸에 다다른 폰은 승격할 수 있으니까. 그런데." 내가 계속 말을 이어갔다. "나는 그 정보가 이 상황에 무슨 도움이 되는지 모르겠어. 백이 어느 쪽에서 시작했든, 지금 8번째 칸에 백 퀸이 없는데 말이지."

그러자 홈스가 이렇게 말했다. "폰이 승격할 때 반드시 퀸으로만 해야 한다는 체스 규칙이 있나?"

"없지." 내가 답했다. "폰은 퀸, 룩, 비숍, 나이트로 승격할 수 있어. 하지만 그게 지금 무슨 도움이 되는지?…… 아, 물론! 폰이 H1에 있는 비숍으로 승격했을 수도 있겠군. 그랬다면 백은 북쪽에서 시작했다는 거고. 하지만 거기에서 흑이 어떻게 마지막 수를 두지? 아, 알겠네! G2에 있던 백 폰이 승격하면서 H1에 있는 흑 기물을 **잡았군**. 그 전에 이 흑 기물은 오른쪽으로 움직였어! 그렇다면 백은 북쪽에 있었겠군!"

"아주 잘했네, 왓슨." 홈스가 잔잔하게 웃으며 말했다.

"그런데, 한 가지 걸리는 게 있네, 홈스. 왜 백 폰은 퀸이 아닌 비숍으로 승격했을까?"

"왓슨." 홈스가 조심스럽게 대답했다. "그 질문은 심리학과 확률의 영역 이지 역행 분석의 영역이 아니야. 역행 분석은 확률이 아니라 완벽하게 확실한 것만 다루지. 우리는 플레이어가 체스를 **잘** 됐다가 아니라 플레 이어가 **규칙을 지키며** 체스를 됐다고 가정해. 그러므로 확률이 낮더라 도 그것 말고 다른 수가 불가능하다면, 실제 그 수를 두었음이 틀림없 어. 내가 여러 번 말했지만, 불가능한 것들을 제거하면 확률이 낮아도 진리는 남아."

이 체스 미스터리에서, 왓슨은 인간이 추론의 본질을 알게 되면 깨 닫게 되기 마련인 교훈을 배운다. 즉, 인간은 자신이 최대한 신중하게 추론했다고 확신하는 순간 사고의 함정에 빠지고 만다는 것이다. 이 것은 사람을 겸손하게 만드는 중요하고 훌륭한 인생 교훈이다. 각종 사고의 함정에 반복적으로 노출되면 세상을 소망적 사고가 아닌 있 는 그대로 바라보는 데 **도움이 된다**.

아무것도 의심하지 못하게 눈속임을 당하는 각종 상황을 자주 경 험하는 것도 중요하다. 어느 정도 시간이 흐르면, 의심하지 않을 때 빠지게 되는 함정이 어디쯤 있을지 감을 잡기 시작한다. 그러나 확실 한 보장도, 정확한 조리법도, 올바른 사고를 위한 완벽한 절차도 전혀 없다. 심지어 가장 신뢰할 수 있는 과학자들조차도 언제든 인지적 함 정에 빠질 수 있다.

뉴턴도 맥스웰도 아인슈타인도 파인만도 모두 실수를 저질렀다. 심지어 레이먼드 스멀리언도 자신이 그렇게 좋아하는 역행 분석에 서 실수를 범했다(실제로 이 책에는 틀린 답이 하나 나오는데, 스멀리언은 자신

의 실수를 깨닫고 의기소침했다가 이내 웃으며 만회했다). **인간이니까 실수한다**
(Errare humanum est). 바로 그런 이유 때문에 나는 이 책에서 과학조차
도 절대적이고 영원한 진리를 생산하지 못한다고 여러 번 반복해서
말했다. 과학의 '약점'은 오히려 과학의 힘이자 영예이다. 그 약점을
알기에, 과학은 늘 주어진 증거에 맞게 스스로를 바꿀 의지와 능력을
발휘한다.

선택맹

심리학 실험으로 밝혀진 믿기 힘든 현상 중에 **선택맹**choice blindness
이라는 것이 있다. 이 현상은 흔히 자신의 결정을 사후에 합리화하고
싶은 욕구로 인해 발생한다. 이를 확인하는 전형적인 실험에서 피험
자는 대단히 복잡하고 교묘한 질문지를 받는다. 우선 질문마다 주어
지는 복수의 답 중에서 한 가지를 고른다. 선택을 마친 후에는 왜 그
런 선택을 했는지 그 이유도 설명해야 한다. 사실 이들은 속고 있지
만, 그것을 거의 알아채지 못한다. 질문지 아래에는 복사지가 붙어 있
는데, 여기에 찍힌 답은 피험자의 답과 다르다. 실제로 어떤 답은 피
험자가 고른 답과 **정반대**이다.

예를 들어, 어떤 피험자가 다음과 같은 답을 골랐다.

사회 전체의 복지를 향상시키는 것보다 시민 개인의 완전성integrity을 보호하는
것이 더 중요하다.

그런데 이 피험자의 '복사지'에는 다음과 같이 찍혀 있다.

시민 개인의 완전성을 보호하는 것보다 사회 전체의 복지를 향상시키는 것이 더 중요하다.

다음은 또 다른 예다.

무고한 사람을 해칠 수 있는 행동이라도 도덕적으로 정당한 경우가 있다.

이제 이 답은 '복사지'에 이렇게 찍힌다.

무고한 사람을 해칠 수 있는 행동은 도덕적으로 정당화될 수 없다.

이 실험에서 흥미로운 순간은 실험자와 피험자가 함께 피험자의 답안지를 보며 그렇게 답한 이유에 관해 이야기를 나눌 때다. 피험자가 자기가 적은 답안지를 방 밖에 있는 사람에게 전달하면, 그가 피험자의 답안지를 찢은 후 원본 아래에 있던 '복사지'를 피험자에게 건네준다. 이제 피험자는 자신이 선택한 답에 대한 이유를 설명해야 한다. 많은 피험자가 자신의 답안지가 바뀐 사실을 전혀 눈치채지 못한다. 그리고 이들 중 상당수는 자신이 원래 쓴 답과 **정반대**인 답을 합리화하려 애쓴다.

이런 실험들은 자연스럽게 사람들에게 진지한 자아 성찰의 기회를 제공한다. 그런데 이 실험 결과를 보면 우리는 궁금하지 않을 수 없다. 먼저 지지하는 특정 가치와 사상을 선택하고 나중에 그 선택을 합리화하는 행동을 우리는 얼마나 자주 하는가? 가장 바람직한 경우는 모든 가치 판단이 빈틈없는 추론과 설득력 있는 논증에서 나오는 것이다. 그러나 우리가 사는 세상은 별로 그렇지 못하다.

사회적 사고와 추상적 사고

우리 뇌는 늦게 진화한 능력으로, 해결해야 하는 문제들에 익숙하지 않다. 하나의 종으로서, 인간에게도 아직 진화가 덜된 능력들이 있다. 어쩌면 백만 년쯤 후에는 좀 더 나은 사고를 할 수 있을지 모르지만, 지금은 그러지 못하다.

예를 들어, 진화 심리학자들은 **추상적 사고** 능력이 두뇌 발달 과정에서 상당히 늦게 생겨났다고 생각한다. 반면 **사회적 사고** 능력은 꽤 일찍 발달했다. 이런 이유로 우리는 추상적 현상에 대한 논리적 추론은 자주 어려워하지만, 사교 생활과 관련된 판단은 훨씬 쉽게 내린다. 지금 내가 소개할 멋진 실험은 우리가 사회적 상황보다 추상적 상황에서 사고할 때 더 힘들어한다는 사실을 명확히 증명한다.

당신 앞에 있는 탁자에 카드가 4장 놓여 있다. 모든 카드는 한 면에 알파벳이, 다른 면에는 숫자가 적혀 있다. 당신이 할 일은 모든 카드가 다음의 규칙을 잘 따르고 있는지 확인하는 것이다.

한 면에 'D'가 적혀 있으면, 다른 면에는 '3'이 적혀 있을 것이다.

지금 당신이 보고 있는 카드의 앞면에 각각 이렇게 적혀 있다.

D, F, 3, 7

이 상황을 문장으로 정리하면 다음과 같다.

첫 번째 카드는 앞면에 'D'라고 적혀 있다.
두 번째 카드는 앞면에 'F'라고 적혀 있다.
세 번째 카드는 앞면에 '3'이라고 적혀 있다.
네 번째 카드는 앞면에 '7'이라고 적혀 있다.

규칙이 잘 지켜졌는지 확인하려면 어떤 카드 혹은 카드들을 뒤집어 봐야 할까? 잠시 생각해 보라.

이 퍼즐은 영리한 사람들에게도 까다롭다. 포기하기 전에, 비슷한 형식의 다른 퍼즐을 풀어보겠다.[43] 당신은 지금 술집에서 미성년자 주류 판매 금지법이 제대로 지켜지고 있는지 확인하러 나온 경찰이다. 법에 따르면 이렇다.

18세 미만은 술집에서 술을 마실 수 없다.

지금 술집에 들어간 당신은 바에 서 있는 다음 네 명을 발견했다.

맥주를 마시고 있는 사람
주스를 마시고 있는 사람
25세 여성

다시 한 번 이 상황을 문장으로 정리하면 이렇다.

첫 번째 사람은 맥주를 마시고 있다.
두 번째 사람은 주스를 마시고 있다.
당신이 확인한 세 번째 사람은 25세 여성이다.
당신이 확인한 네 번째 사람은 16세 청소년이다.

여기에서 당신은 넷 중 둘이 무엇을 마시고 있는지는 알지만 그들의 나이는 모른다. 또한 나머지 두 사람의 나이는 알지만, 그들이 뭘 마시고 있는지는 모른다. 당신이 풀어야 할 문제는 이것이다. 술집 주인이 미성년자 주류 판매 금지법을 잘 지키고 있는지 확인하려면, 어떤 사람 혹은 사람들의 정보를 추가로 알아내야 할까?

당신은 이 퍼즐이 앞의 것보다 간단하다고 생각하는가? 대부분은 그렇게 생각한다. 사람들은 좀 더 추상적인 첫 번째 퍼즐이 사회적 상황을 가정한 두 번째 퍼즐보다 훨씬 어렵다고 느낀다. 그러나 이 두 퍼즐은 같은 형식이다(수학 용어로 '동형isomorphic'이다. 겉에 있는 세부 사항을 벗겨내면 둘이 **정확히 똑같은 추상 구조**를 가졌다는 뜻이다). 차이가 있다면, 첫 번째 퍼즐은 기본 아이디어를 **추상적** 맥락에 집어넣었고, 두 번째 퍼즐은 똑같은 아이디어를 **사회적** 맥락에 집어넣었을 뿐이다.[44]

논리적·추상적 사고가 사회적 사고만큼 쉽지 않다는 사실은 추상적 사고 능력을 향상시키고 연습해야 하는 타당한 이유가 된다. 이 책은 그런 연습에 필요한 도구들을 제공하고자 한다.

이제 어느 이상한 섬과 관련된 수수께끼를 하나 풀어보자. '계몽섬 Enlightenment Island'에는 트롤리가와 트릭스터가, 이렇게 두 가족이 살고 있다. 트롤리 가족은 항상 진실만 말하고, 트릭스터 가족은 항상 거짓 만 말한다.

어느 날 당신은 우연히 이브와 댄을 마주친다. 그들은 아주 말수가 적은 사람들이다. 이브가 세 단어로 이루어진 문장 하나만 말했다. 그 녀의 말에 근거해서, 당신은 이브와 댄이 가족이라고 결론 내린다. 그 녀의 말만으로는 두 가족 중 어디에 속하는지 알 수는 없지만, 둘이 가족인 것은 분명하다. 과연 이브는 무슨 말을 했을까?

잠시 생각할 시간을 주겠다. 너무 빨리 포기하지 마시라![45]

논리적 사고 기술은 훈련과 연습이 필요하다. 논리적 사고를 시험 하는 고전적인 수수께끼 하나를 내보겠다. 한 남자가 벽에 걸린 젊은 남자의 초상화를 보고 있다. 그 옆을 지나가던 사람이 이렇게 묻는다. "당신이 보고 있는 그림 속 남자는 누굽니까?"

그 남자는 이렇게 답한다. "저는 형제자매가 없지만, 이 젊은 남자 의 아버지는 우리 아버지의 아들입니다." 당신은 어떻게 생각하는가? 대부분은 잠시 생각한 후 그 남자가 자기 초상화를 보고 있다고 결론 내린다. 그러나 이는 틀린 답이다.[46]

도덕적 사고

설상가상으로, 알고 보니 우리의 직관적인 도덕적 판단도 일관성이 부족하다. 이를 잘 보여주는 대표적인 예로, 1967년에 영국 철학자 필리파 풋Philippa Foot(1920~2010)이 처음 소개한 일명 '**트롤리 문제**trolley problem'가 있다. 당신이 트롤리 선로 옆에 서서 트롤리가 달려오는 모습을 보고 있다고 상상해보자. 트롤리 진행 방향으로 선로 아래쪽에는 당신이 모르는 사람 다섯 명이 묶여 있다. 지금 당신이 서 있는 자리는 마침 선로가 두 갈래로 갈라지는 지점이다. 트롤리는 다섯 명이 묶여 있는 방향으로 그대로 달려오거나 다른 선로로 방향을 틀 수 있다. 그러나 안타깝게도, 바뀌는 방향에는 한 사람이 묶여 있다. 당신은 트롤리의 방향을 바꿀 수 있는 레버가 놓인 자리에 서 있다. 당신은 지금 그 레버를 당겨 방향을 바꿀 수 있다. 만약 당신이 아무 행동도 하지 않으면, 몇 초 후에 다섯 명이 죽는다. 그러나 만약 레버를 당기면, 다섯 명은 구할 수 있지만 다른 선로에 있는 사람이 죽는다.

당신은 어떻게 해야 할까? 여기에서 어떤 선택이 도덕으로 허용 가능할까? 이 상황에서 당신의 도덕적 의무는 무엇일까?

가장 일반적인 대답은 레버를 당겨야 한다는 것이지만, 이 사고 실험을 변형시켜 생각할 때는 상황이 사뭇 달라진다. 이번에는 당신이 트롤리 선로 위에 걸쳐 있는 다리에 서 있다고 상상해보자. 앞의 상황처럼, 트롤리가 선로를 따라 쏜살같이 달려오고 있고 전방 선로에 다섯 명이 묶여 있다. 그러나 이 선로에는 두 갈래로 나뉘는 지점도, 선로를 변경할 레버도 없다. 그 대신 다리 난간에 매우 뚱뚱한 남자 하나가 태평하게 다리를 아래로 늘어뜨린 채 앉아 있다. 만약 당신이 그를 살짝 밀기만 해도, 그는 트롤리가 달려오는 선로 위로 떨어질 것이고, 이 때문에 트롤리가 멈추면 선로에 묶여 있던 다섯 명의 목숨을 구할 수 있다. 그러나 이 뚱뚱한 남자는 죽게 될 것이다.

자, 당신은 어떤 선택을 하겠는가? 가장 흔한 답은 그 남자를 다리 밑으로 떨어뜨리면 **안 된다**는 것이다. 그런데 첫 번째 상황과 두 번째 상황의 답이 왜 달라질까? 두 경우 모두 한 명을 희생해서 다섯 명의 목숨을 구할 수 있다. 그러나 우리의 도덕적 본능은 두 상황을 같다고 판단하지 않는다. 우리는 두 상황을 다르게 느끼기 때문에, 판단의 결과도 달라진다. 인간의 뇌를 신경과학적 도구들로 관찰해 보면, 두 도덕적 딜레마 상황에서 실제 활성화되는 뇌 영역이 다르게 나타난다.

인간의 뇌는 종교를 믿도록 설계되었을까?

우리의 뇌는 우주의 추상적 진실을 밝히기 위해 혹은 논리적 일관성을 유지하며 도덕적 딜레마를 해결하기 위해서만 진화하지 않았다. 뇌가 가진 다양한 능력들은, 그 발달 수준과 상관없이 자신의 위치를 찾고 주변에 무엇이 있는지 확인해 생존하기 위해서 발달했다. 이런 정신 능력들은 진화 과정에서 선택되고 꾸준히 다듬어졌다. 초기 인류가 살았던 어둡고 희미한 선사 시대로 거슬러 올라가면, 인류는 단순하지만 모두의 삶에 너무나 중요한 질문 몇 가지를 계속 되뇌었을 것이다. 나는 무엇을 먹을 수 있을까? 나는 어떻게 번식할 수 있을까? 내 후손을 어떻게 보호할 수 있을까? 우리 집단의 지도자는 누구인가? 나는 밤에 어떻게 내 목숨을 보호할 수 있을까? 추운 날씨에 어떻게 내 몸을 보호할 수 있을까?

오늘날 진화 심리학(진화론을 이용해서 인간과 다른 영장류의 행동을 설명하는 심리학의 한 분야)은 오직 생존가survival value(생물의 각종 특성이 생존과 번식, 적응도 등에 미치는 영향을 정량화한 것—옮긴이) 때문에 오래전부터 우리 뇌에서 일어났던 수많은 기본적인 인지 과정을 발견했다. 이런 원시적인 인지 과정은 우리의 생존 가능성과 **직결**되지 않지만 우리 일상에 중요한 영향을 미치는 수많은 부작용을 낳았다. 종교가 그런 부작용 중 하나이다.**47**

구체적인 설명 없이 다소 모호한 주장이기는 하나, 많은 사람이 인간에게 **종교적 욕구**religious drive가 있다고 말한다. 어떤 이는 곧 다가올 죽음에 대비하도록 사람들을 돕기 위해 종교가 생겨났다고 한다. 또 어떤 이는 종교가 사람들을 하나로 묶어주는 사회적 접착제로서 기능한다고 말한다. 이런 주장들은 오늘날 많은 사람이 종교를 가지는 이유를 그럴듯하게 설명하지만, 진화적 관점에서 보면 그 문제는 훨씬 복잡하다. 즉, 신이 없는데 종교가 왜 생기겠는가? 종교와 종교적 사고가 어떤 식으로든 신적인 존재와 연계되지 못한다면, 대체 그것들은 어떻게 생겨났을까?

종교의 기원은 오랫동안 진화 심리학자들을 매료시킨 수수께끼이다. 종교적 믿음 자체에 생존가가 있는지는 불명확하다. 아마도 (많은 진화 심리학자가 믿었듯이) 종교가 우리(와 **호모 사피엔스**Homo sapiens로 진화하기 이전 종들)의 생존에 대단히 중요했으므로, 수백만 년에 걸쳐 진화된 다른 인지 능력들의 자연스러운 부작용이 되었을 것이다.[48] 바꿔 말해서, 종교는 음악과 같다. 즉, 생존가가 있는 인지 과정의 부작용일 뿐이다. 음악이나 종교 자체에 생존가가 있는지는 명확하지 않다.

우리 인간은 자연 선택에 의해 점진적으로 변화하고 환경에 적응해온 아주 오랜 진화의 산물이다. 그러므로 인간의 본성을 생존에 유리한 특징들로 정의해야 한다는 생각은 일리가 있다. 가혹하지만 생존에 유리하지 않은 특징들은 오래전에 퇴출되었을 것이다. 생존에 유리한 중요한 특징 하나는 **패턴과 관계를 파악**하는 능력이다. 수준 차이가 있긴 해도 당연히 모든 동물에게 그런 능력이 있는데, 인간을 능가하는 동물은 없다. 인간이 협력을 잘하고 생존력이 높은 것은 아마도 그 능력 덕분일 것이다.

문제는 인간이 패턴 파악에 **지나치게** 능숙하다는 점이다. 우리 뇌는 실제 아무 패턴이나 관계를 찾을 수 없는 상황에서도 패턴과 관계를 읽어낸다. 즉, 환각에 빠지기 쉽다. 우리는 머리 위 구름 모양이나 유명한 로르샤흐 테스트Rohrschach test의 아무렇게나 찍힌 잉크 얼룩 속에서 동물이나 사람의 얼굴 모양을 찾아낸다. 20세기 초 인격 진단 검사에서 사용된 로르샤흐 테스트는 좌우 대칭인 잉크 얼룩 그림들을 피험자에게 보여주고 무엇이 보이는지를 묻는 검사법이다. 아마도 피험자는 이 무의미한 그림들에 자신의 잠재의식에 떠다니는 생각들을 투사할 것이다. (로르샤흐 테스트가 정말로 잠재의식을 보여주는지는 잘 모르겠지만, 우리로 하여금 그림 속에 없는 것을 '보게' 만드는 실험임은 분명하다.) 잉크 얼룩에 실존하지 않지만 그 안에서 익숙한 모양들을 보곤 한다. 가령 그 얼룩을 아프리카 대륙이나 오스트레일리아 지도 모양으로 보거나 날고 있는 새나 용의 모습으로 본다. 뇌는 항상 의미가 있는 것을 보고 싶어 한다. 뇌는 무의미한 것을 싫어한다.

'실제로는 거기에 없는' 사물을 보게 되는 문제를 좀 더 깊이 들여다볼 필요가 있다. 이 책에도 자주 등장했지만, 다시 한 번 '실제로 really'라는 까다로운 단어와 실재reality라는 난해한 개념을 생각해 보겠다. 이해를 돕기 위한 예로, 가족과 함께 차를 타고 고속도로를 지나면서 표지판이나 광고판에서 순서대로 알파벳을 찾는 게임을 한다고 해보자. 내가 'pizza'에서 'a'를 찾으면, 당신은 'beer'에서 'b'를 찾고, 다음 사람이 'welcome'에서 'c'를 찾는 식이다. 우리 모두 그 글자들이 **실제로 거기에** 있다고 동의한다.

그런데 게임의 규칙을 약간 바꿔서, 글자를 인간이 만든 기호가 아니라 길가에 있는 사물이나 보이는 물체에서 찾아야 한다고 해보자. 긴 전봇대는 'T'처럼 보이지 않을까? 하늘에 생긴 십자형 비행운은 'X'처럼 보이지 않나? 자동차 바퀴나 길가에 있는 둥근 바위는 'O'자로 보이겠지? 소위, 'T'자형 교차로는 말 그대로 'T'자처럼 보일까? 당신은 상상력을 활용해서 이런 단어 찾기 놀이를 쉽게 할 수 있다. 'H'는 어디에서 찾을 수 있을까? 'W'는?

이제 떠오르는 질문은 그런 알파벳 글자가 **실제로 거기에** 있는가이다. 자동차 바퀴는 **실제로** 'O'라는 글자의 예가 되는가? 'T'자형 교차로는 **실제로** 'T'라는 글자의 예가 될까? (그렇지 않다면, 그 교차로를 왜 'T'자형이라고 부르겠는가?) 그런데 표지판이나 간판에 있는 글자들 중 상당수는 모양이 심하게 변형되기도 한다는 사실을 떠올려 보라. (가령,

05. 우리 머릿속 유령: 경이롭지만 쉽게 속는 뇌에 관하여

'McDonald' 로고에서 'M'은 아치형이고, 'Coca-Cola' 로고에서 'C'는 소용돌이 모양이다. 이런 식으로 변형된 글자는 아주 많다!) 그렇다고 해도 우리는 그 글자들이 **실제로 거기에** 있다고 말하는 데 조금도 주저하지 않는다. 그런데 왜 완벽하게 둥근 모양인 자동차 바퀴는 (실제로 거기에 있는) 'O'의 **훌륭한** 예가 되지 못하는 걸까? 또한 펑크 난 타이어를 'O'의 예라고 주장하는 사람에게는 어떻게 반박해야 할까? 울타리에 있는 가로선 세 개를 보고 'E'의 예라고 주장하는 경우는? 거기에 **실제로** 'E'가 있는 건가? '실제로'는 실제로 무슨 뜻인가?

잉크 얼룩이나 구름 이야기로 다시 돌아가 보자. 만약 어느 여름날 당신이 점프하는 강아지 모양의 구름을 가리키며 내게 보라고 하고 나도 그것을 보았을 때, 그것이 '실제로 거기에' 있지 않다고 누가 말할 수 있겠는가? 물론 어떤 화가도 하늘에 점프하는 강아지 그림을 **그릴** 수 없겠지만, 만약 당신과 나, 그리고 친구들이 전부 그 구름이 강아지를 **닮았다**는 의견에 동의한다면, 의도하지도 않았고 순간적인 장면이지만(몇 분 후면 구름의 모양이 바뀌어서 안타깝지만 그 강아지는 사라질 것이다), 어쨌든 객관적으로 하늘에 강아지 그림이 있다고 말할 수 있을 것이다.

이제 게임을 바꿔서 정사각형을 처음 발견하는 사람이 승자가 된다고 해보자. 그런데 무엇을 정사각형으로 인정할 것인가? 네 변의 길이가 **거의** 같아 보이는 사각형을 정사각형으로 인정하겠는가? 그것을 정사각형으로 **보겠다고** 모두가 합의한다면, 거의 같은 길이란 얼마나 같다는 의미일까? 대상을 원으로 바꾼다면, 보름달은 원으로 인정할 수 있을까? 그럼 보름달에 거의 가까운 달은?

물리학자는 항성, 행성, 위성 등이 모두 구의 형태를 띠는 데는 타당한 이유가 있다고 말한다. 구는 큰 물체가 내부에서 서로 잡아당기는 힘이 같을 때 자연스럽게 만들어지는 형태이다. 처음에는 무정형의 작은 덩어리였을 행성도 시간이 지나면 구의 형태가 **된다**. 실제로 행성은 자연법칙 때문에 **구**의 형태를 갖는다. 그러므로 우리가 태양의 외곽선을 원으로 봤다면 정확히 본 것이다. 사실 어디에서도 그보다 더 나은 원을 찾기란 어렵다! 그런데 우리가 태양을 하나의 원으로 볼 때 그 원이라는 형태는 혹시 **환영**이 아닐까? 그러니까 우리는 원의 개념을 적용할 수 없는 것에 그 개념을 **투사**하고 있지는 않을까?

　그리고 우리뿐만 아니라 주변의 모든 사람이 아까 본 구름이 강아지를 닮았다는 데 동의할 때, 그 강아지 구름은 **환영**일까? 버스정류장에 서 있는 모르는 사람이 마오쩌둥을 닮았고, 그런 내 의견에 당신과 내 옆에 있던 다른 두 친구도 동의한다고 해보자. 우리는 전부 집단 환영에 빠진 걸까? 그 사람이 마오쩌둥을 닮았다는 것은 **거짓**일까? 우리는 이 낯선 사람에 대한 **사실**을 제대로 인지하고 있는가? 만약 내가 그에게 다가가서 "실례합니다만, 선생님. 아시겠지만, 선생님은 마오쩌둥과 많이 닮으셨네요!"라고 말한다면, 그는 나를 짜증스럽게 바라보며 이렇게 말할 것이다. "네, 그런 말을 수십억 번 들었습니다." 그 순간 나는 바보가 된 기분이 들 것이다. 왜냐하면 내가 생각했던 것이 그 사람에 대한 **객관적인 사실**이었으니까.

　지금까지의 논의가 의미하는 것은 인간이 실제로는 **존재하지 않는** 패턴을 발견한다는 진술은 전혀 사실이 아니라는 것이다. 물론 간혹

05. 우리 머릿속 유령: 경이롭지만 쉽게 속는 뇌에 관하여

우리는 그 존재가 의심스러운 패턴을 발견하기도 하지만, 때로는 아무도 의도하지 않았고 심지어 그것이 자연법칙에 의한 것이 아닌데도 '그곳에' 숨겨진 패턴이 있다는 사실을 인정해야 한다. 그것은 그저 흥미롭고 우연한 사실이지만, 그렇다고 **비현실적**이지는 않다.

호모 사피엔스는 인과관계(즉, 각각 원인과 결과로 간주되는 두 사건이 존재하는 상황)를 발견하는 재능이 가장 탁월한 동물이다. 그런데 이 위대한 능력이 간혹 지나칠 때가 있다. 심리 실험들의 결과를 보면, 인간은 자주 존재하지도 않는 인과관계를 발견한다. 우리는 이유가 없는 사건들에서 이유를 찾는 데 집착한다. 가령 어떤 악인이 번개에 맞아 죽었다면, 종교인들은 '신'이 벌을 내렸다고 생각한다. 또한 교회에 가던 일가족이 술 취한 운전자가 몬 트럭에 치여 사망했다면, 종교인들은 거기에 무슨 이유가 있을 것이며 "'신'은 불가사의한 방식으로 일하신다"고 덧붙일 것이다. 바꿔 말하면, 무작위로 일어난 것처럼 보이는 사건도 실은 '신'의 계획의 일부라는 것이다. 필멸하는 우리에게는 보이지 않지만, 인과관계는 존재한다는 의미이다.

벨기에 심리학자 알베르 미쇼트Albert Michotte(1881~1965)는 1946년부터 일련의 고전적 실험을 통해 인과성의 지각cause-and-effect perception에 대해 연구했다. 그는 스크린에 움직이는 원 두 개를 비추는 장치를 만들었다. 이 장치로 공의 크기, 색깔, 움직임을 매우 정확하게 통제할 수 있었다. 공을 좌우로 움직일 수 있었고, 속도와 시작 위치도 조절할 수 있었다. 미쇼트는 이 장치를 이용해 인간이 공의 움직임을 어떻게 인지하는지를 연구했다. 그에 따르면, 처음에 사람들은 한 공의 움직임이 다른 공을 움직이게 한다고 생각했다. 그다음에 그가 공의 움직임에 아주 작은 변화를 줬더니, 사람들은 전혀 다른 방식으로 인과관계를 해석했다. 이렇게 인간은 없는 인과관계도 찾아내는 존재다.

이츠하크 프리드Itzhak Fried, 찰스 윌슨Charles L. Wilson, 캐서린 맥도널드Katherine A. MacDonald, 에릭 벤케Eric J. Behnke 등이 《네이처Nature》[49]에 발표한 실험에서는 피험자가 전자기장을 방출하는 헬멧을 쓰는데, 이 전자기장은 웃음을 유발하는 뇌의 특정 부위를 자극한다. 실험자가 헬멧의 전원을 켜면, 피험자는 크게 웃기 시작한다. 실험자가 웃는 이유를 물으니, 피험자들은 꾸며낸 것이 분명한 이유를 이렇게 둘러댔다. "방에 들어온 여자가 우스꽝스러운 옷을 입고 있었어요!" 혹은 "당연한 거 아니에요? 당신이 이상한 억양으로 말을 하고 있잖아요!"

이따금 우리 뇌는 아무 이유 없이 일어난 상황에 어색해한다. 가령, 복권에 당첨된 사람은 흔히 이렇게 말한다. "그럴 운명이었나 봐!" 혹은 "내가 그 복권을 산 순간, 희한하게도 당첨될 거 같은 기분이 들었어." 그러나 당첨은 순전히 우연이다.

캘리포니아 패서디나에 있는 풀러 신학교의 심리학 교수인 저스틴 배럿Justin Barrett은 우리가 어떤 인지 과정을 거쳐 종교를 믿게 되는지 연구했다. 그가 쓴 《선천적 신자들: 아동의 종교적 믿음Born Believers: The Science of Children's Religious Belief》[50]에 따르면, 아주 어린아이라도 일어나는 모든 사건의 배후에 어떤 **것**보다 어떤 사람이 있다고 믿는다. 탁자에 머리를 부딪친 아이는 탁자에게 "넌 정말 멍청이야!"라고 화를 낸다. 아이는 그 사건을 기계적이고 물리적인 과정의 결과가 아닌, 어떤 **행위자**(의식이 있는 존재)가 의도한 사건으로 여긴다.[51]

05. 우리 머릿속 유령: 경이롭지만 쉽게 속는 뇌에 관하여

인간은 주변에 있는 무생물을 의인화하고 주변에서 행위자를 확인하려는 경향이 있다. 배럿은 자신이 직접 명명한 '과민성 행위자 탐지기 Hypersensitive Agent Detection Device'라는 특별한 인지 능력이 우리에게 있다고 주장한다.[52]

어느 날 나는 지는 해를 보기 위해 포치로 나가 앉았다. 문득 무언가가 살짝 떨고 있는 듯한 모습이 보였다. 덤불 사이를 스치는 산들바람일까, 아니면 도둑? 아마 나는 틀리더라도 그것을 무생물보다 어떤 행위자로 해석할 것이다. 여기에서 핵심은 도둑을 떨고 있는 무언가로 오해하기보다 떨고 있는 무언가를 도둑으로 오해하는 편이 생존과 웰빙에 유리하다는 사실이다. 분명히 이런 일반 원칙은 수십만 년 전 사바나에서도 매우 중요했다. 그때에도 호랑이를 흔들리는 덤불로 생각하기보다 흔들리는 덤불을 호랑이로 생각하는 쪽이 더 나았다. 단순한 사물을 행위자로 인지하는 능력에는 분명히 생존가가 있다.

행위자와 의도를 파악하려는 인간의 성향은 자연 선택에 따른 일종의 '유비무환better safe than sorry' 기능으로 생각할 수 있다. 이것이 바로 심리학자 배럿이 인간의 타고난 행위자 탐지기를 "과민"하다고 부른 이유이다. '멍청이' 탁자에 머리를 부딪친 어린아이처럼, 우리는 모두 너무나 쉽게 무생물을 의도를 가진 생물로 착각한다(그 반대가 아니라서 다행이다!). 진화에 유용했던 이런 인지 과잉 때문에 우리는 어둠을 두려워하거나 유령이나 UFO, 외계 생명체 등을 믿기도 한다.

인간의 마음 이론

주변에 단순 사물이 아닌 행위자가 있는지를 파악하려면 자신만의 '행위자 탐지기'가 필요하다. 그리고 이것이 제 기능을 하려면 그 행위자의 **목적성**goal-drivenness을 탐지해야 한다. (단순 사물이 아닌) 행위자는 한 가지 이상의 목적을 가진다. 말하자면 뭔가를 **원한다**. 우리 인간 (과 특정 고등 동물들)에게는 **마음 이론**theory of mind이라는 것이 있다. 이는 우리가 항상 주변 행위자들(대개 다른 사람들)을 인지하고 그들의 마음을 '읽는'다는 의미이다. 이 사람은 무엇을 원할까? 저 사람은 무엇을 믿을까? 다른 사람은 나를 어떻게 생각할까? 마음 이론은 사회적 상호 작용과 타인과의 협력 과정에서 핵심 요소가 된다. 그것의 생존가는 대단히 크다.

물론 모든 사람이 그 일을 똑같은 방식으로 혹은 똑같은 수준의 기술을 가지고 하지는 않는다. 자폐나 아스퍼거 증후군Aspberger's syndrome을 앓는 사람들은 마음 이론에 결함이 있다. 이와 관련한 대표적인 실험으로 4세(일반적으로 마음 이론이 형성되기 시작하는 나이) 유아를 대상으로 자폐 성향을 알아보는 실험이 하나 있다. 여기에는 칼과 리사라는 두 어린이가 등장하는데, 실험 과정은 이렇다.

칼에게 자폐 성향이 있는지 확인한다고 가정해 보자. 그에게 성냥갑을 보여 주고 그 안에 뭐가 들어 있을 것 같은지 물어본다. 칼이 "성냥개비"라고 말한다. 그러면 우리는 성냥갑을 열어서 사실 그 안에 성냥개비가 아닌 유리구슬이 있는 것을 보여 준다. 그때 칼의 친구인 리사가 방으로 들어온다. 우리는 칼에게 이렇게 묻는다. "이 성냥갑을 리사에게 보여주고 안에 뭐가 들었냐고 물으면, 리사가 뭐라고 대답할까?" 만약 칼에게 아스퍼거 증후군이나 자폐증이 있다면, 칼은 아마 "유리구슬"이라고 답할 것이다. 이는 다른 사람의 마음을 읽지 못하는 모습을 보여주는 것이다.

단 하나의 기본적인 마음 이론만 가진 사람은 다른 사람이 자신과 다른 믿음을 가질 수 있다는 생각을 하지 못한다. 특히, **잘못된** 믿음의 원인이 다른 사람에게 있을 수 있다는 생각을 하지 못한다(이는 성냥갑에 성냥이 들어 있다고 생각했는데, 그렇지 않았다는 사실을 알게 되었을 때와 같다).

다른 사람이 무엇을 믿고 원하는지를 헤아리는 능력은, 행위자 탐지기와 마찬가지로, 생존 및 환경과의 상호작용에 중요한 도구이다. 그 두 가지 인지 능력은 경이롭긴 하나, 안타깝게도 마술적 사고라는 부작용을 일으킬 수 있다.

마술적 사고

자연에 뿌리를 둔 오래된 종교들은 흔히 돌, 나무, 강, 산, 구름 등에 영혼이나 마술적 힘이 깃들어 있다고 상상했다. 우주 만물이 살아 있으며, 그 안에 영혼이 들어 있다고 말이다. 이것을 이해하기는 어렵지 않은데, 선사 시대에는 천둥과 번개 같은 자연 현상을 합리적으로 설명할 방법이 없었기 때문이다.

과학 지식이 존재하기 한참 전인 선사 시대를 상상해 보자. 단순한 수렵 사회에서 지금 나는 초원 위에 지은 초가집에 살고 있다. 어느 날 우리 집은 번개를 맞았고 순식간에 불이 붙었다. 갑자기 내 과민성 행위자 탐지기가 맹렬히 움직이기 시작한다. "누가 내게 이런 시련을 주었을까? 높은 하늘에 있는 보이지 않는 누군가가 내 집을 불태우기로 작정한 모양이군! 그 보이지 않는 괴물은 분명히 나보다 힘이 셀 텐데, 지금 단단히 화가 난 것 같아. 초가집을 다시 지은 후에 같은 재난을 당하지 않으려면, 머리를 좀 써야 해. 이 무서운 괴물을 달래려면 맛있는 과일 같은 것을 가져다줘야 할 거야. 어쩌면 염소를……."

난데없이 나는 보이지는 않지만 괴물처럼 무서우며 인간보다 훨씬 힘이 센 존재가 하늘에 산다는 상상을 하기 시작했고, 이 존재에게 제물을 바쳐서 필요한 도움과 지원을 요청해야겠다고 다짐한다.

자, 어떤가. 내가 발견, 아니 어쩌면 발명한 것은 '신'이 아닐까!

우리가 세상을 과학적으로 이해하기 전에는 이런 사고방식이 그럴듯하고 합리적이었다. 그때는 하늘에 보이지 않는 강력한 행위자가 있다는 생각이 일리가 있었다. 그러나 이런 식의 '추론'은 사람들이 그것을 불신할 이유가 많다는 사실을 인지하자마자 의심받기 시작했다.

앞서 초가집을 불태운 '행위자'에 대해서 내가 했던 혼잣말을 오늘날의 대학생이 했다면, 우리는 그것을 터무니없는 말이라고 일축했을 것이다. 오늘날 교육받은 사람들은 번개가 치는 이유를 명확히 이해하고 있으니까.

그렇다면 오늘날에도 '신'을 믿는 사람들은 비합리적인 사고를 하고 있는 것일까? 아니면 일종의 과민성 행위자 탐지 기능의 잔류 효과일까? 이는 정확히 미국 인지과학자 폴 블룸Paul Bloom(1963~)이 자

05. 우리 머릿속 유령: 경이롭지만 쉽게 속는 뇌에 관하여

신의 유명한 논문 《신은 사고일까?Is God an accident?》에서 주장한 내용이다.[53]

'신'이 정말로 존재한다면, 종교가 존재하는 것은 전혀 이상하지 않다. 그러나 신이 없더라도 뇌의 인지 및 진화 과정의 자연스러운 결과물로 종교의 존재를 설명할 수 있다. 요약하면, '신'에 대한 광범위한 믿음은 신의 존재를 믿지 않아도 쉽게 이해할 수 있는 자연스러운 현상이다. 과학적인 근거도 있다.

막간글 - 천국과 낙원

당신에게 천국은 어떤 의미인가?

천국 혹은 낙원은 기독교와 이슬람교 전통에서 핵심 개념이다. 세계 곳곳의 다양한 종교에서 사후 세계나 영생을 믿으며, 인류의 최근 조상과 아주 오래전에 살았던 조상도 그런 생각을 했다는 증거가 있다. 예를 들어, 약 3만 년 전에 현생 인류인 호모 사피엔스와 함께 살았다는 네안데르탈인Neanderthals은 오늘날의 장례 예식과 대단히 유사한 방식으로 망자를 매장했다고 한다.

많은 종교인이 천국이나 낙원에 가고 싶다고 말하지만, 그들이 생각하는 천국의 모습은 천차만별이다. 모르몬교와 여호와의 증인은 자신들이 그토록 가고 싶어 하는 곳의 모습을 놀랄 정도로 따분하게 그린다. 너무나 지루하게 그린 나머지, 이들이 말하는 천국이라는 단어는 이케아 카탈로그나 동물원이라는 단어와 별반 다르지 않게 들린다.

그런데 지상 너머에 낙원이 있다는 믿음은 인간의 가장 위험한 발상이 아닐까? 전 세계에는 낙원에 가기 위해 '성전'에서 순교하려는 사람들이 있다. 캄보디아의 크메르 루주Khmer Rouge 지도자 폴 포트Pol Pot는 지상 '낙원'을 건설하려 했었고, 새로운 달력을 만들어 새로운 세상이 시작된다고 선포했다. 그가 일으킨 동란은 수백만 명의 목숨을 앗아갔다. 오늘날에도 북한 지도자 김정은은 그와 비슷한 일을 벌이고 있다. 그리고 2001년 9월 11일에 납치한 비행기로 세계무역센터에 충돌했던 이십 여 명의 무슬림 남성은 나중에 "72명의 처녀"와 함께 천국에 들어가서 성적 쾌락을 누릴 수 있다고 확신했다. 요약하면 낙원에 들어가거나 지상 낙원을 건설하겠다는 목적은 이루 말할 수 없는 고통을 초래해왔다.

'천국'이라는 단어는 사후 세계를 믿지 않는 사람들에게 어떤 의미일까?

그런데 사실 천국은 있다. 하늘을 바라볼 때 우리에게 보이는 곳이 바로 천국이다. 그곳은 구름이 낄 때도 있고 맑을 때도 있다. 또한 밝을 때도 있고 어두울 때도 있다. 어쩌면 인간은 밤하늘을 올려다보다 추상적으로 생각하기 시작했고, 음식과 추위, 생존 등 일상의 걱정거리 외에 다른 질문들을 떠올렸을지 모른다.

어쩌면 어젯밤에 조용하고 신비스럽게 반짝이던 별들은 사람들의 호기심을 자극하고 직접 보고 들을 수 있는 것 너머의 실재에 관해 궁금증을 촉발했을 것이다. 그 순간 인간의 발견 욕구와 연구 충동 그리고 그에 이어 과학이 탄생했을 것이다.

05. 우리 머릿속 유령: 경이롭지만 쉽게 속는 뇌에 관하여

그렇다면 우리가 실존적 문제를 숙고하는 능력을 가진 것에 대해 별들에게 감사해야 할까? 그 답을 결코 알 길은 없지만, 신이나 천사, 영생이 없어도 별이 빛나는 하늘은 인간에게 영감의 원천이 된다. 이는 추운 겨울밤에 보이는 은하수만큼이나 분명한 사실이다.

명료하게 생각하는 법

06
자연계:
자연주의, 불가지론,
무신론에 관하여

> 신이라도 아무도 더 이상 그 존재를 믿지 않으면 죽는다.
>
> – 장 폴 사르트르Jean-Paul Sartre

'신'의 존재에 관한 질문은 아주 오랫동안 인간을 괴롭혀왔다. 만약 어떤 사람이 세상을 초자연적 현상이 일어나는 공간이 아닌 자연법칙의 지배를 받는 곳으로 여긴다면, 그는 종교적인 사람이 아니다. 더 정확히 말해서 그런 입장을 **자연주의적** 실재론이라 부른다.

자연주의는 신이나 초자연적인 존재를 거의 믿지 않는 태도로 이어진다. 자연주의자는 신이나 초자연적 존재에 대한 믿음을 단순히 인간이 가진 풍부한 상상력의 산물이라 여긴다. 즉, 자연주의적 세계관을 가진 사람은 자연스럽게 무신론자가 된다.

그런데 무신론은 자연주의라는 큰 그림의 일부에 불과하다. 자연주의적 세계관에서는 신적 존재뿐만 아니라 초자연적 힘과 불가사의

06. 자연계: 자연주의, 불가지론, 무신론에 관하여

한 현상, 뉴에이지 사상을 모두 믿지 않는다. 거대한 자연의 절묘한 아름다움을 음미할 때는 '마술적' 존재를 상상하거나 초자연적인 해석이나 설명에 기대지 않고 깊은 경외감을 느끼고 거기에 매료된다.

자연주의와 물질주의

자연주의는 다소 복잡한 개념으로, 물질주의보다 광범위하다. 엄격한 물질주의는 자연법칙에 따라 오직 물질과 에너지만 존재한다는 입장이다. (아인슈타인 덕분에, 우리는 물질과 에너지가 한 사물을 바라보는 두 가지 관점이라는 사실을 알고 있다. 그러니 물질과 에너지라고 말하기보다는 '물질이자 에너지' 혹은 그냥 '에너지의 다양한 형태'라고 말해야 한다.) 물론 어떤 이는 자연법칙이 실제로 존재하는지, 자연법칙이란 단순히 실재를 머릿속으로만 설명한 것이 아닌지, 말하자면 세계에 관해 추론하기 위해 우리 인간이 사용하는 일종의 목발 같은 것은 아닐지 궁금해한다.

나 역시 '자연주의'를, 원칙적으로 우주 만물은 과학적 방법으로 설명될 수 있다는 입장으로 정의한다. 자연주의는 과학 연구의 범위를 넘어서는 현상이나 존재(대부분의 종교에서 말하는 신적 존재)가 있다는 생각을 거부한다. 그러나 자연주의적 세계관은 순수한 물질주의보다 범위가 넓다. 예를 들어, 어떤 철학자는 (소수와 같이) 실체가 없어도 자연계에 존재하는 수학 개념이 있다고 생각한다. 반면, 다른 철학자는 소수가 단순히 인간 사고의 구성물이라고 생각한다.[54] 어떤 사람은 자연주의에 도덕적 절대주의가 포함된다고 생각하지만, 다른 사람은 도덕적 가치가 객관적일 수 없다고 생각한다.

스웨덴어와 영어 둘 다 '물질주의'라는 단어에 두 가지 상반된 의미가 들어 있는데, 안타깝게도 그 둘은 자주 혼동을 일으킨다. 일반적으로 '물질주의'는 고급차, 비싼 예술품, 화려한 집 같은 물질을 소유하고 과시하고 싶은 욕망을 의미한다. (이를 '소비지상주의consumerism'라고도 부른다.) 그러나 이는 철학에서 말하는 '물질주의'와 무관한데, 앞에서 설명했듯이 물질주의란 자연법칙에 따라 물질과 에너지를 제외하고 아무것도 존재하지 않는다는 입장이기 때문이다.

철학적 의미의 물질주의자는 물질적 소유에 전혀 관심을 두지 않고 외딴곳으로 가서 수도사처럼 명상하는 삶을 선택할 것이다. 그리고 이와 반대로, 세상이 '신'이든 다른 힘이든 어떤 신비한 영으로 충만하다고 믿는 사람이 인생에서 물질적 성공과 높은 지위에 광적으로 집착할 수도 있다. 미국에서 부흥 운동을 이끄는 소위 '성공 신학theology of success'을 떠올려보면 된다. ('성공 신학'은 기독교 신앙이 삶의 모든 영역에서 성공에 이르는 길이라고 주장하는 신학의 한 분파로, '긍정적 고백 운동positive confession', '번영 신학theology of prosperity' 등 다양한 이름으로 불린다.) 이와 비슷하게 스웨덴에는 '리벳츠 오르드Livets Ord('생명의 말씀'이라는 뜻)'라는 이름의 교회가 유명한데, 옛 대학 도시인 웁살라에 본부를 두고 있는 거대 교회 조직이다. 아이러니하게도 이 교회의 설립자, 울프 에크만Ulf Ekman은 나중에 가톨릭으로 개종했고, 지금은 그의 추종자들이 이 교회를 자체적으로 운영하고 있다.

선동자로서 무신론자

오늘날 특히 미국에서 많은 사람이 무신론자를 성가신 도발자로 생각한다. 신을 믿는 전통이 서구 역사에 깊이 뿌리박혀 있고 문화에 선명하게 각인되어 있기 때문이다. 오늘날 스웨덴에서는 교회나 종교, '신'에 관심을 두는 사람이 거의 없는데도, 여전히 무신론을 수상쩍게 바라본다. 전 세계적으로도 무신론에 대한 반감은 상당하다.

흔히 사람들은 남에게 부정적인 인상을 주지 않으려고, 별 생각 없이 자신이 '어떤 신앙'을 가지고 있다고 밝힌다. 물론 그런 발언이 잘못된 것은 아니지만, 생명과 우주의 본질에 관한 철학적 질문들에 관심이 있는 사람이라면, '신'이 존재하는지 그리고 자신이 진짜 믿는 것이 무엇인지를 진지하게 성찰한 다음 용기 있게 자신의 신념을 밝혀야 한다.

사람들은 온갖 표현으로 무신론에 반박하기에, '신'을 믿지 않는 사람이라면 불가피하게 자주 이런 말을 듣게 된다. "'신'을 볼 수도 없고 이해할 수도 없어서 무신론자라고요? 하지만 **바람**은 눈에 보이지 않아도 믿지 않나요? 사랑도 설명할 수 없지만 믿잖아요. 그런데 '신'은 왜 안 믿으세요?"

이런 말을 듣게 되면 어떻게 반응해야 할까? 다음 대화를 보자.

"있잖아, 너 우리 집에 보이지 않는 유령이 있다는 거 알고 있니?"

"뭐라고? 보이지 않는 유령? 내가 왜 그 말을 믿어야 하지?"

"내가 그렇게 말했으니까! 볼 수 없고 이해할 수 없다고 해서 유령의 존재를 의심해야 할까? 유령의 존재를 의심할 이유는 없다고!"

이렇게 유령을 믿는 근거와 '신'을 믿는 근거는 비슷하므로, 당연히 이런 허술한 '추론'은 진지하게 받아들이면 안 된다.

미국에서 생각하는 무신론

'atheism(무신론)'이라는 단어는 그리스어에 뿌리를 두는데, 접두어 'a-'는 '아니다' 혹은 '없다'의 의미이고, 'theism'은 '신에 대한 믿음'('테오스 theos'는 '신'을 가리킨다)이라는 뜻이다. 따라서 '무신론자atheist'란 단순히 '신을 믿지 않는 사람'을 의미한다. 여기에는 공격적이거나 사악한 의도는 전혀 없다.

그러나 미국에서는 '무신론'이라는 단어에 종교를 향한 깊은 **적대감**이 담길 때가 많다. 미국의 많은 종교인(과 심지어 비종교인)은 무신론을 '신적 존재에 대한 믿음 결여'라는 다소 완곡한 의미 대신 **반신론** anti-theism의 의미로 받아들이곤 한다. 바꿔 말하면, '신'과 모든 종교(특히 기독교)를 완전히 파괴하려는 악마의 적극적인 충동질로 여긴다.

그래서 미국에서 무신론자는 흔히 '신'을 **공격**하는 사람으로 인식되지만, 사실 그들은 '종교의 자유'(안타깝지만, 이 말에 종교를 **갖지 않을** 자유도 포함되는지는 불명확하다)라는 미국의 건국이념을 실천하고 있을 뿐이다. 종교의 자유는 미국의 핵심 건국이념 중 하나이며, 미국이 세워질 때 그곳에 온 수많은 유럽인은 종교적 억압을 피해 필사적으로 대

서양을 건넌 사람들이었다.

종교의 자유가 중요한 명분이었던 독립 전쟁이 끝나고 약 80년 후, 왓킨슨M. R. Watkinson 목사는 재무 장관에게 '신'이라는 단어를 동전에 새겨 달라고 간청하며 이렇게 말했다. "그것이 이교도의 치욕에서 우리를 구해줄 것이고, 우리는 개인적으로 구하던 하나님의 보호를 공식적으로 받게 될 것입니다." 이 의견이 마음에 들었던 재무 장관은 조폐국에 적절한 문구를 찾으라고 명령했다. 이렇게 해서 채택된 표어는 "우리는 신을 믿는다In God We Trust"였으며, 이는 미국의 국가인 〈성조기여 영원하라The Star-Spangled Banner〉의 가사를 떠올리게 한다. 이렇게 노골적으로 종교적 문구는 오늘날에도 여전히 지폐는 물론 1센트 동전에까지 새겨져 있다. 또한 1956년에 미국 의회는 "에 플루리부스 우눔E pluribus unum('여럿이 모여 하나'라는 뜻)"이라는 라틴어 문구 대신, "우리는 신을 믿는다"를 국시로 선언하는 결의안을 통과시켰다. 이렇게 많은 변화가 불과 80년 만에 일어났다!

"우리는 신을 믿는다"는 표어는 신적인 존재가 있고 모든 미국인(혹은 적어도 모든 사람)이 '그분'을 믿는다고 가정하므로, 미국의 무신론자들은 당연히 그 표어를 인정하지 않는다. 아무리 고상한 문구라도, 그런 가정은 미국의 건국이념과 격렬하게 충돌한다. 그 표어에 특정 종교(가톨릭, 침례교, 유대교, 불교 따위)의 이름이 표시되지 않았다고 해서 종교적이지 않다는 의미는 아니니까.

1950년대 초는 공식적으로 무신론 국가인 소련과 미국 사이의 냉전이 절정에 달했고, 조셉 매카시Joseph McCarthy 상원의원이 "신을 믿지 않는 공산주의자들"을 상대로 벌였던 악명 높고 무자비한 성전聖戰이

한창이었다. 당시 미국의 모든 초등학생은 아침마다 가슴에 손을 얹고 미국 국기에 대한 충성을 맹세해야 했다. 이런 충성 서약에는 종교를 암시하는 내용이 전혀 없었지만, 매카시즘McCarthyism 열풍이 불면서 미국 국기는 점점 숭배의 대상이 되었고, 애국주의는 점차 종교와 결합되었다.

그즈음 '콜럼버스 기사단Knights of Columbus', '전미 복음주의 협회 National Association of Evangelicals' 같은 다양한 애국 종교 단체들이 활발하게 활동하면서 점점 영향력을 확대해갔다. 1953년에 전미 복음주의 협회가 "일곱 가지 신의 자유 선언문Statement of Seven Divine Freedoms(기본적으로 미국이 성경의 원리를 토대로 건국되었다는 선언)"을 발표했을 때, 새로 선출된(그리고 갓 세례를 받은) 드와이트 데이비드 아이젠하워Dwight David Eisenhower 대통령은 가장 먼저 그 선언문에 서명했다.

그 이후에 이 단체들은 국기에 대한 맹세를 변형시킨 서약문을 학생들이 암송하도록 학교들을 부추겼다. 새로운 서약문에는 "신 아래"라는 두 단어만 추가되었으나 배치된 위치가 전략적이었다. 그 내용은 이렇다.

나는 미합중국 국기와 그것이 상징하는 공화국에 충성을 맹세합니다. 우리나라는 모든 사람에게 자유와 정의를 베푸는, 신 아래 나누어질 수 없는 하나의 나라입니다.

새로운 서약문에는 감수성이 예민한 아이들이 미국은 (소련과 반대로) '신'이 보호하는 나라라고 생각하도록, 추가로 '신'이 언급됐다.

06. 자연계: 자연주의, 불가지론, 무신론에 관하여

이 서약문을 담은 법안은 1954년에 의회에서 통과되었다. 아이젠하워 대통령은 '악의 없는' 내용이 추가된 법안에 서명하던 날, 이렇게 말했다.

오늘부터 날마다 모든 도시와 시골 마을의 학교에서 수백만 명의 아이들이 전능자에 대한 국가와 민족의 헌신을 선포할 것입니다. 이런 식으로 우리는 미국의 역사와 미래에 초월적으로 존재하는 종교적 신념을 재확인할 것입니다. 그리고 이런 식으로, 평화기든 전쟁기든 영원히 우리나라의 강력한 자원이 되어줄 영적 무기를 끊임없이 강화할 것입니다.

종교의 자유라는 신성한 원리에 따라 세워진 국가의 수반이 모든 미국인이 영원히 '전능자'에 헌신할 것이라고 자랑스럽게 선언한 일은 대단히 충격적인 사건이었지만, 어쨌든 그런 일은 일어났다.

당연하지만 미국의 무신론자들은 숭고하게 들리는 표현, "신 아래 하나의 나라"를 인정하지 않았고 그 문구를 제거하기 위해 여러 번 소송을 제기했으나, 대중은 그런 "호전적인 무신론자"를 체제를 전복하려는 위험한 반미주의자로 인식했다. 말할 필요도 없지만, 그 핵심 두 단어는 국기에 대한 맹세에 계속 남았다.

이와 관련된 가장 최근(2014년 5월) 재판에서, 매사추세츠주 대법원은 국기에 대한 맹세가 신을 믿지 않는 사람들을 차별하지 않는다고 판결했다. 심지어 대법원은 아이들이 날마다 암송하는 "신 아래 하나의 나라"라는 표현은 단순히 **애국심**을 고취하는 것이지 종교성을 드러내지는 않는다고 판시했다. 한 번 더 말하지만, 어떻게 이렇게 뻔뻔하게 눈 가리고 아웅 할 수 있는지 그저 놀랄 뿐이다. 신성한 척하는 사람들이 왜 자기 생각을 솔직하게 말하지 않는지 이해하기 어렵다.

도덕관념이 없는 무신론자

세계 곳곳에서 무신론자는 흔히 냉정하고 감정이 없으며, 삶을 무의미하게 여기는 사람으로 여겨진다. 그래서 당연히 그들은 삶의 정신적 가치를 제대로 인식하지 못한다고 간주된다.

예를 들어, 미국에 사는 수많은 종교인은 무신론자가 정의상 도덕성이 부족하다고 믿는다. 2012년 갤럽 조사에서[55] 미국인에게 대통령으로 바람직하지 않은 사람은 어떤 사람인지 물었다. 응답자의 4퍼센트는 흑인에게, 5퍼센트는 여성에게, 6퍼센트는 유대인에게, 30퍼센트는 동성애자에게, 40퍼센트는 무슬림에게, 43퍼센트는 무신론자에게 투표하지 않겠다고 답했다. 이 조사 결과는 미국인이 여러 집단에 상당한 편견을 가지고 있으며, 그중 무신론자에게 가장 심한 편견을 가지고 있다는 점을 생생하게 보여준다.

불가지론자 혹은 무신론자?

여기에서는 사람들이 자주 혼동하는 무신론과 불가지론agnosticism의 개념 차이를 밝혀보겠다.

'불가지론'이라는 단어는 '알려지지 않은, 인지할 수 없는, 숨겨진'이라는 뜻을 가진 그리스어 'agnostos(아그노스토스)'에서 유래했다. 이런 점에서 불가지론적 사고는 고대 그리스 철학 때부터 중요한 역할을 했다. 그런데 실제 이 단어는 19세기 영국에서 찰스 다윈의 동료인 토머스 헨리 헉슬리Thomas Henry Huxley(1825~1895)가 처음 사용했다.

불가지론자는 '신'의 존재나 부존재를 믿을 필요가 전혀 없다고 말한다. 즉, 그 질문은 그저 답할 수 없는 문제일 뿐이다. '신'의 존재에 관한 질문 외에도, 다른 행성에 생명체가 존재하는지, 우주가 어떻게 탄생했는지, 지구에서 생명체가 어떻게 생겨났는지, 모든 사람이 빨간색을 볼 때 내면에서 정확히 같은 경험을 하는지, 특정 현상에 대해 알아야 할 모든 내용을 오늘날 우리가 제대로 알고 있는지 등 다른 모든 문제에도 불가지론적 태도를 취하는 것이 합리적이다.

불가지론에는 두 유형이 있는데, 하나는 엄격한(혹은 영구) 불가지론이고, 다른 하나는 경험적(혹은 임시) 불가지론이다.

엄격한 불가지론은 어떤 현상을 지금도 이해할 수 없지만 앞으로도 영원히 이해할 방법이 없다고 여기는, 말하자면 원칙적으로 그 현상에 대해 어떤 입장도 가질 수 없다는 태도이다. 과학적 질문 중에는 엄격한 불가지론적 입장을 취해야 하는 문제들이 있다. 가령, 전자파 이론을 생각해보자. 만약 "오늘날 우리가 전자파에 관해 알 수 있는 모든 지식을 알고 있을까?"라고 자문한다면, 엄격한 불가지론자처럼 답해야 할 것이다. 물론 지금 우리는 전자파에 관해 상당히 많은 내용을 알고 있다. 하지만 원칙적으로 **모든 것**을 알 수는 없다. 우리 주변에 있는 거의 모든 사물에 대해서도 마찬가지다. 우리가 어떤 과학 현상에 대해 새로운 지식을 배울 때마다, 그전에는 제대로 이해하지 못했던 사실이 있었음을 깨닫는다. 지금 새로운 지식을 알았다고 해서, 그걸로 끝일까? 당연히 우리는 아무것도 확신할 수 없다. 그러므로 지금 가진 지식 상태에 대해 엄격한 불가지론자처럼 생각해야 한다.

그와 반대로, **경험적 불가지론**이란 어떤 현상을 이해하지 못하지만, 그런 상태는 일시적이라는 입장이다. 즉, 지금 그 문제를 이해하지 못하는 것은 그저 경험과 지식을 충분히 쌓지 못했기 때문이라는 것이다. 경험적 불가지론이 지혜로운 선택이 되는 모범 질문 하나는 "다른 행성에 생명체가 있는가?"이다. 다른 행성에 생명체가 있다는 직접적인 증거가 없지만, 그 반대 증거도 없다. (물론 이 논의는 '생명체'라는 개념에 대해 명확한 합의가 있다는 것을 전제로 한다. 그런 합의가 도출된 방식도 자명해야 한다. 그러나 논의를 위해 편의상 합의된 정의가 있다고만 가정할 뿐이며, 그 정의가 반드시 옳을 필요는 없다.) 물론 우리는 그 문제에 대해 확률적 추론을 통해 이런 식으로 추측해볼 수는 있다. "우주는 무수한 별과 행성이 있는, 상상할 수 없을 정도로 거대한 공간이다. 그러므로 지구에만 생명체가 존재할 리가 없다." 그러나 경험적 불가지론자는 그 문제에 이렇게 답한다. "나는 그 문제에 대해 어떤 의견도 없는데, 의견을 뒷받침할 만한 사실 증거가 없기 때문이다."

이는 분명히 엄격한 불가지론이 아닌 경험적 불가지론이다. 언제든 과학자들이 다른 행성에서 생명체나 생명체의 흔적을 발견할 수 있다. 그런 날이 오면, 당연히 우리는 생각을 바꿔 경험적 불가지론을 포기할 것이다. (최근 유럽 남방 천문대European Southern Observatory는 칠레 북부에 있

241
•

는 해발 고도 약 3천 미터 높이의 산 정상에 세계 최대 광학 망원경을 설치하기로 했다. 주 반사경의 직경이 39미터나 되는 이 놀라운 장치는 2022년에 설치 완료될 예정이다. '유럽 초대형 망원경European Extremely Large Telescope' 혹은 'E-ELT'로 불릴 이 장치는 현재 세계 최대 망원경보다 15배나 더 많은 빛을 모을 수 있다. 이것은 별들 주위를 도는 행성들과 그 대기를 직접 관찰하고 연구할 수 있게 해줄 것이다. 이 망원경의 첫 번째 목표는 우리 은하에서 지구와 비슷한 행성을 찾는 일이 될 것이다. 기대하시라!)

'신'의 존재에 관한 문제에 불가지론자는 어떤 결론도 내면 안 된다고 말한다. "'신'이 존재하는가?"라는 질문을 받으면, 엄격한 불가지론자는 이렇게 답할 것이다. "전혀 모르겠다. 그 문제에 어떤 의견도 낼 수 없다." 그와 반대로, 경험적 불가지론자는 이렇게 말할 것이다. "지금은 모르지만, 어쩌면 나중에 의견이 생길지도 모르겠다."

많은 불가지론자가 실은 무신론자이다

어떤 사람이 "나는 '신'을 믿지 않는다"고 말할 때, 그 의미는 대개 "나는 '신'이 존재하지 않는다고 믿는다"이다. 그런데 어떤 사람은 "나는 '신'이 존재한다고 믿지 않는다"고 말하기도 한다. 이 두 문장의 미묘한 차이를 주목해보자. "나는 '신'이 존재한다고 믿지 않는다"고 말한 사람은 "나는 '신'이 존재하지 않는다고 믿지 **않는다**"고 말해도 자기모순에 빠지지 않는다. 이 사람은 그저 어느 쪽 의견도 지지하지 않는다. 이것이 바로 불가지론이다. 이와 반대로, "나는 '신'이 존재하지 않는다고 믿는다"고 주장하는 사람은 어떤 문제에 대해 자기 의견을 표현하고 있다. 이것은 무신론이다.

스스로 불가지론자라 부르는 사람의 상당수가 알고 보면 사실 무신론자이다. 그들은 기본적으로 '신'이 존재하지 않을 것이라고 생각하지만, 혹시 존재할 가능성에 대해서는 마음을 열어둔 상태다. 그런데 이는 무신론자의 태도와 일치한다. 어쨌든 아무도 신의 존재 여부를 완벽하게 알 수는 없다. 그런 존재가 없다고 **믿는** 한, 그 사람은 무신론자다.

흔히 사람들은 불가지론을 유신론과 무신론 사이 중간 지대에 위치하는 '유연한' 입장이라고 생각한다. 그러나 불가지론은 어떤 입장이 아니다. 사실 거기에는 입장이 **없다**. 그럼에도 많은 사람이 스스로를 무신론자보다 불가지론자로 부르는 쪽을 선호한다. 이는 아마도 종교 편향적인 문화에서 '무신론'이라는 단어가 풍기는 부정적 이미지 때문일 것이다. 그래서 불가지론이 무신론보다 덜 '강경'하고 덜 독단적이라고 오해한다.

요정이나 유니콘 같은 초자연적 존재에 대해 불가지론적 입장을 취하는 사람은 드물다. 사실 대부분은 그것들뿐만 아니라 토르Thor, 오딘Odin, 제우스Zeus 같은 고대의 신들도 없다고 거의 확신한다. 따라서 그런 신들에 대해 대부분의 사람은 **불가지론**이 아닌 **무신론적** 입장을 취한다.

과학적 세계관을 가진 사람은 예상 밖 현상이라도 그것을 입증하는 새로운 사실이 나타나면 자신의 생각을 바꿀 준비가 되어 있다. 이는 원자, 광자, 쿼크 같은 것들뿐만 아니라 요정, 유니콘, 유령, 트롤, 네스호의 괴물 등에 대해서도 마찬가지다. 따라서 이렇게 개방적이

243
•

고 과학적인 태도를 가진 사람은 굳이 요정이나 트롤 같은 것들의 존재에 대해 불가지론적 입장(즉, 의견 없음)을 표시할 이유가 없다. 이런 상황에서는 무신론이 좀 더 합리적인 입장처럼 보인다. 적어도 오컴의 면도날Ockham's razor 법칙에 따르면, 무신론이 타당한 입장 중 **가장 간단한** 선택이다.

이따금 '신'은 과학의 범위를 넘어서는 존재이므로, 경험적으로 검증하지 않아도 된다고 주장하는 사람들이 있다. 실제로 '신'의 존재를 과학적 혹은 경험적으로 검증할 수 없다면, 우리는 그 문제에 대해 어떤 결론도 도출하지 않는 편이 좋다. 물론 그 상황에 어울리는 '신'의 모습을 만들어낼 수는 있다. 예컨대 '신'이 먼저 빅뱅을 창조한 다음, 거기에서 세상이 만들어졌다는 이신론deism은 검증이 불가능하다.

그러나 이 경우에 '신'의 존재를 묻는 질문은 흥미를 잃는다. '신'이 우주에서 아무런 역할도 하지 않는다면, '신'의 존재 여부를 두고 왜 골머리를 앓아야 할까? 그러나 오늘날 전 세계의 일신교는 자신의 신들이 우주에서 아무 역할도 하지 않는다고 생각하지 않는다. 그들에게 '신'은 세상일에 개입**할 수 있는** 존재다. 사람들의 기도를 듣고 기적을 일으킨다. 만약 누군가가 '신'이란 사람들의 기도를 듣고, 기적을 행하며, 인간의 삶에 개입하는 존재라고 생각한다면, 즉시 '신'의 존재에 관한 문제는 경험적으로 검증 가능하고 그렇기 때문에 과학적인 질문이 된다.

'신'이 존재한다는 가설을 입증하거나 반증할 실험은 쉽게 생각해낼 수 있다. 가령 기도의 내용과 실제 일어난 일의 상관관계를 통계적으로 조사해볼 수 있다. 이런 실험을 해보면, 상관관계는 파악되지 않을 것이다. 물론 이런 결과가 '신'이 인간의 욕망이 빚어낸 상상의 산물이며 실재하지 않는다는 주장의 완벽한 증거는 되지 못하지만, 그런 주장에 신빙성은 더해 준다.

실제 무신론자는 무엇을 믿을까?

무신론자란 어떤 사람인지 좀 더 자세히 살펴보기로 하자. 많은 사람이 무신론자는 다른 사람들보다 이해력이 뛰어나고 더 많은 지식을 가졌다고 생각한다. 물론 일부 무신론자에게는 맞는 이야기다. 어쨌든 오만한 사람은 어디에나 있기 마련이니까. 그러나 어떤 무신론자가 유신론자('신'의 존재를 믿음)보다 오만하다고 해서 그것을 무신론자의 타고난 본성이라 말할 순 없다.

무신론에 대한 또 다른 흔한 오해는 그들이 '신'의 부존재를 **입증**할 수 있다고 엄격하고 단호하게 주장한다는 것이다. 그러나 엄밀한 의미에서, '신'의 부존재는 증명할 수 없다. 그와 마찬가지로, 유니콘이나 빛보다 빠른 입자 같은 것의 부존재도 증명할 수 없다.

이해를 돕기 위해 구체적인 예를 들어보겠다(이 생생한 예는 버트런드 러셀에게서 빌려왔다). 가령 어떤 사람이 찻주전자 하나가 달 주위를 돌고 있다고 주장한다. 이럴 때는 그 주장을 철저히 의심하는 것이 합리적인 태도일 것이다. 또한 그런 주장에 대해 불가지론적 입장을 취한다면 이는 비합리적인 태도일 것이다. 혹시 이렇게 말하는 사람이 있으려나? "흠, 달 주위를 도는 찻주전자가 있을 수도 있고 아닐 수도 있

06. 자연계: 자연주의, 불가지론, 무신론에 관하여

지. 내가 그것을 어떻게 알겠어?" 이런 우유부단한 발언은 좀 바보처럼 들릴 것이다.

(당신과 나 같은) 정상인은 그런 찻주전자의 존재에 대해 '무신론적' 태도를 취할 것이다. 즉, 증명할 수는 없어도, 확실히 달 주위를 도는 찻주전자는 **없다**고 생각한다. 어쨌든 우리는 달 주위를 도는 찻주전자를 찾기 위해 우주로 날아가 진공 상태인 그곳을 뒤져볼 수는 없다. 설사 우리가 우주에 갈 수 있고 찻주전자가 그곳에 있다 하더라도, 우리가 그것을 발견하기란 쉽지 않을 것이다. 그러나 우주에 갈 수 없더라도, 우리는 여전히(그리고 실은 **굳게**) 그런 찻주전자가 거기에 없다고 믿는다! 어떻게 찻주전자가 거기까지 올라가겠는가? 대체 왜 거기에 있겠는가? 혹시 우주비행사가 달에 가면서 찻주전자를 가져갔을까? 그랬다 하더라도, 달 표면에 있던 찻주전자가 어떻게 달 주위를 돌게 되었을까?

달 주위를 도는 찻주전자가 있다는 주장은 타당한 근거가 전혀 없다. 그럼 이제 그 주장을 내 주방 조리대 위에 찻주전자가 있다는 주장과 비교해보자. 주방에 찻주전자가 있다는 주장을 내가 믿는 이유는 그것을 거기에서 **봤기** 때문이다. 이는 내가 주방에 찻주전자가 **있다**고 믿게 된 강력한 이유가 된다. 그러나 달 주위를 도는 찻주전자가 있다는 주장을 뒷받침할 사실은 없다. 따라서 나는 그럴 가능성이 거의 없다고 결론 내린다. 무언가의 존재를 입증할 책임은 항상 그것을 주장하는 사람에게 있다.

정상인이 달 주위를 도는 찻주전자가 없다고 믿는 것처럼, 무신론자는 '신'이 없다고 믿는다. 무신론자는 자신의 믿음이 참임을 **입증**할 수 없지만, 누군가 그 믿음이 거짓이라는 증거를 제시할 때까지 자신의 입장을 고수하는 것이 당연하다고 생각한다. 분별 있는 무신론자는 독단적이지 않다. 그들은 '신'의 존재를 뒷받침하는 새로운 증거가 등장하면, 그 문제를 재고할 준비가 되어 있다.

나는 '신'의 존재에 관한 **불가지론적** 입장(즉, '신'이 존재하는지에 관해 시험 삼아서라도 추측하고 싶지 않음)이 오늘날 우유부단한 태도라고 생각한다. 어쨌든 우리 모두는 실재하든 그렇지 않든, 우주에서 일어나는 각종 현상에 대해 다음과 같이 나름의 의견을 가진다.

1. 우리 모두는 지구가 둥글다고 믿는다(물론, 그것을 실제 경험으로 확인할 수 있는 사람은 거의 없다).
2. 우리 모두는 달 주위를 도는 찻주전자가 없다고 믿는다.
3. 우리 모두는 손에서 돌을 놓으면 그 돌이 땅에 떨어진다고 믿지만, 다음에도 같은 일이 일어날 것이라고 **증명**할 수는 없다.

이런 믿음은 완벽한 입증이 불가하므로 이성적인 사람이 보기에 의심의 여지가 없는 주장인데도, 우리는 왜 그렇게 '신'의 존재를 묻는 질문에 (마치 불가지론자가 되어야 한다고 강요받은 사람처럼) 소심하게 대응할까? 곰곰이 생각해 보면, 불가지론은 결국은 믿게 될 확실한 문제에 대해서는 비합리적인 주장처럼 보인다.

사실 무신론은 그렇게 과격한 입장이 아니다. 예를 들어, 모든 무신론자는 오랜 세월에 걸쳐 여러 민족이 믿어온 대부분의 신이 존재하지 않는다고 생각한다. 세계 종교는 각자 믿는 신이 다르다. 힌두교에는 수백 개의 신이 존재하며, 그들은 모두 한 '신'의 화신 혹은 분신이다. (힌두교에서 아바타avatar는 사람 혹은 동물의 형상으로 모습을 바꾼 비슈누 Vishnu 신의 화신을 의미한다. 아바타의 또 다른 뜻은 온라인 게임에서 사용자를 대신하는 캐릭터이다.) 대부분의 기독교인은 기독교의 신을 제외하고 역사적으로 존재한다고 주장되었던 모든 신을 확고하게 거부한다. 어떻게 보면 무신론은 기독교와 상당히 유사하다. 다만 무신론은 존재를 믿지 않는 여러 신의 목록에 기독교의 신을 추가했을 뿐이다.

왜 그렇게 많은 언어가 '신'의 존재를 부정하는 사람들에게 특별한 이름표를 붙였을까? 그런 단어가 꼭 필요했을까? 자연주의적 우주관은 자연스럽게 무신론으로 이어지지만, 다른 초자연적 존재들을 거부하는 생각과도 연결된다. 자연계에는 초자연적 존재가 없으므로, 그런 존재들을 부정하는 사람들을 위해서도 특별한 이름표를 붙여보면 어떨까?

그리스 신화에 세이렌Siren 이야기가 있다. 세이렌은 새 모양을 한 여성이며, 아름다운 노랫소리로 뱃사람을 홀려서 자신들의 섬인 안테모사로 데려간다고 알려져 있다. 수천 년 동안 사람들은 세이렌의 이야기를 듣고 읽었다. 그럼에도 대부분은 세이렌의 존재를 믿지 않는다. 세이렌을 그저 신화 속 상상의 인물로 여길 뿐이다. 그러나 우리는 세이렌을 믿지 않는 사람에게 ('무신론자atheist'라는 단어와 어원이 비슷해 보이는) 'asirenist'라는 단어를 쓰지는 않는다.

'무신론자'는 있는데 세이렌을 믿지 않는 사람이라는 뜻의 단어는 없는 건 아주 오래전부터 인간의 사회와 문화가 신이나 신들에 대한 믿음과 깊이 얽혀 있기 때문이다. 오늘날 '신'을 믿는 태도는 수천 년 전부터 전해 내려온 관습이다. 바꿔 말하면, '신'을 믿는 태도는 역사적으로 정상적인 행동이며, 인간의 '기본default' 입장이다. 그러므로 역사적으로 예외적인 입장은 '신'에 대한 불신이다. 더구나 수백 년을 지나오면서, 무신론자는 매우 위험하게 살아야 했으며, 오늘날에도 세계 여러 나라에서 무신론자를 대단히 위험한 존재로 여긴다. 세이렌이 그리스 해안에 산다는 (혹은 살았었다는) 생각은 스웨덴인이든 그리스인이든 미국인이든, 현대인이 기본적으로 가지고 있는 믿음은 아니다. 그러므로 세이렌이 존재하지 않는다고 생각하는 사람들을 지칭할 특수 용어는 필요하지 않다.

무신론에 대한 13가지 편견

무신론에 대한 편견과 오해가 많은데, 여기에서는 그중 적지 않은 숫자(무려 13가지!)의 편견을 들여다본다. 그 일부는 이미 다루었지만, 지금부터는 좀 더 체계적으로 살펴보겠다. 지금 소개하는 편견 중 일부는 서로 중복되기도 하는데, 나는 그것들을 분리해서 설명하겠다.

1. 무신론자는 별종이다

무신론자는 어떤 식으로든 우리 모두와 비슷한 사람이지 별종이 아니다. 그들은 ('신'을 제외하고) 무언가를 믿고, 상상 가능한 가치 체계를 갖는다. 무신론자가 모두 똑같다는 생각은 야구를 하지 않는 사람이 모두 똑같다는 생각과 비슷하다. 야구를 하지 않는 것이 누군가의 타고난 본성을 알려주는 단서는 아니다. 야구를 하지 않는 어떤 누군가를 알려면, 시간을 들여 그와 교류해야 한다. 그래야 그가 좋아하고 싫어하는 것이 무엇인지 파악할 수 있다.

가톨릭 신자가 아닌 사람들은 어떤 사람일까? 페미니스트가 아닌 사람들은? 동성애자가 아닌 사람들은? 그들은 어떤 가치관을 가졌을까? 이런 질문들은 우스꽝스럽게 들린다. 가톨릭 신자가 아니거나 페미니스트가 아니거나 동성애자가 아닌 사람이 어떤 사람인지 알려면, 그들에 대해 더 깊이 알아봐야 한다. 무신론자도 마찬가지다. 무신론자는 세속적 휴머니스트가 될 수 있는데, 이런 경우에는 우리가 그들의 가치관과 태도를 조금이나마 짐작할 수 있다. 그러나 우리의 짐작과 전혀 다른 무신론자도 있을 수 있다.

2. 무신론은 인생철학이다

무신론에 대한 흔한 오해는 무신론이 전적으로 인생철학이라는 것이다. 그러나 그렇지 않다. 무신론은 단순히 한 가지 사실에 대한 어떤 믿음을 의미한다. 무신론자도 점성술이나 동종 요법homeopathy, 침술이나 비행접시, 유령이나 유니콘을 믿을 수 있다.

스웨덴의 학교에서 가르치는 각종 종교 교과서는 기독교, 유대교, 이슬람교, 힌두교 같은 세계 종교와 함께 무신론도 소개한다. 이런 분류는 의도는 좋았다 하더라도, 착각에 근거한 것이다. 이는 야구, 테니스, 축구, 골프 등을 장별로 설명해 놓은 체육 교과서에 구기 종목을 하지 않는 사람에 대한 장을 따로 넣은 경우와 같다. 거기에는 구기 종목을 하지 않는 사람이 달리 하는 운동을 설명해야 하지 않을까? 어쩌면 그런 사람은 승마나 다이빙, 양궁을 할지 모른다. 체육 교과서라면 이런 운동들을 설명할 수 있고 설명해야 한다.

3. 무신론자는 '신'을 싫어하거나 '신'에게 화가 나 있다

성공회 시드니 교구의 피터 젠슨Peter Jensen 대주교는 무신론자에 대해 이렇게 말했다.

> 무신론자의 지나친 열정과 신랄한 태도로 보건대, 그들은 기독교의 '하느님'을 싫어하는 것 같다. … 무신론자는 기독교인처럼 종교적 열정을 보인다. 이는 하느님을 향한 인간의 최신 공격법으로, 이들은 인간이 세상을 다스리지 못하고 하느님이 인간에게 복종을 요구하신다는 사실에 분노한다.

무신론자가 '신'에게 화가 나 있다는 생각은 공통된 편견이다. 그러나 존재조차 믿지 않는 사람이나 사물에 화를 낼 수는 없는 법이다. 물론 무신론자는 전 세계에서 '신'의 이름으로 자행되는 억압과 극악무도한 행위들에 분노할 수 있다.

구약에 묘사된 '신'은 확실히 인간에게 다정한 모습은 아니나, 무신론자는 '신'과 인간의 관계에 관심이 없다. 그런 관계가 아예 존재하지 않는다고 생각하기 때문이다.

4. 무신론자는 극단적이고 오만하고 호전적이고 편협하다

무신론자는 극단주의자나 오만한 사람을 지칭하지 않는다. 물론

06. 자연계: 자연주의, 불가지론, 무신론에 관하여

극단적이고 오만한 무신론자가 있긴 하지만, 그것은 종교인도 마찬가지이다. 그런 인격적 특성은 유신론이나 무신론의 결과가 아니다. 무신론자가 오만하다는 생각은 인간이 감히 스스로를 '신'과 비교하면 안 된다는 종교적 관념에서 비롯되었을 것이다.

무신론자를 비판하는 사람들은 간혹 "호전적인 무신론자"를 언급한다. 그러나 '호전적'이라는 단어는 폭력적이거나 폭력을 옹호하는 사람들을 가리킬 때 주로 사용하는 표현이다. 이를테면, 테러 공격을 한 이슬람교도나 미국에서 낙태 수술을 한 의사들을 살해한 기독교인들에 관한 신문 기사에서 호전적이라는 단어를 볼 수 있다. 그러나 내가 아는 한, "호전적인 무신론자"가 휘두른 무기는 자유롭게 말할 권리와 펜뿐이다.

아마도 '호전적인'이라는 단어는 비유일 뿐이고, 진짜 하고 싶었던 불평은 자신의 입장을 열렬하게 주장하는 무신론자의 태도일 것이다. 그렇다면 우리는 기독교 근본주의자나 초정통파 유대교도 같은 각종 호전적인 **유신론자들**에 대해서도 같은 불평을 해야 할 것이다.

'편협한' 무신론자라는 말은 '호전적'보다는 다소 약하지만, 이 역시 거친 표현이다. 여성 할례, 절도범 손 절단, 가족에 의한 '명예살인', 강간 피해자 낙태 금지, 간통자 돌팔매 처형 등 사람이라면 용납할 수 없는 일들이 세상에서 일어나고 있다. 대부분의 무신론자도 그런 일들을 용납하지 못하기는 마찬가지다. 만약 무신론자가 종교라는 이름으로 자행되는 극악무도한 행위에 아파한다면, 아마도 그건 그가 '신'을 믿지 않아서가 아니라 인권을 걱정하기 때문일 것이다.

5. 무신론은 유신론보다 '더 강경한' 태도다

무신론은 유신론보다 '강경'하거나 '부드럽지' 않으며, 엄격하거나 유연하지 않다. 그 둘은 서로 거울 이미지 관계다. 유신론자는 '신'이 존재한다고 믿고, 무신론자는 '신'이 존재하지 않는다고 믿는다. 두 입장 모두 상대보다 엄격하지도 유연하지도 않으며, 둘은 대칭 관계이다. 그러나 본래 무신론은 겸손한 입장이다. 무신론자는 어떤 신도 믿을 만한 확실한 이유가 없기 때문에 '신'이 존재한다는 결론에 이르지 못한다. 그들은 '신'의 존재를 뒷받침할 강력한 증거가 나올 때까지 '신'이 존재하지 않는다고 믿는다.

6. 무신론은 또 다른 종교일 뿐이다

무신론이 종교라는 주장은 타당하지 않다. 그런 말은 '우표 수집은 취미가 아니다' 혹은 '야구는 스포츠가 아니다'라는 문장처럼 정확하지 않다. 이 두 문장은 '취미'나 '스포츠'의 개념을 비정상적으로 확대했다. 이와 마찬가지로, 무신론을 종교라 부르면 '종교'의 개념도 비정상적으로 확대된다.

반면 '종교'라는 단어를 철학적 관점에서 (즉, 믿지만 입증할 수 없는 무언가로) 정의한다면, 무신론이 종교라는 문장은 명백히 사실이다. 이 경우, '무신론은 어떤 사람들이 확신하는 생각'이라는 의미가 된다. 그러니까 무신론은 사람들이 믿는 어떤 생각이며, 이는 실재에 관한 주장을 믿는 경우와 같다.

세상에 대한 **모든** 믿음은, 재미없게 표현해서 신념에 해당한다. 무신론자도 자신의 신념을 표현하는데, 가령 이런 식이다. "나는 내일

06. 자연계: 자연주의, 불가지론, 무신론에 관하여

해가 뜰 거라고 믿는다." "나는 네스호의 괴물이 존재하지 않는다고 믿는다." "나는 다음 선거로 의회의 구성이 크게 바뀌길 기대한다." 이런 신념들은 전부 종교와 무관하다.

신념을 표현하는 말들은 합리성의 수준이 천차만별이다. 전혀 타당하지 않은 신념이 있는가 하면, 본질적으로 자명한 신념이 있다. 다음 두 말을 비교해 보자. 어떤 사람이 "나는 이 숲에 트롤이 산다고 믿는다"고 말했고, 다른 사람은 "나는 이 숲에 트롤이 산다는 말을 의심한다"고 말했다. 둘 다 세상에 대한 이해를 표현하고 있으며, 그런 의미에서 둘 다 신념을 드러내고 있지만, 그 합리성의 수준은 아주 다르다. 그러므로 만약 누군가가 당신에게 "좋아, 하지만 넌 그냥 신념을 말하는 것뿐이잖아!"라고 말한다면, 그 경솔한 표현에 속지 말길 바란다.

7. 무신론자는 종교가 모든 악의 근원이라고 주장한다

무신론자는 세상이 종교와는 상관없는 온갖 잔혹함과 고통으로 가득하다는 사실을 완벽하게 알고 있다. 자연재해(미국의 보험 회사에서 주로 '불가항력'이라 부르는 것)는 인간의 잔혹 행위가 없어도 사람들에게 막대한 피해를 줄 수 있다. 무신론자는 인간의 잔혹성이 여러 모습으로 나타나며, 일부는 종교와 관련이 있고 일부는 전혀 관련이 없다는 사실을 잘 안다. 종교가 누군가의 삶에 긍정적인 영향을 미친다는 것은 말할 필요도 없는 사실이다. 또한 무신론자는 '신'에 대한 개인적인 믿음이 희망과 위안을 줄 수 있다는 것도 알고 있다. 이따금 종교가 사람들에게 선행을 부추긴다는 사실은 의심의 여지가 없으며, 무신론자도 당연히 그런 사실을 인정한다.

우리는 **개인의 인생철학**으로서의 종교와 **사회제도**로서의 종교를 구분해야 한다. 제도로서의 종교가 흔히 받는 도덕적 비판은 종교가 외부인에게 자신들의 신념 체계를 주입하고 그런 다음 자신들의 규칙과 의식에 복종하도록 강요한다는 것이다. 이는 무신론자든 유신론자든 누구나 제기할 수 있는 정당한 비판이다.

8. 무신론자는 철저히 비도덕적이다

무신론자는 도덕 기준이 전혀 없고 인간의 선한 본성을 불신한다고 생각하는 사람들이 더러 있다. 미국을 포함한 여러 나라에서 무신론자를 비도덕적인 사람으로 여기는 경우가 많다. 그래서 미국의 대통령 후보자들은 좀처럼 무신론적 견해를 드러내지 않는다.

그러나 모든 무신론자가 도덕성이 부족하다는 생각은 논점을 벗어난 것인데, 도덕성이란 신이나 초자연적 존재에 대한 믿음과 무관하기 때문이다. 사람의 도덕성은 **그가 다른 사람과 동물을 대하는 태도**로만 판단할 수 있고 또 그래야 한다. 각양각색의 사람들을 관찰해 보면, 종교인과 마찬가지로 무신론자도 도덕적으로 행동하는 사람이 있고 비도덕적으로 행동하는 사람이 있다. 그러니까 도덕적으로 행동하는 사람이 전부 종교인은 아니다.

종교계가 공통적으로 무신론자를 암울한 사람으로 묘사하는 이유는, 무신론자란 신이 주신 도덕 원리를 거부하는 사람이라서 어떤 행위든 열린 마음으로 기꺼이 받아들이고 참여한다고 주장하고 싶어서이다. 이런 종교계의 주장은 틀린 추론이다. 무신론자는 도덕 원리가 높은 곳에서 내려온다고 생각하지 않는데, 그들이 '높은 곳'에 계신 존재 자체를 믿지 않기 때문이다. 그러나 이것이 무신론자가 도덕 원리를 거부한다거나 제멋대로 하는 행동을 용인한다는 의미는 아니다. 이는 무신론자에 관한 전제들에서 도출될 수 없는 결론이다.

9. 무신론자는 자신이 보고 측정할 수 있는 것만 믿는다

어떤 사람은 무신론자를 과학 실험실에서 증명할 수 없는 아이디어는 모두 무시하는 편협하고 현학적인 사람으로 묘사하려 한다. 완곡하게 표현해서, 이것은 오해이다. 다른 사람들처럼 무신론자도 실험실(혹은 어디든)에서 측정되거나 관찰되지 못한 것들을 믿는다. 예를 들어, 많은 무신론자가 인권과 평등, 사랑을 진심으로 믿는다. 또한 다른 행성에 생명체가 존재한다고 믿는 무신론자도 있을 것이다. (당연히 무신론자일) 세속적 휴머니스트는 자신이 믿는 것을 좀 더 명확하게 정의한다. 그들은 측정 가능성과 무관하게 설득력 있는 주장은 무엇이든 믿는다.

10. 무신론은 이념이다

흔히 무신론에는 이념이라는 부당한 비난이 따른다. 그렇지 않다. 무신론은 신의 존재를 부정하는 이론일 뿐이다. 이것은 진위의 문제일 뿐, 이념과는 무관하다. 누구나 무신론만으로 올바른 가치관이나 그릇된 가치관을 형성할 수 없다. 그러므로 무신론에 근거해서 줄기세포 연구, 동성애, 낙태, 총기 규제, 지속 가능성 등 다른 중요한 이슈들에 대해 어떤 결론도 도출할 수 없다. 말할 필요도 없지만, 초자연적 존재를 부정하는 사람이라고 해서 그의 가치관과 기존 견해를 모두 비난해서도 안 된다. 즉, 무신론은 이념이 아니다.

반면 도덕적 가치관이 확고한 종교는 **탁월한** 이념이라 할 수 있는데, 그 이유는 세상과 사회가 어떤 모습이어야 하는지, 사람들이 어떻게 행동해야 하는지에 대해 일련의 도덕적 태도와 관념을 규정하기 때문이다.

11. 무신론적인 공산주의는 끔찍하므로, 무신론도 끔찍하다

흔히 공산주의 정권의 악행을 무신론의 탓으로 돌리는 사람들이 있는데, 이런 연상 작용은 비논리적 사고의 결과다. 공산주의는 하나의 이념이고, 지도자를 광신적으로 숭배하고 예찬한다는 점에서 여러 가지로 종교와 비슷하다. (오늘날 북한의 모습을 떠올리면 된다.) 물론, 이오시프 스탈린Joseph Stalin 같은 공산주의 지도자는 무신론자이면서 대량 학살자였지만, 그 둘 사이에 인과관계는 없다. 스탈린은 콧수염이 있었지만, 그렇다고 콧수염을 기른 남자들이 모두 대량 학살자가 아닌 것과 같다.

잘 알려진 바와 같이, 대량 학살자 중에는 '신'을 믿는 사람들 그것도 아주 열렬하게 믿는 사람들이 많다. 지난 몇 년간 이라크와 시리아에서 ISIS가 저지른 만행들은 수많은 사례 중 하나에 불과하다. 하지만 그런 사례들에도 불구하고, '신'을 믿는 사람들을 모두 대량 학살자라고 결론 내릴 수는 없다.

두 현상 사이에 존재하는 통계적 상관관계와 인과관계를 혼동하면 잘못된 결론을 도출할 수 있다. 예를 들어, 사람들이 비정상적으로

06. 자연계: 자연주의, 불가지론, 무신론에 관하여

아이스크림을 많이 먹은 날들과 이례적으로 많은 익사 사고가 일어난 날들은 통계적으로 강한 상관관계를 보인다. 그러나 이런 상관관계에는 인과성이 존재하지 않는다. 익사자가 익사한 원인은 아이스크림을 먹어서가 아니다. 여기에 핵심 변수(가령, 더운 날씨)가 빠져 있다. 날씨가 더우면 사람들은 더 많은 아이스크림을 먹고 더 자주 수영하러 간다. 그래서 더운 날에는 익사 위험이 커진다. 공산주의의 악행(결과)을 무신론(원인)의 탓으로 비난하는 것도 이와 비슷하다. 여기에 통계적 상관관계는 있을지 모르지만, 인과관계는 전혀 없다.

그런 '추론' 방식은 "홀로 엘리베이터에 갇힌 여성, 임신하다!"와 같이 자극적인 타블로이드 신문의 헤드라인을 떠올린다. (이 기사의 실제 내용은 어떤 여성이 엘리베이터에 너무 오래 갇혀 있던 나머지 사후 피임약을 제때 복용할 수 없었다는 것이다.)

12. 나치즘은 무신론적 이념이었다

공산주의뿐만 아니라 나치즘Nazism도 무신론이 일으킨 공포 사례로 자주 언급된다. 공산주의 사례에서 봤듯이, 이것도 논리적으로 **불합리한 추론**의 결과이다. 그리고 사실을 말하면, 나치즘은 전혀 무신론적이지 않았다! 아돌프 히틀러Adolf Hitler가 가톨릭교회와 복잡하고 모호한 관계를 맺긴 했으나, 다수의 가톨릭 성직자가 나치당원이거나 나치 부역자였다. 히틀러는 자서전《나의 투쟁Mein Kampf》에서 가톨릭교회에 대한 존경심을 이렇게 표현했다.

가톨릭교회에는 배울 점이 있다. 독신 성직자 제도는 사제를 자기들의 계급이 아닌 일반 대중에게서 뽑도록 강제하는 혁신적인 제도이다. 그러나 독신 성직자 제도에 그런 장점이 있다는 것을 아는 사람은 많지 않다. 그 유구한 제도의 특징인 고갈되지 않는 생명력은 바로 거기에서 나온다. 성직자가 하층 계급에서 계속 충원되기 때문에, 교회는 본능적으로 대중을 이해하고 대중과 소통할 수 있을 뿐만 아니라 대중에게만 존재하는 특유의 에너지를 계속해서 공급받을 수 있다. 그러므로 이 거대 유기체가 가진 놀라운 젊음과 유연한 정신, 강철 의지는 강력하다.[56]

확실히 히틀러는 아리아인의 순수성을 지키는 것이 신의 명령이라고 믿었다. 《나의 투쟁》에서 그는 유대인에 대해 이렇게 썼다.

이 검은 기생충들이 경험이 적은 우리나라의 금발 소녀들을 체계적으로 더럽혀서 대체 불가능한 무언가를 파괴한다. 그리고 두 기독교 교파가 하나님의 은총을 받은 이 땅에서 고귀하고 유일무이한 생명체를 모독하고 파괴하는 행위를 무관심하게 바라보고 있다. 지상의 미래를 위해 중요한 문제는 가톨릭과 개신교 중 승자가 누구인가가 아니라, 아리아인이 멸종되지 않게 보호하는 것이다. 그럼에도 불구하고, 오늘날 두 교파는 아리아인을 파괴하려는 세력과는 싸우지 않고 서로를 절멸시키려 고군분투하고 있다. 특히 민중의 마음을 가진 아리아인은 두 교파 모두에 소속되어 있으며, 사람들은 하나님의 뜻을 피상적으로 말로만 떠들지 않고 행동으로 실천해서 하나님의 말씀이 더럽혀지지 않게 하는 신성한 의무를 가지고 있다. 아리아인의 모습, 본질, 능력은 모두 하나님이 주셨다. 그러므로 하나님의 작품을 파괴하는 모든 사람은 그의 창

조물에 전쟁을 선포하는 것이다.[57]

이 글에서 알 수 있듯이, 히틀러는 개신교와 가톨릭이 서로 싸움을 멈추고 '신'을 **위해서** 함께 유대교도에 대항해서 싸워야 한다고 믿었다. 그는 자신이 '신'의 뜻에 따라 행동하고 있다고 확신했다.

안타깝게도, 많은 성직자가 히틀러의 명령에 복종했다. 저명한 개신교 감독이었던 마르틴 자쎄Martin Sasse는 독일 내에 있는 유대교 회당을 불태우는 일에 앞장섰다. 그는 예수를 죽인 유대인을 벌해야 한다는 히틀러의 생각이 올바르고 적절하다고 생각했다. 반면 어떤 성직자들은 거룩한 용기를 발휘해서 히틀러에 맞섰는데, 그 대표 인물인 디트리히 본회퍼Dietrich Bonhoeffer는 수년 동안 나치 정권을 맹렬하게 비난하며 독일 내 레지스탕스 운동에 참여했다. 제2차 세계 대전이 종결되기 불과 몇 주 전인 1945년 4월 9일에, 본회퍼는 나치에 의해 교수형에 처해졌다.

사실 종교는 나치즘의 핵심이었으며, 나치는 자신들의 이념을 종교화하려 했다. 독일군의 구명조끼에는 "신이 우리와 함께 하신다Gott mit uns"고 새겨져 있었는데, 이는 불길하게도 (미국의 국시인) "우리는 신을 믿는다"를 떠올리게 한다.

반면 히틀러는 기독교의 어떤 면은 신랄하게 비난했다. 그가 기독교인이었는지는 분명하지 않지만, 그가 세상을 종교적 시각으로 바라봤다는 증거는 상당히 많다.

마지막으로 나치즘에는 미신과 사이비 과학, 주술적 요소가 상당히 많았다. 누구나 알다시피 나치의 '도덕성'은 경멸할 가치조차 없다. 무신론을 나치즘과 연계시키려는 태도는 너무나 부적절하다.

13. 무신론자는 냉정하고 감정이 없다

무신론자는 종교인보다 미술, 음악, 예술품 등을 감상할 능력이 부족하다고 생각하는 사람들이 있다. 이 역시 터무니없이 **불합리한 추론**이다. 무신론자가 미술이나 음악, 자연의 숭고한 아름다움에 덜 감동하는 것은 자연주의적 입장 때문이 아니다. 사실은 그 반대일 경우가 많다. 세상을 있는 그대로 바라보고 그 내막을 파악하려 애쓰는 사람은 주변에서 일어나는 놀라운 현상을 더욱 깊이 음미할 수 있다.

생명력 넘치는 아프리카 사바나는 우리가 그곳의 환경 조건을 파악했다고 해서 그 매력을 잃지 않는다. 우리가 호박벌의 비행 원리를 알아냈어도 여전히 호박벌은 놀라운 생명체이다. 음악 이론에 따라 선율과 화성을 분석해도 그 음악이 가진 아름다움이나 힘은 사라지지 않는다. 물리학의 미스터리는 믿을 수 없지만, 자연스럽다. 지난 몇 백 년 동안 양자 물리학이 발전한 덕분에 우리는 훨씬 더 믿을 수 없는 미스터리를 숙고할 수 있게 되었다. 그 내용 중 일부는 여전히 완벽하게 설명되지 못하고 있지만, 그렇다고 그런 현상들이 초자연적이라는 의미는 아니다. 우주는 마법적 혹은 초자연적 존재가 없어도, 그 자체로 충분히 경이롭고 신비스럽다.

무신론의 부활과 소멸

사실 무신론이라는 단어 자체는 그리 흥미롭지 않다. 그저 '신' 혹은 신들을 믿지 않는다는 뜻이기 때문이다. 그러나 대대로 그 단어에 감정적이고 부정적인 이미지가 덧씌워짐에 따라 오늘날조차도 많은 사람이 그 단어를 들으면 반사적으로 거부 반응을 보인다. 역사로 인한 단어의 환기력이 참 흥미롭게 느껴진다. 그러나 오늘날 무신론은 그 단어에 찍힌 낙인이 서서히 지워지면서, 당연한 일이지만 점점 중립적인 단어가 되어 가고 있다.

이런 일이 일어나면 '무신론'과 '무신론자'라는 단어를 포기할 때가 된 것인데, 그 이유는 종교에 도취된 문화에서만 두 단어의 **존재 이유** raison d'être가 생기기 때문이다. 진정한 세속 사회가 도래하면, 우리는 더 이상 존재를 믿지도 않는 것들에 정신적, 언어적 에너지를 쏟지 않아도 될 것이다. 그런 때가 오면, 우리가 진심으로 믿는 것들에만 집중하면 될 것이다.

막간글 - 미신과 주문

미신이란 무엇인가? 행운의 숫자와 불운의 숫자가 있다는 것. 사다리 밑을 지나가거나 검은 고양이를 보거나 거울이 깨지면 불운이 닥치며, 13일의 금요일에 재난이 일어날 확률이 높고, 토끼 발 같은 부적이 행운을 가져다주고, 나무를 두드리거나 손가락을 겹쳐 액운을 막고, 인형에 핀을 꽂으면 먼 곳에 있는 누군가가 다칠 수 있다는 것. '소프트' 에너지와 '하드' 에너지의 흐름을 고려해서 건물을 지어야 하고, 피라미드 모양의 물건 아래 면도날을 두면 밤새 날이 날카로워지고, 생일케이크의 촛불을 한 번에 불어서 끄면 소원이 이루어질 것이라는 것. 무작위로 뽑은 과자 안에 있는 쪽지가 운명을 알려줄 것이라는 것 등등.

공통적으로 이 모든 생각은 믿을 이유가 전혀 없는데도 그것을 믿는 사람에게 안전감을 주어, 그것이 주변의 혼란을 막아줄 것이라는 착각을 하게 한다.

어떤 사람은 문 앞에 달아 놓은 편자가 행운을 가져다준다고 말한다(물론 그 편자는 올바른 방향을 향하고 있어야 한다!). 옛날에 한 기자가 덴마크의 위대한 물리학자 닐스 보어Niels Bohr의 현관 위에 편자가 달려 있는 모습을 봤다. 그 기자는 문득 호기심이 발동해 물었다. "편자를 왜 거기에 걸어 놓으셨어요? 아주 약간은 이 오랜 미신을 믿으시는 건가요?" 전해지는 말에 따르면, 보어는 기자의 질문에 미소를 지으며 이렇게 답했다고 한다. "아, 그거요? 물론 저는 어리석은 미신은 전혀 믿지 않지만, 당신도 알다시피, 그것을 믿지 않아도 이런 것들이 효과가 있다고 말하는 사람들이 있더군요!"

버트런드 러셀은 미신의 개념을 이런 문장으로 명쾌하게 정의했다. "미신은 타인의 종교이다." 똑같이 합리적이거나 똑같이 비합리적인 종교가 대립할 때, 신자들은 자신의 종교는 미신으로 여기지 않으면서 다른 사람의 종교는 미신으로 일축해버린다는 의미이다.

1950년대 초에, 무명의 아동 잡지 편집자였던 마틴 가드너는《과학의 이름 아래 유행과 오류》라는 에세이집을 냈다. 통찰력이 돋보이고 심오하며, 충격적이고 재미있는 이 탁월한 책은 허튼소리의 정체를 폭로한다. 가드너는 고도의 기교와 예술성을 발휘해서, 약 스무 종의 사이비 과학과 미신을 철저히 파헤쳤다. 몇 년 후, 이 책의 2판(1957년) 서문의 첫 단락에서 그는 감정을 드러내지 않고 이렇게 썼다.

이 책의 초판을 읽고 격분한 수많은 독자가 묘한 편지들을 보냈다. 가장 심한 편지를 보낸 사람들은 라이히 신봉자들Reichians이었는데, 이들은 내 책이 (그들이 보기에) 다이어네틱스dianetics(해로운 심상心象을 제거하려는 심리 요법─옮긴이) 같은 기이한 의식과 자신들의 오르고노미 orgonomy(생체와 우주에 존재한다는 미지의 에너지를 이용한 치료법─옮긴이)를 같은 맥락에서 다루었다는 점에 분노했다. 물론 다이어네틱스 신봉자들도 오르고노미에 대해 같은 기분을 느꼈다. 나는 접골과 지압 요법을 사용하는 사기꾼들과 자신을 똑같이 취급한 것에 모욕을 느낀 동종요법 연구자에게도 편지를 받았고, 켄터키에 사는 한 척추 지압사는 고통받는 인간에게 내린 '신'의 가장 큰 선물인 지압을 내가 무시했다며 나를 "안타까워했다." 몇몇 베이츠 박사Dr. Bates 신봉자들이 보낸 편지는 읽기가 너무 힘들어서 그 사람들에게 도수 높은 안경이 시급하다는 생각을 해보았다. 이상하게도 편지를 보낸 사람의 대부분은 책의 다른 부분은 전부 훌륭하다고 생각하는지 오직 한 장에만 반발했다.

마지막 문장이 너무나 인간적이어서, 잊을 수가 없다!
전통적인 기독교, 특히 오지에 선교사를 보내는 교회들은 원주민의 종교적 신앙을 늘 미신으로 여겼다. 예를 들어, 나무나 돌에 영혼이 있다는 믿음, 기우제, 자연신을 달래기 위해 동물이나 인간을 제물로 바치는 행위 등을 미신이나 마술적 사고로 간주하거나 악령과 악마와의 위험한 접촉이라고 생각했다.

그러나 가톨릭에도 미신이 아니라고 보기 어려운 수많은 의식이 있다. 예를 들어, 1215년 제4차 라테란 공의회Lateran Council에서 확립된 성변화transubstantiation를 생각해보자. 이 교리에 따르면, 성만찬 중에 "이해를 초월한 방식으로" 평범한 빵과 와인이 말 그대로 그리스도의 살과 피로 변하지만, 그 형태와 맛, 냄새는 온전히 남는다. 13세기에 한 교회의 평의회에서는 "그리스도의 살과 피가 성찬식 때 실제로 빵과 포도주에 들어가게 되며, 하느님이 역사하셔서 빵은 살로, 포도주는 피로 성변화한다"고 결정했다. 16세기에 종교 개혁 운동을 펼친 마르틴 루터Martin Luther(1483~1546)는 성만찬을 마술적이고 미신적인 의식으로 간주해서 거부했다.

또 다른 예는 성자숭배 의식으로, 이것은 역사적 인물의 신체에 마술적 힘이 있다고 믿어 신체의 일부를 수백 년 동안 보존하고 숭배하는 의식이다. 종교인이 아닌 사람들에게, 그런 의식은 그저 요술을 부릴 때 외에는 "호쿠스 포쿠스"나 다름없다.

"호쿠스 포쿠스 필리오쿠스hocus pocus filiocus"라는 주문은 적어도 17세기까지 거슬러 올라간다. 이 표현은 기독교 의식에 기원을 둔다. 정확히 말해서, 가톨릭에서 성만찬을 치를 때, 라틴어로 "오크 에스트 에님 코르푸스 메움Hoc est enim corpus meum('이것은 내 몸이다'라는 뜻)"과 "필리오케filioque('그리고 그 아들의'라는 뜻)"라고 말한다. 신비하게 들리는 "호쿠스 포쿠스 필리오쿠스"는 이 가톨릭 주문을 변형하고 축약한 버전으로, 라틴어는 잘 모르지만 성만찬을 사랑했던 무수한 신자들의 집단 발명품이다. 알아듣기 어려운 이 새로운 주문은 자연스럽게 기분 좋은 마술과 불가사의한 느낌뿐만 아니라 미사를 집전하던 성직자들의 원래 주문에 담겨 있던 기적까지 품게 되었다.

'미신'이라 불리는 것은 시간에 따라 변한다. 가령, 과거 스웨덴 사람들은 도깨비와 요정이 존재한다고 믿었다. 그러나 오늘날 그런 것들을 믿으면 미친 사람 취급을 받는다.

100년 후 사람들은 유령과 영혼에 대한 믿음이나 예수가 물을 술로 바꾸고 죽은 자 가운데서 부활했다고 주장하는 도그마를 어떻게 생각하게 될까? 몇 천 년 전에 이 세상을 6일 만에 창조했다는 도그마는? 별자리가 사람의 성격과 운명의 비밀을 말해준다거나 손금으로 사주팔자를 알 수 있다는 생각은? 외계 생명체가 비행접시를 타고 지구에 와서 몇몇 사람과 접촉했다는 이야기는?

혹은 초능력 신봉자의 주장처럼, 특별한 능력을 가진 사람이 수천 킬로미터 떨어진 곳에 있는 사람과 마음으로 소통할 수 있다는 생각은? 염력 신봉자들의 주장처럼, 어떤 사람은 생각만으로 열쇠와 숟가락을 휘게 할 수 있다는 생각은? 소위 '특이점' 신봉자들의 주장처럼, 앞으로 15년에서 20년 후에 우리 뇌의 마이크로 회로를 전부 컴퓨터 기억 장치에 저장해 소프트웨어 속 생명체로 영원히 살 수 있게 된다는 생각은?

누가 알겠는가? 오늘날의 주식 시장 예측 기술과 기적의 체중 감량법이 나중에는 엉터리 이야기가 될지. 100년 후 사람들은 오늘날의 초대칭 입자supersymmetric particles 이론을 어떻게 생각할까? 암흑 물질과 암흑 에너지는? 끈 이론과 '브레인branes'이론은? 빅뱅Big Bang과 이를 보완하는 빅크런치Big Crunch이론은? 다중우주론, 웜홀wormholes, 시간 여행은? 우리는 그저 기다리기만 하면 된다. 그리고 만약 특이점 주의자들Singularitarians의 생각이 옳다면, 우리 중 상당수는 지금부터 백년이 아닌 천년, 백만 년, 십억 년까지 더 살 수 있을 것이다.

06. 자연계: 자연주의, 불가지론, 무신론에 관하여

07

'신'이 불필요한 선: 선악과 도덕성에 관하여

'신'은 악을 막을 의지는 있지만 능력은 없는 것인가? 그렇다면 그는 전능하지 않다.
그는 악을 막을 능력은 있지만 의지는 없는 것인가? 그렇다면 그는 악하다.
그는 악을 막을 능력도 있고 의지도 있는가? 그렇다면 악은 왜 생기는가?
그는 막을 능력도 없고 의지도 없는가? 그렇다면 그를 왜 '신'이라 불러야 하는가?

– 에피쿠로스Epicurus

자연계에는 불가피하게 선과 악이 존재한다. 자연계에 초자연적인 힘이 없다고 생각하는 사람은 어떻게 악의 존재가 '신'의 은총과 양립할 수 있는지 고민하지 않아도 된다. 그들에게 악의 근원은 자연적 요인에 있으므로, 그저 부단히 다양한 방법으로 그 악과 싸우기만 하면 된다. 그러나 종교를 믿는 사람은 이 심각한 질문을 떠올리게 된다. 어떻게 선과 악이 공존할 수 있는가?

악의 문제

신은 아우슈비츠에서 죽었다.

　오직 이런 은유적 표현으로 나치 수용소에서 유대인과 다른 사람들이 겪은 불가해한 잔학 행위를 조금이나마 이해할 수 있다. 그렇게 거대한 악은 전능하고 자비한 '신'과 전혀 양립할 수 없어 보인다. 아우슈비츠로 끌려갔다가 가까스로 살아남은 내 친구는 직접 목격한 끔찍한 사건을 이렇게 말해주었다.

　우리 수용소에 어린아이가 딸린 여자가 하나 있었다. 그녀는 필사적으로 아이를 살리려 했지만, 헛수고였다. 아이가 죽자, 그녀는 정신이 나가서 탈출을 시도했다. 그녀는 곧바로 잡혔고, 모든 수감자는 그녀 주위에 큰 원을 그리고 서 있어야 했다. 가운데에 있던 여자 주위에 나치 친위대원이 둘 있었다. 그들은 자신들이 탈출 시도자를 어떻게 처리하는지 우리에게 지켜보게 했다. 먼저 그녀를 나무에 꽁꽁 묶고 채찍질을 했다. 그런 다음 그녀의 양팔과 양손, 어깨를 모두 부러뜨렸다. 그런 다음에도 잔혹하게 계속 그녀를 고문했고, 결국 그녀는 우리가 보는 앞에서 사망했다.

　세상에서 저런 일을 허용하는 '신'을 어떻게 믿을 수 있을까?
　전지전능한 '신'이 있다면, 이 세상에 왜 그렇게 많은 고통과 악이 존재할까? 이 미스터리를 **신정론**theodicy 문제라 부르는데, 여기에서 'theodicy(신정론)'은 '신의 정의'라는 뜻의 그리스어이다. 아주 오래전부터 신학자와 철학자들은 이 문제와 씨름해왔다. 실제로 이 문제는 유대교, 기독교, 이슬람교 등 아브라함의 세 종교가 공통적으로 섬기는 '신'의 존재에 대한 강력한 반증 중 하나이다.

전능하다, 그렇지 않다

자신의 신앙을 합리화하고 싶었던 종교인들은 신정론 문제를 해결할 수많은 방법을 궁리했다. 한 가지 해법은 '신'이 전능하지 않다는 생각을 그냥 인정하는 것이다. '신'은 인간을 창조하면서 모든 인간에게 자유 의지를 주었다. 그로 인해 신의 능력이 줄어들었다. 모든 인간은 도덕적으로 선하거나 악한 결정을 할 수 있는 자유가 있다. 이 자유 의지 때문에, 인간은 악행을 저지를 수 있으며, '신'은 그것을 막을 방법이 없어졌다.

그러나 인간에게 자유 의지가 있고 '신'이 전능한 세상도 상상해볼 수 있다. 그런 세상에서는 인간이 자유 의지로 악행을 저지를 때마다 '신'이 개입해서 막을 수 있다. 예를 들어, '신'은 살인을 막을 수 있다. 또한 인간은 자유 의지로 도덕적으로 선한 선택을 할 수 있다. 만약 누군가가 비도덕적인 선택을 하면, 전능한 '신'이 뛰어들어 그 악행을 미연에 방지할 수 있을 것이다.

또한 신은 사람들이 항상 선한 선택만 하는 세상을 창조할 수도 있었을 것이다. 즉, 이런 세상에서는 인간의 자유로운 선택이 늘 선한 결과를 가져올 것이다. 실제로 그런 세상은 인간의 선택이 선한 결과와 악한 결과를 모두 가져오는 세상보다 훨씬 완벽할 것이다. 전능한 '신'이 존재한다면 이와 같이 가능한 최선의 세계를 만들 수 있을 텐데, 그는 왜 그런 세계를 창조하지 않았을까?

신정론 문제에 대한 이런 해법들은 오직 **도덕적** 악, 즉 살인, 강간, 반역, 전쟁 등 인간의 의도적인 악행을 막는 데만 효과적이다. 그러니까 이 방법은 **자연적** 악의 문제, 즉 지진, 눈사태, 화재, 해일, 허리케인, 화산 폭발, 전염병, 동물 폭주, 건물 붕괴, 배 침몰, 비행기 추락 등 인간의 의도와 무관하게 일어나는 재해에는 속수무책이다. 그러나 세상에는 타당한 이유 없이 일어나는 끔찍한 고통이 수없이 많다. 만약 어떤 사람이 번개를 맞거나 눈사태에 매몰되거나, 치명적인 뇌종양이 생기거나, 이웃 집 누수 문제를 해결하려 지붕에 올라갔다가 추락사했다면, 이들의 죽음은 명백히 비극적이긴 해도 누군가의 악의에서 비롯되지는 않았다.

전능한 신이라면 그런 고통을 막을 수 있어야 하지만, 인간에게 자유 의지를 주었으므로 신이 가진 힘은 좀 더 제한적일 수밖에 없다. 결과적으로 자유 의지론으로는 신정론 문제를 해결할 수 없다.

주는 불가사의한 방식으로 일하신다

세상에 악이 존재하는 이유에 대한 신학계의 또 다른 설명은 이것이다. '신'이 악을 묵인하는 이유를 인간이 이해하지 못해서라는 것이다. 말하자면, 우리가 당하는 악과 고통은 사실 훨씬 높은 목적을 이루기 위한 수단이며, 지금 당장은 우리가 그 뜻을 알지 못하더라도 충분히 장기적인 관점에서 보면 결국 선으로 밝혀진다는 이야기이다. 이를 친숙한 문장으로 표현하면, "주는 불가사의한 방식으로 일하신다"이다.

안타깝게도 그런 '지혜 덩어리nugget of wisdom'는 비논리적일 뿐만 아니라 비도덕적이고 불쾌하기도 하다. 가령, 학교 폭력이나 교통사고로 자녀를 잃은 부모에게 그런 식으로 말한다면, 그 말은 도리어 큰 상처만 남길 뿐이다. 참혹하게 생을 마감한 사람에게 장기적 관점에서의 선이 무슨 소용이 있겠는가? 타인의 잔혹 행위나 자연 재해로 사망한 사람에게 그런 말은 아무 의미가 없다. 물론 시련이 사람을 강하게 만들 때도 있지만, 지진이나 테러 공격으로 사망한 사람들은 강해질 수 없지 않은가.

신정론 문제에 대한 이런 접근법을 옹호하는 사람들 중에는 한쪽에서 한 명을 희생시켜서 다른 쪽에서 더 좋은 결과를 얻으면 되지 않겠느냐고 주장하는 사람이 있을지 모르겠다. 이런 태도는 상당히 냉소적으로 보인다. 우리가 사후에 천국에 가면 지상의 고통을 보상받을 수 있을까? 그러나 이것도 신정론 문제를 해결하지 못한다. 어쨌든 지상에는 여전히 고통이 존재하니까.

'신'이 자비하고 전능하다면, 생전이든 사후든 인간이 고통받지 않는 세상을 만들었을 것이다.

어떤 악은 눈에 보이지만 실체는 없다

'신'과 악의 공존을 해명하려는 또 다른 시도를 살펴보자. 이 방법은 신정론 문제에 대한 첫 번째 해법을 확대한 것으로, 기본 내용은 이렇다.

도덕적 악은 이 세상에 실제로 존재한다. 이는 인간의 자유 의지의 산물이다. 그러나 **자연적** 악은 존재하지 않는다. 그것은 실체가 없으며, 무언가의 **부재**, 즉 선의 부재를 의미한다. 검은색이 독립된 색이 아니라 빛과 색의 부재인 것처럼, 자연적 악도 선의 부재일 뿐이다.

신정론 문제에 대한 이런 접근법을 흔히 '결핍론privation response'이라 부르는데, 이 표현은 '선의 부재'라는 뜻의 라틴어 'privatio boni(프리바치오 보니)에서 유래했다. '선의 부재'란 표현은 일종의 말장난으로, 치명적인 신정론 문제에서 '신'을 구하기 위한 필사적인 노력이라 할 수 있다.

인간이 자연적 악으로 인지하는 일을 선의 부재로 설명하는 접근법이 옳다고 가정해보자. 그런 말장난이 지진으로 삶의 터전이 무너진 사람이나 쓰나미로 온 가족을 잃은 사람에게 무슨 의미가 있을까? 그들의 고통은 우리가 그것을 자연적 악이든 선의 부재든 어떤 말로 표현하든 상관없이 엄연한 현실이다. 만약 전능하고 선한 '신'이 정말로 존재한다면, 그는 더 큰 선이 있는(혹은 고통이 덜한) 세상을 창조할 수 있었을 것이다. 또한 그런 신은 선의 부재로 고통이 발생한 상황에 개입해서 끔찍한 괴로움으로부터 인간(과 동물)을 구해낼 것이다.

신정론 문제에 대한 종교적 해명에 다양한 결점이 있음에도 불구하고, 스웨덴을 포함한 세계 여러 나라의 소위 자유 교회들Free Churches은 그런 접근법을 적극 활용한다. 아우슈비츠 해방을 기념하는 어느 행사에서, 나는 스웨덴 자유 교회 소속으로 참석한 저명한 신학자 한 사람과 토론을 벌인 적이 있다. 그는 아우슈비츠 수감자들에 대한 나치의 만행과 관련해서 '신'이 인간에게 자유 의지를 주었으므로 '그(He)'는 인간사에 개입할 수 없었다고 설명했다. (여기에서 내가 '그'라는 남성 대명사를 사용한 건 보편적으로 종교인이 '신'을 남성으로 가정하기 때문이다. 또한 '그'를 대문자로 쓴 건 그 신학자를 지칭한 것이 아님을 밝히기 위해서이다.) 또한 이 신학자는 오직 '신'만 이해하는 숭고한 목적이 있으며, 이 목적을 실현하기 위한 대가가 아우슈비츠와 다른 죽음의 수용소에서 나치가 벌인 만행이라고 주장했다.

내 생각에, 그런 관점은 비논리적일 뿐만 아니라 지독히 냉소적이다. 만약 전능하고 선한 '신'이 정말로 존재하고 아우슈비츠에서 일어난 일들을 봤다면, 왜 그것을 막지 않았을까? '신'이 그 일을 막으려면 수감자나 감시자의 자유 의지를 무시해야 하기 때문일까? (적어도 전능한 신에게라면) 의외로 방법은 간단하다. 아주 사소한 기적만 일으키면 된다. 예컨대, 수감자가 탈출할 수 있도록 갑자기 모든 수용소의 문을 여는 것이다. 또는 모든 감시자를 갑자기 장염에 걸리게 해서 만행을 막는 방법도 있다. 이 모든 개입은 인간의 자유 의지를 침해할 것이나, 기적을 일으킬 수 있는 초자연적 존재에게는 어린아이의 장난이나 다름없는 수준일 것이다.

'신'에게 도덕적으로 더 높은 목적이 있다는 생각은 어떨까? 그것이 아우슈비츠에서의 대학살을 정당화할 수 있을까? 혹은 부족한 인간의 머리로는 이해할 수 없는 일일까? 설사 그렇다 하더라도, 그것이 죽음의 수용소를 정당화할 수는 없다. 분명 전능한 신이라면, 수백만

명료하게 생각하는 법

명의 무고한 사람들에게 말할 수 없는 고통을 안기지 않고 도덕적으로 더 높은 목적을 달성할 수 있었을 것이다.

나치즘을 피해 헝가리를 탈출했던 암 연구자 게오르크 클라인Georg Klein은 신정론 문제와 관련해서 내가 생각하기에 가장 타당한 교훈을 제시했다. "'신'은 얼마나 무자비하고 사악한지, 자기 행위에 대한 유일한 변명이 자신이 존재하지 않는다는 주장이다."

신은 정말 선할까?

그런데 왜 사람들은 '신'을 선하다고 생각할까? 다는 아니더라도 수많은 종교인이 신을 100퍼센트 선하다고 믿는다. 다만 아무리 강력한 '신'이라도 자신의 뜻을 거슬러 자유 의지를 남용하는 인간의 모든 악행을 막을 수는 없다고 생각한다. 어쨌든 '신'의 선함을 의심하는 종교인은 거의 없다.

그런데 오히려 그 반대가 진실일 수 있지 않을까? 즉, '신'이 100퍼센트 악하다고 상상해보자. '신'이 강력하긴 하지만, 신의 뜻을 거슬러 자유 의지로 아낌없이 선행을 베푸는 사람들을 막을 수 있을 만큼 막강하지는 않다고 가정해보는 것이다. 자유 의지가 있는 인간과 완벽하게 악한 '신'의 조합은 오늘날과 같은 모습의 세상을 쉽게 만들 수 있다. 악한 '신'이 아무리 많은 고통을 만들어내도 세상에는 여전히 선과 기쁨이 존재하는데, 이는 전적으로 인간의 자유 의지 덕분이다.

선한 신과 악한 신이라는 두 세계관은 거울에 비친 영상처럼 서로 꼭 닮았다. 그러나 악한 신 쪽이 덜 매력적이다. 신정론 문제에서도 확인했지만, 가장 그럴 듯한 결론은 전능하고 선한 '신'은 실현 불가능한 꿈이라는 것이다.

2014년 10월에 나는 영국 철학자 데릭 파핏Derek Parfit[58]과 대화를 나눌 기회가 있었는데, 그는 여덟 살 때까지 종교를 믿었고, 심지어 당시에는 수도사가 되고 싶었다고 말했다. 그러다 신정론 문제를 골똘히 생각했고 학교에서 배운 내용이 잘못됐다는 사실을 깨달은 다음, 전능하고 선한 '신'에 대한 믿음을 포기했다고 했다. 그는 틀린 내용을 가르쳐온 학교 당국에 실망감과 배신감을 깊이 느꼈다. 아홉 살에 무신론자가 된 그는 2014년에 나를 만난 자리에서 '신'을 믿는 사람이 줄어들면 세상은 더 나아질 거라고 말했다.

도덕성에는 신이 필요하지 않다

사고 실험을 하나 해보겠다. '신'을 믿는 사람들에게 이런 질문을 한다고 상상해보자. "당신에게 도덕적으로 행동하도록 동기를 부여하는 것은 무엇인가? 높은 곳에 계신 '신'이 낮은 곳에 있는 우리 인간에게 도덕적으로 행동하라고 명령했기 때문인가?" 만약 질문받은 사람들이 "그렇다. 내 도덕성은 높은 곳에 계신 분에게서 나온다"고 답한다면, 그들은 이런 의견에도 틀림없이 동의할 것이다. "높은 곳에 계신 '신'이 당신에게 다른 사람을 해치거나 살해하라고 명령한다면, 당신은 기꺼이 그렇게 할 것이다. 그렇지 않은가? 아니면 어느 날 갑자기 당신이 '신'에 대한 믿음을 잃었다고 해보자. 그럼 나는 당신 주변에 있기가 무서울 것이다. 왜냐하면 당신의 도덕성이 공기 중으로 사라져버렸을 테니까. 그렇지 않은가?"

반면 질문을 받은 사람들이 "아니다. 내 도덕성은 높은 곳에 계신 분에게서 나오지 않는다"고 답한다면, 그들은 '신'이 있든 없든 도덕적으로 행동할 것이다. 그들의 도덕성은 '신'의 존재에 대한 믿음에 얽매이지 않기 때문이다.

이제 그 질문을 다르게 바꿔보자. 어떤 행동은 '신'이 그것을 지지하기 때문에 도덕적으로 옳은 것인가 아니면 반대로 그 행동이 도덕적으로 옳기 때문에 '신'이 그것을 지지하는가? 이 문제는 이미 플라톤 Plato(기원전 427~360)이 《에우튀프론Euthyphro》이라는 대화편에서 깊이 다룬 바 있다. 여기에서 소크라테스는 신을 믿지 않는다는 이유로 재판을 받기 직전에, 경건함과 정의가 무엇인지 정확히 아는 사람처럼 행동하던 에우튀프론과 논쟁을 벌였다. 실제로 에우튀프론은 자기 아버지를 살인죄로 고소할 정도로 자기 확신에 차 있던 사람이었다.

에우튀프론: 그럼, 저는 모든 신이 사랑하는 것이 경건하고 독실한 것이며, 모든 신이 싫어하는 것이 불경한 것이라고 말하고 싶습니다.
소크라테스: 에우튀프론, 우리가 그 말이 옳은지 조사해야 할까 아니면 우리 자신이든 다른 사람이든 자신 있게 말한 것은 그냥 받아들여야 할까? 어떻게 생각하는가?
에우튀프론: 조사해야 합니다. 그리고 저는 그 말이 조사를 통과할 것이라고 믿습니다.

07. '신'이 불필요한 선: 선악과 도덕성에 관하여

소크라테스: 잠시 후에 알게 되겠지, 친구여. 먼저 내가 알고 싶은 내용은 이것이네. 경건하거나 독실한 것이 신들의 사랑을 받는 건 그것이 경건해서인가, 아니면 신들의 사랑을 받기 때문에 그것이 경건한 것인가.

소크라테스가 이런 수사적 질문을 던진 것은 거기에 대한 타당한 답은 오직 하나만 존재한다는 점을 나중에 밝히기 위해서이다.

소크라테스: 에우튀프론, 자네는 경건함이 무엇이라고 생각하는가? 자네의 정의에 따르면 모든 신에게 사랑받는 것이 경건함이 아닌가?
에우튀프론: 맞습니다.
소크라테스: 그것이 경건하거나 독실하기 때문인가 아니면 다른 이유가 있는가?
에우튀프론: 그것이 이유입니다.
소크라테스: 경건하기 때문에 사랑받는 것이지, 사랑받기 때문에 경건한 것은 아니라는 말인가?
에우튀프론: 그렇습니다.
소크라테스: 그런데 신들의 사랑을 받는 것은 신들이 사랑하는 것이고, 신들이 사랑하기 때문에 그것은 신들의 사랑을 받는 상태인 것인가?
에우튀프론: 확실히 그렇습니다.
소크라테스: 그러면 에우튀프론, 신들의 사랑을 받는 것이 경건한 것이 아니고, 자네의 말처럼, '신'의 사랑을 받는다고 경건한 것도 아니네. 그런데 그 둘은 서로 다르다네.
에우튀프론: 그게 무슨 말씀입니까, 소크라테스?

소크라테스: 내 말은, 경건한 것은 그것이 경건해서 '신'에게 사랑을 받는 것이지, 그것이 사랑을 받기 때문에 경건한 것은 아니라고 우리가 인정했다는 의미네.

이렇게 해서 소크라테스는 에우튀프론에게 어떤 행동이 선한 것은 단순히 신들이 그 행동을 바라서가 아님을 보여준다. 오히려 그 반대로 신들은 그 행동이 선하기 때문에 그렇게 행동하기를 바란다. 따라서 선에 대한 정의는 신들과 무관하다.

영국 철학자 사이먼 블랙번Simon Blackburn(1944~)은《윤리학: 아주 짧은 입문서Ethics: A Very Short Introduction》**59**에서《에우튀프론》에 대해 이렇게 썼다.

핵심은 '신' 혹은 신들이 독단적이지 않다는 생각에 있다. 신들은 허용하고 금지해야 할 것들을 올바르게 선택한다고 간주되어야 한다. 그들도 우리처럼 신성하거나 정의로운 것을 고수해야 한다. 신들이 그렇게 하는 이유는 단지 그들이 강력하거나 만물을 창조했거나 끔직한 벌과 달콤한 보상을 줄 수 있어서가 아니다. 그런 능력이 신들을 선한 존재로 만들지 않는다. 더구나 그런 능력 때문에 신들의 명령에 복종하는 것은 비굴하고 이기적인 행동이 될 것이다. 예를 들어, 내가 누군가의 신뢰를 저버리는 나쁜 행동을 하기로 마음먹었다고 해보자. 이때 이렇게 생각하는 것은 바람직하지 않다. '좀 따져보면, 배신 행동을 했을 때 이런저런 이득이 생길 테지만, 지금 내가 그렇게 했을 때 "신"이 내게 타격을 입힐 가능성도 고려해야 해. 하지만, 나중에 고해성사나 임종 때 "신"을

279
•
07. '신'이 불필요한 선: 선악과 도덕성에 관하여

얼렁뚱땅 속여서 용서받을 수도 있긴 한데……' 이는 훌륭한 성품을 가진 사람이 할 생각이 아니다. 훌륭한 사람은 이렇게 생각할 것이다. '그 것은 배신이니까 나는 그런 행동을 하지 않을 거야.' 이걸로 끝이다. 종교적 관점에서 비용편익분석을 해보면, 현대 도덕 철학자 버나드 윌리엄스Bernard Williams의 유명한 말이 떠오른다. "생각이 너무 많다."

이런 식으로 외부의 신을 이용한 회피는 틀렸다기보다 부적절해 보인다. 회피는 행동 기준 자체를 왜곡할 수 있기 때문이다.

만약 어떤 행동이 '신'이 붙인 꼬리표 덕분에 선하다고 간주된다면, 그 행동 자체는 도덕적이지 않다는 의미가 된다. 이는 '신'이 아무렇게나 도덕 원리를 꾸며낼 수 있다는 의미이며, 그로 인해 '신'이 계획하고 명령했다는 이유만으로 그 원리는 영원히 '선한' 것이 될 것이다. 그런 경우에 '신'이 악하다면, 악행을 조장하는 도덕 기준도 만들지 않겠는가? '선하다' 혹은 '도덕적이다'의 기준이 '신'의 변덕에 좌우되는 상황은 타고난 우리의 직관에 크게 어긋난다. 높은 곳에 있는 어떤 신이 명령하더라도, 우리는 무고한 사람을 고문하는 행위가 **항상** 비도덕적이고 악하다고 믿지 않던가?

종교인은 '신'이 사람들에게 잔혹 행위를 명령하지 않는다고 확신할 것이다 그들은 '신'이 고문을 악행으로 여기므로 타인을 고문하라는 명령은 하지 않는다고 말한다. 또한 '신'이 행복을 선으로 여기므로, 타인을 행복하게 하도록 우리를 부추긴다고도 말할 것이다.

이런 말들은 그럴 듯해 보이지만, 안타깝게도 도덕 원리가 높은 곳에 있는 '신'에게서 나온다는 생각과 모순된다. 여기에서는 '신'도 존중

명료하게 생각하는 법

해야 하는 **객관적인** 도덕 기준이 있다고 가정하기 때문이다. 그러므로 아무리 독실한 사람이라도 결국 도덕은 '신'과 무관하다고 깨닫게 된다. 그리고 독실한 종교인의 도덕관은 '신'은 우리가 **도덕적으로 올바르게 행동**하기를 바란다는 것이다. 여기에서 추가적인 신의 승인은 불필요하다.

어떤 신도 믿지 않는 사람들에게 이러한 추론 결과는 문제가 되지 않는다. 그러나 '신'을 믿는 사람들은 심각한 딜레마에 빠지게 되는데, 이 추론 결과는 도덕이 '신'과 무관하거나 높은 곳에서 내려오는 것이 아님을 보여주기 때문이다. 즉, '신'의 존재와 무관하게, 이 세상에 도덕은 존재한다.

제우스와 시바의 싸움

이 주제를 좀 더 깊이 파고들어 보자. '신'이 정말로 도덕적으로 선한 행동을 지시한다고 해보자. 과연 그 말은 '신'이 **선하다**는 의미일까? '신'의 명령을 따르기만 하면 선이 실현된다는 말은 '신'의 뜻이 선하다는 말을 반복하는 것, 즉 동어 반복이다. 이는 '신'의 뜻이 '신'의 뜻과 일치한다고 주장하는 순환 논법이다. '신'이 선하다는 주장이 **유효**하려면, 선의 구성 요소를 **독립적**인 관점에서 파악해야 한다.

도덕적 선이 신의 명령으로만 결정될 때 얼마나 터무니없는 결과가 일어나는지를 설명하기 위해 제우스와 시바가 시합을 벌이는 가상 상황을 예로 들어보겠다.[60] 이 시합의 승자는 영원히 전능한 존재가 된다. 시바는 인간의 삶을 개선하고 싶어서 승자가 되려 한다. 구체적으로 말하면, 세상에 항구적인 평화와 행복을 가져다주고, 정의를 실현하고자 한다. 제우스도 승리하고 싶어 하지만, 그는 다른 방식으로 전능함을 이용할 생각이다. 무엇보다 그는 무수한 인간을 잔인하게 살해한 다음, 남은 인간을 노예로 삼아 환경이 열악한 거대 수용소에 가두고 죽을 때까지 일을 시킬 생각이다.

불행히도 제우스가 시합에서 이긴다. 이제 상상도 하기 싫었던 상황이 전개될 것이다. 사악하고 무시무시한 신이 전능한 존재가 되었으므로, 세상에는 이루 말할 수 없는 고통과 악이 끊이지 않을 것이다.

아마도 이것이 사람들의 최초 예상이겠으나, 여기에는 중요한 내용이 빠져 있다. 먼저 제우스가 쟁취한 무한한 힘을 이용해서 도덕 원리의 정의를 바꾼다고 해보자. 즉, '선'의 개념이 바뀌는 것이다. 무고한 사람들을 잔인하게 학살하는 행위를 도덕적이고 선한 일로, 무고한 사람들에게 함부로 고통을 가하는 행위를 공정하고 정의로운 일로 만든다. 또한 사슬에 매인 노예의 삶을 사람들이 열망해마지 않는 고결한 삶으로 만든다. 마지막으로 그는 (자신의 행동이 아닌 도덕 개념을 바꿈으로써) 자칭 도덕적으로 완벽한 존재가 된다. 그래서 제우스가 창조한, 고문과 고역, 학살이 난무하는 세상은 정의에 따라 도덕적으로 칭송받을 만하고 몹시 바람직한 곳이 된다.

그런데 이 이야기에는 한 가지 문제가 있다. 완전히 터무니없는 내용이라는 점이다. 만약 '신'이 도덕성의 유일한 근원이라면, 즉 '신'이 선의 화신이라면, 신이 **없는** 세상에는 정의상 선도 악도 없어야 할 것이다. 이런 세상에는 도덕적 선악이 존재하지 않으므로, 신이 없는 세상을 부정적으로 혹은 불쾌하게 바라볼 필요도 없다. 그러므로 "'신'이 없다면 이 세상에 도덕도 존재하지 않을 것이다. 그런 세상은 얼마나 비도덕적이겠는가!"라는 말은 모순이다. 도덕적 진실이나 기준이 없다면, **비도덕적**인 것은 아예 존재할 수 없다.

만약 '신'이 도덕성의 유일한 근원이라면, 신이 없는 세상은 도덕성이 결여된 곳이므로, **도덕관념이 없는**amoral 세상으로 불러야 한다. 그런데 '도덕관념이 없다'는 말은 '도덕적'이지도 않고 '비도덕적'이지도 않다는 뜻이다. 가령, 물고기는 도덕적이지도 비도덕적이지도 않다. 그냥 도덕관념이 없을 뿐이다.

이 모든 이야기는 일종의 간단한 철학 게임에 불과한데, 그 이유는 우리 모두 이 세상에 행복과 고통이 존재한다는 사실을 잘 알기 때문이다. 어쨌든 이제 우리는 한 가지 결론을 얻는다. 즉, 신은 도덕의 근원이 될 수 없다. 물론 신은 사람들이 도덕 원리를 **이해하고 따르도록** 도울 수는 있지만, 도덕 원리의 근원이 되지는 않는다.

여기에서 핵심 질문은 이것이다. 과연 인간은 **어떤 형태로든 신의 도움을 전혀 받지 않고** 도덕 원리를 발견하고 이해할 수 있을까? 앞으로 보게 되겠지만, 그렇게 할 수 있다는 증거는 많다. 그전에 먼저, 모든 사람이 '신'의 뜻이라 믿는 것을 행동에 옮겼을 때 어떤 일이 벌어지는지부터 살펴보도록 하자.

이브는 항상 옳다

모든 사람이 마음속으로 같은 도덕적 가치관을 공유할까? 그 답은 주변을 둘러보기만 해도 쉽게 찾을 수 있다. 답은 '아니요'다. 날마다 수많은 사람이 '신'의 도덕적 진리에 대해 '올바른' 관점을 갖지 못했다는 단순한 이유로 죽는다. 즉, 매일 '도덕적인' 이유로, 여성들이 억압당하고, 종교적 혹은 인종적 소수는 차별을 당하며, 무신론자는 박해받고, 동성애자는 살해되거나 투옥되고, '불경한' 피임법을 금지당한 사람들은 에이즈AIDS에 걸리고 자기도 모르게 그것을 퍼뜨린다. 사람들이 '신'의 이름으로 서로를 혐오스럽게 대하는 방법의 목록은 끔찍할 정도로 길다.

그럼 이제 '신'의 도덕률을 따른다는 것의 진짜 의미를 생각해보자. 간단히 말해서, 높은 곳에서 우리에게 도덕 규칙을 내려주신 '신'이 실제로 존재한다고 가정해보자. 신이 내려준 도덕 규칙을 따르는 것이 도덕적인가? 그런데 그 신성한 규칙을 따르는 사람에게 도덕관념이 없다면?

내게 이브라는 이름의 착한 친구가 있다고 해보자. 이브는 좀 특이한데, 그녀는 자신의 행동이 늘 옳다고 주장한다. 그녀는 자신의 모든 견해와 관점, 가치관이 옳다고 진심으로 믿고 있으며, 그것이 사실이라고 만나는 모든 사람에게 주저 없이 말한다. 그것이 다가 아니다. 나도 늘 이브의 견해와 관점, 가치관이 옳다고 생각한다.

어느 날 다른 친구가, 그의 이름은 물론 아담인데, 내게 도덕에 관한 질문을 퍼붓기 시작한다. 예를 들어, 동성애자나 여성권을 어떻게 생각하느냐고 물었다. 내가 사람은 모두 평등하며, 여성이든 동성애자든 차별받으면 안 된다고 답하자, 아담은 왜 그런 믿음을 갖게 되었는지 되물었다. 그래서 내가 이브라는 친구가 그렇게 주장했고, 그녀의 생각은 늘 옳기 때문이라고 말해주었다. 그러자 아담이 의심스럽다는 듯이, "그런데 너는 어떻게 이브가 항상 옳다는 사실을 **아는** 거야?"라고 물었다. 그래서 내가 솔직하게 이렇게 답했다. "언젠가 이브에게 직접 물어봤는데, 자신은 항상 옳다고 말하더라고. 바로 어제 나눴던 대화처럼 생생히 기억해. 난 그녀의 말을 결코 잊지 못해. 내 기억 속에 깊이 새겨져 있거든. 이브는 항상 옳아. 나는 이브를 믿어."

내 진심어린 설명에도 불구하고, 아담은 내 대답이 부적절하다고 느꼈다. 내 도덕적 신념이 선한 결과로 이어지더라도, 내가 그런 신념을 갖게 된 이유를 말할 때는 친구한테 들었다는 말 대신 좀 더 객관적이고 그럴듯한 근거를 대야 한다. 아담은 순환적 추론 말고 좀 더 탄탄하고 보편적인 증거로 내 견해를 뒷받침해야 한다고 말한다. 가령, 인간의 가치와 품위에 관한 기본 관념에서 도출한 도덕 원리와 이브의 규칙을 비교해보는 방법이 있다. 내가 스스로 기본적인 도덕 원리를 생각해보고 거기에서 마음에 드는 것을 선택할 때에만(물론, 이렇게 선택한 도덕 원리가 이브의 것과 일치할 수도 있다), 도덕적 인간이라 자처할 수 있다고 아담은 말했다.

나는 가상 인물인 아담의 의견에 동의한다. 도덕적 행위자는 끊임없는 **점검과 시험**을 통해 도덕성을 길러야 한다. 만약 이브가 말해준 대로만 행동하기로 선택한다면, 나는 **도덕관념 없이** 행동하는 사람이 된다. 이런 삶의 방식을 **선택**이라 부를 수 있을까? 내가 지침으

07. '신'이 불필요한 선: 선악과 도덕성에 관하여

로 삼은 행동 규칙을 점검할 의지나 능력이 내게 없다면, 나는 자주적이지도 않을뿐더러 심지어 도덕적이지도 않다. 한마디로 도덕관념이 없는 사람이다.

스스로 성찰하거나 숙고하지 않은 채 다른 사람의 도덕 규칙을 무비판적으로 따르는 태도는 일종의 지적 굴복이다. 그런 사람은 우월한 지혜를 가진 사람에게 굴종하고 있으며, 프로그램 되어 있는 로봇이나 다름없다. 즉, 아무 생각이 없는 사람이다.

그와 마찬가지로, 로봇처럼 기계적으로 늘 '신'의 규칙을 언급하고, 경전의 내용을 자신의 도덕관념인 양 함부로 인용하는 것도 어리석은 행동이다. 비록 높은 곳에 있는 '신'에게 직접 무엇이 도덕적인 행동인지 들었다고 믿더라도, 직관적인 도덕관념과 '신'의 명령이 일치하는지를 신중하게 따져봐야 한다. 참된 도덕은 기계적이지 않다.

악과 도덕에 대한 세속적 관점

악의 존재를 **세속적** 가치관으로 고찰하면 어떻게 될까? 우선 신이 존재하지 않으면, 신정론 같은 곤란한 문제는 발생하지 않는다. 사람들이 각자 자기 행동에 책임을 지면 그만이다. 오직 **인간**만 자신의 도덕 기준과 다른 사람들의 삶을 향상시킬 행동 기준을 만들 수 있다.

게다가 신중한 추론과 꾸준히 증가하는 과학 지식은 선한 세상을 만드는 데 도움이 된다. 의학 연구 덕분에, 점점 더 많은 질병을 치료할 수 있다. 새로운 정밀 공학 기술을 사용하면, 지진과 같은 자연 재해를 견딜 수 있는 건물을 지을 수 있다. 그동안 피할 수 없었던 '자연적 악'은 과학 기술을 이용해 조금이나마 줄일 수 있다.

그러나 인간이 유발하는 무수한 고통, 즉 **도덕적** 악은 어떨까? 그런 악은 완전히 없애지 못한다. 인간은 늘 분노에 취약하다. 불친절한 행동은 인간 생활의 일부이다. 그래도 민주주의, 평등, 교육, 인권 존중 등의 가치를 끊임없이 발전시키다 보면, 도덕적 악도 서서히 **줄일** 수 있다. 오늘날 세계화가 확대됨에 따라, 수많은 단체가 억압과 굶주림, 빈곤과 싸우기 위해 협력하고 있다. 국제 정치에서 일방적인 결정은 크게 줄고, 상호 협정을 통한 결정은 늘어나고 있다. 이런 모습도 진보의 증거이나, 더 많은 노력을 기울이면 바람직한 변화를 가속화할 수 있다.

혹여 인간이 세상이 형성되는 모습에 **스스로** 책임을 느끼게 된다면, 그리고 초자연적 인도자는 존재하지 않는다고 깨닫게 된다면, 세상이 올바른 방향으로 움직이도록 하는 데 세속적 도덕관이 도움이 될 것이다.

"문제는 그저 인간이 종교를 잘못 이해한다는 점이다"

종교적 억압과 종교의 이름으로 자행된 악행들을 논할 때, 내가 자주 듣는 말은 이것이다. "모든 악한 결과는 종교의 잘못이 아니다. 종교의 메시지를 곡해한 일부 사람들의 잘못일 뿐이다."

이 주장이 놀라운 건 그것이 틀렸기 때문이 아니라 자명한 사실이기 때문이다. 실제로 종교는 인간의 견해에 불과하다. 그게 아니면 무엇이겠는가? 물론 근본주의자라면 성경이 '신'의 말씀이고 그 안에는 절대 진리만 들어 있으므로, 성경의 내용은 타당하다고 주장할 것이다. 그러나 대단히 놀랍게도, '신'을 믿는 수많은 자유주의자와 온건주의자도 악한 결과에 책임이 있다는 비난으로부터 자신들의 종교를 보호하기 위해서 같은 주장을 한다.

종교의 선한 본성을 주장하는 또 다른 방식은 훌륭한 업적을 쌓았던 종교인의 이름을 나열하는 것이다. 마틴 루서 킹Martin Luther King(1929~1968), 테레사 수녀Mother Teresa(1910~1997), 데즈먼드 투투Desmond Tutu(1931~2021) 등이 그런 목록에 자주 오른다. (미국의 인권운동 지도자였던 마틴 루서 킹 목사는 비폭력 운동을 주장하며 평생 인종차별정책과 싸웠다. 그 공로로 1964년에 노벨 평화상을 받았다. 그러나 1968년에 암살당했다. 로마 가톨릭교회의 테레사 수녀는 본명이 아녜저 곤제 보야지우Ajnezë Gonxha Bojaxhiu이며, 당시에는 오스만 제국이었으나 지금은 마케도니아공화국이 된 지역의 알바니아계 가정에서 태어났다. 그녀는 인생의 대부분을 인도에서 살았으며, 1979년에 노벨 평화상을 받았다. 데즈먼드 투투는 남아프리카공화국의 대주교였으며, 극단적 인종차별정책을 뜻하는 아파르트헤이트apartheid에 저항한 지도자로 유명하다. 그는 1984년에 노벨 평화상을 받았다.)

많은 기독교인이 "데즈먼드 투투는 신앙심이 깊었기 때문에 훌륭한 사람이 될 수 있었다"고 말한다. 물론 투투는 존경받을 만한 사람이며, 아파르트헤이트에 저항해서 오랫동안 투쟁한 이력은 두말할 것 없이 인정받아 마땅하다. 그런데 투투와 같은 기독교인이 전부 아파르트헤이트에 저항한 것은 아니었다. 가령 남아프리카공화국의 개신교 우세 분파인 네덜란드 개혁교회Dutch Reformed Church는 성경 말씀

명료하게 생각하는 법

을 인용하면서까지 아파르트헤이트를 강력하게 **지지**했다. 이들은 남아프리카공화국 내에서 인종 간 결혼을 금지해야 한다고 주장했다. 아파르트헤이트를 성경 말씀에 근거한 **신성한** 정책으로 여겼다. 종교를 믿으면 도덕적인 사람이 된다고 주장할 때는 자신들이 지지했던 온갖 차별 정책을 은밀하게 감추고 언급조차 하지 않는다.

이런 반례들에서 자주 볼 수 있듯이, 종교인은 자신들의 **선한** 행위는 그 공을 종교에 돌리지만, **악한** 행위는 종교의 잘못이 아니라 인간의 오해가 낳은 유감스러운 결과라고 주장한다.[61] 기독교가 아파르트헤이트에 끼친 영향을 이야기할 때 종교인들은 데즈먼드 투투만 예로 들면서 동전의 한쪽 면만 보여주고, 투투의 선행과 대비되는 악행이 자행된 동전의 다른 면은 무시한다. 이렇게 역사는 이중 잣대를 사용하는 사람들에 의해 선택적으로 기록된다.

인간은 어느 쪽이든 한쪽으로 마음을 정해야 한다. 종교는 선악 모두를 추동하거나 둘 다 추동하지 않는다.

도덕의 자연적 근원

도덕 원리를 창조한 신이 없다면, 도덕 원리란 철저히 주관적이고 누구나 찾을 수 있는 것일까? 신이 없는 세상에서, 다른 사람을 고통스럽게 하거나 기니피그를 죽을 때까지 고문하는 행위는 왜 비도덕적일까? 높은 곳에서 전달받지 못해도, 도덕 원리는 존재할 수 있을까? 세속적 도덕관은 다음 세 가지 간단한 공리를 따르는 것에서 출발한다.

(1) 행복이 불행보다 낫다.

(2) 자유가 감금보다 낫다.

(3) 고통의 부재가 고통보다 낫다.

아주 단순해 보이는 이 세 가지 공리에서 우리는 좀 더 구체적인 도덕 기준을 도출할 수 있다. 이런 기준은 인류 역사의 수많은 전환기 때 명확히 구체화되는데, 프랑스 혁명의 잊을 수 없는 표어, **자유, 평등, 박애**와 그보다 앞선 미국 독립 전쟁의 유명한 문구 "생명권, 자유권, 행복추구권"이 좋은 예다.

진화 심리학 연구로 침팬지 같은 다른 동물들도 도덕적 행동 능력이 있다는 사실이 명확히 증명됐다.[62] 그러므로 도덕성은 인간 고유의 특성이 아니다.

그런데 도덕성은 갑자기 어디에서 생겨났을까?

도덕적 행동의 기원을 진화에서 찾을 수 있다고 증명한 연구들이 있다. 만약 생물이 도덕 원리에 따라 집단 내 다른 구성원들을 위해 이타적으로 행동하면, 집단 전체의 생존 가능성은 높아진다.

기초 수준의 도덕성은 유인원 같은 다른 동물들에게도 발견되며, 심지어 흡혈박쥐는 독특한 형태의 도덕성을 보인다. (여기에서 말하는 흡혈박쥐는 동물을 가리키지, 공포물에 나오는 흡혈귀가 아니다. 당연히 흡혈귀는 도덕적이지 않다.) 흡혈박쥐는 특정 상황에서 이타적으로 행동하는데, 그 덕분에 이들의 장수 확률은 높아진다. 흡혈박쥐는 밤중에 소와 같은 다른 포유류의 피를 빨아먹는다. 이들은 기초 대사율이 높기 때문에 밤에만 먹이 활동을 하고, 모든 개체가 매일 밤 먹이 사냥에 나서지는 않는다. 그래서 먹이 사냥에 성공한 흡혈박쥐들은 동료들에게 먹이를 나누어주고, 그 보답을 다음번에 받는다.

또한 어떤 동물은 천적이 접근할 때 다양한 소리를 내어 자기 무리에게 이를 경고한다. 이런 경고음은 천적의 주의를 끄는 행동이므로 자신이 잡아먹힐 가능성이 높아지는데도, 이들은 그렇게 한다. 당연히 동물들은 종교가 없으므로, 동료에게 위험 신호를 보내는 것 같은 이타적 행동은 신이 내린 신성한 말씀이 아닌 생물학에 기원을 둔다고 봐야 할 것이다.

다른 동물들처럼 인간도 끊임없이 생존을 위해 싸워야 했고, 이렇게 투쟁하는 동안 협력이 대단히 효과적인 전략임이 입증되었다. 초기 인류는 무리를 지어 살면서 평화롭게 공동으로 작업하면 큰 과제도 성공시킬 수 있다는 사실을 깨달았을 것이다. 또한 협력하면 위협으로부터 서로를 보호할 수 있었다. 그래서 이타적인 구성원은 이기적인 구성원보다 오래 살았다.

그다음에는 자연 선택 덕분에, 협력 성향이 인간의 생존 전략에 편입되었다. 즉, 인간의 유전자에 새겨졌다. 유전자의 주된 기능 중 하나는 다음 세대에게 유전 형질을 전달하는 것이다. 유전자 자체는 늘 '이기적으로' 행동하지만, 이기적 유전자를 전달하는 우리 인간은 바로 그런 이기적인 본성 덕분에, 특정 상황에서 자기희생적으로 행동한다. 가령, 인간은 자식을 구하기 위해 자기 목숨을 내놓기도 하는데, 자신의 유전자를 퍼뜨려서 자식과 유전자를 공유하도록 '프로그램되었기' 때문이다. 진화론의 관점에서 엄밀하게 따지면, 유전자의 생존이 그 유전자를 가진 사람의 생존보다 더 중요하다.

　도덕 원리의 기원을 연구하는 학자들은 **상호 이타성**reciprocal altruism 을 자주 언급한다. 상호 이타성의 예를 하나 들어보겠다. "만약 우리 집단이 매머드 한 마리를 잡으면, 우리는 필요한 양보다 더 많은 고기를 얻게 될 것이다. 그러나 그런 행운은 자주 오지 않는다. 만약 이번에 잡은 고기를 이웃 집단과 나누면, 다음에 그들이 매머드를 잡았을 때 그 고기를 얻을 기회가 생길 것이다." 이 내용을 일반화해서 표현하면 이렇다. "이번에 내가 당신을 도울 테니, 다음에는 당신이 나를 도와주기 바란다." 이런 이타성은 동물에게도 자주 나타나며, 무엇보다 인간과 가장 가까운 침팬지에게서 흔하다.

　회의주의자는 이타성이 우리의 유전자에 새겨져 있다면, 이타성도 '높은 곳'에서 전해진다는 말과 비슷하지 않느냐고 지적할지 모르겠다(여기에서는 자연 선택이 모세의 석판과 같은 역할을 한다). 이타성이 우리 유전자에 새겨져 있다면, 우리가 다른 사람에게 친절을 베푸는 행위는 자유 의지에 따른 것이 아니다. 그것은 단순히 기계적인 행동에 불과한데, 우리가 (진화에 의해) 친절하고 관대하게 행동하도록 **프로그램되었기** 때문이다. 즉, 여기에서는 DNA가 성경이나 코란을 대신한다. 어떤 경우든, 우리 인간은 그렇게 고결한 존재가 아닐지도 모르겠다.

공감과 동일시

인간이 사는 세상에서 이타성, 관대함, 동정심이 유발되는 또 다른 독특한 방식이 있는데, 그런 현상은 우리의 지능과 직결된다. 더글러스 호프스태터는 2007년에 출간한 책, 《나는 이상한 고리I Am a Strange Loop》의 '서로의 안에서 사는 방법How We Live in Each Other'이라는 제목의 장에서, 내 두뇌(혹은 마음)가 다른 사람의 두뇌(혹은 마음)를 깊숙이 비출 수 있을 만큼 충분히 재현적일 때 다다르게 되는 어떤 문턱에 관해 설명한다. (반사회적 인격 장애자는 제외하고) 성인 대부분은 자신의 마음이 그런 문턱을 넘어섰을 때 호프스태터가 "재현적 보편성representational universality"이라고 부른 특성을 얻게 된다. 그 내용은 이렇다.

일단 신비한 문턱을 넘어서면, 불가피하게 보편적 존재는 다른 보편적 존재의 내면을 들여다보고 싶은 갈망에 시달린다. 그것이 우리가 영화, 드라마, 텔레비전 뉴스, 블로그, 웹캠, 가십 칼럼을 찾는 이유이다. 사람들은 다른 사람의 머릿속으로 들어가서 그 안에서 "밖을 내다보고", 그들의 경험을 모조리 흡수하고 싶어 한다.

다소 냉소적인 설명이지만, 재현적 보편성과 거의 무한한 대리 체험 욕구는 내가 인간의 가장 숭고한 자질로 여기는 공감과 아주 비슷하다. 철저하게 누군가가 '된다'는 것은 단순히 그 사람이 가진 지식과 그가 자라면서 영향을 받은 장소와 추억을 토대로 세상을 보고 느낀다는 의미가 아니다. 그런 수준을 훨씬 넘어선다. 그것은 그의 가치관을 채택하고, 그의 욕망과 삶의 희망을 그대로 품고 살며, 그의 갈망을 느끼고, 그의

07. '신'이 불필요한 선: 선악과 도덕성에 관하여

꿈을 공유하며, 같은 공포에 몸서리치고, 그의 삶에 참여하며, 그의 영혼과 하나가 되는 것이다.

(역경에 처한 사람을 돕고 싶어 하는) 자발적 공감의 예는 거의 모든 인간의 삶에서 아주 흔하게 발견할 수 있다. 그런 행위는 자신을 지각이 있는 다른 존재와 연결시키는 능력(실은 연결시키고 싶은 불가항력적 성향)에 근거한다. 그 전형적인 예를 무작위로 골라 몇 가지 소개하면 이렇다. 집 안에서 윙윙거리는 벌 한 마리를 발견했을 때 이것을 조심스럽게 잡아서 밖으로 내보는 행동, 길 잃은 개를 데려와서 이름표에 적힌 연락처로 전화를 거는 행동, 지갑을 떨어뜨린 사람을 찾아서 (지갑의 내용물을 사적으로 취하지 않고) 지갑을 돌려주는 행동 등이 있고, 좀 더 일상적인 예로는 비행기 화장실을 사용하면서 더러운 변기를 꼼꼼하게 닦는 행동이나 호텔 방을 나갈 때 한 번도 본 적 없는 객실 청소부에게 두둑한 팁을 남겨 놓는 행동 등이 있다.

이 사례들 중 어느 것도 자신의 친절한 행동이 나중에 보답을 받으리라는 희망은 거의 없다. 그런 행동들을 하고 싶은 마음은 단순히 불운한 벌, 길 잃은 개와 제정신이 아닐 개 주인, 지갑을 잃어버린 줄도 모르고 있다가 나중에 깨닫고는 어쩔 줄 몰라 하고 있을 지갑 주인, 내가 청소하지 않았다면 더러운 비행기 화장실을 썼을 누군가, 일면식도 없지만 두둑한 팁에 고마워할 객실 청소부 등을 자신과 **동일시**한 데에서 나온다.

다른 사람이 경험하는 충격, 공포, 상처, 어려움 등은 과거 언젠가 나도 겪었던 부정적인 경험이므로, 그들을 볼 때 나는 **'그런 일이 내**

게 일어나지 않았으면 좋겠다!'고 생각할 것이다. 그것이 동일시의 정확한 의미이다. 또는 반대로, 보살핌이나 즐거움, 위안 같이 다른 사람에게 제공해줄 수 있는 행동도 과거 언젠가 내가 겪었던 긍정적인 경험이므로, 이렇게 생각할 것이다. '**그런 일**이 **내**게 일어난다면 얼마나 고마울까!'

한 번 더 말하지만, 이렇게 타인의 삶에 자신의 삶을 투사하는 행위(혹은 자신의 삶에 타인의 삶을 투사하는 행위)를 동일시라 하며, 이 동일시는 인간 본성의 깊은 곳에서 공감을 불러일으킨다. 이것은 유전적으로 프로그램된 이타성과 무관하며, 심지어 높은 곳에서 하사된 '신성한' 도덕률과도 별 관계가 없다.

이 모든 내용은 특정 행동을 지시하는 신적 존재가 없어도, 사람들(과 동물들)이 선하고 도덕적이며 동정심을 발휘할 수 있다는 사실을 분명하게 보여준다.

막간글 - 범죄, 처벌, 책임성

사람은 언제 자신의 행동에 대해 책임을 지는가? 솔깃한 답변을 하자면, 항상 그래야 한다. 그런데 책임을 지는 것이 실제로 그렇게 간단한 일일까?

도덕적 책임은 우리에게 자유 의지가 있거나 좀 더 정확하게는 행동을 선택할 기회가 있다는 것을 전제한다. 만약 우리가 한 모든 행동이 이미 결정되어 있다면, 우리에게 선택권이 없었으므로 그 결과 우리는 자신의 행동에 책임을 질 수 없다. 그럼 이제 인간이 선택할 수 있다고 가정해보자. 총을 맞거나 고문을 당할 상황이 아닌 한, 우리는 행위를 선택할 때마다 그로 인해 앞으로 일어날 일에 대해 도덕적 책임을 떠맡는다. 그런데 이 규칙에 예외가 있을까? 언젠가 나는 한 판례를 읽고 도덕적 책임에 관해 깊이 생각할 기회가 있었다. 그때 나는 실제 현실에서도 우리의 생각만큼 간단할지 궁금해졌다.

성격이 온화한 남자(직업 목수) 하나가 약혼녀와 함께 공원 벤치에 앉아 있었다. 그는 과거에 범죄를 저지른 적도, 폭력적인 성향을 드러낸 적도 없다. 그런데 난데없이 그가 이치에 닿지 않는 말을 하기 시작하더니 자리에서 일어서나 작업복 주머니에서 칼을 꺼내 약혼녀의 등을 찔렀다.

약혼녀는 가까스로 도망쳐서 경찰에 신고했다. 남자는 체포되어 정신 감정을 받았는데, 그 과정에서 남자의 뇌에 있던 악성 종양이 발견되었다. 종양은 수술로 제거가 가능한 수준이었으므로 남자는 수술로 종양을 제거했으며, 그 후 본래 성격을 회복했고 더는 공격성을 보이지 않았다. 의사들은 그 남자의 이상 행동이 뇌종양 때문이었다고 거의 확신했다. 그렇다면 종양이 유발한 범죄로 이 남자는 처벌받아야 할까?

현실은 그 남자의 사례보다 훨씬 복잡하다. 최근에 '마오에이mao-A'라는 유전자가 발견되었는데, 이 유전자는 전두엽에서 세로토닌의 분비량을 조절하는 단백질을 생산한다. 드물지만 마오에이 유전자는 브루너 증후군Brunner's syndrome이라는 돌연변이를 일으키기도 하는데, 이는 세로토닌 과다 분비로 이어진다. 그 결과, 브루너 증후군 환자는 충동 조절 능력이 부족해져서, 주변 사람이나 동물들에게 폭력을 휘두르는 등 파괴적이고 공격적인 성향을 보이게 된다. 또한 종종 자해하기도 한다. 이들은 대단히 위험한 사람들이다.

그렇다면 브루너 증후군 환자는 자신의 행동에 도덕적 책임이 있을까? 이 증후군은 정신 질환으로 보지 않았기 때문에, 문제가 생겼을 때 이들은 재판을 받아야 했다. 그러나 오늘날은 뇌 과학의 발전에 힘입어, 그런 사람들은 유전자 돌연변이로 인해 선택 능력이 완전히 파괴되지는 않았더라도 현저히 저하된다는 사실이 명확히 밝혀졌다. 그럼 사회는 그들을 어떻게 다루어야 할까? 그들이 범죄를 저질렀을 때 어떻게 처벌해야 할까?

오늘날 생물학과 신경학의 급격한 발전으로 윤리적 딜레마가 끊임없이 증가함에 따라, 앞으로 우리는 도덕적 책임에 관한 온갖 곤란한 문제에 직면할 것이다. 뇌와 인간 본성의 본질에 관하여 예측할 수 없었던 지식들이 쏟아져 나옴에 따라, 낡은 종교 문헌과 교리에 근거해서 체계화된 전통적인 도덕적 책임론은 단순하고 불완전해 보이기 시작할 것이다. 그중 상당수는 아무 쓸모가 없게 될 것이다. 사회적 인간으로서 우리는 사람이 자기 행위에 도덕적 책임을 진다는 것의 의미를 완전히 새롭게 생각하는 법을 배워야 할 것이다. 그 난제를 정직하고 진지하게 다루려면, 낡은 도그마의 족쇄에서 반드시 벗어나야 한다.

08
뉴에이지 신앙과 이성의 위기: 이상한 사상을 믿는 사람들에 관하여

모든 오류는 (감정과 교육 같은) 외부 요인 때문에 발생하며,
이성 자체는 실수를 범하지 않는다
- 쿠르트 괴델

이제 관심의 초점을 전통 종교에서 '뉴에이지 영성' 혹은 좀 더 일반적인 표현으로 뉴에이지 신앙이라 부르는 것으로 옮겨보겠다. 어떤 면에서 이 새로운 신앙은 전통 종교와 경계가 모호하지만, 전체적으로는 전통 종교에 비해 덜 체계적이고 이론적 기초가 약한 편이다. 실제로 뉴에이지 사상은 스뫼르고스보르드smörgåsbord('샌드위치 뷔페'라는 뜻의 스웨덴어)와 비슷한데, 여기에서는 믿음에 굶주린 사람들이 구미가 당기는 것들을 자유롭게 선택하고 나머지는 전부 무시한다. 뉴에이지 문화는 개인주의적이며, 앞으로 보겠지만, 대개 자기중심적이다. 또한 믿음에 굶주린 사람들을 이용해서 막대한 수익을 올리기 때문에 상업적이라는 비난도 받는다.

비합리적인 믿음

미국에서 실시한 최근 조사에 따르면, 인구의 약 32퍼센트는 유령을, 약 31퍼센트는 텔레파시를, 약 25퍼센트는 점성술을, 약 21퍼센트는 망자와의 소통을, 약 20퍼센트는 환생을 믿는다.[63] 이런 믿음 중 어느 것도 세상에 대한 직접적인 지식이나 경험으로 뒷받침되지 않는다. 그보다는 거의 항상 각종 사건 사고에 대한 근거 없는 풍문과 유언비어에 바탕을 둔다. 그런데도 많은 사람이 그런 것들을 진심으로 믿는다.

대중문화는 수많은 사람이 무비판적으로 받아들이는 신화로 가득하다. 가령 보름달이 뜨면 사람들이 흥분한다거나, 조현병 환자는 '다중 인격'을 가졌다거나, 긍정적 태도가 암을 치료한다거나, 모차르트 음악을 자주 들려주면 아이가 영리해진다거나 하는 말들이 모두 그렇다.[64] 대중 심리학에는 틀린 생각이나 추측성 정보가 가득하지만, 그런 사상을 담은 자기계발서들이 상업적으로 큰 성공을 거두고 있다.

그런데 우리가 믿고 싶은 대로 그냥 믿으면 안 되는 이유가 있을까? 당연히 그런 이유는 없다. 모든 사람은 어떤 생각이든 자유롭게 믿을 권리가 있다. 그러나 핵심은 이것이다. 거짓보다 사실을 믿으려 노력하면 도움이 되는가? 나는 개인적으로 그렇다고 믿으며, 사실을 믿기 위해서는 체계적인 전략이 필요하다고 생각한다.

타당해 보이지 않는 것보다 타당해 보이는 것을 믿고 싶은 사람이라면, 그 두 믿음의 본질적 차이를 주의 깊게 살펴야 한다. 그 차이점을 조금 단순하게 설명하면 이렇다. 타당해 보이지 않는 믿음은 근거

08. 뉴에이지 신앙과 이성의 위기: 이상한 사상을 믿는 사람들에 관하여

가 없거나 현대 지식과 모순된다. 대표적으로 이런 것들이 있다.

1. 관련 분야의 대다수 전문가들의 생각과 모순되는 믿음
2. 논리적으로 불가능하거나 가능성이 희박한 믿음
3. 과학적 증거가 아닌 일화나 풍문에만 근거한 믿음

긍정적 사고와 사이비 과학

뉴에이지 운동 집단은 특히 비판적 사고를 조롱한다. 그들은 비판적 사고 대신 긍정적 사고를 강조하며 (마치 그 둘이 양립할 수 없다는 듯이), 이렇게 말한다. "그렇게 부정적으로 굴지 마! 부정적인 에너지를 주변에 퍼뜨리지 말라고! 좀 긍정적으로 생각해!"

그런데 긍정적으로 생각하기 싫은 사람이 있을까? 낙관적 태도로 새로운 길을 따라 창의적으로 사고하려는 노력은 분명히 중요하고 가치 있다. 그러나 이는 무비판적으로 사고하라는 의미가 아니다. 주장의 신빙성을 따져보지 않는 행위는 긍정적인 태도와 거리가 멀다. 오히려 이는 자신의 사고력을 부정하는 태도다.

'비판적 사고'라는 표현이 잘못 해석될 때도 많다. 어떤 사람은 그것을 부정적이고, 불만이 많고, 고집이 세다는 의미로 생각한다. 그러나 이는 정확한 해석이 아니다. 이와 관련해서, 영화 평론가가 하는 일을 떠올리면 도움이 된다. 어떤 평론가는 배우들의 연기를 포함해서 여러 칭찬할 점을 나열하며 훌륭한 영화라고 평한다. 다른 평론가

는 연출이 형편없다거나 내용이 비현실적이라고 평한다. 좋은 평을 듣는 영화가 있는가 하면, 그렇지 않은 평을 듣는 영화도 있다. 영화 평론가라고 해서 늘 비판적인 것은 아니다. 영화 평론가가 비판적이기만 하다면, 그의 영화평은 무용지물이나 다름없다.

비판적 사고란 들은 주장을 스스로 생각하고 판단하는 태도이다. 비판적 사고의 기초는 신중하게 추론하는 능력이다. 비판적 검증 과정을 모조리 거친 주장이라면 받아들여도 괜찮다.

'새로운 영성'의 지지자들은 과학적 검증 방식과 거리를 둔다. 그들은 자신들이 주장하는 기적이나 기이한 현상들을 실험실에서 증명할 필요가 없다고 생각한다. 한편으로 그런 태도가 별로 이상하지 않은데, 문제가 되는 현상을 꼼꼼히 조사할 경우 근거 없음이 밝혀질 것이기 때문이다.

뉴에이지 운동 집단은 이따금 과학 용어처럼 보이는 어휘들을 사용한다. 가령, '에너지', '자오선', '존zones' 등에 관한 최신 이론과 인체에 존재하는 '차크라(힌두교와 불교에서는 차크라를 '활력의 중심점'이라고 주장한다)' 같은 용어들을 사용해서 다양한 현상을 설명한다. 심지어 '에너지 장energy fields'이나 과학계에 알려지지 않은 힘을 측정하는 도구를 보여주는 운동 집단도 있다.

만약 어떤 사람이 과학적 증거를 대지 않고 과학 용어처럼 들리는 표현들만 사용한다면, 그는 사이비 과학자이다. 겉보기에 그들의 용어는 과학 논문에 나올 만하지만, 실질적으로는 아무 의미가 없다. 흔히 사이비 과학자들은 자신의 주장을 복잡한 이론처럼 꾸미기 위해 물리학, 특히 양자 물리학의 내용을 차용한다. 안타깝게도 많은 사람

08. 뉴에이지 신앙과 이성의 위기: 이상한 사상을 믿는 사람들에 관하여

이 이런 값싼 기술에 속아 넘어가는데, 그들 대다수가 과학적 지식이 부족하기 때문이다.

니켄 사례

사이비 과학을 이용한 기업의 사례 중 유명한 것은 1975년에 일본에서 설립된 니켄Nikken이다. 각종 과학 제품을 판매하는 업체로 유명한 이 회사는 스웨덴을 포함한 여러 나라에서 상당한 성공을 거두었다. 니켄은 가맹자가 신규 판매원을 모집해서 '자기 아래에' 둠으로써 판매 조직을 피라미드처럼 쌓아가는 영업 방식을 취한다.[65]

니켄의 영업 회의에서는 경험 많은 기존 판매원이 성공을 거둔 니켄 제품들을 홍보하면서 신규 판매원들을 격려한다. 회의장을 채우는 열띤 분위기는 근본주의 종교 집단의 부흥회를 연상시킨다. 나도 니켄의 영업 회의에 가본 적이 있는데, 그곳 참석자들은 니켄과 함께 일하면 행복해질 뿐만 아니라 부자도 될 수 있다는 얘기를 들었다. 그런데 내가 몇 가지 의심스러운 질문을 던지자, 그들은 곧바로 나를 회의장 밖으로 데려갔다.

니켄의 베스트셀러 제품은 켄코 안창Kenko Insoles으로, 이것은 신발 안쪽에 삽입하는 자성 부속품이다. 니켄에 따르면, 그 제품은 다양한 에너지를 방출해서 치료하는 기능이 있다. 과학적 근거를 갖췄다는 인상을 주기 위해 제품의 기능을 설명할 때 니켄이 어떤 식으로 과학 용어처럼 들리는 표현을 사용하는지 한번 보겠다. 다음은 니켄 제품의 광고지에 적힌 내용이다.

자기 에너지는 인체 본연의 자연스러운 과정이자 자연 환경의 일부이다. 동양의학(수천 년 동안 중국과 일본에서 의학의 기초가 됨)의 주요 약재와 한약 제조법은 인체 내 에너지의 흐름과 밀접하다. 이것은 서양에서 그 가치를 인정한 대체 의학과 연결된다.

덧붙여서, 지구의 자기장은 인류 역사에서 중요한 변화를 일으켜왔으며, 지구의 역사를 여러 번 바꾸어 놓았다. 또한 현대 문명이 제 역할을 하기 시작한 것은 19세기 말, 신체의 자연 에너지 장과 상호작용하는 전자기장과 방사선에 대한 지식이 발전하면서부터이다. 스웨덴 인구의 약 3%는 공식적으로 환경에 존재하는 전자기장 때문에 신체 기능 장애를 앓고 있다고 알려져 있다. 그리고 이 문제는 점점 심각해지고 있다.

니켄이 개발한 자기 기술은 그 영향을 상쇄시켜서, 수백 년간 인간을 보호해준 천연 자기장과 유사한 환경을 조성한다. 니켄의 자성 제품들은 인간이 건강하게 살 수 있는 조건을 회복하는 데 도움을 준다.

니켄의 자기 기술을 최초 적용한 사례는 1975년에 처음 출시한 켄코 안창KenkoInsoles®이다. 그때부터 니켄의 연구팀은 관련 연구를 계속 진행해왔고, 자기장이 복잡할수록 인체에 더욱 효과적이라는 사실을 발견했다. 그 결과 지금까지 우리가 개발한 핵심 기술 네 가지를 소개하겠다.

장 기울기 기술Field Gradient Technology: PowerPatch®, Kenkoseat®, KenkoDream® Quilts 같은 니켄 제품들은 사방으로 자성을 띠는 양극

자석을 사용한다. 자기 흐름(자속선)의 패턴이 만들어지는 자리에 정확히 자석들을 배치해서, 다극성과 자속을 이용해서 자기 에너지의 복잡한 장 기울기를 만들어낸다.

등변 자기 기술EQL Magnetic Technology: 등변 자기 기술은 평면에서 생성되는 자속선의 수를 최대화해서 표면 자력 활동을 증가시키는 특허 받은 설계를 사용한다. 이 기술은 양극과 음극의 수를 늘려서 더 많은 자속선이 표면을 지나가게 한다. 이 기술이 실용화되면 자기장은 모든 분야에 걸쳐 완벽하게 균일해진다.

동적 자기 기술Dynamic Magnetic Technology: 동적 자기장은 정적 자기장보다 복잡한데, Magboy®와 MagCreator®는 회전하는 두 개의 자석 공으로 동적 자기장 효과를 만든다. 이 기술로 침투력이 좋은 3차원 자기장과 심지어 마사지 롤러도 만들 수 있다!

자성 장력 기술Magnetic Tension Technologies: 최근 개발된 제품 두 개는 니켄이 특허 받은 기술인 자성 장력 기술을 사용해서 만들어졌는데, 3차원의 복잡한 동적 자기장의 일부를 정적 자기장으로 바꾸는 것이다. RAM®(Radial-Axis Magnetism, 방사축 자기) 모듈은 소형 첨단 자석 구들을 계단식으로 배열해서 중복되는 자성 장력을 만들어내는 것이 특징이며, 최근 개발된 DynaFlux® Technology는 새로운 PowerChipTM와 통합되었다.

무슨 말인지 알겠는가? 이해하지 못했더라도, 걱정하지 마시라. 물리학자도 이런 모호한 내용은 전혀 이해하지 못한다.

영업 회의에서 니켄의 판매원들은 자성 부속품의 놀라운 효과를 잠재 구매자들에게 믿게 하는 방법을 다음과 같이 간단한 절차를 통해 배우게 된다.

1. 첫 번째 실험에서 판매원은 피험자(잠재 구매자)에게 양말만 신은 채로 바닥에 서 있으라고 한다. 그다음에 양손을 등 뒤에 대라고 한다.
2. 판매원은 피험자 뒤로 가서 그들의 양손을 이리저리 살살 당긴다. 피험자는 균형을 잃고, 넘어지지 않으려고 한 발 뒤로 물러설 것이다.
3. 두 번째 실험에서는 피험자에게 니켄의 자성 부속품이 들어 있는 신발을 신긴 후에 앞의 과정을 반복한다. 놀랍게도 피험자는 힘이 세진 기분을 느끼고, 한 발 뒤로 물러설 필요가 없어진다!

이제 판매원은 밝은 표정으로 자성 부속품이 힘과 에너지를 제공해서 신체 균형을 잡아준다고 설명할 것이다. 이것은 대단히 효과적이고 신뢰감을 주는 시연처럼 보이며, 자성 부속품도 제대로 작동하는 것처럼 보인다. 그러나 이 실험에는 몇 가지 따져봐야 할 문제가 있다.

1. 이 자성 부속품이 중력을 거스르고, 우리가 균형을 잡고 똑바로 서 있도록 미지의 에너지나 힘을 생성 혹은 제공할 수 있다는 생각은 기존 자연법칙과 완전히 모순된다. 이런 힘은 알려진 바가 없다. 그렇다고 그들의 주장이 완벽하게 허튼소리임을 입증했

다는 의미는 아니다. 사실 극히 드물긴 해도 미지의 새로운 현상이나 힘은 존재할 수 있다. 어쨌든 이런 생각은 앞선 니켄의 실험을 비판적으로 검토해봐야 할 이유를 제공한다.

2. 두 번째 실험에서 피험자는 앞으로 진행될 실험 내용을 알고 있으므로 거기에 대비할 것이고, 그에 따라 의식적으로든 무의식적으로든 똑바로 서 있도록 자기 몸을 조절할 수 있다.

3. 두 번째 실험에서 판매원은 (의식적으로든 무의식적으로든) 피험자의 손을 첫 번째보다 좀 덜 세게 당겼을지 모른다.

이런 미세한 요인들도 실험에 영향을 미친다. 그러므로 실제 속임수가 있었는지 아니면 플라세보 효과 같은 것이 포함됐는지, 우리로서는 알 길이 없다. 물론 지금까지 서술된 내용도 그 실험이 사기임을 입증하지 않는다. 그러나 비판적으로 사고하는 사람이라면, 경계심을 풀지 않고 제품의 효과성을 인정하기 전에 정밀하게 실험해야 한다고 주장할 것이다.

이런 상황에서 진실을 명확히 가릴 방법이 있을까? 당연히 있다. 이중 눈가림 테스트를 해보면 된다. 먼저, 니켄 제품과 똑같이 생겼지만 자성은 없는 부속품을 만든다. 그 다음에는 니켄과 아무 관계가 없는 검사자를 데려온다. 그런 다음 제3자(역시 니켄과 무관한 자)에게 무작위로 부속품들을 건네주는데, 이 피험자나 검사자 모두 어떤 부속품이 자성을 띠는지 알지 못한다. 이제 앞의 실험을 반복하되, 그때마다 무작위로 부속품을 고른다.

이런 식으로 실험을 반복하면, 그 제품이 아무 효과가 없다는 사실이 곧바로 드러난다. 실험을 할 때마다 피험자는 똑같이 균형을 잃을 것이다. 이런 이중 눈가림 테스트를 하기 전에 효과를 유발했던 원인 이 무엇이었는지는 중요하지 않다. 그것은 피험자의 머릿속에서 일 어난 플라세보 효과였을까? 아니면 판매원의 파렴치한 조작이었을 까? 혹은 판매자의 머릿속에서 일어난 소망적 사고일까? 원인이 무엇 이었는지 우리로서는 알 길이 없지만, 그것은 중요하지 않다. 확실한 사실은 그 자성 부속품에서 나오는 특수한 힘이라는 것이 아무 효과 가 없으며, 그것이 바로 우리가 확인하려고 했던 내용이니까.

이 사례 연구는 중요한 시사점을 제공한다. 즉, 회의주의 세계관은 일어난다고 주장되는 모든 현상을 반드시 과학적으로 설명하라고 요 구하지 않는다. 그저 겸손하게, 주장된 현상이 실제로 일어나는지를 주의 깊게 확인해보라고 제안할 뿐이다.

이중 눈가림 실험에서 자성 부속품의 효과가 전혀 나타나지 않는 다면, 그 부속품에 놀라운 기능이 있다고 주장하는 사이비 과학의 허 튼소리를 주의 깊게 분석할 이유가 없다. 사람들이 자성 부속품이 있 든 없든 똑같이 균형을 잡지 못한다면, '장 기울기 기술', '다이나플럭 스 기술', '방사축 자기 기술 모듈' 같이 복잡해 보이는 용어는 아무 의 미가 없다.

자성 부속품은 잘 속는 사람들을 속이기 위한 파렴치한 수법 중 하 나일 뿐이다. 그런 함정에 빠지지 않으려면 명확한 사고 기술을 습득 해야 한다.

08. 뉴에이지 신앙과 이성의 위기: 이상한 사상을 믿는 사람들에 관하여

동종 요법

엉터리 의학으로 상업적 성공을 거둔 또 다른 사례는 동종 요법으로 불리는 '대체 의학'이다. 이는 독일인 의사 사무엘 하네만Samuel Hahnemann(1755~1843)이 주창한 이론에 근거한다. 당시에는 고열을 다스리기 위해 기나나무 같은 식물의 껍질을 널리 사용했다. 하네만은 기나나무 껍질을 건강한 사람에게 먹이면 그것을 치료제로 사용하던 환자들에게 나타났던 똑같은 증상이 건강한 사람들에게도 나타나는 것을 발견했다. 그는 이 관찰 결과를 라틴어로 'Simila similibus curantur(시밀라 시밀리부스 쿠란투어; '비슷한 것으로 질병을 치료한다'는 뜻)'라고 표현했고, 그것을 토대로 만든 치료법에 '동종 요법('유사 질병'이라는 뜻)'이라는 이름을 붙였다.

동종 요법 이론에 따르면, 다양한 증상과 질병은 그것을 일으킨 물질을 희석시켜 사용하면 치료할 수 있다. 하네만은 약물 과다 복용이 득보다 실이 많다고 생각했다. 이런 생각 자체는 훌륭한 지적 통찰이다. 그러나 그다음 행보는 방향이 완전히 달랐다. 그는 약물을 희석할수록 약효가 탁월해진다고 주장했다. 그리고 약물의 희석률이 (그리고 그의 이론에 따르면, 그에 따른 효과성까지도) 높아지는 것을 "강화 작용potentization"이라 불렀다. 또한 치료 효과를 얻기 위해 자신이 제안한 독특한 희석 과정을 따라야 한다고도 주장했다.

그에 따라 유사 약물을 끊임없이 희석했고, 급기야 원 치료 물질이 단 한 분자도 남지 않게 되었다. 동종 요법에 따르면, 완전 강화 작용 후 남은 물에는 치료 물질에 대한 '기억'이 있으며, 이런 식으로 마술적 힘은 이어진다.

동종 요법은 프랑스, 영국, 독일 등에서 인기가 높다. 스웨덴에서는 대체 의약품뿐만 아니라 다양한 건강 증진 식품에서 동종 요법이 활용되고 있다.

동종 요법에는 플라세보 효과밖에 없다. 이는 동종 요법에 대한 신중한 연구 끝에 증명된 사실이다. 유럽과 미국에서 이중 눈가림 테스트를 했다. 동종 요법 지지자들은 흔히 이렇게 말한다. "아직 동종 요법의 효과성을 과학적으로 입증할 수 없지만, 그렇다고 해서 동종 요법이 효과가 없다는 의미는 아니다. 세상에는 우리가 이해하지 못하는 현상이 많다." 그러나 이는 잘못된 논리이다. 사실 과학은, 신중한 연구 덕분에, 동종 요법이 효과가 없다는 사실을 입증해냈다. (동종 요법의 핵심 원리인 물질을 희석할수록 효과가 커진다는 주장은 대단히 터무니없는 결과로 이어진다. 예를 들어, 날마다 당신이 동종 요법 치료를 받아야 한다면, 날짜를 잘못 세지 않도록 조심해야 한다. 왜냐하면 하루 이틀 치료 날짜를 놓쳤을 경우 약물 과다 복용으로 사망할지도 모르기 때문이다! 정말 터무니없는 생각이 아닐 수 없다.)

전통과 과학의 악용

많은 사상이 세상이 돌아가는 방식과 사람들이 사는 방식에 관한 오랜 미신과 신화에 근거한다. 그 지지자들은 마치 전통이 정당성 혹은 신빙성을 부여한다는 듯이, 자신들의 사상이 존경받는 전통에 기초한다고 주장한다.

하지만 가르침과 방법론이 오래되었다는 사실이 자동으로 그것의 효과성을 보장하지는 않는다. 아주 오랫동안 사람들은 사혈로 병을 치료하려 했다. 환자의 피를 거머리로 빨아내면 병이 나을 것이라고 기대한 것이다. 이 방법의 광범위한 사용은 병에 걸렸을 때 혈액의 역할을 잘못 이해한 결과였다. 즉, 사람들이 오랫동안 사혈의 효과성을 믿었다는 사실이 사혈법이 타당한 치료법이라는 것을 의미하지는 않는다. 하지만 옛날 사람들은 현대인과 달리 체계적인 의학 및 생물학 지식을 갖추지 못했기에, 사혈에 대한 잘못된 믿음을 용서받을 수 있다. 그런 지식 부족을 그들의 탓으로 돌리면 안 된다. 그러나 오늘날 사혈을 일반적인 치료법으로 옹호하는 사람이 있다면, 그는 수많은 반증을 무시하고 있는 것이다. (거머리는 매우 특수한 상황에서 여전히 치료법으로 이용되고 있는데, 그 목적은 옛날과 완전히 다르다.)

오늘날 뉴에이지 문화는 과학이 사회에서 받는 높은 평가를 이용하기 위해 열심히 노력한다. 그래서 에너지, 특정 주파수 진동, 심지어 양자 역학 같은 과학 개념들이 뜻도 모르고 함부로 가져다가 말만 번드르르하게 하는 사람들에 의해 남용되고 있다. 진짜 과학에서 빌려온 복잡하고 추상적인 개념들(혹은 겨우 단어들!)로 사이비 과학 사상을 뒷받침하려는 '예언자들'의 논문이 허다하다.

오늘날은 진짜 지식에 기초한 방법론과 절차를 선호한다. 물론 이 말은 현대 의학이 전혀 실수하지 않는다는 의미가 아니며, 그저 오늘날 사용하는 방법론이 무지와 미신에 토대한 방법론보다 낫다는 뜻이다.

이따금 사이비 과학자들은 대중을 호도하기 위해 언어 혼동을 이용한다. 뉴에이지 영성에 관한 수많은 책에는 영양분이 필요한 세포와 잘 먹는 것의 중요성이 설명되어 있다. 거기에 따르면, 세포는 제 기능을 하기 위해 에너지(물리학과 생물학에서 말하는 엄밀한 의미의 에너지)가 필요하다. 여기까지는 괜찮다. 그런데 같은 책은 "에너지를 빼앗아 가는" 사람들과 교류할 때의 위험성도 언급한다. 거기에는 그런 사람들과 어울릴 경우 "에너지를 잃게" 된다고 적혀 있다. 그리고 "우리의 신체에서 일어나는 에너지 유출뿐만 아니라 내 에너지를 훔쳐 가려고 하는 다른 사람들로 인한 에너지 유출"로부터 스스로를 보호해야 한다고 말하며, 그런 사람들을 "에너지 뱀파이어"라고 부른다. 여기에서 '에너지'라는 단어는 심리적, 정서적 특성을 가리키는 잘못된 은유이다.

이와 유사한 언어 혼동의 다른 예는 "오늘 체육관에서 운동하고 났더니 에너지가 넘치네!"라고 말할 때이다. 물리학과 생물학의 관점에서 보면, 운동 후에는 에너지를 얻을 수 없다. 실은 그 반대로, 운동하는 동안 에너지는 소비된다. 물론 운동을 하고 나면 좀 더 건강해지고 민첩해지고 의욕적이고 행복해지고, '에너지가 충만한' 느낌이 들 수는 있다.

이렇게 에너지라는 개념을 은유적으로 사용하는 것 자체는 전혀 문제가 없다. 그러나 에너지의 과학적 정의와 은유적 표현을 동일시하는 행위는 과학을 버리고 사이비 과학으로 옮겨간 것이다. 간혹 아주 드물게, 같은 용어의 의미를 명확히 구분해서 글을 쓰는 뉴에이지 작가들도 있다. 언어 혼동을 이용해서 도출한 결론은 비과학적이고 틀렸다. 이런 식의 위험한 언어 사용은 뉴에이지 문화의 전형적인 특징이다. 그들은 과학 용어처럼 보이지만 실은 엉성한 은유에 불과한 개념들을 체계적으로 악용하고 있으며, 그렇게 해서 사람들로 하여금 자신들의 거짓말에 뭔가 심오한 내용이 있다고 믿게 한다.

양자 물리학과 뉴에이지

뉴에이지 운동가들 사이에 양자 물리학의 내용을 슬쩍 언급하는 것이 유행이다. 거기에는 양자 물리학 같은 기초 연구가 '집단의식'이나 '유체 이탈' 같은 최신 유행 개념을 뒷받침한다는 생각이 깔려 있다.

오늘날 양자 물리학과 뉴에이지 사상의 밀접한 관계를 찾는 책들은 몹시 흔하다. 그런 책들은 리더십 기법, 명확한 사고, 건강, 의식에 대한 이해 등에 양자 물리학을 암시하는 내용을 포함시킨다. 다나 조하르Danah Zohar, 디팩 초프라Deepak Chopra 같은 작가들이 그런 견해를 홍보해서 커다란 상업적 성공을 거두었다. 그러나 그들이 쓴 책들의 실제 내용은 전혀 과학적이지 않다. 사이비 과학자나 할 헛소리와 자명한 진리가 뒤죽박죽 섞여 있다.

양자 물리학은 물질을 구성하는 가장 기본적인 요소를 다루는데, 우리가 이해하기 어려운 현상들로 가득하다. 더구나 양자 역학은 물리학자들로 하여금 물질의 속성에 관한 핵심 가정들을 다시 생각하게 한다. 그러나 이것이 생물학, 심리학, 의식의 본질에 관한 연구 등 다른 과학 분야의 타당한 결론들을 양자 물리학에서 손쉽게 도출할 수 있다는 의미는 아니다.

양자 역학은 '신'이 확실히 존재한다거나 충분히 깊은 명상에 빠지면 공중 부양할 수 있다고 말해주지 않는다. 무한히 작은 입자를 지배하는 법칙이 인간에게도 적용된다는 주장은 심각한 오류다. 그런 비약은 타당하지 않다. 관찰과 실험을 통해 만들어진 새 이론을 검증하는 것이 합리적인 태도다. 불쑥 떠오른 생각을 토대로 이론을 만들어낼 수 있지만, 그 이론을 실험으로 검증하지 못한다면, 그것은 그저 추측일 뿐이다.

범주 오류와 과학의 사다리

대체로 우리는 과학 분야별로 다양한 층위의 실재를 설명할 수 있다고 생각한다. 가령 가장 높은 단계에는 문화, 사회, 경제, 미학, 법 등이 자리한다. 그다음 단계에는 사고와 감정을 연구하는 심리학이 있다. 그다음에는 생물학이, 그다음은 분자 간 상호작용 법칙을 다루는 화학이 자리한다. 그런데 분자는 원자들로 이루어져 있으며, 원자는 물리 법칙을 따른다. 원자 내부에서 일어나는 과정은 물리학의 분파인 양자 역학으로 설명된다. 전체적으로 우리의 세계관은 다층 구조로 이루어져 있으며, 그 단계를 도식화하면 이렇다.

사회학

문화, 경제, 법, 예술, 문학, 미학……

⇩

심리학

의사 결정, 인지, 꿈, 감정……

⇩

생물학

세포 과정, 단백질, 시냅스, 대사 과정, 진화……

⇩

화학

분자, 화학 반응, 화학 결합……

⇩

물리학

중력, 전기, 자기, 양자, 핵분열, 핵융합, 원자 에너지……

각 단계에서 일어나는 사건은 그 아래 단계에서 일어난 사건에 좌우된다. 그런 점에서 각 단계는 서로 연결되어 있다. 그러나 단계마다 고유한 현상들이 있으므로, 한 단계에 속한 개념과 현상이 자연스럽게 다른 단계에도 속한다고 가정할 수는 없다. 예를 들어, 인간이 사고하고 경험하는 존재라고 해서 전자, 탄소 원자, DNA 분자 같은 미시적 독립체나 대학교, 기업, 국가 같은 거시적 독립체도 사고하고 경험한다고 말할 수 없다. 그것은 '범주 오류category error'에 해당한다. 다음 예를 통해 이 개념을 좀 더 자세히 설명해보겠다.

지금 우리는 18세기 초에 제작된 아주 오래된 양피지 문서를 안전하게 보관하고 있다. 이 양피지에는 검은 잉크로 헌법의 내용이 새겨져 있다. 실제로 이 귀한 문서의 내용은 우리나라 법체계의 기초이다. 그런데 20세기 초에 연구자들이 오랜 세월이 지났는데도 그 문서에 사용된 잉크가 지워지지 않았다는 사실에 매료되었다고 해보자. 그들은 최신 기술을 사용해서 그 잉크를 분석했고, 그것이 오랫동안 유지될 수 있었던 이유가 특정 화학 물질 때문이라며 만장일치로 결론을 내렸다.

　이제 현재로 빨리 감기를 해보자. 백여 년의 시간이 흐르는 동안 화학 지식도 크게 발전했다. 연구자들이 다시 한 번 그 양피지 문서의 잉크를 분석해본다. 그런데 이번에는 과거 연구자들이 생각했던 화학 물질이 전혀 들어 있지 않다고 결론 내린다. 그 잉크가 지워지지 않고 계속 진하게 유지된 비밀은 백 년 전 사람들이 생각했던 화학 물질 때문이 아니었다. 이제 우리는 그 잉크의 내구성에 대해 완전히 다른 설명을 내놓아야 한다. 지금까지는…… 아무 문제가 없다.

　새로운 지식 덕분에 우리는 양피지 잉크에 대한 기존 생각을 바꿔야 한다. 그런데 이것이 그 잉크로 새겨진 문서의 법적 의미에 대한 해석까지 바꿔야 한다는 의미일까? 이제 우리는 법체계를 완전히 바꿔야 할까? 당연히 전혀 그렇지 않다. 그런 성급한 결론은 중대한 범주 오류를 일으킨다. 그 잉크의 화학 구성은 추상적이고 고차원적인 법문서의 내용과는 아무 상관이 없다.

　범주 오류의 개념을 이런 문장으로 설명하면 좀 더 쉽고 생생하게 전달할 수 있을 것 같다. 다른 색 잉크로 쓴다고 해서 시가 덜 아름다워지는 것은 아니다.

기본 구성 요소가 아닌 전체에 초점을 맞춘다는 점에서, 고차원적 관점을 취해야 할 때는 언제일까? 어차피 만물은 한데 묶여 있지 않던가? 만약 우리가 과학을 단계별로 명확히 구분되는 분야로 여긴다면, 이는 지나치게 경직된 관점이 아닐까?

물론 문제를 전체적인 관점에서 바라보는 태도는 매우 중요하다. 이는 의학 연구에서 확인할 수 있는데, 인간의 마음과 육체는 서로 긴밀하게 연결되어 있으면서 끊임없이 영향을 주고받으므로 실은 하나이자 같은 것이다. 그러므로 과학 연구는 항상 폭넓은 관점에서 접근해야 하며, 무엇보다 대담하고 창조적이어야 한다.

새로운 이론은 항상 만들어지며, 그중 일부는 상당히 과격할 수 있다. 그러나 새로운 이론이 유의미한 과학 이론이 되려면, 경험적으로 검증되어야 한다. 실험실에서 무수한 검증 과정을 거치지 않은 과학 이론은 유효하지 않다. 범주 오류는 새로운 과학적 발견에서 결론이 타당하게 도출되었는지와 관련된다. 그것은 무엇이 진리이고 무엇이 진리가 아닌지를 말해주지 않는다. 물론 화학자들이 오랜 양피지 문서에 사용된 잉크의 특성을 새롭게 발견하고, 그와 동시에 법학자들도 그 문서의 법적 의미를 완전히 다르게 해석할 만한 근거를 발견하게 될 수도 있다. 그러나 그런 일이 일어나더라도 두 사건은 서로 관계가 없다. 법적 발견과 화학적 발견은 서로 완전히 독립적이다. 같은 양피지 문서에 대한 발견이지만 두 분야는 서로 거리가 멀다.

양자 물리학과 일상에 대해서도 같은 이야기를 할 수 있다. 뉴에이지 운동 집단은 양자 물리학과 '전체론적holistic' 접근법에 관해 열정적으로 이야기한다. 물론 양자 물리학은 우리가 아직 이해하지 못하는 많은 놀라운 현상을 다루지만, 그렇다고 양자 물리학의 신비가 우리 일상에서 벌어지는 불가사의한 현상을 모두 설명해 줄 수 있다는 의미는 아니다. 예를 들어, 양자 '얽힘entanglement'은, 두 입자가 같은 공간에서 멀리 떨어져 있어도 서로 긴밀하게 연결된다는 이론으로, 이는 대단히 놀라운 발상이다. 그러나 그렇다고 해서 우리가 커다란 집단의식의 아주 작은 부분에 불과하다거나, 사고 통제가 가능하다거나, 우주가 인류를 위해 장기 계획을 세우고 있다는 식의 결론으로 이어지지는 않는다. 만약 이런 말들에 혹한다면, 당신은 초보적인 범주 오류에 빠진 것이다.

물론 양자 세계는 일상에서 벌어지는 온갖 현상에 대해 아름다운 은유를 제공한다. 그러나 인간의 실존 문제에 적용할 수 있는지를 생각해 보면, 그것들은 단순한 은유일 뿐 아무 의미도 없다. 안타깝게도, 양자 물리학과 다른 과학 분야들은 세상을 신비하고 흥미진진한 용어로 묘사하고 싶어 하는 뉴에이지 운동가들에 의해 악용되고 있다(그리고 일부 뉴에이지 운동가는 잘 속는 순진한 사람들을 이용해서 돈을 번다). 예를 들어, 우리의 감각 정보 외에 다른 실재는 없다거나, 우리의 의식이 세상에서 일어나는 일들을 지배한다거나, 우주에서 일어나는 모든 현상은 어떤 식으로든 불가사의하게 연결되어 있다고 주장하는 사람들이 있다. 이 모든 말은 사이비 과학자의 횡설수설에 불과하지만, 비전문가의 귀에는 심오한 양자 물리학의 내용을 설명하는 것처럼 들린다.

흔히 사이비 과학자들은 과학 개념들을 수박 겉핥기식으로 엉성하게 차용하면서도 전혀 거리낌이 없다. 과학 용어가 동원된 견해는 실속 없는 내용과 근거 없는 주장에도 불구하고, 과학 초심자들에게 신

08. 뉴에이지 신앙과 이성의 위기: 이상한 사상을 믿는 사람들에 관하여

선하고 흥미진진하다는 인상을 준다.

사례 연구: 점성술

우리는 사이비 과학의 강력한 유혹을 과소평가하면 안 된다. 고대부터 믿어온 점성술이 좋은 예다. 신문의 별자리 운세를 읽을 때 대부분은 심심풀이로 여기고 그 내용을 적당히 깎아서 받아들이지만, 그것을 심각하게 생각하는 사람도 있다. 점성술사는 자신의 진짜 모습과 감정 상태, 미래 운명 등을 알고 싶어 하는 사람들에게 조언을 해주고 돈을 번다. 이 모든 내용은, 당연히, 먼 곳에 있는 별들이 무료로 제공한다.

별점은 어떤 사람이 태어난 시기의 천체 위치를 토대로 점을 치는 오랜 방식이다. 점성술 신봉자는 별자리를 보고 점을 치는 행위를 과학이라 부르고 싶겠지만, 점성술은 사이비 과학에 훨씬 가깝다.

스웨덴 잡지 《베텐스캅&알맨헤트Vetenskap & Allmänhet》('과학과 대중'이라는 뜻)가 수행한 조사를 보면, 스웨덴 국민의 약 25퍼센트가 점성술을 과학으로 생각한다. 이 수치는 다른 서양 국가들과 비슷했고, 아프리카와 아시아의 일부 지역보다는 훨씬 낮았다.

국민 대다수가 점성술을 믿는 인도에서는, 점성술 관련 '자료'가 결혼, 여행, 사업 등 중요한 결정에 영향을 미친다. 《스켑티컬 인콰이어러Skeptical Inquirer》라는 잡지의 웹사이트에 들어가면, 다음과 같이 다소 놀라운 뉴스를 볼 수 있다.

인도에서 점성술 분야의 로비가 큰 성공을 거둔 사례는 2001년 2월에 대학 지원금 위원회University Grants Commission, UGC가 학부와 석사 과정에 점성술 과정을 개설하는 대학에 지원금을 주기로 결정한 일이었다. 발표문의 내용은 이러했다. "인도에서 베딕Vedic 점성학을 활성화하고, … 이 중요한 과학을 전 세계로 수출할 기회를 마련해야 한다는 긴급한 요구가 있다." UGC의 발표 후 9개월 동안, 인도 내 200개 대학교 중 45개가 점성학과 개설 지원금으로 150만 루피(약 3만 달러)를 신청했다.[66]

이따금 점성술 신봉자들은 이런 말로 자신의 생각을 방어한다. "달이 조수에 영향을 미치는데, 인간에게 어찌 영향을 미치지 않겠는가? 어쨌든 우리 몸도 거의 물로 이루어져 있지 않은가! 또한 행성과 별이 우리의 삶에 영향을 미치지 않을 이유가 있을까?" 이런 주장이 터무니없는 이유는 얼마든지 댈 수 있는데, 그중 네 가지를 제시하면 다음과 같다.

1. 점성술은 달이 아니라 '황도십이궁'이라 불리는 별들과 행성의 배열을 다룬다. 행성과 별은 지구에서 달보다 훨씬 멀리 떨어져 있기 때문에, 조수에 거의 영향을 미치지 못한다.
2. 물론 우리 몸의 대부분은 물로 이루어져 있지만, 바닷물이 달의 영향을 받는 이유는 물의 양이 아주 많기 때문이다. 달은 인체에 들어 있는 극소량의 물에는 거의 영향을 미치지 않는다.
3. 조류가 받는 달의 영향을 인체 내 물이 받는다 하더라도, 즉 달의 인력이 우리를 잡아당긴다 하더라도, 그것은 우리의 성격이

08. 뉴에이지 신앙과 이성의 위기: 이상한 사상을 믿는 사람들에 관하여

나 사는 동안 우리에게 일어나는 사건들과는 무관하다. 어쨌든 지구의 중력이 달의 인력보다 훨씬 큰 영향을 우리에게 미친다.

4. 만약 달이 인체 내 물에 영향을 주고 그것이 우리의 성격을 결정한다면, 왜 그런 중요한 영향력이 우리가 태어나는 순간에만 발휘되고 그 후에는 전혀 발휘되지 않는 걸까?

점성술이 타당하다는 근거로 달이 조류에 미치는 영향을 끌어오는 것은 완전히 틀린 방식이다. 그러나 점성술사는 과학적 반박에 늘 이런 말로 대응한다. "우리가 우주의 법칙을 전부 알지는 못한다. 과학이 모든 것을 설명하지는 않는다. 그러므로 우리의 말이 맞을 수도 있지 않겠는가?"

이런 주장은 원칙적으로 옳다. 어쩌면 점성술이 실재에 대한 진실을 일부 말하고 있는지도 모른다. 비록 점성술이 우주의 본질에 관한 현대 지식과 완전히 어긋나고, 점성술이 사실인 이유를 설명할 수조차 없더라도 말이다. 만약 점성술에 입증 가능한 진실이 조금이라도 있다면, 우리는 우주의 본질에 관한 기존 견해를 전면 수정해야 할 것이다. 점성술이 사실일 가능성은 영(관용구로 표현하면, "불지옥에 눈덩이가 있을 확률")에 가깝지만, 원칙적으로 그럴 가능성은 얼마든지 존재한다. 그럼에도 점성술을 무시하는 것이 이치에 닿는 행동이며, 지금부터 그 이유를 설명하겠다.

점성술은 지난 50년간 과학 분야에서 포괄적인 연구 주제였다. 관련 연구는 주로 이런 방식으로 진행된다.

1. 한쪽에는 황도십이궁의 별자리를, 다른 쪽에는 성격 및 신체 특징을 상징하는 행성의 배열을 둔 다음, 둘 사이의 확실한 연결고리를 찾는 기술을 점성술로 정의한다.
2. 수많은 사람의 별자리와 그들의 성격 및 신체 특징 자료를 수집한다.
3. 특정 성격 및 신체 특징이 그것과 '짝을 이루는' 별자리를 가진 사람들에게서 더 자주 나타나는지 아니면 무작위로 분포되는지를 통계적으로 분석한다.

수많은 연구가 이루어졌는데, 점성술이 어림짐작보다 나을 게 없다는 사실이 밝혀졌다.[67] 그런 연구들은 점성술의 작동 원리에는 전혀 관여하지 않으므로, 그 연구 결과들은 우리가 점성술을 이해하는지 여부와 무관하다.

사람들이 점성술을 진실이라 믿고 자신의 기존 생각을 확인하고 싶어 한다는 사실을 보여주는 연구도 있다. 예를 들어, 500명에게 같은 별자리 자료를 나눠주고, 그 별자리에 해당하는 성격이 그들의 것이라고 알려줬을 때, 대다수는 그 내용이 자신과 일치한다고 주장했다. (과거에 프랑스에서 이런 실험을 했으며, 당시 모든 피험자는 프랑스의 악명 높은 살인자의 생일에 해당하는 별자리 정보를 받았다.) 이런 결과를 보니 더욱 점성술을 무시할 수밖에 없다.

두 영국인 사회 심리학자 마틴 바우어Martin Bauer와 존 듀란트John Durant는 어떤 사람들이 점성술에 끌리는지를 연구했다. 그들은 예상대로, 피험자의 과학 지식수준과 회의적 태도 사이에 통계적으로 명

08. 뉴에이지 신앙과 이성의 위기: 이상한 사상을 믿는 사람들에 관하여

확한 상관관계가 존재한다는 사실을 발견했다. 과학 지식이 많은 사람일수록, 점성술을 덜 믿었다.[68]

요컨대 점성술은 실험 증거가 전혀 없지는 않지만, 수많은 실험에서 반증되었다. 즉, 점성술이 사람들의 성격과 운명을 알려줄 수 있는 '과학' 이론이라는 주장은 거짓임이 밝혀졌다.

사례 연구: 마이어스 브릭스 테스트

오랜 옛날부터 인간은 다른 사람들을 작은 상자에 넣어 깔끔하게 분류함으로써 삶을 단순하게 도식화하고 싶어 했다. 다른 사람들을 명확하고 뚜렷하게 분류할 수 있을 때 통제감이 상승한다. 어쩌면 상대방을 정확히 알고 있다는 느낌이 불안을 잠재우고 우리를 침착하게 만들어주는지도 모른다. 수천 년 동안 점성술이 그런 역할을 해왔다.

19세기 사람들은 그런 심리적 욕구를 새로운 방법으로 충족시키려 했다. 그래서 골상학(머리뼈의 모양으로 그 사람의 성격을 판단하는 학문)과 같은 인종 생물학이 유행했다. 오늘날은 그 이론이 근거 없는 사이비 과학일 뿐만 아니라 비도덕적이라는 사실을 잘 안다. 그럼에도 다른 사람들을 분류하고 싶은 욕구는 사라지지 않았다.

오늘날 스웨덴을 포함해서 세계 여러 나라에서 가장 인기가 많은 성격 검사는 마이어스 브릭스 성격 유형 지표Myers-Briggs Type Indicator, MBTI이다. 기업들은 원활한 운영 및 직원 관리를 위해 종종 MBTI를 이용한다. MBTI는 1940년대 미국의 두 아마추어 심리학자 이사벨 브

릭스 마이어스Isabel Briggs Myers와 캐서린 쿡 브릭스Katharine Cook Briggs가
스위스 심리학자 카를 구스타프 융Carl Gustav Jung의 이론에서 영감을
얻어 설계했다. 이 검사법에 따르면, 사람의 성격은 16가지로 구분된
다(황도십이궁에 따라 성격을 나누는 점성술보다 4개가 더 많다).

　MBTI에는 네 가지 선호 지표가 있고, 지표마다 서로 정반대인 두
유형이 있다.

외향성Extrovert (E) — 내향성Introvert (I)

감각Sensing (S) — 직관Intuition (N)

사고Thinking (T) — 감정Feeling (F)

판단Judging (J) — 인식Perceiving (P)

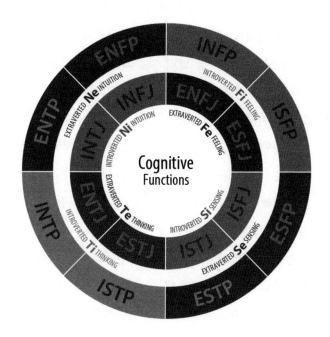

08. 뉴에이지 신앙과 이성의 위기: 이상한 사상을 믿는 사람들에 관하여

MBTI에 따라 사람의 성격이 총 16가지라면, (16가지 성격 유형이 균등하게 분포된다고 가정할 때), 오늘날 지구에 한 성격 유형당 약 4억 5천만 명이 있는 셈이다.

이 네 가지 선호 지표마다 하나씩 선택한다고 하면, 여기에서 나올 수 있는 조합은 총 16(=2×2×2×2)개이다.

융의 이론에서 영감을 얻었다는 MBTI의 기본 개념은 "현실적/상상력이 풍부한", "이성적/공감적", "사고/감정" 등 대립되는 특징을 포함한다. 이런 대비는 흥미롭게 보이긴 해도, 서로 진짜 반대어는 아니다. 예를 들어, 훌륭한 과학 연구원은 현실적이면서 상상력도 풍부해야 한다. 오랫동안 현대 심리학은 융의 이론을 거부해왔지만, MBTI의 상업적 성공에는 별 영향을 미치지 않은 것 같다.

이런 이론들이 우스꽝스러운 뉴에이지 사상과 거의 일치하긴 해도, MBTI는 개인의 성격에 대해 무언가를 드러내줄 수도 있지 않을까?

MBTI는 전 세계에서 가장 널리 사용되는 성격 검사이기 때문에, 독립 연구자들이 철저하게 연구하고 있다. 그런데 조사 결과, MBTI는 동일 결과를 반복해서 얻을 수 없다는 점에서 신뢰도가 낮은 검사다. 이를 증명하는 가장 간단한 방법은 같은 사람에게 충분히 기간 차이를 두고 같은 테스트를 두 번 해보면 되는데, 당연히 피험자에게는 검사 목적을 말해주지 않는다. 이 실험을 실제로 해봤을 때, 기간 차이가 5주로 짧았음에도 피험자의 반 정도는 검사 결과가 달라졌다. 그런데 이 검사법의 바탕이 되는 이론은 성격은 타고나는 것이며 일생 동안 변하지 않는다는 것이다.[69]

MBTI 검사는 타당도도 낮다. MBTI 신봉자들은 어떤 성격 유형은 교사 같은 특정 직업군에 훨씬 많다고 주장한다. 그러나 광범위한 연구를 수행했을 때, 교육직군에 나타나는 MBTI 분포는 무작위로 뽑은 사람들에게서 나타나는 MBTI 분포와 크게 다르지 않았다.[70]

요컨대, MBTI 검사는 점성술처럼 사이비 과학의 영역에 속한다. 그럼에도 스웨덴을 포함한 세계 여러 나라의 기업들은 MBTI 상담 비용으로 기꺼이 많은 돈을 지불한다.

MBTI는 수검자가 스스로 관찰 대상이라는 사실을 알고 있고, 그 때문에 신중하게 행동하게 된다는 점에서, 플라세보 효과가 일어날 수 있다. 이 정도는 괜찮다! 그러나 솔직히 말하면, 나는 차라리 점성술을 추천하고 싶다. 효과는 MBTI 검사와 동일하지만(플라세보 효과는 접어 두더라도), 비용이 훨씬 적게 들기 때문이다.[71]

동시성

동시성synchronicity(그리스어에서 접두사 'syn-'은 '함께'라는 뜻이며, 'chronos'는 '시간'을 의미한다. 즉, 그리스어에서 유래한 이 단어는 영어 'simultaneity'와 같은 뜻이다.)은 흔히 뉴에이지 운동 집단이 의미를 혼동해서 사용하는 단어다. 그런데 특별히 뉴에이지 사상에 끌리지 않더라도, 동시성에 어떤 의미가 있을지 모른다고 생각하는 것이 이상한 일은 아니다.

그러면 동시성이란 무엇일까? 그 기본 개념은 명확한 혹은 타당한 인과관계가 존재하지 않는 두 사건이 정확히 혹은 거의 동시에 발생하는 것이다. 가령, 어느 날 나는 초등학교 때 친구에게 연락을 하기로 마음먹었는데, 그날 오후 버스에서 내 옆자리에 앉은 친구를 발견하게 된다. 우선 나는 이렇게 생각한다. '아니, 이런 멋진 우연이 다 있나!' 그러나 다른 한편으로는 이런 생각도 한다. '이건 정말 드문 확률인데! 이 일이 그냥 일어났을 리가 없어! 틀림없이 어떤 의미가 숨겨져 있어!' 이런 것이 바로 '동시성'이다.

MBTI처럼 이 이론도 카를 구스타프 융을 소환하며, '인생 상담 코치들'이 각종 자기계발 과정에서 적극 이용하고 있다. 그러나 동시성은 확률을 오해한 데에서 나온 개념이다. 간단한 예를 하나 들어보겠다. 내가 친한 친구를 떠올리자마자 그 친구에게서 전화가 왔다고 해보자. "이렇게 놀라운 일이! 동시성이 일어나다니!" 그러나 여기에서 핵심 질문은 "내가 그 친구를 떠올렸을 때 그의 전화를 받지 못했던 때가 얼마나 많았는가?"이다. 그러므로 친구가 전화했을 때 내가 우연히 그를 떠올렸다는 사실은 그리 놀라운 일이 아니다.

버스에서 우연히 초등학교 친구를 만나는 상황도 비슷하다. 그것은 확률적으로 드문 사건이지만, 중요한 것은 일어날 가능성도 적고 실제로도 일어나지 않은 사건들이 그동안 얼마나 많았는가 하는 것이다. 이런 식으로 생각하면, 버스에서 친구를 만난 것은 별로 놀랄만한 사건이 아니다. 실제로 우리 주변에 극히 드문 사건들이 늘 발생하고 있지만, 그 대부분의 사건을 우리는 의식하지 못한다(그리고 의식해서도 안 된다). 가령, 최근에 당신이 '7, 2, 5, 21, 13, 25, 37'이라는 숫자 조합으로 복권을 사서 당첨됐다. 그럼, 당신은 "아니, 이렇게 믿기 어려운 일이 일어나다니!"라고 외칠 것이다. 특정 숫자 조합으로 당첨이 되는 일은 확률이 대단히 낮은 사건이기 때문에 어떤 의미에서 보면 당신 말이 맞다. 실제로 당첨금이 큰 복권일수록 확률이 극히 낮은 사건이다. 그러나 확률이 낮은 사건이라도 일어날 가능성은 있으며, 반드시 일어난다!

동시성에 대한 믿음이 타당하지 않은 이유를 보여주는 사고 실험을 하나 해보겠다. '극히 드문 사건'이란 일어날 확률이 100만 분의 1인 사건이라고 정의해보자. 즉, 그 사건이 일어날 확률은 100만 분의 1, 달리 표현해서 0.0001퍼센트이다. 극히 드문 사건이란 이렇게 낮은 확률로 일어나는 사건이라는 데 모두 전혀 이견이 없다. 이제 우리 뇌가 거의 초 단위로 의식적인 순간을 기록할 수 있다고도 가정해보자. 이럴 경우 우리 뇌는 (잠자는 시간을 제외하고) 매달 약 200만 개의 개별 순간을 기록한다. 따라서 '극히 드문 사건'은 '동시성'의 도움을 받지 않아도, 매달 약 2번 일어난다.

그런데 사람들은 왜 그렇게 쉽게 동시성을 믿고, 그런 믿음에 끌리는가? 그건 아마도 동시성을 믿을 때 자신이 세상의 중심에 있다는 느낌이 들기 때문일 것이다. 온 우주가 당신과 당신의 삶을 중요하게 여긴다고 생각하는 것이다. "이것은 우연일 리가 없어. 지금 내가 이런 경험을 하도록 틀림없이 우주가 미리 계획을 짜 놓았던 거야. 우주에 존재하는 거대한 마법의 힘들이 공모한 거야, 그저 나를 위해서!" 이처럼 뉴에이지 문화는 자기도취적이며, 그것은 특별히 동시성에 대한 믿음에서 명확히 드러난다.

사례 연구: 허그와 버그

사람들이 동시성이라 부르는 것의 대표 사례를 살펴보겠다. 친구 하나가 내게 비밀을 털어놓았는데, 자기는 'HUG'라고 적힌 자동차 번호판을 놀랍게도 자주 본다고 했다. 친구는 그 번호판이 너무나 자주 보여서 그저 우연은 아닌 것 같다고 확신하고 있었다. 세 글자로 된 무수한 번호판 중에서 왜 그렇게 자주 'HUG'가 적힌 번호판을 보게 되는 걸까? 친구는 분명 거기에 어떤 의미가 있다고, 'HUG'라는 글자가 어디든 자신을 따라다니는 데는 어떤 불가사의한 이유가 있을 거라고 말한다. 혹시 은밀한 사랑의 메시지는 아닐까? 어쨌든 사랑과 'HUG(포옹)'는 밀접한 단어니까.

여기에는 많은 인지 오류가 섞여 있다. 우선, 내 친구는 날마다 여러 자동차 번호판을 보지만 거기에 적힌 글자는 의식하지 않는다고 해보자. 대개 사람들은 번호판을 읽지 않고 지나다니고, 그것에 대해 깊이 생각하지도 않으며, 혹시 봤더라도 대충 읽고 바로 잊어버린다. 핵심은 만약 당신이 'HUG'라고 적힌 번호판에 집착하기 시작하면, 그 번호판들이 시야에 들어왔을 때 의식을 한다는 점이다. 인간의 타고난 인지 능력이 작용한 결과이다. (빨간 차가 귀해 보여서 빨간 차를 샀는데, 그다음부터는 모두가 빨간 차를 가진 것처럼 보인다. 정말 짜증나는 상황이다!) 우리는 관심 없는 것들을 잘 보지 못한다. 그래서 'HUG' 번호판에 집착하는 순진한 내 친구는 'BUG', 'HAG', 'HUB', 'HWG' 번호판을 단 차들이 옆에 지나다녀도 별 관심이 없을 것이다.

현재 유효한 번호판들에 'HUG'가 지나치게 많지 않은가 하는 문제는 사실 관계 기관에 문의하면 어렵지 않게 답을 얻을 수 있다. 물론, 이유는 알 수 없지만 다른 글자 조합보다 'HUG'가 적힌 번호판이 실제로 더 많을 수 있다. 만약 이것이 사실이라면, 모든 'HUG' 목격자들에게는 재미없지만 완벽하게 논리적인 이유가 생기는 셈이다. 그리고 그것은 동시성 신봉자라면 듣기 싫은 이야기일 것이다! 그런 사람은 우주(혹은 우주적 힘, 첫 글자를 대문자로 쓴 '운명Fate', 카르마karma, 다르마dharma 등)가 아주 희박한 확률로 'HUG'라 적힌 번호판을 우연히 마주치게 했다는 말을 훨씬 쉽게 믿을 것이다. 그러나 만약 'HUG'가 실제로 다른 글자보다 더 자주 나타난다면, 이는 동시성의 증거가 아니라 번호판을 제작하고 배포하는 정부 기관의 부주의만 보여주는 것일 뿐이다.

우주가 작고 늙은 내게 연애편지를 보내고 '싶어서', 내가 여기저기 걸어 다니는 동안 내 주변 사물들을 움직여서 신기하고 운명적이게도 'HUG' 번호판을 단 차와 마주치게 한다는 생각은 완곡하게 얘기한다고 해도 극단적으로 자기중심적이다. 만약 '우주'가 정말로 내게 메시지를 보내고 싶었다면, 내 눈앞에 갑자기 특정 번호판을 단 차를 등장시키는 것보다 더 쉬운 방법이 있을 것이다. 왜 문자 메시지로 보내지 않을까? 물론 그 방법은 별로 신비스럽지도, '우주적'이지도 않아 보이지만, 어쨌든 훨씬 효율적이다.

우리는 확률을 따져야 하는 예민한 상황 앞에서 늘 겸손해야 하며, 어떤 상황에 신비해 보이나 존재하지 않는 연결고리가 있다고 생각하지 말아야 하며, 특히 그런 연결고리가 우리를 우주에서 가장 중요한 것으로 이끌어줄 것이라고 믿어서는 안 된다.

뉴에이지 운동의 편견

환생 체험, 전생요법, 수정 치료crystal healing, 점성술 그리고 '새로운 영성'이 제시하는 수많은 생각은 오늘날 삶과 일터에서 예외적인 태도가 아닌 일상적인 규칙이 되고 있다. 초자연적 현상, 초자연적 존재, 신비주의 등을 믿지 않는다고 용감하게 주장하는 사람들은 열린 사고를 하고 좀 더 포용적이며 덜 오만하다고 여겨지는 사람들에 의해 종종 '지루하다', '부족하다', '얄팍하다' 등의 낙인이 찍힌다. 그러나 유감스럽게도, 그렇게 낙인찍는 사람들이 오히려 무지와 편견으로 가득 차 있다.

앞에서도 이런 편견들을 일부 다루었지만, 지금부터는 몇 페이지에 걸쳐 독특한 편견 몇 개를 제시하고 그것들을 어떻게 반박할 수 있는지 보여주겠다. 초자연적 현상 같은 것들을 믿지 않는 사람들에 대한 편견 중에는 다음과 같은 것이 있다.

당신은 과학이 설명할 수 있는 것들만 믿는다. 이런 독단적인 태도 때문에 당신은 과학이 설명할 수 없는 모든 현상을 거부한다. 당신의 폐쇄적이고 꽉 막힌 마음에는, 아직 설명되지 않았거나 알려지지 않은 내용을 받아들일 자리가 없다.

이 편견은 이렇게 반박할 수 있다. 과학은 어떤 주장이 사실인 이유를 설명할 필요가 없다. 그저 주장에 대한 근거, 즉 그 주장을 믿을 만한 이유만 제시하면 된다. 당연하지만 알려진 자연법칙이나 통념에 어긋나는 주장일수록, 그에 대한 증거는 강력해야 한다. 공인된 과학적 믿음은 이미 그것을 뒷받침하는 증거들이 아주 많이 쌓여 있기 때문이다.

획기적인 코골이 자연 치료제를 안내하는 잡지 광고를 보고 있다고 해보자. 내가 그것을 믿게 될까? 광고 내용 자체는 내가 아는 자연법칙이나 내 경험과 어긋나지 않는다. 그럼 아마도 나는 그것을 믿게 될 것이다! 그런데 다른 한편으로, 전혀 근거는 없지만 주의를 끄는 내용으로 쉽게 돈을 벌려고 하는 기업이 많다는 사실도 안다. 이미 그런 예를 많이 봤다. 그러므로 잡지에서 봤다는 이유만으로 그 주장을 믿는다면 너무 순진한 태도일지 모른다. 그것을 사실로 믿으려면 내가 어떻게 해야 할까?

이상적인 방법은 공정하고 믿을 만한 팀에게 간단한 검사를 해보는 것이다. 코를 심하게 고는 집단 중 한 곳에는 광고에 나오는 자연 치료제를 주고, 다른 곳에는 위약을 주되 두 집단 모두에게 어떤 치료제인지 말해주지 않는다. 만약 자연 치료제를 받은 집단은 코골이를 멈추고, 위약을 받은 집단은 그렇지 않다면, 자연 치료제가 효과가 있다고 생각할 만한 논리적 근거가 마련된다.

요컨대, 나는 그 코골이 치료법이 왜 효과가 있는지는 알 필요가 없다. 그냥 증거만 있으면 된다. 어떤 것의 효과가 알려졌을 때 그것이 왜 효과가 있는지 밝히는 일은 과학이 할 일이다.

다음은 뉴에이지 운동 집단이 합리적인 사람들에 대해 흔히 갖는 편견인데, 우리는 이를 깨뜨릴 방법도 알아야 한다.

당신은 편협하다. 다른 사람들과 달리 당신은 모든 것을 과도하게 추론하려 한다. 당신은 냉정하고, 폐쇄적이며, 지나치게 분석적이다. 당신은 거의 감정이 없으며, 자신의 직감을 깊이 불신한다.

합리적인 태도와 냉정하고 편협하며 감정이 없는 모습은 아무 관련이 없다. 사실 자신의 신념의 근거를 명확히 파악한 사람은 얄팍한 속임수나 음모에 쉽게 넘어가지 않는다. 그것은 직감에만 의존하는 삶보다 훨씬 안전한 방법이다.

타당한 것과 그것이 사실이기를 바라는 마음의 차이를 아는 것이 중요하다. 가령, 독심술을 생각해보자. 나는 독심술을 믿지 않지만, 이따금 그것이 사실이기를 바란다. 만약 사람이 다른 사람의 생각을 읽을 수 있다고 내가 확신한다면, 나는 그런 독심술에 매력과 흥미를 느낄 것이다(물론 당연히 걱정도 할 것이다). 그러나 독심술이 사실이기를 바라는 마음과 독심술을 사실이라고 믿는 것은 다르다. 그것은 지적으로 부정직한 태도이다. 그런 식의 태도라면 믿지 못할 것이 없다.

당신은 사람이 이성적으로만 의사 결정한다고 생각하는 것 같다. 사람들이 자주 감정에 휘둘린다는 사실을 이해하지 못한다. 사람들이 논리적 과정을 통해서만 무언가를 결정하고 판단한다고 생각한다면, 당신은 스스로를 속이고 있는 것이다.

물론 인간의 결정이 모두 추론 과정을 거치는 것은 아니다. 다수의 심리 실험이 증명하듯, 우리의 의사 결정은 생각보다 감정의 영향을 많이 받는다. 기분과 욕구가 인간의 의사 결정 과정에 몹시 중요한 역할을 한다. 그러니 순수한 기분과 순수한 지성 사이에 중간 지대를 찾아야 한다. 우리는 너무나 쉽게 감정에 휘둘리므로 이성적으로 사고하는 능력을 개발하고 체계적으로 발전시켜야 한다.

합리적 사고와 집중 훈련 덕분에, 의사는 어떤 환자에게 어떤 치료법이 적절한지 확신할 수 있다. 그러나 이런 지적 깨달음 외에도, 의사는 환자가 치료를 통해 회복되기를 바라고 기대한다. 의사 지망생 중 상당수는 이성뿐만 아니라 환자의 고통을 덜어주고 그들을 돕고 싶은 마음에 이끌린 사람들이다.

합리적으로 사고하는 정치인은 어떤 정책이 사회를 더욱 평등하게 만드는지 판단할 수 있다. 그러나 이런 사실만으로는 그 정치인이 특정 정책을 채택하는 동기로 충분하지 않다. 거기에는 평등 사회를 실현하고 싶다는 강한 욕망도 있어야 한다. 감정과 욕망이 없으면, 어떤 결정이나 행동도 할 수 없다. 복잡한 정치 문제를 해결할 최선책은 이성과 감정의 결합, 즉 머리와 가슴을 현명하게 사용하는 것이다. 어쨌든 블레즈 파스칼Blaise Pascal의 시적 표현처럼, "마음은 이성이 모르는 자신만의 이유가 있다." 그러나 감정이 이성을 완전히 지배한다면, 의사 결정 과정에 문제가 생길 수 있다.

물론 어떤 결정은 논리가 아닌 감정을 따라야 할 때가 있다. 가령, 거실에 어떤 그림을 걸지 혹은 어떤 음악을 들을지 등의 결정은 순전히 감정에 좌우될 것이다. 또한 인생의 동반자를 선택하는 결정도 주로 감정이 주도하고 이성은 보조 역할을 할 것이다. (그런데 자녀의 배우자 선택에 부모가 과도하게 개입하고 압박하는 나라들도 있다.)

08. 뉴에이지 신앙과 이성의 위기: 이상한 사상을 믿는 사람들에 관하여

반면 결정 과정에 감정을 확실히 배제해야 하는 문제도 많다. 주로 다른 사람들의 운명을 좌우하는 결정들이 그렇다. 의사가 광범위한 전문 지식과 오랜 경험이 아닌 일시적인 기분으로만 환자를 치료하기로 했다면 누가 그 의사를 찾겠는가? 혹은 동성애자의 권리에 관한 법들이 오직 입법자들의 감정에 의해서만 결정되는 사회를 상상해보라.

당신은 항상 자신이 가장 잘 안다고 믿는다! 그러나 내가 믿는 이유가 다른 사람이 믿는 이유보다 더 나을 수는 없다.

이것은 통념이지만, 완전히 틀렸다. 누군가의 믿는 이유가 다른 사람의 믿는 이유보다 훨씬 타당한 경우도 있다. 이런 타당한 이유는 널리 이용할 수 있는 사실과 관련된다. 만약 당신의 아이디어는 이용 가능한 정보와 일치하고 내 아이디어는 근거 없이 불쑥 튀어나온 것이라면, 당신의 아이디어가 내 것보다 훨씬 근거가 탄탄하다. 수정 치료가 효과가 없다고 말하는 사람이 효과가 있다고 말하는 사람보다 더 독단적인 것은 아니다. 물론 수정 치료의 효과성을 부인하는 생각이 좀 더 합리적이어도, 여러 사람의 기분을 상하게 할 수는 있다.

회의적인 사람은 사실 미지의 것을 두려워하고, 발을 헛디뎌 나락으로 떨어질까 두려워하는 사람이다.

이는 거의 사실이 아니다. 사실에 근거해서 판단하는 사람들은 열린 사고를 하고 호기심이 많다. 실제로 호기심, 지식 추구, 과학적 연구는 이성적인 사고의 길잡이다. 새로 발견된 지식들은 우리의 우주관을 끊임없이 바꾼다. 타당한 근거를 찾아보지도 않고 낡은 신념에 편승하려는 사람이야말로 책임을 두려워하는 사람일 가능성이 높다.

뉴에이지 운동은 긍정적인 암시를 주는 특정 관념을 이용한다. 예컨대 "나는 구도자다"라는 표현은 흔히 뉴에이지 신봉자들이 우쭐거리며 하는 말이다. 그러나 그 말에는 뉴에이지 신봉자가 아닌 사람들은 폐쇄적이고 호기심이 부족하며 깊이가 없고 영적이지 않다는 의미가 담겨 있다. 즉, 이들은 주변 세상에 무관심하고 피상적이고 편협한 사람이며, 잠시 동안은 진리를 추구할지 모르지만 이내 포기하고 만다는 것이다. 그러나 사실은 정반대인 경우가 많다. 뉴에이지 신봉자가 아닌 우리는 이렇게 말할 것이다. "우리는 새로운 지식을 배우고 싶어 하고, 우리가 모르는 것을 알고 있는 사람들과 교류하기를 즐긴다. 다양한 주제에 관한 자신의 관점을 늘 점검해야 한다고 믿는 사람은 긍정적이고 건전하다. 우리는 호기심이 풍부하고 새로운 지식을 갈구한다. 그렇게 우리는 구도자가 된다!"

뉴에이지 신봉자가 아닌 우리는 끊임없이 사실과 지식, 통찰과 지혜 그리고 경험을 추구한다. 우리는 돌팔이나 사기꾼들에 속지 않으려 애쓴다. 도그마나 비합리적인 믿음에서 위안을 찾지 않는다. 찾을 수 없는 답을 구하지 않는다.

뉴에이지 신봉자들은 자신에 대해서는 깊이 생각하지만, 다른 사람들에 대해서는 피상적으로만 생각한다. 그런데 어떻게 뉴에이지 문화가 깊음과 얕음을 정의하는 기준점이 되겠는가? 다수의 뉴에이지 신봉자는 어떤 면에서 구도자지만, 그들이 추구하는 것은 실재에 대한 진리가 아니다. 그들은 세상의 진리와 일치하는 신념이 아닌, 마음의 평화를 제공하는 신념을 추구한다.

막간글 - 신비한 땅, 샹그리라

지구에서 가장 아름다운 땅은 어디일까?

샹그리라Shangri-La는 영국 작가 제임스 힐튼James Hilton이 1933년에 출간한 소설 《잃어버린 지평선Lost Horizon》에 등장하는 가공의 낙원이다. 이곳은 히말라야산맥에 자리한 티베트의 어느 깊은 골짜기에 있다고 묘사되어 있다. 대중문화가 샹그리라 신화를 이용하기 시작하면서, 그곳의 이미지는 사람들이 평생 늙지도 않고 마법 같은 자연과 영원히 조화를 이루며 사는 아름다운 낙원이 되었다. 흔히 티베트는 수천 년의 지혜와 마법적 분위기로 가득한 진짜 샹그리라로 그려진다.

나는 1999년 여름에 한 달간 티베트 오지에서 텐트 생활을 했었다. 그때 나는 티베트 고원에 있는 한 작은 시골 학교로 컴퓨터 몇 대를 '밀반입'하기 위해 티베트를 여행하던 중이었다. 나는 너무 늦기 전에, 이 신화로 가득한 땅을 직접 보고 싶었다.

티베트는 지금까지 내가 가본 곳 중에서 가장 아름답고 이국적인 곳이었다. 그곳의 빛, 산, 광활한 대지, 동식물, 사원 등은 그저 단순한 풍경이 아니었으며, 내게 놀라운 경험을 선사했다. 왜 서양의 뉴에이지 운동가들이 티베트를 낭만적으로 묘사하며 약속의 땅이라 부르는지 그 이유를 쉽게 알 수 있었다.

여행하는 동안 이따금 나는 자기 자신을 찾고 자신의 영성을 계발하기 위해 티베트에 온 다른 외국인들을 만났다. 그중 특별히 연세 지긋한 할머니 한 분이 기억난다. 그녀는 내 카메라의 배터리가 나갔을 때 나를 도와주고 싶어 했는데, 당시 우리가 캠핑하고 있던 티베트 고원(우리는 해발 약 5,200미터에 있었다)에는 전기가 들어오지 않았다. 그녀는 자신이 마술을 부릴 줄 안다고 믿고 있었고, 티베트에 있었기 때문에 그 힘이 전보다 더 강력해졌다고 확신했다. 그녀는 풍경이 멋진 호숫가에 앉아서 내 배터리를 양손에 쥐고 자신의 영적 에너지로 충전하려 했다. 그러나 무슨 이유인지, 내 카메라는 그녀의 영적 에너지에 저항했다. 그녀의 노력에도 불구하고, 내 카메라는 살아나지 않았고 그 멋진 경치를 사진에 담진 못했지만, 다행스럽게도 그날의 풍경과 빛, 아름답던 자연의 모습은 마치 어제 일처럼 생생하게 기억한다.

티베트는 1950년에 중국이 점령했고, 1959년에는 티베트의 종교적·정치적 지도자인 달라이 라마Dalai Lama가 티베트를 떠나 인도 북부의 다람살라로 갔다. 달라이 라마는 더 이상 티베트의 지도자가 아니다. 2011년에 그는 망명 정부의 총리 자리를 롭상 상가이Lobsang Sangay에게 물려주었다(2022년 5월 현재 총리는 펜파 체링Penpa Tsering이다.—옮긴이). 그러나 달라이 라마는 여전히 티베트의 종교 지도자이다.

티베트의 자연환경은 비길 데 없이 아름답지만, 사람들의 생활환경은 그리 아름답지 않다. 티베트는 극빈국이다. 사실 그 나라의 발전 수준은 17세기 스웨덴과 비슷하다. 그리고 중국으로부터 가혹한 억압을 받고 있다.

여행 중에 나는 티베트 난민들을 돕던 한 남자를 알게 되었다. 수

년 후에 그는 달라이 라마가 이끄는 망명 정부의 재무 장관이 되었다. 몇 년 전에 그는 내게 티베트 망명 정부 요인을 소개하기 위해 나와 아내를 다람살라로 초대했다. 그는 내 방문 계획서에, 인도로 망명한 티베트 라마, 갈왕 카르마파Gyalwang Karmapa(일명 '카르마파 라마Karmapa Lama')와의 만남 일정을 넣어 놓았다.

갈왕 카르마파는 티베트 불교의 주요 종파인 카르마 카규파Karma Kagyu school의 수장이다. 티베트인들은 새로운 카르마파 라마를 전임자가 환생한 거라고 믿는다. 그래서 갈왕 카르마파는 17대 카르마파 라마이면서, 그로 인해 달라이 라마 14세의 "세 번째 부활한 현신"이 되었다.

여러 면에서 이 만남은 흥미로웠다. 이 남자는 늘 자신을 신이라 부르는 사람들에 둘러싸여 자랐으므로, 그들의 말과 생각에 영향을 받지 않을 수 없다. 문제는 그 효과가 긍정적이냐이다.

신자들의 시선과 무관하게 나는 그를 신이라 믿지 않으므로, 우리 대화의 주제는 주로 정치였다.

우리나라에도 이 지극히 '존엄'한 라마가 실제로 눈부신 영적 지혜를 가졌다고 생각하는 사람들이 있었다. 티베트로 떠나기 몇 주 전에, 나는 몇몇 친구들과 점심을 먹으며 이런 대화를 나눴다.

"환생한 신이자 성자인 그를 만날 기회가 생기면 반드시 영성과 신비한 탐구, 내면 여행 등에 관해서 심오한 질문들을 던져야 해!"

그때 나는 친구의 말에 대답 대신 다소 격앙된 목소리로 이렇게 말했다. "아니야, 나는 자아실현과 내면 여행 같은 피상적이고 자아도취적인 질문은 할 생각이 없어. 그보다는 중국과 티베트의 정치적 관계,

티베트인의 인권에 대한 중국의 태도 변화 등 민감한 질문들을 할 예정이야."

특별히 서구의 뉴에이지 운동 집단이 낭만적으로 묘사한 이 땅이 억압과 저개발로 고통받고 있는 오지라는 사실은 이따금 내게 충격으로 다가온다.

지금까지도 나는 신비주의의 맨 끝에서 가장 희귀한 자연을 경험할 수 있는 곳으로 티베트를 기억하고 있다.

08. 뉴에이지 신앙과 이성의 위기: 이상한 사상을 믿는 사람들에 관하여

2부

Light the Flame of Reason

새로운
계몽의
길

THE PATHWAY TO A NEW ENLIGHTENMENT

09
종교가 탈선할 때: 광신주의, 극단주의, 기독교식 탈레반주의에 관하여

> 내가 세상에 화평을 주러온 줄로 생각하지 말라.
> 화평이 아니요 검을 주러 왔노라.
> 내가 온 것은 사람이 그 아버지와, 딸이 어머니와, 며느리가 시어머니와
> 불화하게 하려 함이니
> 사람의 원수가 자기 집안 식구니라.
> - 마태복음 10:34-36

1부에서 나는 명확한 사고에 필요한 기본 조건들을 설명했다. 명확하게 사고하기 위해 우리는 실재와 진리의 본질과 무언가를 믿는다는 것의 의미를 이해해야 한다. 또한 과학이 기능하는 방식, 즉 그 절차와 방법론도 파악해야 한다. 나는 우리의 뇌가 환상에 취약하고 신뢰할 수 없는 것이라는 점을 여러 방식으로 지적했으며, 믿음의 근거를 자연에 바탕을 둔 실재, 즉 선함이 하늘에서 내려오지 않고 사람 안에서 나오는 현실에 두어야 한다고 주장했다.

그런데 많은 사람, 심지어 비종교인조차도 종교와 도덕이 상호 의존적이라고 확신한다. 이는 사실이 아니다. 종교와 도덕은 상대가 없어도 자유롭게 존재할 수 있다. 직설적으로 표현하면, 훌륭한 사람은

믿음이 있을 수도 없을 수도 있다. 이와 마찬가지로, 나쁜 사람은 믿음이 있을 수도 없을 수도 있다. 이 말을 뒤집어보면, 경건한 사람은 도덕적일 수도 비도덕적일 수도 있다. 이와 마찬가지로, 무신론자는 도덕적일 수도 비도덕적일 수도 있다. 이 단순한 사실의 인지가 새로운 계몽의 길을 닦기 위한 핵심 전제 조건이다.

진도를 나가기 전에 먼저 오늘날 전 세계에서 발견되는 종교 극단주의에 익숙해질 필요가 있다. 그 문제를 정면으로 마주하게 되면, 새로운 계몽이 얼마나 절실한지 깨닫게 될 것이다.

'신'은 여성을 싫어할까?

오늘날에도 흔히 종교는 모든 '도덕 원리'의 근원으로 여겨지고 있으며, 전 세계에서 지속적으로 인권을 침해하고 있다.

우리 시대에 가장 흔한 인권 침해는 종교의 이름으로 자행되는 여성 억압이다. 그런데 억압이 광범위할수록 그런 사실에 대한 침묵도 만연한다. 이는 정말로 이해할 수 없는 상황이다. 억압에 저항하는 방법은 아주 어릴 때부터 학습해야 한다. 많은 사람이 20세기 남아프리카공화국의 아파르트헤이트를 기억한다. 당시 많은 나라가 피부색에 따라 인간을 구분해서 흑인을 억압했던 남아프리카공화국에 항의했다. 어떤 면에서 보면 종교의 이름으로 자행되는 성적 억압과 차별은 남아프리카공화국의 아파르트헤이트보다 훨씬 심각하다. 그런데 어떻게 오늘날 그런 종교적 억압을 받아들일 수 있는가?

대부분 종교의 근저에 여성을 남성보다 열등하게 묘사하는 창조 신화가 있다. 이런 신화에서 남녀를 구별해서 대우해야 한다는 생각이 나오는데, 그 결과는 늘 남성에게 유리하다. 남성은 종교의 전폭적인 지지를 받아 사회와 법을 통제할 '권리'를 갖게 된다. 이는 여성의 이익은 늘 두 번째가 된다는 것을 의미하며 당연히 여성에게 타격을 준다. 우리는 날마다 다양한 종교적 도그마가 어떻게 여러 방법으로 인간과 시민으로서 존중받아야 할 여성의 자명한 권리를 짓밟고 억압하는지를 본다. 많은 나라에서 여성에게 권리가 주어지지 않는다. 특히 종교가 사회와 법에 스며들어 있거나 최근에 확고한 기반을 마련한 나라들에서 그렇다. 이런 나라들의 전형적인 여성 억압 정책은 낙태 금지, 강제 결혼 합법화, 강간과 성폭행의 묵인, 여성의 이동 제한 등이다. 게다가 여성은 남성보다 정신 능력이 부족하다고 간주되어 자신의 몸, 목숨, 교육, 경제적 자립, 연인 선택, 자녀 등에 관한 결정권을 법적으로 제한받는다.

가톨릭교회의 낙태 금지

그 대표 사례가 낙태에 대한 태도다. 세계 여러 나라에서 낙태권은 전례가 없거나 극히 제한적으로만 인정된다. 재생산권 보호 센터Center for Reproductive Rights가 만든 다음 지도에서 가장 짙은 회색과 그다음으로 짙은 회색으로 표시된 곳은 낙태를 엄격하게 금지하는 나라들이다.[72]

낙태를 불법화하는 조치는 끔찍한 비극으로 이어졌다. 2007년에

전 세계의 낙태법

Find a Country

View by category
전면금지 | 생명 구호 | 건강 보호 | 사회경제적 사정 | 선택 (단, 임신 주수 고려) |

Filter current view
Indicators

BRAZIL

f v

가톨릭 국가인 니카라과는 낙태를 완전히 금지하는 법을 통과시켰다. 그 결과, 오늘날 니카라과는 칠레, 엘살바도르와 함께 전 세계에서 가장 엄격하게 낙태를 금지하는 나라가 되었다. 낙태 수술을 한 의사들은 감옥에 보내진다. 이는 여성들이 낙태 수술을 받을 수 없을 뿐만 아니라 임신 합병증에 걸려도 치료받을 엄두조차 낼 수 없다는 사실을 의미한다. 이런 나라의 여성들은 낙태 유도로 고발될까 봐 두려워하는데, 이 역시 처벌 대상이기 때문이다.

엘살바도르에서 임신 합병증에 걸려 목숨이 위태로웠던 한 여성은 낙태 유도죄로 30년형을 받고 투옥되었다. (재생산권 보호 센터, 2012: www.reproductiverights.org)

•
명료하게 생각하는 법

국제 인권 감시 기구Human Rights Watch의 보고서에는 한 젊은 여성의
어머니와 인터뷰한 내용이 다음과 같이 실려 있다.

안젤라 M의 스물두 살 딸이 좋은 예다. 안젤라의 딸은 임신성 출혈로 마
나구아의 공공병원에 입원했으나 며칠 동안 아무 치료도 받지 못했다.
니카라과 법에 따르면, 공식적으로 의사들은 생명이 위중한 응급 환자
만 치료할 수 있기 때문이었다. 2006년 11월, 낙태를 엄격히 금지하는
법안이 통과된 지 며칠 지나지 않은 어느 날, 안젤라는 국제 인권 감시
기구에 치료 거부 사연을 제보했다.
"제 딸이 피를 흘리고 있었고, … 그래서 제가 응급실로 데려갔지만 의
사들은 이상이 없다고 말했어요. 그런데 (고열과 출혈 때문에) 딸의 상태
가 나빠지자, 화요일에 병원에서 받아줬어요. 딸아이의 혈압이 낮아서,
병원에서는 링거를 놓아 주었어요. … 딸은 '엄마, 병원에서 치료를 해
주지 않아'라고 말했어요. 그들은 제 딸을 돌보지 않았고, 아무것도 안
했어요."
진료 기록을 본 안젤라는 의사들이 낙태 수술로 처벌을 받을까 두려워
한 나머지 임신부에 대한 치료를 망설였고 자기 딸을 방치했다고 판단
했다. 결국 안젤라는 마나구아의 다른 공공병원으로 딸을 옮겼으나 이
미 늦었다. "딸은 심장마비로 사망했어요. … 피부가 보라색으로 변했고
얼굴도 못 알아볼 지경이었죠. 전혀 내 딸 같지 않았어요."**73**

09. 종교가 탈선할 때: 광신주의, 극단주의, 기독교식 탈레반주의에 관하여

유대교의 성차별 정책

2008년 예루살렘에서 한 젊은 여성이 초정통파 소속 유대인 남성 몇 명에게 공격을 받았다. 그들은 그녀의 아파트를 부수고 들어가 미혼 남성과 함께 있는 장면이 목격되었으니 즉시 이사하라고 요구했다. 그들은 그녀의 눈을 가린 다음, 눈을 뜨면 그녀를 칼로 찌르고 최루가스로 눈을 멀게 하겠다고 위협했다. 그러고는 그녀가 만난 남자의 이름을 밝히라고 강요했다. 이 여성의 집에 침입한 남자들은 초정통파 '도덕 경찰Morality Police' 소속이었다.[74]

예루살렘의 초정통파 유대인 구역에서 여성들은 버스를 타면 맨 뒷자리로 가 남성들과 완전히 떨어져 앉아야 하고, 길을 걸을 때는 남성들을 피해 다른 쪽으로 가야 한다.[75] 작가인 재키 자쿠보우스키 Jackie Jakubowski는 이스라엘에서 점점 커지고 있는 초정통파 랍비의 영향력에 관해 이렇게 썼다.

이스라엘에서 정통파 랍비는 작은 교황처럼 유대교를 독점하고, 완전히 다른 시대에 살았던 몇몇 초정통파 랍비들의 말을 근거로 제시하며, 국내 정치(여성의 지위와 인권)와 외교 정책(정착, 점령, 평화 협상) 전반에 영향을 미칠 권리를 주장하고 있다.

요컨대 종교의 영향력이 커질 때마다 결국 여성들이 가장 큰 피해를 입는다.

샤리아와 카이로 선언

이슬람주의로 통칭되는 전통적인 이슬람 사회와 정치 문화에서는 남녀가 엄격히 구분된다. 이슬람주의는 이른바 '샤리아 법Sharia laws'을 이용해 여성을 억압한다. 간단히 말해, '샤리아'는 '신의 율법'을 의미하고, 코란과 예언자 무함마드의 **순나**sunna(전통)로 구성되며, 순나는 **하디스**hadith(무함마드의 삶과 생활 방식을 기록한 글)에서 찾을 수 있다. 코란과 **순나**는 이슬람교도가 지켜야 할 규칙을 포괄적이면서 상세하게 규정한다. 코란은 '신'이 무함마드에게 계시한 말씀으로 여겨진다. **순나**는 코란을 보완하는 역할을 하며, 코란의 핵심 내용을 분명하고 정확하게 해석한다.

샤리아의 내용을 법 이론화한 것을 **피크흐**fiqh라 하고, 이것의 1차 자료는 **우술**usul('기원')이며, 피크흐의 목적은 사회적 분쟁을 해결하는 것이다.[76] 수많은 학파가 샤리아를 해석하고 있는데, 그 해석 내용도 천차만별이다.

순나는 무함마드가 일생동안 한 말과 행동 그리고 그가 인정한 내용에 기초해서 형성된 전통을 가리키는 아랍어이다. 샤리아 법은 크게 다음의 세 가지로 분류된다.

1. **이바다트**Ibadat: 예배 규범
2. **무아말라트**Muamalat: 시민의 의무와 법적 의무
3. **우쿠바트**Uqubat: 처벌 규정

09. 종교가 탈선할 때: 광신주의, 극단주의, 기독교식 탈레반주의에 관하여

샤리아는 이슬람 국가마다 다양하게 적용된다. 가령, 사우디아라비아에서는 샤리아가 가장 기본적인 법률이지만, 이집트에서는 법률 제정에 영감을 주는 원천으로만 삼는다. 이란에서는 형법과 가족법의 주된 내용이 된다.

샤리아를 주로 가족법에만 적용하는 나라가 있는가 하면, 이란 같은 나라는 판결과 선고에도 적용한다. 샤리아에 대한 해석은 천차만별이나, 그 내용은 오늘날 전체 이슬람 세계에서 강력한 구속력을 갖는다. 이는 샤리아가 무슬림 수억 명의 일상을 통제한다는 의미이다.

최근 무슬림 지식인들 사이에서 샤리아를 어떻게 해석하고 적용할지를 두고 의견이 분분하다. 어떤 사람은 샤리아 법이 탄생했던 시대에만 유효할 뿐이며 오늘날은 현대적인 인권 개념에 맞게 해석되어야 한다고 말한다. 그러나 다른 사람은 샤리아가 '신이 주신' 법이므로 영원히 변하지 않으며, 현대에 맞게 재해석될 수도 없고 되어서도 안된다고 주장한다.

샤리아 법에서 가장 논란이 되는 내용은 채찍질, 신체 절단, 돌팔매질 등이다. 유럽에서 이 주제에 대한 논쟁을 이끄는 사람 중 하나는 옥스퍼드 대학교 이슬람학과 교수인 타리크 라마단Tariq Ramadan으로, 그의 주된 연구 분야는 현대 이슬람주의와 그 해석이다. 2005년에 그는 이슬람 국가들에게 무슬림 학자들이 샤리아를 현대적 관점에서 해석할 수 있을 때까지 잔혹한 형벌을 모두 중지하라고 촉구했다.

서구 사회는 대체로 언론의 자유를 보장하는데, 여기에는 이념과 정책을 비판할 권리뿐만 아니라 상대를 존중해야 할 의무도 포함된다. 바꿔 말하면, 개인은 자신의 삶과 몸, 의식을 통제할 권리뿐만 아

명료하게 생각하는 법

니라 자신의 의견을 표현할 권리가 있지만, 자신에 대한 비판 의견도 받아들여야 한다.

그와 반대로, 샤리아 법을 보수적으로 해석하면, 이슬람 사회의 법률은 이론의 여지가 없다. 즉 침범할 수 없는 것이 된다. 이런 식으로 해석할 경우, 신성 모독죄를 범하거나 부정한 행위를 저지른 사람은 모두 처벌받아야 하며, 그 처벌 방식에는 사회적 지위 상실이나 신체 일부 절단, 심지어 목숨을 뺏는 것까지 포함된다. 이슬람주의와 그 사회에 대한 존중이 개인에 대한 존중보다 훨씬 중요해지는 것이다.

1990년에 카이로에서 열린 이슬람 협력 기구Organization of Islamic Cooperation, OIC 회의에서, 57개 회원국이 카이로 인권 선언Cairo Declaration of Human Rights in Islam을 채택했다.[77] 이 선언문은 유엔의 세계 인권 선언을 참고해 작성되었기 때문에 두 선언의 문구가 상당히 비슷하지만, 핵심 내용은 크게 다르다.

카이로 선언은 샤리아 법을 "유일한 참고 자료"로 천명한다. 샤리아 법에 대한 다양한 해석에 따르면, 신성 모독죄를 범하거나 바르게 살지 않는 사람은 처벌할 수 있으며, 그 방법에는 사회적 지위 상실과 신체 일부 절단 그리고 사형까지 포함된다.

(4대 수니 법학파 중 하나인) 하나피 학파Hanafi School는 신성 모독죄를 저지른 사람이 무슬림이 아닐 경우 사형을 금하지만, 무슬림은 처벌해야 한다고 해석한다.[78] 이슬람교와 무슬림에 대한 존중을 개인에 대한 존중보다 중요하게 여긴다.

특히, 기본적으로 인권보다 샤리아 법을 우선시한다. 예를 들어, 카이로 선언의 22조는 다음과 같다.

⒜ 모든 사람은 자유롭게 자신의 의견을 표현할 권리가 있지만, 그 의견은 샤리아 법에 어긋나서는 안 된다.

⒝ 모든 사람은 자신이 옳다고 믿는 것을 말하고 그 믿음을 권하며 해롭고 잘못된 것을 경고할 권리가 있지만, 그 행위는 샤리아 법 안에서 이루어져야 한다.

⒞ 정보는 사회에서 필수 요소이다. 이런 정보를 예언자의 신성함과 존엄 그리고 도덕적·윤리적 가치를 훼손할 목적으로, 사회를 분열시키고 타락시키며 해롭게 할 목적으로, 사람들의 믿음을 약화시킬 목적으로 오남용해서는 안 된다.

또한 카이로 선언 2조의 ⒜항과 ⒟항의 내용은 다음과 같다.

⒜ 생명은 '신'이 준 선물이므로, 모든 인간은 생명권을 보장받는다. 개인과 사회, 국가는 생명권이 어떤 식으로든 침해되지 않도록 보호할 의무가 있으며, 샤리아 법에 의한 것이 아니면 인간의 생명을 끊을 수 없다.

⒟ 신체 보호는 보장된 권리이다. 국민의 신체를 보호하는 것은 국가의 의무이며, 샤리아 법에 의한 것이 아니면 그 권리는 침해될 수 없다.

1991년에 세네갈 출신의 무슬림 법학자이자 전 유엔 인권 위원회 사무차장을 지낸 아다마 딩Adama Dieng은 카이로 인권 선언이 인권 보호라는 미명하에 기본권과 자유를 고의적으로 제한함으로써 무슬림이 아닌 사람과 여성을 가혹하게 차별하는 정책을 도입했다고 단언했다. 또한 카이로 선언은 샤리아 법의 보호 아래, 인간의 품격과 존엄성을 공격하면서 신체형과 같은 형벌을 정당화했다고 말했다.[79]

카이로 선언은 표현의 자유를 엄격히 제한한다. 샤리아 법을 어긴 사람은 모든 권리를 박탈당하므로, 카이로 선언의 개인 보호 조항은 오해의 소지가 많다. 더구나 모든 사람은 샤리아 법을 권장하고 옳지 않다고 간주된 모든 행위를 경고하도록, 즉 일종의 도덕 경찰로서 도덕의 수호자가 되도록 강요받았다.

샤리아는 남녀를 구별한다. 샤리아를 해석하기에 따라서, 여성에게 결정권이 아예 없는 경우도 있다. 그럴 때 여성은 남성 '감시인'이나 '보호자'에게 의존해야 하는데, 이 보호자는 아버지나 남편, 남자 형제나 남자 친척이 된다.

혹자는 샤리아가 남편에게 아내들(!)을 부양하고 생계를 책임지게 하므로, 여성에게 **유리한** 내용도 있다고 애써 지적한다. 그러나 이런 주장은 타당하지 않다. 샤리아 체제는 누가 "유리"한가와 관계없이 성차별적이다. 실제 남편과 친척들에게 버림받은 여성은 어떤 지원도 받지 못한다.

기혼 여성은 남편의 성적 욕구를 충족시켜야 한다. 오랜 전통에 따르면, 아내가 남편의 성적 요구를 거절할 경우 남편이 취할 수 있는 조치도 단계별로 정해져 있다. 처음에는 남편이 아내를 설득한다. 그래도 아내가 마음을 바꾸지 않으면, 부부는 각방에서 자기 시작한다. 문제가 지속되면, 남편은 아내를 때릴 수 있는 권리가 생긴다. 덧붙이자면, 샤리아 체제에서는 부부 강간도 범죄가 되지 않는다.

샤리아에 대한 일반적인 해석과 네 개의 이슬람 근본주의 학파에 따르면, 무슬림 여성은 무슬림이 아닌 남성과 결혼할 수 없지만(이런 경우 남성이 이슬람교로 개종하지 않으면 그 결혼은 무효가 된다), 무슬림 남성은 상대 여성이 세 '아브라함의 종교(즉, 이슬람교, 유대교, 기독교)' 중 하나만 믿는다면, 누구와도 결혼할 수 있다. 어떤 무슬림 국가에서는 이혼 소송에서 남편이 아내보다 유리하다. 아내는 남편이 생계를 책임지지 못하거나 정신 질환이 있거나 약물에 의존하거나 성교 불능일 때에만 이혼을 요구할 수 있다.[80] 그러나 남편은 아내가 잠시 자리를 비운 사이에도 이혼할 수 있는데, 이는 아내 입장에서 어떤 언질도 받지 못한 채 갑자기 쫓겨나 모든 지원이 끊길 수 있다는 의미이다.

하나피 학파의 샤리아 해석에 따르면, 여성의 가치는 남성의 반이다. 남자 형제는 가족의 부양자로 간주되므로, 여자 형제의 2배를 상속받는다. 이런 편견은 법정에서 범죄를 입증할 때에도 작용한다. 예를 들어, 이란에서는 남성 한 명이 믿을 만한 목격자 한 명이 되지만, 여성은 두 명이 모여야 믿을 만한 목격자 한 명이 된다.[81]

이런 여성관은 살인 사건 재판 등에서 불합리한 결과를 야기한다. 남성이 남성을 살해하면 살인 선고만 받는다. 그런데 남성이 여성을 살해하고 살인 선고를 받을 경우, 형 집행 전에 살해당한 여성의 가족이 살인자 가족에게 살인한 남성의 목숨값 절반을 지불해야 한다. 그 남성이 살해한 여성은 '반인¥人'이므로, 살인한 남성의 사형 집행 후 그 가족이 입을 손해를 여성의 가족이 보전해야 한다는 논리이다.[82]

이란에서는 돌팔매질형을 집행할 때 남녀를 차별한다. 남성은 허리까지만 땅 속에 묻어서 팔을 자유롭게 쓸 수 있게 하지만, 여성은 목까지 묻는다.[83]

어떤 나라는 돌팔매질 방법을 규칙으로 정해놓기도 한다. 돌의 크기는 던지는 사람이 한 손에 쥘 수 있는 정도여야 한다. 이는 맞는 사람이 첫 돌에 사망하지 않게 하기 위해서이다. 어쨌든 반만 땅 속에 묻힌 남성은 목까지 묻힌 여성과 달리 날아오는 돌을 양팔로 막을 기회가 있다. 간혹 돌팔매질에서 살아남은 사람은 무죄로 간주된다. 당연히 그렇게 살아남는 쪽은 남성이 더 많다.

종교와 전통: 여성 억압 연구

코란에 따르면 모든 여성은 자신의 몸을 가려야 하지만, 가리는 범위에 대해서는 논란의 여지가 있다. 여성은 자신의 '보호자'가 아닌 남자들의 시선을 받지 않기 위해 반드시 자신을 감추어야 한다. 그리고 이렇게 하는 이유는 당연히 다른 남자들에게 성적 충동을 유발하지 않기 위해서이다. 그래서 여성에게는 강간당하지 않을 책임이 부여된다.

유대인의 야물커yarmulkes와 시크교도의 터번 같은 전통적인 의상 소품은 그들이 속한 공동체 및 종교와 관계가 있다. 그와 달리 베일은 남녀 관계를 상징한다. 자기 몸을 감추지 않는 여성은 남성을 유혹할 의도가 있다고 간주된다. 당연히 이런 가정은 해당 여성에게도 무례하지만, 여성의 유혹을 통제하지 못한다고 여겨지는 남성들에게도 모욕적인 태도이다. 젊은 여성에게 베일을 쓰게 하는 것은 여성을 이미 성적 대상으로 간주한다는 의미다. 따라서 베일은 단순한 의상 소품이 아니다. 그것은 샤리아 체제의 여성관을 상징한다. (물론 **서양**에서

355

09. 종교가 탈선할 때: 광신주의, 극단주의, 기독교식 탈레반주의에 관하여

흔한 비키니나 노출이 심한 의복도 여성을 성적 대상화하는 물건이며, 이것 역시 샤리아 체제만큼 성 차별적인 서구 사회의 여성관을 상징한다. 지독한 비대칭성 속에 묘한 '대칭성'이 발견된다.)

1960년대 중동은 지금보다 훨씬 자유로운 사회였다. 이는 당시 여성들의 차림만 봐도 알 수 있다. 여성들은 스커트를 입고, 화장을 했으며, 대학에 다녔다. 그러나 오늘날의 거리에는 얼굴을 가리고 다니는 여성들로 가득하다. 1979년에 이란 혁명이 일어나고, 1980년대에 이슬람주의자들이 권력을 장악하면서 샤리아의 영향력이 확대되었다. 불과 20년 만에 베일 착용이 의무화되었고, 여성은 남성에 복종해야 했다.

여성에 대한 종교적 억압은 서구 역사에서도 그 흔적이 뚜렷하다. 여성은 화형당하고 순결을 지켜야 했으며, 모임에서 침묵을 강요받고 투표할 수 없었으며, 사생아를 잉태하면 쫓겨났다. 서구 사회에서도 여성관이 바뀌기까지 수백 년이 걸렸으나, 아주 서서히 낡은 전통은 인권에 자리를 내주었고, 법은 좀 더 평등한 사회를 지향하는 쪽으로 제정되었다.

남성 우월주의가 과거부터 이어진 전통이라는 이유로 여성 차별적인 전통과 문화를 옹호하는 것은 타당하지 않다. 오랜 전통이라 해서 항상 보호받아야 한다는 의미는 아니다. 오히려 전통일수록 더 의문을 제기하고 더 꼼꼼하게 조사해야 한다.

엄격한 종교 사회에서 여성의 복종을 강요하는 체제는 오늘날 가장 논쟁적인 정치 주제이다. 많은 사람이 '종교의 자유'를 부르짖지만, 그 말의 진짜 의미를 정확히 아는 사람은 거의 없다. 이 문제를 진지하게 받아들이고, 종교의 자유를 어디까지 허용할지 그 한계를 정해야 한다. 그러지 않으면 남아프리카공화국의 아파르트헤이트 같은 부끄러운 역사가 되풀이될 것이다. 전 세계 여성이 종교의 이름으로 어떤 대우를 받는지 기억한다면, '신'이 여성을 싫어한다는 결론을 부인하기가 어려울 것이다.

신성 모독, 배교, 언론의 자유

2012년 갤럽 조사[84]에 따르면, 전 세계인의 약 13퍼센트는 스스로를 무신론자로 여겼고, 약 23퍼센트는 종교가 없다고 응답했다. 종교가 있다고 응답한 비율은 약 59퍼센트였다.

무신론자와 비종교인의 비율은 시간이 갈수록 점점 증가하는 것 같다. 2005년부터 스스로를 무신론자로 여긴 사람의 비율은 3퍼센트포인트 증가했고, 종교인의 비율은 9퍼센트포인트 하락했다.

이런 추세에도 불구하고, 오늘날 종교 비판은 대단히 위험한 행동이다. 실제로 '신'의 존재에 대한 질문이나 다양한 종교적 해석과 표현에 대한 비판을 **불법**으로 간주하는 나라가 많다. 최근 (몇 개 나라만 예를 들면) 방글라데시, 이집트, 인도네시아, 이란, 쿠웨이트, 파키스탄, 튀르키예 등에서 신성 모독죄(신성한 것을 모욕하는 행위)로 많은 사람이 체포되었다.

그러나 어떤 나라의 사법 기관은 신성 모독죄가 광범위한 위험을 초래한다는 사실을 포착하지 못한다. 신성 모독죄를 범한 사람들을 위협하는 주체는 국가 행위자, 비국가 행위자, 사회 전반 등 세 가지 유형이 있다.

2010년에 파키스탄에서 기독교인 아시아 비비Asia Bibi가 이슬람 예언자를 모독했다는 죄목으로 사형 선고를 받았다. 이는 신성 모독에 대한 국가적 대응의 대표 사례다. 아시아 비비는 8년간 사형수로 복역하다 2018년에 대법원에서 무죄 판결을 받고 석방되었다. 이 판결은 그녀의 공개 처형을 요구하던 이슬람 단체들의 격렬한 저항을 촉발했다. 현재 비비는 파키스탄 내 비밀 안가에 감금되어 있다고 전해진다. 그녀는 다수의 서구 국가에서 망명 제안을 받았다. 비비의 사례에서 주목할 점은 비국가 행위자들의 반응인데, 어떤 면에서 그들의 행위는 사법 기관의 처벌보다 훨씬 위협적이었다.

2011년 1월 4일, 파키스탄에서 공공 시장을 시찰하던 펀자브 주지사이자 유력 정치인(파키스탄인민당 당수) 살만 타시르Salman Taseer는 뭄타즈 카드리Mumtaz Qadri라는 경호원이 쏜 총에(AK-47로 27발이나) 맞아 사망했다. 《가디언Guardian》[85]은 이 사건을 "파키스탄 역사상 가장 충격적인 사건 중 하나"라고 보도했다. 사건 직후, 파키스탄 정부는 3일간 국가 애도 기간을 선포했다.

타시르가 암살된 건 그가 파키스탄의 신성 모독죄를 거침없이 비판했고, 특히 아시아 비비에 대한 법원 판결을 비난했기 때문이다. 무슬림이었지만 자유주의자였던 타시르가 사망한 후에, 500명의 이슬람 성직자들은 그의 잔혹한 살해가 정당하다는 의견을 내고 사람들에게 그의 장례식을 거부하라고 촉구했다.[86] 이들은 정부가 선포한 애도 기간 중에 그렇게 행동했다. 여기에서는 비국가 행위자들이 가장 큰 위협 세력이었다.

타시르를 암살한 뭄타즈 카드리가 2016년에 처형되었을 때 2만 5천 명가량의 사람들이 집회를 열어 그의 죽음을 애도했다. 이 집회는 타시르 암살을 지지했던 종교 정당과 단체들의 주도로 전국적인 폭력 사태로 비화되었기에, 이 항의자들을 해산시키는 데 군대까지 동원되었다.

또 다른 유명 사례도 아시아 비비 사건과 연관된다. 샤바즈 바티 Shahbaz Bhatti(파키스탄 소수민족부 장관이자 내각에서 유일한 기독교인)는 타시르가 암살되고 두 달 후인 2011년 3월 2일에 총에 맞아 사망했다. 아시아 비비 재판이 종결된 후부터, 바티는 신성 모독법을 비판했다는 이유로 끊임없이 위협을 받았다. 사망 전에 그는 자신이 아시아 비비를 지지했다는 이유로 살해 위협을 받고 있으며, 그 위협 주체가 탈레반과 알카에다임을 알고 있다고 말했다.

살만 타시르가 암살되고 7개월 후에, 그의 아들 샤뱌즈 타시르 Shabaaz Taseer가 탈레반에 납치되었다가 5년 만에 풀려났다.[87]

파키스탄과 아프가니스탄 같은 나라에서는 종교적 소수자가 신성 모독죄로 고발당했을 때 당연히 끔찍한 처벌을 받지만, 독실한 무슬림이라도 허위로 고발당하면 극심한 피해를 입는다. 이와 관련된 유명 사례 둘은 파르쿤다 말릭자다Farkhunda Malikzada(아프가니스탄)와 마샬 칸Mashal Khan(파키스탄)의 사건이다.

2015년에 말릭자다는 코란의 일부를 불에 태웠다는 허위 고발을 당했다. 그녀는 종교학과 대학원생이자 지방 이슬람 신학교 교사로, 무리에게 살해당할 때에도 이슬람교도의 베일을 쓰고 있었다. 살해당하기 전에 그녀는 지역 모스크의 이맘과 몇 가지 이슈로 논쟁을 벌였는데, 그 일로 허위 고발을 당한 것이다. 코란 훼손 혐의에 대해 말릭자는 자신이 무슬림이며 무슬림은 코란을 불태우지 않는다고 진술했다. 그러나 그녀가 고발당했다는 소문이 돌자, 그녀를 응징하기 위해 대규모 군중이 모였다. 그들은 길거리에서 그녀에게 돌을 던진 후 불에 태워 죽였다. 살인이 일어났을 때 현장에는 경찰들도 있었다.

이 잔인한 살해 사건 직후, 하시메트 스타넥자이Hashmat Stanekzai 카불 경찰 대변인은 페이스북에 이렇게 썼다. "몇몇 다른 불신자처럼, 이 사람도 (개인적으로) 그런 모욕 행위를 통해 미국 혹은 유럽 시민권을 얻을 수 있으리라 생각했다. 그러나 목표를 이루기 전에, 목숨을 잃었다."[88]

신성 모독죄로 한 개인을 죽음으로 몰고 간 유사 사례로 마샬 칸의 사건도 있다. 2017년 4월 13일에, 칸은 파키스탄 마르단에 있는 자신의 대학교 캠퍼스에서 학우들에게 린치를 당했다. 그는 죽기 전에 대학 당국의 부정행위를 비난했고, 이에 대학이 그와 다른 두 학생을 조사한 후 이 세 사람이 페이스북에 신성 모독적인 글을 올렸다고 고발했으나 그 증거는 발견되지 않았다.

칸의 친구들은 칸이 독실한 무슬림이었다고 경찰에 진술했다. 그의 살해를 목격한 사람들은 무리가 그를 공격한 이유는 신성 모독죄 때문이 아니라 그가 페이스북을 통해 아하마디아파(파키스탄에서 시작된 이슬람 소수파—옮긴이)를 전파하려 했기 때문이라고 말했다. 칸이 사망했을 때, 현장에 최소 스무 명의 경찰이 있었다.[89] 이어진 경찰 조사에서 칸과 다른 두 학생은 신성 모독죄 혐의를 벗었다.

신성 모독 혐의의 피해자는 개인만 있지 않다. 2012년 9월 29일에 방글라데시 치타공에서 라무라는 불교 마을 전체와 고대 불교 사원 여섯 곳이 잿더미가 되었는데, 이 사건의 빌미를 제공한 것은 치밀한 계획으로 페이스북을 통해 널리 퍼진 어떤 소문으로, 그 내용은 특정 불교 단체들이 이슬람 예언자를 모욕했다는 것이었다.[90]

많은 나라에서 **배교**(믿던 종교를 포기하거나 개종하는 것)를 신성 모독보다 훨씬 큰 죄로 여긴다. 2018년 기준으로 배교를 불법 행위로 여기는 나라는 22개였다.[91] 그중 12개 나라(아프가니스탄, 이란, 말레이시아, 몰디브, 모리타니, 나이지리아, 카타르, 사우디아라비아, 소말리아, 수단, 아랍에미리트, 예멘)에서는 배교자에게 사형 선고를 내린다. 파키스탄은 신성 모독죄에도 사형 선고를 내리는데, 문제는 신성 모독죄라는 개념 자체가 모호하고 그 범위도 대단히 넓다는 점이다. 요컨대 오늘날 13개 나라에서는 '신'을 믿지 않는다고 말하면 합법적으로 사형 선고를 받을 수 있다.

2010년에 몰디브 제도에서 한 무슬림의 연설 후, 질의응답 시간에 어떤 청중이 자신은 "몰디브인이지 무슬림이 아니다"라고 말했다. 그러자 다른 청중이 그를 공격했고, 그는 경찰에 연행되었다. 나중에 그는 배교죄로 기소되어, 사형 선고를 받을 처지에 놓였다. 몰디브 법에 따르면, 배교자는 재판에서 기회가 주어졌는데도 마음을 바꾸지 않고 이슬람교를 선택하지 않을 경우 사형을 면하기 어렵다. 당연하지만 그런 상황이라면 죽는 것보다 갑작스럽게 심경 변화가 일어났다고 거짓말을 하는 편이 낫다. 특정 사상이 범죄가 되는 나라에서는 인권이 보호될 수 없기 때문이다.

비판했다고 위험해지는 대상이 종교만 있는 것도 아니다. 어떤 나라에서는 뉴에이지 미신이나 전통 미신을 비판적으로 검토하는 행동도 대단히 위험할 수 있다. 인도가 대표적이다. 1989년에 나렌드라 다볼카르Narendra Dabholkar는 '만스Maharashtra Andhashraddha Nirmoolan Samiti, MANS'라는 단체를 조직했는데, 이곳의 목적은 각종 미신을 비판하는 것이었다. 2013년 8월 20일, 아침 산책 중이던 다볼카르는 익명의 남자 둘에게 살해되었다. 살해되기 전 그는 인도에서 각종 뉴에이지 제품 판매를 금지하는 입법 활동을 벌였다.

2017년에 인도의 세속주의 운동가이자 언론인이었던 가우리 란케시Gauri Lankesh는 벵갈루루에서 총에 맞아 사망했다. 란케시가 살해되기 전에도, 학자인 말레샤파 칼부르기Malleshappa Kalburgi, 고빈드 판사레Govind Pansare, (앞에서 언급한) 나렌드라 다볼카르 등 지난 몇 년간 소신 있게 의견을 내던 세속적 휴머니스트들이 줄줄이 암살당했다.

2018년에 인도의 세속주의 휴머니스트이자 인권 운동가인 바부 고지네니Babu Gogineni는 "종교적 감정을 훼손"했다는 이유로 하이데라바드에서 마다푸르 경찰에 체포되었다.[92]

ISIS

최근 몇 년 사이에 전 세계적으로 특정 종교의 광신주의 집단이 득세하고 있다. '알다울라 알이슬라미야 피 알이라크 와 알샴al-Dawlah al-

Islāmīyah fi al-Iraq wa-al-Sham'이라는 이름의 이 조직은 아랍어로 축약하면 '다이시Da'ish' 혹은 '다에시Daesh'이고 영어로는 'ISIS' 혹은 'ISILIslamic State of Iraq and the Levant(이라크 레반트 이슬람국가)'이다. 이 조직은 전대미문의 체계적인 폭력을 옹호한다. 본래 이라크를 거점으로 활동하는 알카에다의 분파였으나 2006년에 ISIslamic State of Iraq(이라크 이슬람 국가)로 이름을 바꿨고, 그때부터 알카에다와 독립적으로 활동하기 시작했다.

2011년에 ISIS는 그해에 내전이 시작된 시리아로 세력을 확대했고, 2014년에는 전 세계를 칼리파 사회로 선포했다.[93] 2015년 12월에는 시리아와 이라크를 점령해 어지간한 나라들보다 더 넓은 영토를 거느리게 되었다. 이에 다른 나라의 수니파 근본주의자들(예컨대, 나이지리아의 보코하람Boko Haram)은 세력이 커진 ISIS에 충성을 맹세하기 시작했다.

2017년 7월에 ISIS는 최대 도시인 이라크 모술을 빼앗겼다. 현재는 전반적으로 세력이 약화되어 전성기 때보다 훨씬 작은 영토를 지배한다. 그럼에도 그들의 이념은 널리 지지받고 있으며, 전 세계 수많은 테러 조직이 칼리파가 지배하는 새로운 이슬람 국가를 건설한다는 ISIS의 비전을 좇아 행동한다.

ISIS는 알카에다를 계승한 조직으로, 한창 때에는 알카에다보다 훨씬 조직적이고 재정적으로도 풍족했다. 2014년에 ISIS의 지도자, 아부 바크르 알바그다디Abu Bakr al-Baghdadi는 당시 ISIS가 통제하고 있던 이라크와 시리아의 칼리파를 자처했다. 아부 바크르 알바그다디는 이라크 바그다드 대학교에서 이슬람 역사학과 법학 박사학위를 받았는데, 그리 놀랍지는 않지만 그의 사례는 교육 수준과 광신주의가 무관하다는 사실을 보여준다. 그의 신조인 "우리가 당한 대로 갚아주겠다"는 문구는 무고한 사람을 처형하는 무수한 영상과 함께 인터넷 사이트에 게시됐다.

2014년부터 2016년까지 ISIS의 급성장에 전 세계는 크게 놀랐다. 추산하기로, 한창 때 ISIS의 소득은 매일 3백만에서 7백만 달러였다. 이들은 튀르키예와 이란으로 원유를 빼돌려 반값에 팔아넘겼다. 판매 수입은 ISIS 계좌로 곧장 들어갔고, 그 돈은 무기 구입뿐만 아니라 학교나 의료 기관 같은 사회 시설을 지원하는 데도 쓰였다. 이는 영리한 전략이었는데, 그런 지원 덕분에 ISIS는 도움이 절실한 사람들의 구세주로 환영받았다.[94]

ISIS는 유튜브와 다른 소셜 미디어를 영리하게 활용해서, 유럽은 물론 심지어 미국에서까지 수백만 명의 지지자를 확보했다. 물론 대부분의 무슬림은 ISIS의 목적과 방법론에 반대하지만, 그들의 정치 이념이 극단적이고 기괴한 해석에 바탕을 두기는 해도 이슬람교와 밀접하다는 사실은 인정한다. 또한 지상에서 순교하면 천국에서 보상받는다는 믿음이 대의를 위해 기꺼이 죽겠다는 사람들을 쉽게 끌어들인다. 이를 여실히 보여준 대표 사례가 2001년 9월 11일에 승객을 가득 태운 비행기를 납치해서 세계무역센터와 미 국방부 건물로 돌진한 테러범들이다. 이들은 모두 젊은 남성이었고, 사후에 72명의 아름다운 처녀가 맞아줄 천국에 가게 되리라는 꿈을 꾸었다.

미 해군 사관학교 역사학과 교수 제프리 마크리스Jeffrey R. Macris에 따르면, ISIS의 이념적 뿌리는 18세기로 거슬러 올라가 무함마드 이븐 압둘 와하브Muhammed ibn Abd al-Wahhab가 창시한, 오늘날 '와하비즘

Wahhabism'이라 부르는 운동으로 연결된다. 케임브리지 대학교 역사학과 교수 데이비드 모타델David Motadel도 ISIS, 특히 ISIS의 극단적인 폭력성을 와하비즘과 연결했다.[95]

무함마드 이븐 압둘 와하브의 책《키타브 알타우히드Kitab al-Tawhid》[96]는 ISIS가 채택해서 실천하고 있는 수많은 폭력 사상의 원천인데, 이 책에 담긴 신조는 이슬람교를 믿지 않는 사람을 배교자로 고발하겠다는 생각을 포함해 많은 ISIS 조직원의 신조와 대단히 비슷하다.[97]

《키타브 알타우히드》에는 신자들(즉, 이슬람교를 믿는 무슬림)에게 우상이나 그 우상을 숭배하는 장소를 파괴하도록 지시하는 내용이 있다. 그런 혐오스러운 생각이 실행된 사례가 시리아의 고대 도시 팔미라(세계유산)의 조각상들이 ISIS에 의해 철저히 그리고 의도적으로 훼손된 사건이다.[98] 또 다른 악의적인 파괴 사례로 이라크 모술에 있는 예언자 요나의 모스크가 다신교적이라며, ISIS가 악의적으로 파괴한 사건이 있다.[99] 이런 식으로 중동 전역에 (그런 다음 그들의 바람대로 전 세계에) 이슬람 극단주의를 주입하기 위해 ISIS가 파괴한 교회와 종교 유적지는 수백 개나 된다.

무함마드 이븐 압둘 와하브는 극단적인 폭력 행위를 포함해 ISIS의 핵심 사상의 기초를 세운 사람임에도, 오늘날 ISIS 관련 문헌에 거의 등장하지 않으며, ISIS의 잡지《다비크Dabiq》에 드물게 몇 번 언급되었을 뿐이다.

이집트 작가이자 선동가 사이드 쿠트브Sayyid Qutb(1906~1966)는 20세기 이슬람 세계에서 가장 중요한 사상가 중 하나였다. 1950년대와

1960년대에, 쿠트브는 무슬림 형제단Muslim Brotherhood의 선전부장은 물론 이론적 지도자였다. 오늘날 그는 이슬람 극단주의 무장조직을 세우는 데 핵심 역할을 한 인물로 기억되는데, 이 무장조직은 1970년 대에 이집트에서 처음 활동을 시작하며 세력을 키웠다. 쿠트브는 연설과 저술을 통해 유대민족이 세계를 정복하려 한다는 음모론이나 여성의 지능이 선천적으로 낮다는 주장 등 수많은 기괴한 사상을 옹호했다. 스웨덴의 종교사학자 엘리 곤도르Eli Göndör는 이렇게 썼다.

> [쿠트브는] 여성들은 과민한 기질 때문에 재정 문제를 다루거나 중요한 결정을 내리는 일에 적합하지 않다고 확신했다. 쿠트브에 따르면, 최근 유대인들이 전 세계를 도덕적으로 타락시킬 목적으로, 역사, 철학, 사회학 등의 학문을 공격할 뿐만 아니라 전 세계 커피 산업과 제약업계도 장악하고 있다.

분명 이것은 몹시 비합리적이고 비정상적인 관점이다. 그러나 사이드 쿠트브는 무슬림 형제단, 알카에다, ISIS 등의 조직원들에게 존경을 받고 있다. 쿠트브는 ISIS 폭력 노선의 이론적 기초를 마련한 현대 이슬람 사회의 핵심 사상가 중 하나다.

오늘날 ISIS는 주로 전 세계에서 활동하는 독립적인 테러 조직의 네트워크가 되었다. 그것은 더 이상 중동 국가들에게 위협 대상이 아니지만, 그 이념은 여전히 광신주의와 테러 공격을 자극하고 있으며, 아마도 나치 이후 가장 극단적이고 위험한 이념일 것이다.

노르웨이 테러

2011년 7월 22일, 노르웨이에서 역대 최악의 테러 공격이 일어났다. 아네르스 베링 브레이비크Anders Behrling Breivik가 오슬로 정부 청사에 폭탄을 던져 8명이 사망했다. 그는 이후 오슬로 부근의 우퇴위아섬 으로 가서 이상주의, 자유주의, 정치 참여 등을 강조하는 청소년 단 체의 회원 69명을 총으로 쏘아 죽였다. 브레이비크의 만행은 무슬림 과 다문화 사회, 세속적 계몽주의에 대한 혐오에서 비롯되었다. 그 는 만행을 벌이기 전에, 스스로 "유럽 독립 선언문A European Declaration of Independence"이라 부른 1,500쪽에 달하는 성명서(영어로 씀)를 웹사이트 에 올렸다. 거기에서 그는 자신의 이념을 제시하고, 무엇보다 세속적 휴머니스트, 마르크스주의자, 세계 자본주의 시스템의 "불경한 동맹" 을 이렇게 묘사했다.

> 문화 마르크스주의자, 자멸적 휴머니스트, 글로벌 자본주의자는 모두 다문화주의자이다. '다문화주의자'는 다문화주의를 지지하는 사람들이 다. … 유럽인은 유럽 문화와 국가의 결속, 기독교(즉, 서구 문명 자체)를 파괴하기 위해 만들어진 이념을 증오한다.

브레이비크는 세속적 휴머니즘을 기독교와 '국민 통합 문화national unity culture'에 대한 위협으로 여겼다. 어떤 의미에서 보면 그의 생각은 맞다. 세속적 휴머니즘은 비종교적이고, 각자의 배경과 신념 체계와 무관하게 모두가 환영받는 세계시민주의를 지향하기 때문이다. 당연

09. 종교가 탈선할 때: 광신주의, 극단주의, 기독교식 탈레반주의에 관하여

히 그런 사회는 기독교의 영향력이 크게 약화될 것이므로, 브레이비크는 이를 심각한 위험으로 생각했다. 그는 계속해서 이렇게 썼다.

> 내가 보기에, 세속주의자들도 싸움에 별 관심이 없는 것 같다. 그들은 사후 세계를 믿지 않기 때문에, 이생을 잃지 않으려 한다. 그래서 싸움보다 복종을 받아들인다.

브레이비크의 이념은 종교적 광신주의와 극단적 민족주의가 기이하게 뒤섞여 있다. 그는 위험한 광신주의가 활동적인 성격과 만나면 얼마나 위험해지는지를 뚜렷하게 보여주는 사례다.

기독교 극단주의

서구 언론이 이슬람 극단주의에 대한 기사를 끊임없이 양산하지만, 공공 담론에 거의 등장하지 않는 다른 유형의 극단주의도 있다. 이들의 사상과 신념은 어느 모로 보나 이슬람 극단주의만큼 비정상적이지만, 방법론은 그렇게 잔인하지 않다. 적어도 아직은.

여러 선진국 중 미국은 그 나라의 헌법이 스웨덴의 헌법보다 훨씬 세속적임에도 불구하고, 대단히 종교적인 나라다. 미국에서는 국민을 단합시킬 목적으로 종교를 자주 인용한다(국기에 대한 맹세에 "신 아래"라는 단어가 추가된 후 아이젠하워 대통령이 한 경건한 연설 내용을 떠올려보라). 그러나 미국인의 종교적 관용은 기독교 이외의 다른 신념 체계가 등장하면 급격히 줄어든다. 이는 퓨 포럼Pew Forum이 미국인을 대상으로 수행한 조사 결과에 잘 나타난다.[100]

조사 결과를 보면, 응답자의 85퍼센트가 미국은 아직 무신론자를 대통령으로 맞을 준비가 되지 않았다고 생각했다.[101] 미국의 일부 지식인은 무신론자를 경멸하는 태도가 만연하다는 의미로, **무신론공포증**atheophobia이라는 표현을 사용한다. 무신론자는 미국 사회에서 오랫동안 그리고 지금도 여전히 차별받는다. 아칸소, 미시시피, 노스캐롤라이나, 사우스캐롤라이나, 테네시, 텍사스 등의 주에는 공공 부문에서 무신론자들이 일하지 못하도록 금하는 법률이 있다. 예컨대, 미시시피 주법(14조 265절)에 이런 내용이 있다.

신의 존재를 부정하는 사람은 우리 주에서 어떤 공직도 맡을 수 없다.

아칸소주는 무신론자가 법정에서 증언할 수 없다. 2014년에 '열린 세속주의 연합Openly Secular Coalition'이라는 단체가 설립되었는데, 이곳의 목적은 미국 전역에서 무신론자를 차별하는 구시대적 법률을 폐지하는 것이다.[102]

다행스럽게도 대다수 미국인은 기독교에 큰 의미를 두지 않고 그것을 주로 사회 결속의 수단으로 여긴다. 그러나 미국에는 이슬람 극단주의자와 비교될 만큼 과격한 사상을 가진(그러나 다행히 실천력은 약한) 일부 기독교 종파가 있다. 즉, 기독교도 위험할 수 있다.

여호수아 세대

악마가 미국 사회에 독극물을 퍼뜨릴까 봐 공포에 사로잡힌 한 아홉 살 소녀가 울부짖는다. 아이가 예수님에게 살려 달라는 기도를 드릴 때, 눈물이 아이의 뺨을 타고 흘러내리고 아이의 온몸이 떨린다. 지금 이 아이는 '지저스 캠프Jesus camp'라 불리는, 기독교 여름 캠프에 와 있다. 아이의 부모는 이 캠프가 현재 도덕 불감증에 걸린 미국을 구할 열쇠라 믿는다. '구원받은' 아이들이 무신론 국가를 기독교국으로 바꾸어줄, 그래서 하나님의 왕국을 회복해줄 유일한 길이라 생각한다.[103]

미국에는 공립학교에 가지 못하는 아동이 150만 명에서 200만 명이나 있다. 이 아이들의 부모는 '무신론 사회'와 '무신론 교육'으로부터 자녀를 보호하기 위해 안전하고 안락한 기독교 가정에서 직접 자녀를 교육한다. 당연히 이들은 현대 과학의 비도덕적인 면을 가르칠 때를 제외하고 진화론을 언급하지 않는다.

미국에서 이런 식으로 홈스쿨링을 하는 아동을, 모세의 후계자이자 이스라엘 백성의 지도자였던 여호수아Joshua의 이름을 따서 '여호수아 세대Joshua Generation'라 부른다. 구약에 따르면 여호수아에게는 피를 흘려서라도 '성스러운 땅'을 탈환할 책임이 있었다.[104] 기독교 단체의 적극적인 로비 덕분에, 현재 홈스쿨링은 미국의 50개 주에서 합법이다. 그리고 부모가 가르치기 어려울 정도로 성장한 아이들은 교육의지가 충만한 기독교 사립학교에 다닌다.

권위 있는 기독교 사립학교 중 하나가 버지니아주 패트릭 헨리 칼

명료하게 생각하는 법

리(www.phc.edu)이다. 이 학교는 홈스쿨링을 한 기독교인 학생만 입학할 수 있다. 이 학교의 창립자인 마이클 패리스Michael Farris의 목표는 분명하다. 그는 한 인터뷰에서 정치적으로 중요한 역할을 할 새로운 기독교 세대를 배출하고 싶다고 솔직하게 밝혔다.[105] 자체 웹사이트에 게시된 이 학교의 신조는 다음과 같다.

전체 성경(구약과 신약 모두 합쳐서 66권)이 하나님의 말씀이고, 그 내용은 모두 사실이며 기독교인의 신앙과 삶을 지배하는 완벽하고 충분한 권위를 갖는다.

패트릭 헨리 칼리지의 수업에는 단순하고 명확한 원칙이 하나 있다. "성경과 과학의 결론이 다르다면, 분명 과학이 자료를 잘못 해석한 것이다."[106]
다음은 이 학교의 또 다른 신조다.

사탄은 유혹하고 고발하는 악한 존재로, 영원한 형벌이 예정된 지옥에서 왔으며, 그리스도를 믿지 않고 죽은 모든 이는 그 지옥에서 영원히 고통받을 것이다.

패트릭 헨리 칼리지의 학생들은 오클라호마의 톰 코번Tom Coburn, 사우스캐롤라이나의 짐 드민트Jim DeMint 같은 기독교 근본주의자를 지지하는 선거 운동에 자주 동원된다. 코번은 사설 낙태 클리닉에서 일하는 의사들에게 사형 선고를 내려야 한다고 했고, 드민트는 미혼모 교사가 학생들에게 유해하다며 교단에서 퇴출해야 한다고 주장했다.

코번은 2015년에 은퇴할 때까지 오클라호마의 상원의원을 지냈고, 드민트는 2005년부터 2013년까지 사우스캐롤라이나의 상원의원을 지낸 후 보수 싱크탱크로 유명한 헤리티지 재단Heritage Foundation의 이사장을 역임했다. 그는 2017년 5월에 재단 이사회의 만장일치로 이사장직에서 물러났다.

그리스도의 재림을 기다리며

미국의 보수 기독교인의 상당수가 **전천년주의자**premillennialists이다. 이들은 예수님이 곧 지상으로 내려와서 하나님의 왕국을 회복할 것이라고 믿는다. 또한 많은 사람이 이 일이 금세기에 일어날 것이라고 믿는다. 이는 6,300만 부가 넘게 팔린 《레프트 비하인드Left Behind》 시리즈에 나오는 이야기다. 이 책은 2014년 동명의 영화(니콜라스 케이지 Nicholas Cage 주연)로 제작되었는데, 장르는 "기독교 종말론을 다룬 스릴러 영화"였다.

소설 《레프트 비하인드》는 마이클 패리스Michael Farris의 멘토였던 팀 라헤이Tim LaHaye 목사가 썼다. 소위 '휴거'가 일어나는 동안 예수의 구원을 받고 지상에서 사라진 기독교 근본주의자들에 관한 이야기이다. 이 사람들은 말 그대로 연기처럼 사라져 천국으로 올라가지만, 지상은 대혼란에 빠진다. 비행기가 추락하고 자동차는 탈선하며, 조종사와 운전자는 온데간데없이 사라진다.

지상에 남겨진 자는 그리스도를 열심히 믿지 않았거나 부도덕하게 살았던 사람들이다. 그들은 "뒤처진left behind" 사람들이다. 잠시 후에 적그리스도가 평화의 천사로 위장하고 지상에 나타난다(이 책에서는 니콜라에 카르파티아Nicolae Carpathia라는 이름의 유엔 사무총장이 적그리스도로 등장한다). 몇 년간 갈등이 계속되다 아마겟돈Armageddon(그리스도와 적그리스도의 최후 전투)이 시작되고, 마침내 예수가 승리해서 지상에 하나님의 왕국을 복원한다. (요한계시록 16장 16절에 따르면, 아마겟돈은 '선'과 '악'이 싸우는 최후 격전지이다.)

《레프트 비하인드》속 이야기는 성경의 요한계시록에 나오는 예언들에 기초한다. 거기에는 적그리스도가 나타나 지상에 남은 자들을 속이고 평화의 천사로 행세한다. 그는 세계를 하나로 묶고 평화의 이름으로 세계 정부를 세우려 한다. 사람들에게 실제 모습인 악한 본성을 드러내기 전까지 천사처럼 행동한다. 소설 속 적그리스도가 유엔 사무총장인 것은 우연이 아니다. 미국의 기독교 근본주의자들은 유엔을 적그리스도가 이끄는 세계 정부의 상징으로 여기고, 전 세계의 정치 문제를 해결하려는 유엔의 노력을 강하게 비판한다.

《레프트 비하인드》시리즈는 축약되어 아동 도서로 출간되기도 했고, 심지어 '레프트 비하인드: 더 게임'이라는 비디오 게임도 만들어졌다. 이 게임에서 플레이어는 불신자를 구하거나 죽일 수 있다. (불신자 하나를 죽일 때보다 구할 때 더 많은 점수를 얻는다.)

팀 라헤이는 또한 예수 재림의 징조를 찾는 싱크탱크, '프레트리브 리서치 센터PreTrib Research Center'를 세웠다. 적그리스도에게 받게 될 고난에 우리를 대비시키기 위해서다. 라헤이의 아내도 '미국의 근심하는 여성들Concerned Women for America'이라는 보수 성향의 기독교 단체를 세워 페미니즘, 동성 결혼, 낙태권 등에 반대하는 운동을 벌이고 있다.

기독교 탈레반

미국의 기독교 근본주의자 중 **후천년주의자**postmillennialists는 소수이나, 이 개념을 통해 미국 탈레반American Taliban의 실체에 좀 더 가까이 다가갈 수 있다.[107] 이들은 미국의 거대 기독교 사회에서 점점 설 자리를 잃어가고 있지만, 아직 완전히 사라지지는 않았다.

후천년주의자는 지상에 기독교 왕국을 회복하는 과업에 모든 기독교인이 참여해야 한다고 생각한다. 그리고 이 목표가 실현될 때 비로소 예수님이 재림해서 세상을 통치하게 된다고 믿는다. 어떤 사람들에게는 전천년주의자와 후천년주의자가 별 차이 없어 보일지 모르지만, 사실 둘의 차이는 대단히 크다. 지금부터 그 내용을 살펴보자.

후천년주의 운동은 '기독교 재건주의Christian Reconstructionism'[108]라고도 불리는데, 1970년대에 보수적인 장로교파에서 발전시켰다. 대개 이 운동의 창시자는 루서스 존 러쉬두니Rousas John Rushdoony(1916~2001)라고 알려져 있다. 그는 여러 권의 책을 썼고, 그중 가장 유명한 책은 아마도 《성경법 해설서Institutes of Biblical Law》일 것이다. 오늘날 기독교 재건주의 운동을 대표하는 인물은 '기독교 경제 연구소Institute for Christian Economics' 소장 개리 노스Gary North와 '미국의 비전American Vision'이라는 로비 단체의 수장인 개리 드마Gary DeMar이다. 미국의 비전은 자체 웹사이트에서 스스로를 이렇게 소개한다.

우리는 모든 것이 완성될 때 우리 주 예수 그리스도가 직접 육체를 입고 재림하시리라 믿는다. 믿는 자든 믿지 않는 자든 죽은 자들은 최후의 심판을 받게 될 것이다. 구원을 받은 자는 영생을 얻고 그리스도를 거부한 자는 지옥에 떨어질 것이다. 그리스도가 만물의 우두머리가 되실 기독교 왕국을 건설하고 기독교를 전파하는 것이 오늘날 교회(기독교인)의 사명이라고 우리는 믿는다.

논란의 여지가 있지만, 많은 사람이 장로교회의 장로이자 언론학과 교수인 마빈 올래스키Marvin Olasky를 재건주의 운동가라고 생각한다. 한편, 올래스키의 책《온정적 보수주의Compassionate Conservatism》(2000)의 서문을 쓴 조지 부시George W. Bush 전 대통령은 신자유주의 경제학과 역설적이게도 "사회적 적자생존social survival of the fittest"을 옹호했다. 이 표현은 다윈의 진화론을 암시하지만, 사회적 맥락에는 맞지 않는다.

재건주의 운동의 신학적 토대는 예수의 재림 조건과 연결된다. 기독교인들은 기독교가 세상의 권력을 장악하고 구약의 내용으로 세상의 법을 다시 세우는 것이 자신들의 의무라고 믿는다. 이렇게 세상의 다수가 기독교로 개종하고 하나님의 율법이 회복될 때에야 비로소 예수 그리스도가 재림할 수 있다.

이런 신학적 관점을 흔히 **지배 신학**dominion theology이라 부른다. 이들의 교리는 구약, 특히 창세기(1:28)의 내용이 바탕을 이룬다. 그 핵심 구절은 다음과 같다.

> 하나님이 그들(아담과 이브)에게 복을 주시며, 하나님이 그들에게 이르시되, 생육하고 번성하여 땅에 충만하라, 땅을 정복하라, 바다의 물고기와 하늘의 새와 땅에 움직이는 모든 생물을 다스리라 하시니라.

오늘날 대다수의 기독교인은 이 성경 구절을 인간이 창조 과정에서 특별한 역할을 했으며, 자연과 동물을 정복하거나 지배하는 대신 **관리**하는 역할을 부여받았다는 의미로 받아들인다.

그러나 지배 신학에서는 다르게 해석한다. 즉, 하나님이 기독교인에게 다른 생물들을 지배하고 하나님의 법 아래에 전 세계를 통일하라고 내린 명령으로 믿는다. 또한 기독교 재건주의자들은 국적, 문화, 종교와 무관하게 모든 인간이 모세 5경(구약의 첫 다섯 권)에 기록된 613개 계명을 지켜야 한다고 생각한다. 이 계명이 기록된 모세 5경은 창세기, 출애굽기, 레위기, 민수기, 신명기이다. 창세기는 창조 이야기와 '노아의 홍수'를 포함해서 초창기 역사를 다룬다. 출애굽기는 야훼와 이스라엘 백성 사이의 언약과 율법에 관한 이야기이다. 레위기는 희생과 정화에 관한 제의를, 민수기는 각종 의례에 관한 율법들을 기록한 것이다. 신명기는 유일신 숭배의 중요성을 강조하고, 유일신 신앙에 필요한 여러 율법을 전한다.

모세 5경의 율법들은 두 종류로 나눌 수 있는데, 하나는 의식 절차이고 다른 하나는 도덕 법칙이다. 재건주의자들은 예수 덕분에 신약

이 모든 율법을 대체하는 새로운 언약을 세웠으므로, 의식에 관한 율법을 전부 지킬 필요는 없다고 믿는다. 그러나 구약의 도덕 법칙은 여전히 살아 있다. 그러므로 우선 미국의 새로운 기독교 사회에, 그다음에는 전 세계에 구약의 도덕 법칙을 전파해야 한다. 하나님의 왕국이 실현될 때에야 비로소 예수 그리스도가 재림할 수 있다.

기독교 재건주의자들은 사회에서 중요한 역할을 맡기 위해 연방 정부에 진출하려 애쓴다. 이들은 기독교가 국민의 복지와 교육을 맡아야 하고, 미국 헌법은 구약의 율법에 맞게 수정되어야 한다고 믿는다.

그런 과격한 변화는 대단히 심각한 결과를 초래할 것이다. 가령, 동성애, 신성 모독, 간음, 우상 숭배를 범한 자는 모두 처형될 것이다. 구약의 율법을 거부하는 종교 단체는 정의에 따라 우상 숭배자로 간주될 것이다. 당연히 여기에는 기독교가 아닌 종교뿐만 아니라 자유주의 계열의 기독교 분파도 해당된다. 이런 단체의 구성원들은 재건주의 사회에서는 모두 사형감이다.

여성은 과거 미국의 노예와 다름없는 수준의 권리를 갖게 될 것이다. 실제로 일부 재건주의자는 모세의 율법에 맞는 사회를 만들기 위해 노예제를 다시 도입하고 싶어 한다. 낙태는 이유를 막론하고 금지된다. 낙태 수술을 하는 의사들은 사형에 처해진다. 교정 제도는 폐지되고, '사회적 보복societal payback' 제도를 통해 경범죄에는 벌금형과 강제 노동형이 부과되고, 중범죄는 사형으로 다스려질 것이다.

윌리엄 아인베흐터William O. Einwechter는 재건 교회 목사이다. 1999년에 그는 '반항하는 아이에게 돌팔매질을Stoning Disobedient Children'이라는 제목의 악명 높은 논문을 써 다루기 힘든 아이들에 대한 돌팔매질형

09. 종교가 탈선할 때: 광신주의, 극단주의, 기독교식 탈레반주의에 관하여

을 옹호했다. 이 논문은 칼케돈 재단Chalcedon Foundation이 발간하는《칼케돈 보고서The Chalcedon Report》에 실려 있다.[109] 아인베흐터는 자신의 입장을 뒷받침하기 위해서 성경에서 다음 구절(신명기 21:18-21)을 인용했다.

사람에게 완악하고 패역한 아들이 있어 그의 아버지의 말이나 그 어머니의 말을 순종하지 아니하고 부모가 징계하여도 순종하지 아니하거든
그의 부모가 그를 끌고 성문에 이르러 그 성읍 장로들에게 나아가서
그 성읍 장로들에게 말하기를 우리의 이 자식은 완악하고 패역하여 우리 말을 듣지 아니하고 방탕하며 술에 잠긴 자라 하면
그 성읍의 모든 사람이 그를 돌로 쳐 죽일지니 이같이 네가 너희 중에서 악을 제하라 그리하면 온 이스라엘이 듣고 두려워하리라.

그 후에 쓴 논문에서 아인베흐터 목사는 강경했던 태도를 누그러뜨리고, 신명기에 나오는 '아이'라는 용어가 부모의 뜻을 따르지 않는 젊은 남성도 의미한다고 설명했다. 그러면서 돌팔매질형은 어린아이가 아닌 자기 행동에 책임을 져야 하는 청소년이나 청년에게 적용된다고 주장했다.

예수가 믿지 않는 사람들을 괴멸시킬 것이다

기독교 재건주의자는 미국 기독교 사회에서 소수이며, 다행스럽게도

오늘날 미국 정치에 실질적인 영향은 미치지 못한다. 그러나 최근까지 혹은 지금도 상당한 영향력을 발휘하는 보수 기독교인들은 재건주의자 못지않게 극단적 성향을 보인다. 그 대표적 인물이 진행자이자 설교가였던 제리 폴웰Jerry Falwell(1933~2007)이다.

폴웰은 자신의 책,《핵전쟁과 예수 그리스도의 재림Nuclear War and the Second Coming of Jesus Christ》에 이렇게 썼다. "예수님을 따르지 않는 사람들은 두 눈이 녹아내리고 살은 불에 탈 것이다." "예수님이 믿지 않는 사람들을 괴멸시킬 것이다." 2004년에 폴웰은 '도덕적 다수 연합Moral Majority Coalition'이라는 영향력 있는 로비 단체를 설립했다(도덕적 다수 연합의 전신은 1979년에 폴웰이 설립했던 '도덕적 다수'이다). 이 단체는 낙태 및 동성애 반대 운동을 전폭적으로 지원하며, '반가족주의 선전'을 검열하는 제도를 만드는 것을 목표로 삼는다. 또한 폴웰은 언젠가 다음과 같은 글을 통해 세속적 휴머니즘을 비판했다.

> 우리는 휴머니즘과 자유주의와 싸우고 있다. … 우리는 오늘날 우리나라를 무너뜨리고 있는 사탄의 제도에 맞서 싸우고 있다. … 우리의 전투는 그 자체로 사탄과의 싸움이다.

폴웰은 에이즈에 대해서도 이런 악명 높은 발언을 했다. "에이즈는 하나님이 동성애자뿐만 아니라 동성애를 관용하는 사회에 내린 형벌이다."

종교의 정치적 역할에 대한 폴웰의 의견은 분명하다.

정교분리는 기독교인이 나라를 지배하지 못하게 막으려는 악마의 발명품이다.[110]

기독교 재건주의와 좀 더 전통적인 근본주의 사이에 있는 또 다른 유력 인사는 '미국 기독교 연합Christian Coalition of America(www.cc.org)'이라는 로비 단체의 설립자 팻 로버트슨Pat Robertson이다. 그는 1992년에 아이오와 주법의 평등권 조항 개정안에 반대하는 모금 활동을 벌이기 위해 지지자들에게 이런 편지를 썼다.

페미니즘 어젠다는 여성을 위한 평등권이 아니다. 그것은 여성들로 하여금 남편을 떠나고 자녀를 살해하며 마술을 부리고 자본주의를 파괴하며 레즈비언이 되도록 부추기는 사회주의적이고 반가족적인 정치 운동이다.

미국 밖에 사는 사람들은 전 세계적으로 기독교 근본주의가 세력을 확장하고 있다는 사실을 거의 의식하지 못한다. 그들에게는 이슬람교 같은 '외래 종교'의 근본주의가 훨씬 익숙한 공포의 대상이다. 그들은 아프가니스탄의 탈레반, 시리아와 이라크의 지하디스트를 두려워하지만, 앞에서 봤듯이 심지어 '기독교 나라'에도 섬뜩한 집단들이 있다.

그러나 미국 기독교 근본주의 집단의 다른 점은 자신들의 분노한 하나님을 광적으로 섬김에도, 초등학교 테러 공격이나 자살폭탄 테러는 자행하지 않는다는 것이다. 적어도 아직은. 앞으로도 절대 그런 일이 일어나지 않도록 기도해야 한다.

막간글 - 인간의 고통과 의료 행위

인간은 자연의 순리를 어디까지 통제하게 될까? 이 질문은 오늘날 유기농법이나 유전자 조작 식품 등을 논의할 때 반복적으로 등장한다. 과거에도 인간의 질병을 통제하는 의학의 역할을 논의할 때 자주 제기되었다.

역사적으로 많은 기독교 교회가 의학 연구의 발전을 늦추거나 막고 싶어 했다. 예를 들어, 중세와 르네상스 초기 가톨릭교회는 인체해부를 격렬하게 반대했다. 그들은 '심판의 날'에 육체가 부활한다고 믿었으므로, 사후에 인체를 해부하게 되면 전능한 하느님이라도 훼손된 육체를 원래 모습으로 되돌리기가 어려울 것이라고 생각했다. 그러나 '오류가 없는' 교황이 그 입장을 철회함에 따라, 마침내 교회는 의학이 해부를 통해 얻은 수많은 지식을 인정하게 되었다.

또 다른 사례는 천연두에 대한 태도다. 아주 오랜 질병인 천연두는 전염성이 높아 확산 속도가 빠르다. (오늘날은 천연두 바이러스가 공기 중에 떠다니는 미세 공기방울로 전파되므로 전염성이 대단히 높다는 사실을 잘 안다.) 과거에는 천연두의 치사율이 대단히 높았으며, 완치되더라도 심각한 후유증에 시달리는 사람이 많았다.

천연두 백신은 18세기 말 영국의 에드워드 제너Edward Jenner가 최초로 개발했는데, 그는 소젖을 짜던 여자들이 천연두에 면역력을 갖는다는 사실을 운 좋게 발견했다. 우두 발진에서 추출한 액체에는 우두 바이러스가 들어 있는데, 제너는 이것을 사람들에게 주입했다. 이런 처리 과정은 '예방 접종vaccination'으로 불리게 되었다(암소를 뜻하는 라틴어의 바카vacca에서 유래했다).

이 놀라운 선물에도 불구하고, 처음에는 가톨릭과 개신교 모두 백신 사용에 반대했다. 그들의 논거는 한낱 인간이 '신'의 뜻을 방해해서는 안 된다는 것이었다. 어떤 사람이 천연두에 걸려 죽었다면(혹은 살아남았다면), 이것이 '신'의 뜻이라는 얘기였다. 인간은 '신'의 생사여탈권을 침해할 수 없다.

그러나 결국 교회는 이성에 굴복하고 천연두 백신을 받아들였다. 그러나 자신들의 잘못을 인정하지는 않았다. 그저 대중의 압력에 굴복했을 뿐이었다. 어쨌든 백신은 모든 사람에게 이로웠고, 백신을 접종한 지역에서는 천연두 발병률이 급감한다는 것은 분명한 사실이었다. 1980년에 세계보건총회World Health Assembly는 백신 덕분에 천연두라는 재앙이 지구에서 사라지게 되었다고 선언했다.

세 번째 역사적 사례는 수술 중 마취제 사용 반대다. 1847년에 영국 의사 제임스 영 심슨James Young Simpson은 클로로포름을 마취제로 처음 사용했다. 그 덕분에 오늘날 환자들은 마취 상태 혹은 잠이 든 상태로 수술을 받는다. 당연하게도 이는 굉장한 진보라 할 수 있다. 과거 의사들은 환자에게 술을 먹이거나 그냥 수술대 위에 환자를 꽁꽁 묶고 수술했다.

기독교는 출산할 때 마취제 사용도 반대했다. 하나님을 분노하게 했다는 성경 속 에덴동산의 이야기 때문이었다. 성경에 따르면, 이브는 선악과(지혜를 깨닫게 해주는 사과)를 먹은 후, 아담도 먹게 했다. 하나님은 중죄를 저지른 이브를 벌하기 위해 이렇게 말씀하셨다. "내가 네게 임신하는 고통을 더하리니 네가 수고하고 자식을 낳을 것이다."(창세기 3:16 일부)

잉글랜드와 스코틀랜드에서는 대단히 고통스러운 출산 시, 특히 제왕절개로 아이를 낳는 여성이 마취를 받을 권리를 두고 격론이 벌어졌다. 이때 교회의 잔혹 행위를 멈추게 한 사람은 빅토리아 여왕이었다. 결단력 있는 여성이자 여러 자녀의 어머니이기도 했던 여왕은 이 문제에 대한 교회의 공식 입장에 반대했다.

과거와 마찬가지로 오늘날에도 종교계는 낙태, 안락사, 줄기세포 연구, 태아 유전자 검사 등 각종 의학 이슈에 격렬하게 반대한다. 활발한 기초 연구 덕분에 현대 의학은 눈부시게 발전하고 있으며, 그에 따라 지식과 가능성이 폭증했고 종교와 상관없이 온갖 새로운 윤리적 딜레마가 생겨나고 있다. 이에 완벽하게 세속적인 환경에 사는 사람들도 의학 윤리와 관련한 여러 난제에 어떤 입장을 취하도록 강요받게 될 것이다.

가령, 머리가 좋아지는 약의 개발, 대리모 출산, 태아 유전자 검사 등에 대해 우리는 어떤 태도를 취해야 할까? 또는 DNA 지도 제작 기술이 보험회사에게 취약한 사람들을 미리 찾아내 보험료를 높게 책정하도록 도움을 주는 것에 대해 어떻게 생각하는가? 어떤 도덕관을 가졌든 우리는 의학의 발전으로 새로운 난제를 점점 더 많이 맞닥뜨리게 될 것이다.

10
인류 기원 논쟁:
진화론, 창조론, 반과학에
관하여

우리가 여기에 있는 이유는 이상한 물고기 떼가
육지 생물의 다리로 변형될 수 있는 독특한 지느러미를 가졌고,
시절이 좋을 때는 지구가 완전히 얼지 않기 때문이며,
25만 년 전에 아프리카에서 생겨난 작고 연약한 종이
온갖 수단과 방법을 동원해서 지금까지 그럭저럭 살아남았기 때문이다.
우리는 '고상한 답'을 열망하나, 그런 것은 존재하지 않는다.

- 스티븐 제이 굴드Stephen Jay Gould

이미 봤지만, 오늘날 미국은 상상 가능한 모든 종교가 생존과 전파
를 위해 끊임없이 무자비한 싸움을 벌이는 전쟁터이다. 물론 이 격렬
한 싸움 이면에는 다른 모습도 있다. 미국에도 종교와 상관없이 병들
고 가난한 사람들을 돕는 훌륭한 자선 단체가 많다. 미국은 빈부 격차
가 크고 사회 안전망이 빈약한 나라다.

미국에서는 (종교의 지원을 받은) 반과학anti-science과 과학이 추한 싸움
을 치열하게 벌이고 있다. 본래 미국은 필사적으로 정교분리를 주장
하던 정착민들이 세운 나라였는데, 이런 역설은 왜 일어났을까?

텍사스 출신으로 2년간(2003~2005) 공화당 하원 원내대표를 지냈던
톰 딜레이Tom DeLay는 1999년에 콜로라도주의 콜럼바인 고등학교에서

벌어진 끔찍한 총기 사건에 대해 주목할 만한 견해를 밝힌 바 있다. 이는 두 상급생이 학생 12명과 교사 1명을 무참히 살해한 사건(마이클 무어Michael Moore의 탁월한 다큐멘터리 〈볼링 포 콜럼바인Bowling for Columbine〉 참고)으로, 딜레이의 주장에는 이런 내용이 있다.

> "우리 학교들은 아이들에게 그들이 원시 진흙 수프에서 진화해온 evolutionized(딜레이가 만든 신어) 영광스러운 원숭이에 불과하다고 가르친 다."

콜럼바인 고등학교의 생물 수업에서 성경에 근거한 창조론 대신 다윈의 진화론을 가르친다는 사실을 언급한 것이다.[111]

2001년부터 2009년까지 미국을 통치했던 조지 부시는 성경을 곧이곧대로 해석하고 받아들이는 기독교인이었다. 그의 후임자였던 버락 오바마는 그와 반대였다. 오바마가 별로 종교적인 사람이 아니라는 타당한 증거도 있으며, 실제로 그의 어머니는 스스로를 세속적 휴머니스트로 칭했다. 오바마는 자신의 회고록《내 아버지로부터의 꿈 Dreams from My Father》에 자신의 어머니는 "세속적 휴머니스트의 산증인"이라고 썼다. 그러나 미국에서 정치인이 조금이라도 신의 존재에 의문을 던지기란 현실적으로 거의 불가능하므로, 오바마도 대통령 선거에 출마하고 나서는 관습에 굴복해 자신의 견해를 표현할 때 자주 종교 용어를 사용했다.

그러나 미국 정치인들이 늘 그래야 했던 것은 아니다. 18세기 말 미국 헌법을 만든 남성들(여성은 없었다) 중 몇몇은 종교에 대한 회의적

10. 인류 기원 논쟁: 진화론, 창조론, 반과학에 관하여

견해를 분명하게 드러냈고, 헌법에 종교와 정치를 분리하는 내용을 담기 위해 특별히 주의를 기울였다. 수정헌법(1791년)에 따르면, 정부는 특정 종교나 종교 사상을 옹호하거나 반대할 수 없다. 그 구체적인 내용은 이렇다.

> 의회는 종교를 만들거나 자유로운 종교 활동을 금지하는 어떤 법률도 만들 수 없다.

나중에 이 남성들 중 넷은 건국 초기 미국의 대통령이 되었다. 그들은 바로 조지 워싱턴George Washington, 존 애덤스John Adams, 토머스 제퍼슨Thomas Jefferson, 제임스 매디슨James Madison이다. 이 신화적인 정치 지도자들은 종교에 대단히 비판적이었고, 정치에 미칠 종교의 영향력을 제한하고 싶어 했다.

이들은 정치와 도덕 그리고 지식의 본질까지 건드린 종교를 신랄하게 비난했다. 이 위대한 인물들의 발언에는 오늘날의 미국에서라면 엄청나게 논란이 될 만한 내용이 눈에 띈다. 여기에 몇 가지를 소개해보겠다.

> 종교적 논쟁은 항상 다른 논쟁보다 더 격렬하고 화해할 수 없는 증오를 낳는다.　　　　　　　　　　　　　　　　　　　　　　　　 — 조지 워싱턴
>
> 최근 읽은 글 중에 스무 번이나 후련함을 느꼈던 말은 이것이다. "종교만 없다면, 이곳은 가능한 최선의 세계가 될 것이다!"　　　 — 존 애덤스
>
> 하나님에 의해 동정녀에게서 예수가 태어났다는 신비한 이야기가 제우

스의 머리에서 아테네가 태어났다는 신화와 동급이 될 날이 올 것이다.

— 토머스 제퍼슨

종교는 노예처럼 사람을 구속하고 약해지게 해서, 모든 숭고한 사명에
부적합하게 만든다. — 제임스 매디슨

이런 계몽적인 사고방식은 수십 년간 미국 사회의 표준이었다. 그
러나 오늘날의 미국에서는 점점 존중받지 못하고 있다. 150년에 걸쳐
성경의 내용을 문자 그대로 받아들이는 사람들과 그것을 은유와 신
화로 여기는 사람들 사이에는 수많은 충돌이 있었다. 특히 오늘날에
는 종의 기원에 관한 진화론을 믿는 사람들과 성경의 창조론을 믿는
사람들 사이에 격렬한 싸움이 벌어지고 있다. 그런 분쟁 중 일부는 법
정 다툼으로 이어지고 있다.

다윈의 유산

1831년 12월 어느 저녁, **비글호**는 22세의 찰스 다윈Charles Darwin
(1809~1882)을 태우고 영국의 플리머스 항구를 출발했다. 그로부터 5년 동
안 이 배는 남반구를 구석구석 항해했고, 청년 다윈은 틈틈이 마주친
동식물을 열심히 연구했다. 수년이 흐른 1859년에, 다윈은 5년간의 항
해에서 얻은 영감을 바탕으로 《종의 기원On the Origin of Species by Means of
Natural Selection》이라는 획기적인 책을 출간했다.

과학사상 최초로, 전능자의 개입 없이 동물과 인간이 어떻게 생겨

났는지를 논리정연하게 설명한 이론이 탄생했다. 창조자가 존재할 수는 있지만, 다윈의 이론에 따르면 창조자는 불필요했다. 더는 대문자 'G'로 시작되는 신은 필요하지 않았다. 에덴동산에 살던 아담과 이브라는 신화 속 인물이 인간의 조상이라는 생각도 다윈에게는 몹시 가능성이 낮은 이야기였다. 사실 그가 생각하는 가장 그럴듯한 이야기는 인간이 유인원의 후손이라는 것이었다.

다윈의 이런 생각에 수많은 종교인이 깊은 상처를 입고 위협감마저 느꼈다. 20세기 초 미국에서 《근본주의: 진리에 대한 증언The Fundamentals: A Testimony to the Truth》이라는 책이 출간되었다. 다윈의 진화론뿐만 아니라 과학 사상을 적극적으로 수용하는 현상에 반대하는 책이었다. 여기에서 근본주의로 불리는 종교 운동이 탄생했으며, 그 의미는 성경적 진리에 대한 절대 믿음으로 돌아가자는 것이었다. 근본주의자들에게 찰스 다윈은 기독교와 신성한 성경의 진리를 위협하는 과학을 상징했다. 인간의 기원에 대한 다윈의 진화론은 문자 그대로 해석한 성경의 내용과 일치하지 않았으며, 그 때문에 무신론적이고 파괴적이며 비도덕적인 이론으로 비난받았다.

성경에 나온 그대로 인간이 창조되었다는 생각을 '창조론creationism' (신봉자들은 그것의 영어 단어 첫 글자를 대문자로 쓰기도 한다)이라 부르며, 오늘날 전 세계에서는 창조론의 내용을 다양하게 변형해 가르치고 있다. 가장 고전적이고 성경에 가까운 해석은 17세기 아일랜드 대주교 제임스 어셔James Ussher의 연구인데, 그는 구약 성경을 꼼꼼하게 조사한 다음 기원전 4004년에 지구가 탄생했다고 주장했다. (사실 그는 좀 더 정확하게 날짜를 계산했다. 그에 따르면, 지구는 정확히 기원전 4004년 10월 22일 토요일 저녁 8시에 탄생했다. 일찍 일어나는 사람에게는 몹시 고된 하루였으리라!) 성경을 신봉하는 근본주의자들에 따르면, 인류는 아담과 이브의 후손이며 역사는 겨우 6,000년이다. 반대 입장(인류가 유인원에서 진화했다는 생각)을 가진 사람들은 이를 터무니없는 동화라며 비웃었다.

세속적 인생관과 기초적인 과학 지식을 가진 사람들도 창조론을 완전한 난센스로 여긴다. 그러나 전 세계 이슬람교(이들의 창조 이야기도 기독교와 동일하다)와 복음주의 기독교에서는 여전히 창조론을 믿으며, 무엇보다 미국에 신봉자가 많다.

1925년 원숭이 재판

1920년대 전반부에 미국에서는 사회와 가치관에 대대적인 변화가 일어났다. 실험적인 추상 미술이 등장했으며, 젊은이들이 재즈 음악에 맞춰 춤을 췄고, 다윈의 진화론과 인간 내면에 숨겨진 성적 욕망에 관한 프로이트 이론을 토론했다.

이에 전통주의자들은 기겁했다. 그들은 진화론이 하나님을 불필요한 존재로 만들어 도덕성을 훼손하고 도덕적으로 살아야 할 이유를 제거한다고 생각했다. 그런 혐오스러운 생각을 사회에서 뿌리 뽑기 위해 그들은 법적 수단을 사용하기로 했다. 1925년 3월, 테네시주는 "성경의 가르침대로 신이 인간을 창조했다는 내용 대신 인간이 하등 동물의 후손이라는 내용을 가르치는 행동"을 금지하는 법안을 통과시켰다.

10. 인류 기원 논쟁: 진화론, 창조론, 반과학에 관하여

그해 여름 테네시주 데이턴이라는 작은 마을에서, 24세 생물 교사 존 스콥스John Scopes가 다윈의 진화론을 가르쳤다는 이유로 기소되었다. 존 스콥스 재판의 검사는 윌리엄 제닝스 브라이언William Jennings Bryan 의원이 맡았는데, 그는 대통령 선거에 세 번이나 출마한 유력 정치인이자 열정적인 연설을 하기로 유명한 기독교 근본주의자였다. 그는 무신론적인 진화론에 대항하는 성전의 선봉장이었다. 스콥스 재판에서 브라이언은 이런 유명한 말을 했다. "만약 진화론이 승리하면, 기독교는 사라질 겁니다!" 스콥스의 변호인 클래런스 대로Clarence Darrow는 이렇게 응수했다. "재판을 받는 사람은 스콥스가 아닙니다. 문명입니다!" 언론은 현대성과 전통주의의 충돌을 보여주는 이 재판을 대단히 흥미롭게 보도했고, 얼마 지나지 않아 스콥스 재판은 "원숭이 재판The Monkey Trial"으로 불리게 되었다.

순식간에 "원숭이 재판"은 거대한 구경거리가 되었다. 어느 날 법정에서 브라이언이 진화론자들은 인간이 **미국** 원숭이도 아니고 **구세계** 원숭이의 후손이라고 주장한다고 열변을 토했을 때, 대부분 스콥스를 지지하던 기자들마저 아주 즐거워했다. 그리고 브라이언이 장황하게 일장 연설을 늘어놓는 동안, 스콥스 변호인인 대로는 담뱃대 끝에 붙은 재를 털지 않고 계속 담배를 피우는 방식으로 배심원들의 주의를 분산시켰다(교활하게도 대로는 담배 안에 단단한 철사를 끼워 넣어서 재가 공중에 떠 있는 것처럼 연출했다). 한마디로 그것은 완전히 서커스였다. 그러나 결국 스콥스는 유죄가 인정되어 벌금형을 선고받았다. 그러나 유무죄와 상관없이, 그는 수많은 개종자를 지지자로 얻었다.

기독교 근본주의자들의 반진화론 운동은 더욱 거세어졌다. 1925

년과 1928년 사이에도 그들은 끊임없이 싸웠고, 크고 작은 성공을 거두었다. 스콥스가 유죄 판결을 받은 후에 아칸소와 미시시피는 학교에서 진화론 수업을 금지하는 법을 제정했다.

진화론의 승리

1968년에 진화론과 창조론은 또 한 번 법정에서 격돌하게 되는데, 이때 기독교 근본주의자들은 미국 헌법 때문에 사상 최대의 타격을 입는다. 이는 미국 건국 초기 대통령들의 종교관이 거둔 승리였다.

아칸소주가 법으로 "인간이 유인원에서 진화했다고 주장하는 이론"을 가르치지 못하게 금지하자, 교사였던 수잔 에퍼슨Susan Epperson은 격분했다. 그녀는 주법의 내용이 연방 헌법과 모순된다고 주장하며, 위헌 소송을 제기했다. 대법원은 에퍼슨의 손을 들어주었다. 아칸소 주법이 수정헌법 1조를 위반했다고 판단한 것이다(에퍼슨 대 아칸소주, 1968).

근본주의자들은 잠시 후퇴해서 상처를 치료했다. 그러다 서서히 새로운 전략을 시도하기 시작했다. 인류가 유인원의 후손이라는 이론을 가르치지 못하게 막는 대신, 학교에서 진화론과 창조론을 **모두** 가르쳐야 한다고 주장했다. 그리고 '창조 과학', '과학적 창조론'이라는 신조어를 만들었는데, 이는 자신들도 진화론처럼 존중받을 만한 **과학** 이론을 다룬다는 점을 밝히기 위해서였다. 그들의 논리는 두 과학 이론이 경합하고 있다면, 당연히 학교에서는 그 둘을 모두 가르쳐야 한다는 것이었다.

1987년에 루이지애나에서 시도한 새로운 법적 전략은 학교에서 '창조 과학'을 가르치지 않으면 진화론도 가르칠 수 없게 하는 새 법안을 공표하는 것이었다. 그러나 대법원 심리에서 그 법안은 헌법에 어긋난다는 사실이 밝혀졌고, 결국 폐지되었다. 한 번 더 창조론자들이 패배한 것이다.

지적 설계

창조론은 어떻게 이 위기를 버틸까? 전 세계 수많은 복음주의 기독교인과 경건한 무슬림은 왜 그렇게 격렬하게 진화론에 반대할까? 그것은 진화론에 치명적인 허점이 많거나 진화론이 철저히 반직관적이어서가 아니다. 과학에는 (양자 역학이나 우주론처럼) 훨씬 반직관적인 이론들이 있고, 여기에는 아직 답을 찾지 못한 질문도 많다.

진화론을 격렬하게 반대하는 이유는 그것이 '신'을 믿는 주된 근거 중 하나를 심각하게 의심하기 때문이다. 진화론은 종교를 지탱하는 핵심 기둥을 뒤흔든다. 만약 자연 선택론과 함께 유전자 재조합으로 인간을 포함한 지구의 온갖 동식물을 설명할 수 있다면, 인간을 창조한 신이 있을 필요가 없다. 자연법칙에 따르면 신은 그저 불필요한 존재가 된다.

1970년대와 1980년대 받은 충격에 대한 반응으로, 기독교계는 1990년에 '디스커버리 연구소Discovery Institute'라는 새로운 싱크탱크를 시애틀에 설립했는데, 주된 목표는 미국 학교에서 창조론을 가르치게 하는 새로운 전략을 짜는 것이었다. 오늘날에도 디스커버리 연구소는 이 목적을 실현하기 위해 노력하고 있다. 연구소 웹사이트[112]에는 그곳의 다양한 미션이 설명되어 있는데, 그중 세 문단을 소개하면 다음과 같다.

> 과학적 연구와 실험은 자연계에 대한 지식을 믿기 어려울 정도로 발전시켰지만, 소위 "신무신론자들"이 물질주의적 세계관을 퍼뜨리고 인간의 자유와 존엄성을 부정하며 자유로운 탐구를 막기 위해 과학을 남용하는 결과로도 이어졌다. 우리의 과학문화센터Center for Science and Culture는 자유로운 탐구를 옹호하기 위해 일한다. 또한 생명과 우주가 지적 설계의 산물이라는 생각을 지지하고, 우주가 독립적으로 존재하고 작동한다는 물질주의와 생명이 우연하고 맹목적인 과정의 결과물이라는 다윈의 주장에 반대함으로써 과학에 대한 물질주의적 해석을 비판한다.
>
> 과학적 물질주의는 하나님의 존재, 유대 기독교 윤리, 인간의 존엄성 및 자유와 싸워왔다. 그것은 하나님의 실재와 인간 안에 있는 하나님의 형상Imago Dei, 그리고 객관적인 도덕관념을 부정하기 때문에, 공공생활과 정책에 대한 종교의 관계성도 인정하지 않는다.
>
> 오늘날 생물학과 생태학의 새로운 발견이 다른 생명체의 중요성을 깊이 깨닫게 해주었지만, 이따금 그런 발견들은 인간보다 동물의 복지를 우선시하는 극단적인 '동물권'을 주장하는 사람들에 의해 오용되고 있다. 우리 '인간 예외주의 센터Center on Human Exceptionalism'는 의료 정책

과 실무, 환경 관리, 과학적 연구에서 인간 고유의 존엄성을 보호함으로써, 즉 우리가 인간 예외주의라고 부르는 관점에서 사이비 과학이 인간의 존엄성을 공격하지 못하도록 대응하고 있다.

디스커버리 연구소의 전략은 과거와 사뭇 다르다. 미국 헌법이 학교에서 종교의 영향력을 금지하므로, 진화론에 문제를 제기하려면 성경이나 다른 종교 사상을 전혀 언급해선 안 된다. 하지만 창조론을 순수 과학으로 포장해 성경 내용이 아닌 진짜 과학 이론처럼 홍보하면, 미국 헌법과 충돌하지 않고 교과 과정에 포함시킬 수 있다고 그들은 생각했다.

그 결과 '창조론'이라는 용어 대신 '지적 설계intelligent design'라는 새로운 표현이 등장했다. 이는 인간을 포함한 모든 종의 기원을 밝히되 다윈의 이론을 대체하기 위해 만든 일종의 과학 이론이었다. 이 새로운 이론은 오직 지적 설계자만 복잡한 생물학적 유기체를 만들어낼 수 있다고 주장했지만, 그 위대한 설계자가 '신'인지 다른 신비한 힘인지는 밝히지 않았다. 미국 헌법과 충돌하지 않기 위해 모든 노력을 기울인 것이다.

지적 설계의 기본 생각을 간략하게 설명하면 이렇다. 생물학적 유기체는 대단히 복잡하고 정교하게 만들어진 존재라서, 끊임없는 유전자 변이와 자연 선택 등 다윈이 설명한 과정의 결과물일 수 없다. 지상의 모든 생명체가 진화로만 생겨났을 가능성은 매우 낮으므로, 복잡한 기능과 그것을 가진 유기체는 어떤 **목적으로** 만들어졌음이 분명하다. 따라서 지상의 삶 이면에 어떤 창조자나 지적 사상가가 분명 존재한다.

이런 맥락에서 가장 자주 등장하는 예는 눈인데, 사람이 무언가를 보려면 눈 안의 수많은 조직이 협력해야 한다. 지적 설계 지지자들은 시각 작용이 일어나려면 눈 안의 수많은 조직이 동시에 생겨나야 한다고 주장한다. 자연 선택에 따른 무작위 변형으로는 시각 작용이 일어날 수 없다는 것이 그들의 논거다.

그러나 스웨덴 학자 단 닐손Dan Nilsson과 수산네 펠거Susanne Pelger는 눈과 같이 복잡한 기관이 어떻게 진화할 수 있는지 설득력 있게 증명했다. (스웨덴어를 아는 독자라면,《다겐스 뉘헤테르Dagens Nyheter》에 실린 2007년 4월 8일자 기사를 읽어봐도 괜찮겠다. www.dn.se/nyheter/vetenskap/blackfiskens-ogon-en-gata.) 닐손과 펠거는 빛에 예민한 피부가 어떻게 서서히 수정체를 가진 완벽한 눈으로 진화했는지, 그리고 그런 변형이 어떻게 그렇게 빨리 일어났는지를 보여주었다. 그들에 따르면, 그렇게 진화하기까지 40만 세대를 거쳐야 했는데, 일부 독자는 이런 큰 숫자에 놀랄 수도 있겠으나, 사실 진화론의 관점에서 보면 그것은 '눈 깜짝할 사이'에 불과하다.

디스커버리 연구소는 대단히 효율적이게도 두 가지 방향으로 지적 설계론 지지 운동을 벌였다. 하나는 대중과 언론의 생각을 바꾸는 것이었고, 다른 하나는 정치인과 교육 당국에 영향력을 행사하는 것이었다.

그들은 지적 설계론이 과학 이론이라고 주장하는 동시에, 지적 설계론과 진화론을 둘러싸고 연구자들 사이에서 활발한 논쟁이 벌어지고 있다고 언급한다. 이는 순수한 초등학생들에게 대립하는 두 이론

10. 인류 기원 논쟁: 진화론, 창조론, 반과학에 관하여

을 모두 가르치고 그중 더 낫다고 생각하는 것을 선택하게 해야 한다는 주장으로 이어진다. 어쨌든 그것이 현대 과학이 '진화'한 방식, 즉 적자생존이니까!

학교에서 대립하는 이론을 모두 가르치고 학생들에게 둘 중 하나를 선택하게 해야 한다는 주장은 현명하게 들린다. 마치 여러 과학 이론을 늘어놓고 학생들에게 아직은 정답이 없다고 말하는 것과 같다. 그러나 이런 생각은 자칫 빌미가 되어 대단히 위험한 생각으로 이어질 수 있다. 지리학 수업에서 지구 구형설과 지구 평면설을 편견 없이 똑같이 가르쳐야 할까? 물리학 수업에서는 천문학과 점성술을 모두 가르쳐야 할까? 화학과 연금술은? 의학과 샤머니즘은? 홀로코스트를 부인하는 사람들과 제2차 세계 대전에 관해 진실을 얘기하는 사람들을 똑같이 취급해야 할까? 이런 예는 얼마든지 있다. 이런 질문에 정답은 단 하나다. 학교는 아무렇게나 잔뜩 모아 놓은 아이디어 다발이 아닌, 과학적 방법으로 엄격한 검증 과정을 거친 아이디어만 가르쳐야 한다.

그러나 창조론자는 점진적인 진화 과정으로는 동물과 인간이 가진 복잡한 기능을 설명할 수 없다고 주장한다. 이들이 흔하게 제시하는 예는 여객기의 모습이다. 그 논거는 대략 다음과 같다.

우연하고 맹목적인 자연의 힘이 우리처럼 고도로 복잡한 존재에 영향력을 행사한다는 생각은 토네이도가 폐차장을 휩쓸고 지나갈 때 수천 개의 쓰레기 조각이 딸려 올라갔다가 다른 곳에 떨어졌는데 거기에서 보잉 747기가 완벽하게 만들어졌다는 이야기만큼 비현실적이다.

안타깝게도 이 주장은 진화 원리를 왜곡하고 있다. 내가 사고 실험으로 증명해보겠다. 당신이 20개의 주사위를 쥐고 있고 그것들을 전부 탁자 위로 던진다고 해보자. 20개 주사위가 전부 6이 나올 확률은 얼마일까?

주사위 **하나**를 던져서 6이 나올 확률은 당연히 6분의 1이다. 20개 주사위를 전부 던져서 6만 나올 확률은 6^{20}분의 1로 아주 작다. 즉, 1/3,656,158,440,062,976이다. 만약 주사위 20개가 모두 6이 나올 때까지 1초에 한 번씩 주사위를 던진다고 하면, 원하는 결과를 얻기까지 1억 년 넘게 걸릴 것이다.

그러나 진화 과정은 그렇지 않다. 이제 주사위 20개를 가지고 한꺼번에 던지되, 두 번째 던질 때는 6이 나온 주사위를 빼고 던진다고 해보자. 가령, 첫 번째 던졌을 때 20개 중 **3개**에서 6이 나올 수 있다. 그러면 그 3개는 한쪽에 두고, 두 번째에는 17개만 던진다. 이번에는 6이 **1개**만 나왔다고 해보자. 이제 그 주사위도 한쪽에 둔 다음, 16개만 던진다. 이번에는 **2개**의 주사위에서 6이 나온다. 이런 식으로 계속 주사위를 던진다. 그러면 1분쯤 지났을 때 20개 주사위 모두 6이 나온 상태가 될 것이다. 목표를 달성하는 데 1억 년까지 필요하지는 않다.

이것이 바로 실제 진화론이 작동하는 방식이다. 한 번에 조금씩 진보하면서 그 결과를 활용한다. 작은 변이가 일어나고 그중 생존에 유리한 것이 선택된다. 토네이도가 아무렇게나 던져 놓은 쓰레기 더미에서 완벽한 제트기가 나온다는 생각은 완전히 틀렸다. 그것은 단순 착각이 아니라 **고의적**인 왜곡이다. 그것은 지적으로 부정직한 행동이다. 그것도 아주 심각하게.

미국 학교들의 지적 설계

2005년에 종교와 과학의 논쟁과 관련된 또 다른 재판이 미국에서 열렸다. 당시 펜실베이니아 도버 지역 교육 위원회가 생물학 수업에 진화론 대신 지적 설계를 가르치라고 결정했던 것이다.[113] 6주간의 심리 끝에 평결이 내려졌는데, 승리자는 과학이었다.[114]

도버 교육 위원회는 위협과 거짓말, 조작 등의 수법을 사용하며 거의 종교 집단처럼 행동했다. 일부 교육 위원은 커다란 종이에 찰스 다윈의 가계도를 그린 다음 그것을 인형으로 만들어 불태우기까지 했다. 하지만 재판에서 모든 것이 정리되었다. 마지막에 판사는 이런 재판에 막대한 세금과 인적 자원이 낭비되었다는 사실이 놀라울 따름이라고 말했다.

성경 속 창조 이야기를 과학인 양 꾸미려는 모든 시도는 완전히 실패했다. 배심원들은 지적 창조자가 존재하는가에 대한 질문에 어느 편도 들지 않은 채, 대단히 품격 있게 의견을 밝혔다. 그들의 논증 내용은 다음과 같았다.

과학 이론은 기본적으로 검증 가능하고 반증 가능해야 한다. 이론이 반증 가능하다는 의미는 어떤 증거도 그 이론을 무너뜨릴 수 있다는 뜻이다. 그러나 지적 설계론자 중 누구도 각종 과학 실험, 발견, 검증, 논리적 증거 등으로 지적 설계론이 반증될 수 있다고 설명하지 못했다. 이는 지적 설계가 과학 이론이 아니라는 의미다. 배심원들은 지적 설계론에 찬성도 반대도 하지 않으며, 다만 그 이론을 생물학 수업에서 가르치지 말라는 의견만 밝힐 뿐이다. 요약하면, 지적 설계론은

명료하게 생각하는 법

과학 이론이 아니며, 과학 교육의 대상도 아니라는 것이다.

지적 설계 운동은 진화론의 허점과 결점을 드러내려 노력했다. 이들이 논거로 제시한 것 중 한 가지는 종의 변화 과정에 잃어버린 연결 고리 혹은 공백이 있다는 것이었다. 그러나 그런 주장은 기본적으로 두 가지 오해에서 비롯되었다.

하나는 전혀 놀랍지 않지만, 한 종에서 다른 종으로 진화할 때 거치는 모든 단계가 세세하게 기록된 물리적 증거와 화석이 존재하지 않는다는 사실에서 생긴 오해이다. 그런 화석과 증거가 존재한다면, 그것은 기적이나 마찬가지다. 지난 수십억 년간 모든 나무의 잎이 땅에 떨어진 사실을 기록하는 일과 같기 때문이다. 그러나 우리는 낙엽이 진다는 사실을 믿기 위해 그런 상세한 기록까지는 필요하지 않다.

또 하나의 오해는 화석 기록에 공백이 있다면 그것이 지적 설계론을 입증하는 의미란 것이다. 하지만 그렇지 않다. 진화론이 철저히 반박되더라도, 그 점이 지적 설계론의 타당성을 높이지는 않는다. 그것은 종의 기원을 설명하는 방식이 오늘날 우리가 믿는 것과 다른 설명이 있다는 사실만 증명한다.

현대식 지적 설계론을 만든 디스커버리 연구소는 종의 기원을 과학과 거리가 먼 방식으로 설명하려 한다. 그곳의 숨은 의도는 종교 전파이며, 이는 미국 헌법이 학교 교육에서 금지하는 일이다.

실제로 법원은 디스커버리 연구소의 내부 문건에서 그들의 체계적인 전략 내용을 확인했다. 즉, 그들의 지적 설계 운동의 미션은 "하나님이 자연과 인간을 창조했다는 사실을 이해시켜서 과학적 물질주의와 그로 인한 도덕적·문화적·정치적으로 유해한 결과를 타파하는 것"
이다. 어떤 전략도 이보다 더 체계적일 수 없다. 여기에서 종의 기원
에 관한 다윈의 이론은 비윤리적이고 비도덕적이며 불경하다고 간주
된다. 즉, 진화론은 신을 부정하는 무신론으로 여겨진다.

그러나 그런 추론은 지나친 오해에서 비롯되었다. 다윈의 이론은
'신'의 존재 가능성을 부인하지 않는다. 그저 '신'이 존재할 필요성을
부인할 뿐이다.

스웨덴의 창조론

스웨덴에도 창조론자는 있다. 주로 무슬림과 기독교인이 '스웨덴 자유
교회'에 속해 있다.[115] 안데르스 게르데보른Anders Gärdeborn이 이끄는 스
웨덴 창조론 협회, '제너시스Genesis'는 다양한 창조론 운동을 펼친다.

스웨덴에서 또 다른 저명한 창조론자는 마츠 몰렌Mats Molén으로, 그
는 우메오 북부에서 '선사 시대Den förhistoriska världen'라는 이름의 창조론
박물관을 운영한다. 몰렌도 과거에는 제너시스의 지도자였으나, 지
금은 주로 스웨덴 전역을 다니며 학교와 각종 교육 기관에서 창조론
에 대해 강의한다.

선사 시대 박물관은 자체 웹사이트[116]를 통해 열린 사고를 하고 있
다는 점을 강조한다.

〈철학적 자세〉

무엇보다 우리 박물관을 방문하고 나면 비판적 사고를 시작하게 될 것이고, (우리 박물관을 포함해서) 다양한 관계 기관의 말을 곧이곧대로 수용하지 않게 될 것이다. 이것은 사회화의 필수 요소일 뿐만 아니라 민주주의의 기초이기도 하다. 여기에는 나와 다른 의견을 존중하는 태도도 포함된다. (만약 모든 사람의 견해가 같다면, 세뇌 당했을 위험이 있다!)

그러므로 우리는 다양한 주제에 관한 토론을 환영한다. 우리는 모든 차별과 '상아탑'에 갇힌 추론 방식(예컨대, 우월 의식으로 토론을 거부하는 태도)을 반대한다.

만약 당신이 이 주제를 좀 더 깊이 다루고 싶다면, 우리는 기꺼이 지구의 역사에 대한 다양한 해석을 심도 있게 토론할 생각이다(당신이 토론에 참여하고 싶은 경우에 한한다). 다리 건설 방법이나 좋은 약을 제조하는 방법 같은 일상적 이슈는 연구 결과가 바로 실생활에 적용되므로, 실수가 용납되지 않을 수 있다. 그러나 고대사 연구는 그렇지 않다. 과거와 우리의 기원에 대한 대안적 설명들은 대개 현실에서 즉각적인 결과로 이어지지 않는다. 과학 문헌에서 다루는 논의가 좋은 예다.

기원에 관한 질문은 무신론자에게든 창조론자에게든, 기본적으로 종교적이고 철학적인 문제이다. 이는 여러 면에서 많은 사람에게 대단히 민감한 주제이며, 어떤 사람은 자신의 신앙에 대해 토론하는 것 자체를 거부하기도 한다. 우리는 그런 거부감을 인정하고 이해하지만, 어려운 주제라도 기꺼이 열린 마음으로 토론할 수 있다.

안타깝게도 많은 사람이 자신의 신념이나 종교적 견해에 '사실'이나 '과학'이라는 꼬리표를 붙인다. 과학을 자신의 신념이라고 믿을 수는 있다.

10. 인류 기원 논쟁: 진화론, 창조론, 반과학에 관하여

그러나 자신의 신념은 마음대로 사실 혹은 과학이라 부르면서, 다른 사람이 자신의 신념을 비판적으로 검토하고 반박하는 것을 허용하지 않는 태도는 문제가 있다. 우리 박물관은 그런 비민주적이고 비과학적인 접근법에 반대한다.

〈곤란한 질문들〉

선사 시대 박물관Den Förhistoriska Världen은 기꺼이 난제를 토론하고 협력하고자 하는 초교파 기독교 단체가 운영한다. 난제 토론은 누구나 함부로 나서서 할 수 있는 일이 아니다. 그러나 우리가 도울 것이다!

최근 많은 과학자와 교과서 저자들이 믿게 된 내용과 달리, 우리는 생명이 무의미하다고 생각하지 **않는다**. 그들의 믿음은 대개 삶에 참된 목표가 없다고 말하는 철학이나 종교, 과학적 방법론(세계와 우주를 탐구하는 방법)을 무의식적으로 혼동한 데에서 기인한다.

우리는 무의미한 것을 믿는 데 관심을 갖는 이유를 이해할 수 없다. 인생이 무의미하고 사람들을 행복하게 하지 못한다는 메시지는 어쨌든 가치가 없다. (어쩌면 누군가는 그 메시지가 선하든 악하든, 진실이든 거짓이든 상관없이 그것을 전파해야 한다고 무의식적으로 생각하는 것일까?)

당신은 그런 무의미한 믿음에 관한 정보를 과학 문헌에서 찾을 수 있다 (그들이 직접 말로 표현하지는 않았어도, 그 기본 아이디어는 무의미다).

또한 많은 과학자가 자신은 진리를 발견하는 데 관심이 없다고 말한다. 그들은 오직 자신만의 신념과 철학, 이론으로만 모든 것을 설명하려 한다. (예컨대, 과학 잡지 《네이처》에 실렸고, 창조 과학자들도 논문에서 인용한 스콧 토드Scott Todd의 주장이 여기에 해당한다.[https://creation.com/whosreally-pushing-bad-science-rebuttal-to-lawrence-s-lerner]).

자신의 믿음 외에는 모든 사상을 거부하는 그들의 태도는 우리 박물관의 문제 해결 방식과 다르다. 즉, 우리는 가장 기본적인 질문이라도 열린 마음으로 기꺼이 토론한다. (그러나 우리의 생각은 링크를 걸어 놓은 웹사이트의 의견과 늘 같지는 않다.)

— 선사 시대 박물관 이사회

이 내용만 보면, 선사 시대 박물관의 입장이 이 책에서 제시한 원칙들과 비슷한 것 같지만, 자세히 들여다보면 그들은 그 원칙을 전혀 지키지 않고 있다.

스웨덴에서는 창조론을 진지하게 받아들이는 사람이 극소수지만, 이따금 스웨덴 자유 교회의 소식지에는 지금까지 과학자들이 완성한 인류의 가계도에 맞지 않는 새로운 화석이 발견됐다는 글들이 실린다. 이런 글에 얼마나 의기양양한 제목이 달릴지는 쉽게 상상할 수 있다. "새로운 발견으로 다윈이 틀렸음이 밝혀지다!"

그런 주장의 결함은 간단한 유추를 통해 바로 드러난다. 당신이 식탁 위에 직소 퍼즐 조각을 늘어놓고 맞춘다고 상상해보자. 시작한 지 얼마 안 돼서 당신은 그것이 스웨덴 영화배우 그레타 가르보Greta Garbo가 "혼자 있고 싶어요"라는 명대사를 할 때의 사진임을 알아챈다. 퍼즐을 거의 완성할 무렵, 당신은 조각 한두 개가 사라졌다는 사실에 실망해서는, 그 퍼즐에는 맞지 않아 보이는 다른 조각을 집어든다. 창조론자라면 이 상황에 이렇게 외칠 것이다. "아니, 이게 무슨 일이야. 조각 하나가 맞지 않네! 그럼, 이 퍼즐은 그레타 가르보가 **아**

닌 모양이군!"

다윈의 진화론이 전반적으로 옳다는 것은 모든 세부 사항이 정확히 맞아떨어져야 한다는 뜻이 아니다. 아주 사소한 세부 사항이라도 누락되면 전체 설명이 무효가 된다는 것도 아니다. 자명한 사실이지만, 시간이 흐를수록 우리는 완전히 다른 종들이 서로 어떻게 연관되는지를 설명하는 이론에 새로운 세부 사항들을 추가할 것이고 그에 따라 낡은 내용들을 수정할 것이다.

실제로 최근에 DNA 샘플 연구가 인간의 기원에 대해 새로운 단서를 제공했다. 예를 들어, 저명한 스웨덴 연구자 스반테 패보Svante Pääbo는 네안데르탈인의 DNA 지도를 만들었고, 그의 연구 덕분에[117] 지금 우리는 네안데르탈인이 우리의 조상(즉, **호모 사피엔스 사피엔스**의 직계 조상)은 아니지만, 약 3만 년 전까지 '우리'(즉, 우리의 직계 조상)와 함께 살았던 다른 인류 종이라는 사실을 안다.

우리가 DNA를 이해함으로써 얻게 된 새로운 생물학 지식은 모두 한 방향을 가리킨다. 지적 설계란 없다는 사실이다. 자연 선택 과정은 혼자 힘으로 그 모든 일을 하고 있다.

그러나 어떤 의미에서 지적 설계가 존재하기는 한다! 최근에 나는 캘리포니아 공과대학 교수이자 2018년에 노벨 화학상을 받은 프랜시스 아널드Frances H. Arnold 교수와 대화를 나누었다. 1993년에 그녀는 화학 반응을 촉진하는 단백질 효소의 진화를 최초로 연구했다. 그녀는 '지적 설계 운동Intelligent Design movement'이 대단히 비과학적인 가설의 증거로 자신의 연구 결과를 이용하려 해서 마음이 불편하다고 말했다.

솔직히 말하면, 아널드 박사는 인간으로서 그리고 과학자로서 **스**

스로 지적 설계를 하고 있었다. 그녀는 지적 설계자로서 진화론을 지휘하기 위해 과학과 자신의 지적 능력을 사용하고 있다. 그게 바로 진짜 지적 설계가 아니겠는가!

막간글 - 정상과 비정상

동성애자는 비정상일까? 그렇다면 1월 1일에 태어났거나, 키가 190센티미터거나, 녹색 눈을 가진 사람도 비정상이어야 한다. 정상이라는 말은 통계적 개념이지만, 그 말을 사용할 때는 흔히 가치 판단이 개입된다. 이는 잘못이다.

인구의 5~10퍼센트가 동성애자라는 통계 수치만 놓고 보면 동성애자가 다소 비정상인 것처럼 보이지만, 코미디언, 플로리스트, 대학총장, 유대인, 세속적 휴머니스트의 비율을 따져 보면 이들이 훨씬 비정상적이다.

보통 '정상'이라는 말은 '빈도가 높다'는 의미와 동일시되기 때문에, 드문 상황은 정의상 비정상이 된다. 정상이라는 말은 가치중립적이어야 한다. 그런데 왜 드문 특성은 공포나 경멸, 언어폭력 같은 부정적인 반응을 유발할까?

대대로 사람들이 의지했던 (성직자와 같은) '우주적 권위자cosmic authorities' 중 상당수는 자신과 다른 신념 체계나 다수가 공유하지 않는 성적 행위나 사회적 교류 방식에 비판적이었다. 그러나 합리적인 사람은 그런 행위들에 대해 완전히 다른 태도를 취하는데, 인간의 다양

10. 인류 기원 논쟁: 진화론, 창조론, 반과학에 관하여

한 특성과 경험, 생활방식이 타인에게 위협이 되기보다는 풍요로운 생활의 원천이 되기 때문이다.

만약 어떤 비정상적인 행동이 자신이나 남에게 유해하다면, 그 행동에 의문을 제기해야 한다. 수많은 정상 행동도 마찬가지이다. 흡연을 예로 들어보겠다. 과거 미국에서 흡연자는 대단히 흔했다. 즉, 흡연은 완벽하게 정상적인 행동으로 간주되었다. 그러나 나중에 흡연의 유해성이 지적되고, 그 유용성이 의심받기 시작했다. 오늘날 미국에서는 수년에 걸친 의학 연구의 결과로 흡연이 비정상적인 습관이 되었다. 바꿔 말하면, 어제는 정상이던 것이 오늘은 비정상이 되었다는 의미이다.

안타깝게도 대부분의 사람은 규범에 어긋나는 행동보다 주변에서 흔히 보는 행동에 관심을 덜 갖는다. 규범에 어긋나는 행동은 우리에게 불쾌감을 주지만, 일상 행동은 별로 눈에 띄지 않기 때문이다. 그러나 누군가의 행동에서 중요한 점은 그것이 정상인가가 아니다. 그 행동이 웰빙과 행복에 기여하는가이다. 요컨대, 사회가 '정상'으로 여기는 것은 그저 통계 분포의 문제일 뿐이다. 그러니 그것을 가치 판단과 혼동하지 말아야 한다.

11
사상의 역사: 세속적 계몽주의의 뿌리에 관하여

감히 알려 하라!
- 이마누엘 칸트Immanuel Kant

인간됨의 의미를 세속적 관점에서 바라보는 태도가 어떻게 생겨났는지 알아보려면 먼 옛날로 거슬러 올라가야 한다. 지금부터는 이 세속주의가 존경받는 철학 사상들에서 어떻게 발전하게 되었는지를 살핀다. 세속주의 인간관은 불가사의한 초자연 현상과 자의적이고 가혹한 신들에 대한 사람들의 공포가 약해질 때 눈에 띄기 시작했다.

이성, 연민, 다양한 '황금률'

수천 년 동안 인간은 신의 존재, 의미 있는 삶의 구성 요소, 도덕적 행위를 결정하는 요소 등의 난제 앞에서 곤혹스러워 했다. 이런 부단한 도덕적 성찰은 인간의 본질적 조건이며, 도덕적 성찰의 핵심 요소는 연민('고통 분담' 혹은 '공감')이다.

타인에 대해 연민을 느끼는 능력은 대단히 인간적인 특징이나, 많은 사람의 생각과 달리 인간의 전유물은 아니다. 침팬지와 같은 영장류를 이용한 실험들에서 영장류가 공감과 연민을 보이며, 심지어 도덕관념도 있다는 사실이 증명되었다.[118]

타인과 '고통을 나누는' 능력은 중요한 생존 전략으로 진화 과정에서 자연 선택되었다. 공감과 연민과 인권은 서구 세계의 기독교가 자신의 전통에 편입시키기 훨씬 전부터 중요한 철학 개념으로 논의되었다.

기원전 900년부터 200년까지 700년에 걸쳐, 이미 연민에 관한 철학 사상은 중국의 도교와 유교, 인도의 힌두교와 불교, 그리스 철학과 이스라엘의 일신교에서 체계화되었다. 예를 들어, 《**우다나품** Udānavarga》(5, 18)에서 발췌한 불교 교리는 이렇다. (《**우다나품**》은 초기 석가모니와 그의 제자들의 사상과 말을 모아 놓은 책이다.)

내가 받고 싶지 않은 피해를 남에게 입히지 마라.

자이나교Jainism(불교와 같은 시기에 인도에서 발원한 종교) 경전에도 다음과 같은 내용이 있다.

선행의 원리는 아무에게도 해를 끼치지 않는 것이다.

'도가'라는 철학 사상에도 유사한 내용이 있다.(이 내용은 '응답과 응징에 관한 노자의 사상'이라는 의미의《태상감응편》에서 발췌했다.)

네 이웃의 이익을 네 이익으로 여기고, 네 이웃의 손해를 네 손해로 여겨라.

초기 인도 철학서들에서도 세속주의 철학과 사조가 발견된다. 가령《우파니샤드Upanishads》(산스크리트어로 기록된 가장 오래된 철학서로, 그 뜻은 전통적으로 "스승이 경청하는 제자에게 직접 전수하는 신비한 지식"이라고 해석된다) 중 하나는 브라마Brahma 신의 존재에 의문을 제기한다. 기원전 600년경에, 로카야타Lokāyata 혹은 차르바카Cārvāka라 불리는 학파가 생겨났는데, 이들은 경전과 존경받는 전통의 전승 의무에서 자유로웠다. 이들은 단 하나의 세계, 즉 물질계만 존재한다고 가르쳤다. 이에 따라 로카야타 신봉자들은 영혼 불멸 사상뿐만 아니라 신의 존재도 전부 부정했다. 로카야타 사례는 종교적 믿음에 대한 회의주의가 최근에 등장한 태도도 아니고 서구의 전유물도 아니라는 사실을 명확히 보여준다. (스티븐 로Stephen Law의《휴머니즘: 아주 짧은 입문서Humanism: A Very Short Introduction》를 보라.)

중국 사상가 공자는 기원전 5세기 인물로, 신이나 초자연적 존재와 전혀 별개로 도덕 및 정치 원리를 체계화했다. 그는 신의 존재를 명백하게 부인하지는 않았으나, 그의 가르침은 인간과 이승에서의 생활에 초점을 맞추었다. 공자는 예수가 태어나기 약 500년 전에 일종의 '황금률Golden Rule'을 고안해냈다.

11. 사상의 역사: 세속적 계몽주의의 뿌리에 관하여

자공(공자의 제자)이 물었다. "사람이 인생의 지침으로 삼을 만한 한 마디가 있겠습니까?"

스승이 답했다. "'서恕'가 아니겠느냐? 네가 원하지 않는 일을 남에게도 시키지 말라."**119**

예수는 기독교에서 핵심 인물이다. 그가 태어난 장소와 시간을 정확히 알려주는 자료는 없지만, 가장 그럴듯한 이야기는 같은 이름을 가진 사람이 기원전 4년경에 팔레스타인에서 태어났고, 주변 사람들이 그를 예언자로 여겼다는 것이다. 그는 서른세 살쯤 사망했고, 그 이후 기독교가 널리 퍼지게 되었다.

기독교인은 성경에 있는 황금률이 다른 원칙들보다 우수하다고 생각한다. 기독교의 황금률은 "남에게 대접받고 싶은 대로 남을 대접하라"인데, **하지 말아야** 할 것이 아닌 해야 할 일을 지시한다. 그래서 성경에서 가져온 이 적극적인 표현이 최고의 가르침처럼 보이는 것도 당연하다. 그러나 소극적인 표현도 쓸모가 있다. 스웨덴의 과학 철학자 겸 윤리학자 비르이타 포르스만Birgitta Forsman은 《신 없는 도덕Gudlös etik》**120**에서 이렇게 썼다.

내가 개인적으로 좋다고 생각하는 일을 다른 사람들에게 강요하기보다 그들에게 특정 행동을 요구하지 않고 그냥 내버려 두는 편이 더 낫다. 어쨌든 취향이란 사람마다 다를 수 있으니까.

여기에서 최악 사례는 이런 재치 있는 속담으로 표현할 수 있겠다.

명료하게 생각하는 법

"사디스트는 '황금률'을 따르는 마조히스트다." 이 원칙은 적극적 권리와 소극적 권리에 관한 정치적·철학적 질문과 밀접하다. 일반적으로 고문이나 투옥 당하지 않을 권리, 노예가 되지 않을 권리 같은 소극적 권리가 적극적 권리보다 더 중요하게 여겨진다.

고대 철학

고대 그리스 시대에는 인간 자체와 우주에서 인간의 위치에 관한 수많은 이론이 있었다. 이 시대는 생존 투쟁이 인간의 주된 관심사가 아닐 정도로 충분히 정돈된 사회였다. 적어도 몇몇 사상가는 인생을 성찰할 시간이 있었다. 이 사상가들이 철학과 과학, 연극 등 휴머니티와 세계의 본질을 탐구하는 다양한 방법을 탄생시켰다.

여기에서는 세속적 휴머니즘의 초창기 흔적을 더듬어 보겠다. 세계가 어떻게 구성되고 작동하는지를 체계적으로 고찰한 최초의 사람들은 우리가 알기로 그리스 철학자들이다. 오늘날은 이들을 주로 '자연 철학자'라 부른다. 즉, 자연의 본질을 탐구한 사상가라는 의미이다. 이들 중 가장 중요한 세 사람은 탈레스Thales, 아낙시만드로스Anaximandros, 아낙시메네스Anaximenes로, 모두 기원전 6세기와 5세기에 살았다.

탈레스는 세계가 단 하나의 기본 물질로 이루어져 있으며, 그것에서 다른 물질들이 형성된다고 생각했다. 따라서 그는 세계의 복잡한 구조와 현상들을 단순한 것으로 환원시킬 방법을 고찰했다.

아낙시만드로스는 흔히 해부학의 창시자로 여겨진다. 그는 화석 연구를 토대로, 인간이 바다 생물들에서 기원했다는 이론을 개발했다. 그의 인간 기원론은 약 2,300년 후에 등장할 찰스 다윈의 진화론을 예고하는 것이었다.

아낙시메네스는 만물이 공기에서 기원했으며, 물질은 공기의 응축이나 희석을 통해 생성되었다고 생각했다.

이 세 명의 자연 철학자의 사례에서 가장 중요한 사실은 그들이 신화나 종교를 토대로 자기 생각을 설명하지 않았다는 점이다. 이들은 관찰과 합리적 사고로 자신의 생각을 뒷받침하려 노력했다.

철학자 데모크리토스Democritos(기원전 460~370경)는 탈레스의 사상을 좀 더 발전시켜서, 세계가 **원자**라는 아주 작고 보이지 않는 개별 조각들로 이루어져 있다는 유명한 이론을 주창했다. (원자atoms라는 영어 단어에서 접두사 'a'는 '없다'는 뜻이고, 'tom'은 '조각'이라는 뜻이므로, 그 둘을 합하면 '조각이 없는'이라는 뜻이 된다.) 따라서 데모크리토스의 철학은 만물이 원자들로 구성되어 있고, 이 원자들은 전체 우주를 지배하는 자연법칙을 따른다고 생각했다는 점에서 자연주의적이었다. 그는 심지어 의식도 자연법칙의 결과로 일어나므로, 사람이 죽으면 그 의식도 멈춘다고 믿었다.

자주 인용되는 데모크리토스의 말은 이것이다. "원자와 빈 공간 외에는 아무것도 존재하지 않는다. 나머지는 모두 의견이다." 이 말은 물론 사실이 아니지만, 자연주의적 실재론을 아주 뚜렷하게 드러낸다.

프로타고라스Protagoras(기원전 485~415경)도 데모크리토스와 비슷한 사상을 발전시켰다. 그가 쓴 글에는 이런 내용이 있다.

신들에 관해서, 나로서는 그들이 존재하는지, 어떤 모습으로 존재하는지 등을 알 방법이 없는데, 그 이유는 주제가 모호하고, 인생은 짧아서다.

프로타고라스는 신들의 존재를 직접 부인하지는 않았는데, 기본적으로 그 문제에 관심이 없었다. 아마도 그의 가장 유명한 말은 "인간은 만물의 척도다"일 것이다.

기원전 3세기에는 그리스에 에피쿠로스Epicuros라는 철학자가 등장한다. 데모크리토스처럼, 에피쿠로스도 생각하는 생물이 죽으면 그 육체와 정신을 구성하고 있던 원자들이 사방으로 흩어져 그의 것은 아무것도 남지 않는다고 생각했다. 또한 그는 삶의 의미란 지상에 머무는 짧은 시간 동안 쾌락을 추구할 때 찾을 수 있으며, 인생의 작은 즐거움에 집중하면 내면의 평화와 조화를 이룰 수 있다고 믿었다. 이런 인생관은 나중에 **쾌락주의**epicureanism로 불리게 된다. 에피쿠로스에 따르면, 인간은 필멸하는 영혼을 가진 물질적 실체다. 그가 보기에, 정의는 인간이 만든 합의와 계약을 신중하게 따를 때 실현되며, 그 목적은 인간이 서로에게 해를 입히지 않게 하는 것이다.

수백 년간 에피쿠로스는 서구 문명사 전반에서 거의 언급되지 않았는데, 그의 사상이 기독교 신학과 양립할 수 없다고 여겨졌기 때문이다.

이 초기 사상가들의 가장 중요한 업적은 세상에 대한 정확한 그들의 설명이 아니다. 그보다는 가상의 신이나 신들의 사회가 아닌 **현실세계**를 사유했다는 사실 그 자체다. "핀의 머리에서 천사 몇 명이 춤을 출 수 있는가?"와 같이 이상하고 무의미한 질문들을 고민하느라 평생을 바친 중세 철학자들과 달리, 초창기 그리스 철학자들은 보이고 들리고 만질 수 있는 현상들에 관해 질문했다. 그들은 세상을 초자연적 공간이 아닌 자연적인 공간으로 여겼다.

세 명의 지적 거인

무엇보다 서양 사상은 세 특별한 그리스 철학자의 사상에서 유래했다고 말해야 한다. 그들은 바로 소크라테스, 플라톤, 아리스토텔레스이며, 모두 기원전 4세기와 3세기에 살았다.

소크라테스는 플라톤의 스승이었고, 플라톤은 아리스토텔레스의 스승이었다. 셋 모두 추론이라는 도구를 신중하게 사용하면 인간과 세계에 관해 논리적으로 사고할 수 있음을 증명했다.

소크라테스는 온갖 복잡 미묘한 주제를 조사하고 분석하기 위해 사용할 수 있는 새로운 방법을 보여주었는데, 이는 대화를 통해 수많은 질문을 던지고 가능한 여러 답을 분석하는 방식이다. 그는 그저 끊임없이 예리한 질문으로 가상의 대화 상대에게 통찰과 지식을 전달했다. 이 기술은 **소크라테스 방법론**Socratic method이라는 이름으로 널리 알려진다.

플라톤은 어떤 의미에서 민주주의자였지만, 오늘날 생각하는 그런 민주주의자는 아니었다. 그는 시민이 아닌 철인이 나라를 다스려야 한다고 생각했다. 이것은 전혀 민주주의가 아니다! 그러나 지식에 관한 한 그는 민주주의자였다. 그는 토론에서 최고의 무기는 최선의(즉,

가장 논리적인) 논증이라고 생각했다. 그에 따르면, 토론에서의 성공은 누가 무슨 말을 했는가, 토론자가 자신의 생각을 어떻게 표현했는가와 무관하다. 진리와 객관성이 항상 인격과 화려한 수사법을 이긴다.

아리스토텔레스가 세상을 이해하는 방식은 조사였다. 또한 그는 인간 본성에 관한 연구를 토대로 도덕을 유형화하려 했다. 그의 주된 관심은 가상의 사후 세계가 아닌 이생에서 행복과 웰빙을 누리는 방법이었다.

말할 필요도 없이, 이 세 고대 철학자의 사상은 많은 면에서 틀렸다. 오늘날 우리는 그들이 알았던 내용보다 훨씬 많은 것을 안다. 그러나 그들은 인류가 지식을 추구하고 호기심을 갖고 세상을 바라보도록 새로운 사고방식의 길을 개척했다.

흥미롭게도 오늘날 플라톤의 글은 다는 아니라도 상당수가 아직 남아 있지만, 에피쿠로스의 글은 사실상 하나도 남아 있지 않다. 아마도 그리스 문헌을 필사하고 번역했던 수도사들이 에피쿠로스의 사상을 하느님에 대한 믿음과 일치하지 않는다고 생각해 어떤 식으로든 그것을 전파하고 싶지 않았기 때문으로 보인다. 이런 식으로 기독교는 오늘날 고대 철학자들이 우리의 사고방식에 미칠 영향력을 조절했다.

인간 중심 사고

그리스 사상가들은 신들에 집중하기보다 인간을 핵심 주제로 삼았다. 그들은 이성적으로 사고하고, 도덕 원리를 개발하며, 사회적 책임을 다하고, 다른 사람들과 조화롭게 분별 있는 삶을 사는 법을 배우는 것이 모든 시민의 의무라고 보았다. 이는 그리스 사상가들이 그 유명한 그리스 신들의 존재를 부정했다는 의미가 아니다. 그들은 자연계와 인간의 조건을 이해하고자 할 때 인간과 신의 관계를 핵심에 두지 않았다. 또한 도덕성도 신이나 천상의 존재가 내린 명령에 좌우되지 않는다고 생각했다.

그뿐만 아니라 그리스 사상가들은 인간의 능력이 **향상**될 수 있다고 믿었다. 즉, 인간에게 발전하고 진화할 잠재력이 있다고 보았다. 이 사상은 서구 사회의 교육 기준이 되었다. 그들이 생각한 이상적 교육은 지적 능력과 예술적 능력을 아우르는 전인교육이었고, 여기에는 철학, 논리학, 수사학, 수학, 천문학, 희곡 등이 포함되었다.

그리스인은 이상적인 교육 형태를 '**파이데이아**paideia'라 불렀다. 이 개념을 로마인이 재빠르게 채택해서 라틴어로 '**후마니타스**humanitas'라는 이름을 붙였다. 이 라틴어 단어에서 '휴머니즘'이라는 영어 단어가 유래했다. 따라서 고대 그리스에 기원을 둔 휴머니즘이라는 개념은 인간이란 신이나 다른 초자연적 존재 혹은 힘의 영향을 받지 않고 독립적으로 진화하는 생명체라는 생각과 관련이 있었다.

아리스토텔레스의 제자 중에는 알렉산드로스 대왕Alexandros(기원전 356~323)도 있었다. 그가 통치하는 동안 그리스 제국은 당시 그들이 알던 세계의 대부분을 지배했다. 그리스가 로마에 패한 때는 기원전 2세기였는데, 그전에 이미 그리스의 교육 이념은 로마 제국의 문화에 흡수된 상태였다. 로마 제국은 4세기 말까지, 약 600년간 유지되었다. 이 기간 내내 로마인은 그리스의 교육 이념을 존중했다.

로마 철학자 루키우스 안나이우스 세네카Lucius Annaeus Seneca는 지금의 스페인 코르도바에서 기원전에서 기원후로 바뀌는 시점에 태어났다. 즉, 그는 예수와 동시대 인물이다. 젊은 시절에 그는 철학과 수사학을 공부하기 위해 로마로 떠났다. 로마 정계에서 중요한 역할을 했지만, 결국은 추방당했다. 세네카는 종교를 신랄하게 비판한 사람으로 유명하다. 그의 냉소적인 명언 하나를 소개하겠다.

평범한 사람은 종교를 진실이라 생각하고, 현자는 거짓이라 생각하며, 통치자는 유용한 것이라 생각한다.

중세 시대

로마 제국이 멸망한 후에, 우리가 중세라 부르는 시대가 거의 천년 동안 지속되었다. 이 중세 '암흑'기는 여러 면에서 우리가 오늘날 생각하는 것만큼 어둡지는 않았지만, 고대 그리스인들의 이상적인 교육 비전과 인간에 대한 관심은, 점점 커지는 교회 권력과 기독교 교리 때문에 뒷전으로 밀려났다.

거의 모든 예술 활동과 지적 노력은 종교나 신학에 방향이 맞춰졌다. 교회(기본적으로 가톨릭교회)는 철학을 포함한 모든 교육을 장악하기 위해 전력을 다했다. 종교 사상과 규범을 의심하는 모든 사람은 교수형이나 참수형(혹은 다른 끔찍한 형벌)까지는 아니더라도 고문을 당하거나 감옥에 장기 수감되었다.

이 시기에 최초로 유럽 대학들이 세워졌지만, 여기에서는 거의 기독교 신학만 연구했다. 인간 자체와 우주에 관한 사상들은 인간과 신의 관계와 관련될 때에만 관심을 받았다.

이런 이유로 그리스 자연 철학은 의도치 않게 중동의 아랍 철학자들에게 전해졌고, 이들에 의해 발전하게 되었다. 그러므로 우리는 그리스 철학의 많은 내용이 수많은 세월을 거쳐 지금까지 살아남게 된 사실에 대해 아랍 세계와 무슬림들에게 고마워해야 한다.

아랍 철학자 아베로에스Averroës(1126~1198)는 스페인 코르도바에서 태어났는데, 당시 이곳은 이슬람 세력이 지배하고 있어 지적 자유를 마음껏 누렸다.[121] 아베로에스는 아리스토텔레스의 모든 글에 주석과 해설을 달았고, 그렇게 해서 미래 세대에게 아리스토텔레스의 사상을 전달할 수 있었다. 중세 유럽에서 기독교가 통치 세력이 되었을 때, 아리스토텔레스는 역사의 뒤안길로 밀려나 거의 잊힌 상태였는데, 아베로에스의 연구 덕분에 아리스토텔레스 철학은 다시 빛을 보게 되었고, 부분적으로나마 기독교 신학에 편입될 수 있었다.

아베로에스는 무엇보다 종교 문헌이 자연 철학자들이 발전시킨 사상과 모순되므로, 문자 그대로 해석해서는 안 되고 은유나 신화로 받아들여야 한다고 주장했다. 이는 급진적인 입장이었으나, 이렇게 함으로써 자연 철학과 과학이 번성하도록 길을 열었고, 도래할 계몽주의 시대를 위한 확고한 지적 기반을 마련했다.

•
명료하게 생각하는 법

르네상스

고대 그리스 로마 문화가 완전히 되살아난 것은 14세기 말 르네상스 ('부활'이라는 뜻의 프랑스어) 시대였다. 다시 한 번 인간이 관심의 대상이 되었다. 르네상스 시대의 **'보편적 인간**uomo universale'이라는 개념은 여러 면에서 오래 잊고 지냈던 지식과 인간의 잠재력에 대한 관심을 되찾게 했다.

르네상스 시대에는 인간과 인간의 조건에 관한 연구가 완전히 새로운 모습으로 전면에 등장했다. 대학 과정에 천문학, 법학, 기하학, 의학, 미술 등이 포함되었다. 이런 학문을 가르친 교사들과 학생들은 **휴머니스트**로 불린다. 르네상스 휴머니스트들은 교회의 '진리'관에 의문을 제기하기 시작하면서 자신들만의 새로운 철학 전통을 쌓아갔다. 특히, 그들은 교회가 더 이상 지식이나 심지어 도덕의 주된 원천이 아니라고 생각했다. 지식은 '신'의 계시와 다른 그리고 그것보다 더 나은 방법으로 얻을 수 있었다. 직접 관찰과 개인의 경험도 지식을 얻는 효과적인 방법이 될 수 있다. 독립적 사고는 공포나 처벌의 대상이 아니라 **미덕**이 되었다. 그리고 철학의 임무는 단순히 기독교 신학과 교회 제도를 공손히 섬기는 것이 아닌, 좋은 질문을 하는 것으로 서서히 인식이 바뀌어갔다.

휴머니스트는 중세의 종교적 가르침이 인간을 '신'에게 복종하는 존재로 만들었다고 생각했고, 인간의 자존감과 자율성을 회복하고 싶어 했다.

가톨릭교회를 비판한 사람들 중에는 휴머니스트뿐만 아니라 마르틴 루터 같은 독립 사상가가 이끌던 교회의 개혁가들도 있었다. 1517년에 루터는《면죄부에 대한 95개조 반박문95 Theses on the Power of Indulgences》이라는 혁명적인 글을 발표했다. 그 직전에 요하네스 구텐베르크Johannes Gutenberg가 발명한 인쇄술 덕분에 루터의 글은 신속하게 유럽 전역으로 퍼져 나갔으며, 처음에는 기독교의 분열로 나중에는 개신교의 탄생으로 이어졌다.

16세기 말에 이르면, 자연 철학자들의 사상이 사람들의 사고방식에 두루 영향을 미치기 시작한다. 여기에서 현대 과학이 태동했다. 과학이 급격하게 발전함에 따라 낡은 기독교 신학은 세상에 대한 새로운 유형의 지식과 보조를 맞춰 공존하느라 어려움을 겪었다.

16세기에 영국의 외교관 겸 철학자였던 프랜시스 베이컨은 교회의 가르침이 (유일한 원천까지는 아니더라도) 지식의 원천이라는 교회의 주장에 의문을 제기했는데, 이 생각은 그의 이전 비판들보다 훨씬 오래 영향을 미쳤다. 그는 세상을 이해하는 데 필요한 도구로 교회의 가르침 대신에 철학과 자연과학을 지지했다. 그는 계시가 아닌 이성이 지식의 참된 원천이라 믿었다.

17세기에는 이탈리아의 갈릴레오 갈릴레이와 영국의 아이작 뉴턴이 완전히 새로운 세계관을 제시했다. 이들은 교회의 가르침에 반박하며 온 우주가 자연법칙과 수학 법칙의 지배를 받는다고 주장했다. 사상가로서 이런 격동기에 군림하던 가톨릭 교리에 공개적으로 의문을 제기하는 건 위험한 일이었다. 실제로 많은 사람이 갈릴레오에게 코페르니쿠스의 태양 중심적 세계관을 부정하라고 충고했다. (태양 중심적 세계관은 지구가 태양 주위를 돈다는 견해다. 가톨릭교회는 아주 오랫동안 태양

명료하게 생각하는 법

이 지구 주위를 돈다는 **지구 중심적** 세계관을 고수해왔다.) 갈릴레오는 그런 충고를 태연히 무시했고, 그 결과 자신의 대담한 이론 때문에 가톨릭교회의 분노를 샀다. 종교 재판에 선 갈릴레오는 체포되어 고문과 처형을 당할 위험에 처했다. 하지만 죄를 고백해 징역형으로 감형되었고 다시 가택 연금으로 처벌이 약화됐다.

많은 사람이 궁금해하는 점은 실제 갈릴레오가 태양 중심설에 대한 충분한 증거를 가톨릭교회에 제출했는지다. 물론 오늘날 우리는 그의 생각이 옳았다는 사실을 알지만, 그가 잘못된 추론으로 그런 생각을 했을 가능성도 배제할 수 없다. 그러므로 어떤 의미에서는 오히려 교회가 '올바른 신념으로' 태양 중심설에 반대했을지도 모른다. 반면 가톨릭교회는 감히 과학자라도 성경을 문자 그대로 해석하지 않는다면 언제든 그를 고문하거나 죽일 준비가 되어 있었다. 앞에서도 언급한 바 있는 《휴머니즘: 아주 짧은 입문서》에서, 영국 철학자 스티븐 로는 이렇게 썼다.

2000년에 요한 바오로 2세는 무엇보다 갈릴레오 재판에 대해 공식 사과했다. 그러나 1990년에 라칭거 추기경Cardinal Ratzinger(훗날 베네딕토 16세)은 철학자 파울 파이어아벤트Paul Feyerabend의 말을 인용해서 다음과 같이 발언했다. "갈릴레오 시대에 교회는 갈릴레오보다 훨씬 더 이성에 충실했다. 갈릴레오 문제 처리 과정('재판'을 의미)은 이성적이고 공정했다."

라칭거 추기경의 발언에 담긴 진의는 논란의 여지가 있으나, 일부

휴머니스트는 그의 말에 눈살을 찌푸렸다.[122]

과학에 대한 중세 가톨릭교회의 입장을 여실히 보여준 사례는 조르다노 브루노Giordano Bruno(1548~1600) 사건이었다. 브루노는 나폴리 근처 도미니크 수도회 소속 수도사였다. 그는 과학과 수학을 공부했고, 그 지식을 토대로 우주의 다른 쪽에 생명체가 존재할 수 있다는 사상을 체계화했다. 이 사상은 가톨릭교회의 교리와 격렬하게 충돌했다. 결국 그는 이단으로 몰렸다. 그는 수도사복을 벗을 수밖에 없었고, 먼저 프랑스로 갔다가 그 뒤에는 차례로 영국과 독일로 넘어갔다. 그 나라들에서 그는 무엇보다 방대한 과학 지식과 독창적인 암기법으로 크게 존경받았다. 그러나 결국은 종교재판을 받고 8년간 여러 감옥에 수감되었다가, 마지막에는 이단자로 유죄 판결을 받은 후 1600년 2월 17일에 로마의 유명한 캄포 데 피오리Campo de' Fiori('꽃의 들판'이라는 뜻)에서 화형당했다. 이것이 당시 가톨릭교회가 사상가들을 대우한 방식이다.

합리주의자와 경험주의자

17세기에는 수학적·분석적 도구가 발달되어 당시 사상가들이 우주를 더 깊이 체계적으로 탐구하는 데 도움이 되었다.

프랑스의 철학자 겸 수학자 르네 데카르트René Descartes(1596~1650), 네덜란드 철학자 바뤼흐 스피노자Baruch Spinoza(1632~1677), 독일의 철학자 겸 수학자 고트프리트 빌헬름 폰 라이프니츠Gottfried Wilhelm von

Leibniz(1646~1716) 등의 위대한 발견 덕분에, 나중에 르네상스 사상가들은 자연법칙을 깊이 분석하고 이해하는 데 필요한 핵심 도구들을 얻게 되었다.

우선 데카르트는 확실한 지식이란 무엇인지 숙고했다. 그는 자신의 모든 믿음이 '악령'이 심었을지 모를 그릇된 인식인지 아닌지를 자문함으로써 지식의 기초를 분석하려 했다. 대체 우리는 악령이 심은 지식이 아니라는 것을 어떻게 확신할 수 있을까?

데카르트는 적어도 자신의 존재 자체는 의심할 수 없다고 결론 내리는데, 무언가에 속더라도 속는 자신은 존재해야 하기 때문이다. 이것이 바로 그의 유명한 표어, **'코기토 에르고 숨**Cogito ergo sum(나는 생각한다, 고로 존재한다)'의 내용이다. 데카르트는 육체와 정신을 본질적으로 다른 물질이라고 생각한 이원론자로, 육체는 물리적 구조를 가지고 있고 3차원 공간에 존재하며(res extensa) 생각할 수 없는 물질이고, 정신은 생각하는 실체(res cogitans)로서 크기가 없고 공간에서 자리를 차지하지 않는다고 생각했다. 이후 몇 백 년간 데카르트의 이원론은 서구 사상에 강력한 영향을 끼쳤다.

스웨덴의 크리스티나 여왕Queen Christina(1626~1689)는 데카르트 사상에 매료되어 그에게 스톡홀름으로 와서 자신의 교사가 되어 달라고 청했다. 안타깝게도 데카르트는 스웨덴의 혹독한 겨울에 적응하지 못했고, 스톡홀름 왕궁에서 지낸 지 불과 몇 달 만에 폐렴에 걸려 사망했다.

유대인 가정에서 태어난 바뤼흐 스피노자는 당대 가장 뛰어난 합리주의자 중 하나였다. 그는 감각 지각이 아닌 추론 능력이 지식의 원천이라고 주장했다. 그가 정의한 '신'의 개념은 전통적인 개념과 크게 달랐다. 그는 '신'을 자연과 동일시했는데, 나중에 몇몇 사람이 그런 관점을 **범신론**pantheism이라 불렀다. 스피노자와 동시대를 살았던 사람 상당수가 그를 무신론자로 여겼고, 그 때문에 스피노자는 스물넷이라는 젊은 나이에 암스테르담에 있는 유대교 공동체에서 파문당했다.

라이프니츠는 오늘날 자연계를 수학적으로 설명할 때 사용하는 기본 도구 몇 가지를 발명했으며, 특별히 미적분은 아이작 뉴턴과 동시에 발명했다. 그 외에도 여러 발명품이 있는데, 그중 하나가 '기계식 계산기'다. 이 계산기는 어떤 의미에서 현대식 컴퓨터의 전신이라 할 수 있다.

이 세 합리주의자는 공통적으로 추론을 모든 지식의 기초로 생각한 반면, **경험주의자**는 지식이 감각 지각에서 나온다고 생각했다.

경험주의를 대표하는 가장 중요한 인물은 영국 철학자 존 로크John Locke(1632~1704)로, 그의 업적은 주로 17세기 말에 세워졌다. 로크는 영국 계몽주의의 핵심 인물이자, 자유와 평등에 관한 정치사상을 확립한 철학자다. 흔히 로크를 최초의 경험주의자로 부른다. 그는 본유관념innate ideas의 존재를 부정했고, 태어날 때 아기의 마음은 **타불라라사**tabula rasa, 혹은 '빈 서판blank slate' 상태이며 사는 동안 그곳이 감각 경험으로 채워진다고 생각했다. 로크는 《인간 오성론An Essay Concerning Human Understanding》(1689)에서 지식의 한계를 설명하려 했다.

다른 두 핵심 경험주의자는 아일랜드 철학자 조지 버클리George Berkeley(1685~1753)와 스코틀랜드 철학자 데이비드 흄(1711~1776)이다. 흄은 곧 도래할 계몽주의 시대에 중요한 역할을 하게 되는데, 계몽주의는 종교를 신랄하게 비판하는 사상으로, 그 내용은 다음으로 이어진다.

계몽주의

과학의 발전, 새로운 수학적 도구, 합리주의 철학 등은 완전히 새로운 세계관으로 가는 길을 열었다. 과연 우리 인간은 이 세상에서 스스로를 어떻게든 이해할 수 있을까? 이성과 과학 지식의 도움을 받으면, 신의 인도 없이도 세상에서 편안함을 느낄 수 있을까?

이런 식으로 이어지던 생각들이 1700년대 중반에 계몽주의라는 새로운 지적 운동을 탄생시켰다. 그 중심지는 프랑스였다. 계몽주의의 핵심 사상은 인간과 이성의 힘에 대한 믿음이었다. 계몽주의 사상가들은 통치자와 교회에 대한 맹목적인 믿음을 거부했다. 계몽주의의 핵심은 사회가 평등한 인간으로 이루어졌다는 생각이었다.

드니 디드로Denis Diderot(1713~1784)는 18세기 프랑스의 계몽주의를 이끈 철학자 중 하나다. 그는 《백과전서L'Encyclopédie》의 주 편집자였으며, 이 전집은 전체 35권으로 구성된 최초의 종합 참고서로, 완성하는 데만 30년(1751~1780)이 걸렸다. 그때까지 출판된 백과사전 중 가장 방대했는데, 디드로는 전체 약 6만 개 항목 중 수천 개의 글을 집필했고, 다른 글들을 읽고 심의하고 수정했다. 그는 에세이스트, 철학자, 변호사, 미술·문학·음악 비평가이기도 했다. 무엇보다 여성권을 적극적으로 옹호한 사람이었다. (자크 아탈리Jacques Attali가 쓴 디드로 전기 《디드로, 혹은 생각하는 즐거움Diderot, ou le bonheur de penser》을 보라.)

디드로는 열렬한 무신론자였으므로, 《백과전서》에는 급진적인 자연주의 사상이 많이 담겼다. 디드로는 자신의 글에서 '계몽 사상가'를 이렇게 설명했다.

편견, 전통, 전원 합의, 권위 등 한마디로 다수를 노예로 삼는 모든 것을 무시하고, … 감히 스스로 생각하라.

("스스로for himself"라는 단어에서 알 수 있듯이, 당시는 여성이 남성 뒤에 완전히 가려져 있던 시대였다. 애석하지만, 디드로도 **완전히** 계몽되지 못했다.)

디드로는 가톨릭교회와 그 신학 체계를 비판하는 글들을 《백과전서》에 슬쩍 끼워 넣었으나, 이런 비판은 대단히 논란이 되는 행위이자 국가의 검열 대상이었다. 검열관들은 종교, 국가, 지배적 도덕 체계 등을 비판한 글을 찾기 위해 자주 디드로의 집필실을 뒤졌다. 《백과전서》는 출판이 금지되었고, 디드로는 체포되어 여러 번 투옥되었다. 그는 《철학 사상Philosophical Thoughts》(1746)에서 "회의주의는 진리를 향한 첫 번째 단계"라고 썼다.

디드로는 저술 활동을 통해 그럭저럭 생계를 유지할 수 있었고, 운 좋게도 러시아 예카테리나 대제Catherine the Great(1729~1796)로부터 재정 지원도 받았다. 그는 여황의 후원으로 러시아로 건너가 그녀의 대학 설립 계획을 도왔다.

프랑스 계몽주의 철학자 중 또 다른 중요 인물은 필명인 '볼테르'로 더 잘 알려진 프랑수아 마리 아루에François Marie Arouet(1694~1778)이다.

명료하게 생각하는 법

그는 가톨릭교회를 강하게 비판했고, 인권과 언론의 자유를 위해 용감히 싸웠다. 언론의 자유를 논할 때 자주 인용되는 볼테르의 명언은 이것이다.

저는 당신의 말에 동의하지 않습니다만, 선생님, 당신의 말할 권리를 위해 죽을힘을 다해 싸우겠습니다.

아마도 볼테르가 정확히 이런 말을 하지는 않았겠지만, 이 말이 영국 작가 에블린 베아트리스 홀Evelyn Beatrice Hall이 1906년에 출판한《볼테르의 친구들The Friends of Voltaire》이라는 책에 실린 덕분에, 볼테르가 사망한 지 128년이 지난 지금에도 계속 그의 명언으로 회자된다. 비록 이 인용구가 정확하지는 않더라도, 볼테르의 태도를 설득력 있게 표현하고 있는 건 확실하다.

볼테르는 각종 종교적 도그마와 미신에 맞서 싸웠으며, 더 나은 세상을 만드는 데 인간의 이성이 가지는 힘을 굳게 믿었다. 그의 가장 유명한 소설《캉디드Candide》(1756)는 우리가 "가능한 최선의 세계"에 살고 있다고 확신하는 순진한 팡글로스Pangloss 박사를 반어적으로 풍자한다. 기독교를 거부한 볼테르는 종교란 지배 계급이 평범한 사람들을 노예로 묶어 두는 도구라고 생각했다.

1763년에 발표한 또 다른 대표작《관용론Traité sur la tolérance》에서, 볼테르는 "기독교의 독단성이 유발하는 난폭한 열정"을 언급하며 가톨릭교회를 강하게 공격했다. 책에서 그는 결국 철학과 관용으로만 종교적 광신주의를 물리칠 수 있다고 선언하며, 아일랜드의 얼스터

반란Ulster Rebellion을 예로 들었다.

인구가 많고 부유한 아일랜드에서는 이제 2개월이 지나면 가톨릭교인
이 개신교인을 하느님 앞에 제물로 바치는 일이 더는 일어나지 않을 것
이다. 그들은 사람들을 생매장했고, 딸을 목매단 엄마들을 단두대에 세
워 모녀의 목을 함께 잘랐다. 임신한 여성의 배를 갈라 태아를 꺼내 개
나 돼지에게 먹이로 던져주었다. 죄수의 손에 칼을 쥐여 주고 자신의 아
내와 부모, 딸의 가슴을 찌르게 해서 가족을 살해하게 했다. 이렇게 해
서 그들을 죽일 뿐만 아니라 지옥에서 영원히 고통받게 했다.

여기에서 볼테르가 설명한 '성전'은 오늘날 이슬람교의 이름으로,
특히 이라크와 시리아에서 벌어지는 각종 극단주의 지하디스트의 광
적인 전쟁을 떠올리게 한다.

볼테르, 디드로와 동시대를 살았고 계몽주의에도 조예가 깊었
던 독일계 프랑스 철학자 폴 앙리 디트리히 돌바크Paul Henri Dietrich
D'Holbach(1723~1789)는 수많은 책과 《백과전서》에 수록된 원고들을 썼
다. 그의 책 중 가장 중요한 것은 《자연의 체계Système de la Nature》(1770)
였는데, 내용이 무례하다는 이유로 불에 태워졌다.

돌바크는 무신론자였으며, 기독교가 이성과 충돌할 뿐만 아니라
실제로 인간을 억압하도록 설계된 체제라고 주장했다. 그는 만물을
물질과 그것을 지배하는 법칙으로 설명할 수 있다고 믿었으며, 신이
나 영혼의 존재를 부정했다. 또한 프랑스의 군주제와 그 제도가 유발
하는 사회적 불평등도 비판했다.

세속 철학, 도덕, 정치

1789년에 일어난 프랑스 혁명은 계몽주의 철학자들에게 깊은 영감을 주었다. 프랑스가 아닌 다른 나라의 위대한 계몽주의 사상가 중 하나는 앞서 언급했듯이, 스코틀랜드 철학자 데이비드 흄이었다. 흄은 지식론과 종교 철학뿐만 아니라 도덕 철학과 정치 철학 분야에도 크게 기여했다.

흄은 첫 번째 주요 문헌인《인간 본성에 관한 논고A Treatise of Human Nature》(1739)를 통해, 이전 글에서부터 발전시켜왔던 종교에 대한 근본적인 비판을 공식화했다. 그는 무신론을 옹호한다는 비난을 받았고, 그 때문에 철학 교수 자리를 얻지 못했다. 1776년에는 위대한 종교 철학서인《자연 종교에 관한 대화Dialogues Concerning Natural Religion》를 출판했으며, 여기에서 그는 최선을 다해 자신의 입장을 밝혔다.

흄은 기적과 이적(두 단어 모두 자연법칙에 어긋난다)을 봤다고 주장하는 수많은 사람을 비난했는데, 이런 비난은 당대 사상가들에게 강력한 영향을 미쳤다. 그는 사람들이 개인의 이야기를 믿게 되는 상황을 광범위하게 분석한 다음, 기이하고 놀라운 기적이 일어났다고 단순히 믿는 대신 그것에 대한 타당한 설명을 찾아야 한다고 주장했다.

계몽주의 사상은 18세기 유럽에 급속도로 전파되었고, 과학자, 철학자, 작가 등이 힘을 모아서 이를 더욱 발전시켰다.

독일의 철학자 이마누엘 칸트Immanuel Kant(1724~1804)는 계몽주의 사상에 중요한 영향을 미쳤다. 1784년에 발표한《계몽이란 무엇인가에 대한 답변Beantwortung der Frage: Was ist die Aufklärung?》이라는 유명한 에세이에서 그는 계몽을 이렇게 설명했다.

계몽은 인간이 자초한 미성숙에서 벗어나는 것이다. 미성숙이란 타인의 안내에 의존하지 않으면 자신이 이해한 것을 사용할 수 없는 무능력이다. 타인에게 의존하는 이유가 지식 부족이 아니라 자신을 믿겠다는 결단력과 용기 부족일 때 미성숙을 자초하게 된다. 사페레 아우데! 감히 알려 하라! 용기 내어 자신의 이성에 의존하라!

칸트는 철학적 성찰, 비판적 추론, 과학적 연구, 정치 변화 등을 통해 인간의 능력이 개발될 수 있다는 계몽주의 신념을 포착했다. 그가 말한 **"사페레 아우데**Sapere aude!("감히 알려 하라!" 혹은 "용기 내어 자신의 이성을 사용하라!"는 의미)**"**는 계몽주의 전체 표어로도 볼 수 있다.

아마도 이 시기 영국에서 가장 중요한 계몽주의 사상가는 변호사이자 철학자였던 제러미 벤담Jeremy Bentham(1748~1832)일 것이다. 그는 인생 말년에《자연 종교가 인간의 일시적 행복에 미치는 영향력 분석 Analysis of the Influence of Natural Religion on the Temporal Happiness of Mankind》(1822)을 썼는데, 여기에서 종교를 (하나의 자연 현상으로서 완벽하게 설명 가능하긴 하지만) 비합리적이고 사회에 유해하기까지 하다고 설명했다. 흔히 **벤담**은 **공리주의**의 창시자로 여겨지는데, 공리주의는 유용성을 핵심 개념으로 삼는 현대 철학이다. 벤담에 따르면, 도덕 원리에는 초자연적인 기원이 없으며 한 가지 기본 전제에서만 도출될 수 있다. 그 전제란 바로 "최대 다수의 최대 행복"이다. 벤담은 더 큰 행복과 더 나은 사회를 위한 기초로서 교육의 중요성을 강조했다.

또한 벤담은 동물권에 관한 사상의 선구자였다. 가령 《도덕과 입법의 원리 서설Principles of Morals and Legislation》(1789)에서 그는 이렇게 썼다.

학대가 아니면 당연히 받았을 권리를 동물들도 얻게 될 날이 올 것이다. 언젠가는 다리 개수, 피부의 솜털, 꼬리뼈의 퇴화가 고통을 느끼는 존재를 학대받는 운명으로 내몬 기준으로 불충분하다는 사실을 깨닫게 될 것이다.

인간과 동물 사이에 극복할 수 없는 기준으로 또 무엇이 있을까? 이성적 능력인가 아니면 말하는 능력? 그러나 다 자란 말이나 개는 태어난 지 하루, 일주일, 심지어 한 달 된 아기보다 훨씬 합리적이고 말도 할 수 있다. 그렇지 않다 하더라도, 그게 무슨 의미가 있을까? 문제는 "그들이 사고할 수 있나?" 혹은 "그들이 말할 수 있나?"가 아니라 "그들이 고통을 느끼는가?"이다. 법은 왜 고통을 느끼는 모든 존재를 보호하지 않는가? 인간이 숨 쉬는 모든 것을 보호하게 되는 날이 올 것이다.

영국의 계몽주의를 대표하는 인물 중에는 작가이자 페미니스트였던 메리 울스턴크래프트Mary Wollstonecraft(1759~1797)도 있다. 그녀는 1818년에 《프랑켄슈타인Frankenstein》을 발표한 메리 셸리Mary Shelley(1797~1851)의 어머니이다. 메리 셸리의 남편이었던 퍼시 비시 셸리Percy Bysshe Shelley(179~-1822)도 계몽주의 사상가 집단의 일원이었는데, 이 집단은 회의주의와 종교적 진리관에 대한 거부로 처벌을 받기도 했다. 퍼시 셸리는 결혼 전인 19세에 이미 《무신론의 필연성The Necessity of Atheism》(1811)을 출판했다. 이 일로 그는 옥스퍼드 대학교에

11. 사상의 역사: 세속적 계몽주의의 뿌리에 관하여

서 쫓겨났다. 그로부터 불과 몇 년 후인 1822년에 익사 사고를 당했는데, 이때 《런던 쿠리어London Courier》의 한 기자가 이런 비열한 기사를 썼다. "신앙심 없던 시인 셸리, 익사하다. 이제 그는 '신'이 있는지 없는지 확실히 알게 되었다."

자유를 위한 운동으로서 계몽주의

많은 사람이 계몽주의 시대와 그 철학을 자유를 위한 운동으로 이해했다. 계몽주의 철학이 종교든 정치든 모든 억압을 거부해야 한다는 자각을 일으켰기 때문이다. 이런 새로운 사상은 대영제국에 대한 아메리카 식민지의 투쟁과 그 결과인 미합중국the United States of America 탄생 과정에서 핵심 역할을 맡았다.

18세기에 영국 식민지의 자유를 위해 싸운 핵심 인사는 계몽주의 사상가이자 작가, 과학자이자 정치인이던 벤저민 프랭클린Benjamin Franklin(1706~1790)이다. 본래 필라델피아에서 출판 일을 했던 프랭클린은 곧 북아메리카 영국 식민지에서 여론과 문화를 형성하는 주요 인물이 되었고, 나중에는 전기에 관한 연구(그는 전기의 양극과 음극을 발견한 최초의 인물이었다)와 피뢰침 발명으로 유명해졌다. 프랭클린은 '미국 철학 협회American Philosophical Society'를 설립해 유럽의 계몽주의 철학을 미국에 전파했다.

영국과 식민지 사이에 충돌이 일어났을 때 한동안 프랭클린은 중립적인 입장을 유지했으나 나중에는 식민지들의 독립을 지원하기로 결심했다. 그는 독립선언문 초안을 작성하는 위원회에 참여했고, 마침내 1776년 7월 4일, 13개 식민지가 대영제국으로부터 독립을 선언했다. 이날은 미국의 독립기념일이 되었다. 프랭클린은 토머스 제퍼슨Thomas Jefferson(1743~1826)과 함께 계몽주의 사상에 기초해 미국을 건국하는 작업을 도왔다. 이후 1804년에 제퍼슨은 미국의 3대 대통령이 되었다.

18세기 계몽 사상가 중 또 다른 중요 인물은 영국의 저술가 토머스 페인Thomas Paine(1737~1809)으로, 그는 1774년에 미국으로 건너가 식민지 독립 운동을 지지하는 활동을 했다. 사실 페인은 '미합중국'이라는 국명을 만든 사람이다. 그는 최초로 노예제와 사형제를 폐지하자고 주장한 사람들 중 하나였다. 또한 여성권 보호를 촉구했으며, 오늘날의 기초 노령 연금과 비슷한 사회보장제도를 구상하기도 했다. 1793년에 그는 《이성의 시대The Age of Reason》에 이렇게 썼다.

나는 유대교, 로마가톨릭, 그리스정교, 터키 이슬람교, 개신교 등 내가 아는 모든 종교의 교리를 전혀 믿지 않는다. 내게 교회는 내 마음이다. 유대교든 기독교든 이슬람교든 모든 국가 종교는 내게 인간의 발명품이나 다름없고, 인류를 위협하고 노예로 삼으며 권력과 이익을 독점하는 기관이다. 성경에서 반 이상을 차지하는 음란하고 관능적인 유혹, 잔인한 고문과 처형, 무자비한 보복 등에 관한 이야기를 읽을 때마다 그것은 하나님의 말씀이 아니라 악마의 말씀으로 불러야 더 어울릴 거라 생각한다. 그것은 타락하고 잔인한 인간에 관한 악의 역사서이다. 잔인함을 싫어하는 나로서는 성경이 정말 싫다.

11. 사상의 역사: 세속적 계몽주의의 뿌리에 관하여

이 책을 출판하기 전까지 페인은 위대한 영웅으로 칭송받았으나, 책의 반종교적인 내용 때문에 많은 사람이 그에게서 등을 돌렸다.

세속적인 건국이념에도 불구하고, 아이러니하게도 오늘날 미국은 이미 언급했듯이 대단히 종교적인 나라가 되었으며, 보수적인 기독교 단체와 근본주의 운동 집단이 정치에 강력한 영향력을 행사하고 있다. 이런 불편한 예를 하나 들자면, 비교적 생각이 열려 있는 진보주의자로 유명한 시어도어 루스벨트Theodore Roosevelt 전 대통령은 사망한 지 수십 년이나 지난 토머스 페인을 가리켜 "불결하고 하찮은 무신론자"로 묘사했다. (수전 제이코비Susan Jacoby가 쓴《자유사상가들: 미국 세속주의의 역사Freethinkers: A History of American Secularism》를 보라).

19세기

1800년대는 과학이 폭발적으로 발전한 시기였다. 의학과 기술 분야의 위대한 도약으로 수많은 사람의 삶이 크게 개선되었다.

이 시기 중요 사상가는 영국의 존 스튜어트 밀John Stuart Mill(1806~1873)로, 그의 아버지 제임스 스튜어트 밀James Stuart Mill은 제러미 벤담의 친구였다. 존 스튜어트 밀은 19세기 영국을 대표하는 자유주의자이다. 그는 지금까지도 영향력이 있는《자유론On Liberty》(1859)과《여성의 종속The Subjection of Women》(1869)을 썼는데, 거기에는 그가 아내인 해리엇 테일러 밀Harriet Taylor Mill과 함께 발전시킨 사상이 담겨 있다. 두 책에서 밀은 침해할 수 없는 개인의 자유와 완벽한 성 평등을 주장했다.

명료하게 생각하는 법

그는 특히 19세기 후반부에 계몽주의 사상가들에게 강력한 영향을 끼쳤다.

영국의 계몽주의는 위대한 박물학자 찰스 다윈과 그의 동료였던 토머스 헉슬리를 언급하지 않고는 말할 수 없다. 두 사람 모두 엄밀한 의미에서 보면 계몽주의 철학자는 아니다. 그들은 과학자였다. 그러나 앞에서 봤듯이, 다윈의 자연 선택론과 종의 기원은 전지전능한 신이 인간과 동물을 정교하게 설계했다는 생각을 무시하게 했다. 다윈의 **걸작**(《종의 기원》)은 1859년에 출판되자마자 엄청난 논란을 불러일으켰다. 그로부터 상당한 시간이 흐른 1871년에 다윈은 《인간의 유래 The Descent of Man》를 출판했고, 이 책에서 특별히 인류가 어떻게 진화의 산물이 되었는지 설명했다.

앞에서도 말했지만, 다윈의 진화론은 예나 지금이나 기독교, 유대교, 이슬람교의 근본주의자들에게 거부되고 있지만, 진지한 과학계에서는 진화론이 인간을 포함해서 모든 생물 종의 발달을 올바르게 설명하고 있다는 점에 전혀 이견이 없다.

다윈의 친구였던 토머스 헨리 헉슬리는 해부학자였다. 1863년에 그는 《자연에서 인간의 위치에 대한 증거Evidence as to Man's Place in Nature》에서 인간과 유인원(책 제목에는 인간만 나와 있지만!)의 뇌 구조가 대단히 유사하다는 사실을 보였고, 다윈 이론을 적극적으로 지지함과 동시에 대중화하는 데도 앞장섰다. 그런 활동들 때문에 그는 "다윈의 불도그Darwin's bulldog"라는 우스꽝스러운 별명도 얻었다. 헉슬리는 과학에도 열정이 대단했지만, 달변가이기도 해서 종교계에 대한 반박도 솜씨 있게 해냈다. 그는 '불가지론'이라는 용어를 만들었을 뿐만 아니라,

최초로 새가 공룡에서 진화했다고 주장했다.

1860년 6월 30일 옥스퍼드 대학교에서 열린 토론회에서는 헉슬리의 훌륭한 웅변술이 돋보였다. 이날 헉슬리는 새뮤얼 윌버포스Samuel Wilberforce(1805~1873) 주교와 토론을 벌였는데, 윌버포스는 거의 문자 그대로 성경을 해석하는 설교자였으며 특유의 '능글맞은' 태도 때문에 "소피 샘Soapy Sam"이라는 별명이 붙어 있었다. 이 토론회에는 찰스 다윈도 참석하려 했지만, 당시 심하게 아파서 집에 머물러야 했다. 윌버포스 주교는 "상대방을 무시하듯, 철저히 논리적이고 늘 그렇듯 화려한" 입담으로 30분간 모두발언을 했다. 또한 그런 식으로 계속 진화론을 매섭게 공격했으며, 마지막에는 헉슬리에게 원숭이의 후손이 그의 **모계** 쪽인지 **부계** 쪽인지 물으며 교활하게 말을 마쳤다. 이에 헉슬리는 대략 이렇게 말했다고 한다. (당시 토론자들의 말을 정확히 기록한 원고는 없다.)

저는 원숭이가 조상이라는 사실에 전혀 부끄럽지 않습니다. 반면 공허하고 장황한 말장난으로 진리를 감추기 위해 훌륭한 재능을 낭비하는 인간과 관계를 맺고 있다는 사실에는 깊은 수치심을 느낍니다.

비비안 그린Vivian Green은 《기독교의 새 역사A New History of Christianity》(A. & C. Black, 2000)에서 헉슬리의 웅수에 대해 앞의 내용과는 조금 다르지만 꽤 자세하게 이렇게 기록했다.

인간은 원숭이를 조상으로 둔 것을 부끄러워할 이유가 없습니다. 생각해 보건대, 제가 부끄럽게 느껴야 할 조상이 있다면, 그것은 조급하고 변덕스러운 인간일 것입니다. 인간은 자신의 활동 분야에서의 성공에 만족하지 못하고, 잘 알지도 못하는 과학적 질문들을 건드리며 막연한 미사여구로 그 내용을 모호하게 하고, 주제에 벗어난 이야기로 청중을 사로잡고 교묘하게 종교적 편견에 호소함으로써, 청중으로 하여금 진짜 핵심을 놓치게 합니다.

이 토론회는 최초로 진화론을 공개 논의한 자리로 기념비적인 사건이었으며, 헉슬리와 윌버포스가 실제 무슨 말을 했는지는 모르지만, 둘 사이에 대단히 격한 말들이 오갔을 것이라 짐작할 수 있다. 둘 중 누가 논쟁의 '승자'였는지는 의견이 분분하지만, 확실한 사실은 진화론을 둘러싼 전투가 시작되었다는 것이다.

독일 철학자이자 신학자 루트비히 포이어바흐Ludwig Feuerbach(1804~1874)는 '신'이란 인간 내면의 본성을 투사한 개념이라고 주장했다. 특히 1841년에 출간한 《기독교의 본질The Essence of Christianity》에서 모든 사람이 마음에 품고 있는 이상적인 인간상이 바로 기독교의 '신'이라는 사실을 보여주려 애썼다. (덧붙이면, 포이어바흐의 형인 카를 빌헬름Karl Wilhelm은 유클리드 기하학에서 가장 아름다운 정리 중 하나를 22세에 발견한 천재 수학자였으며, 그 정리는 간단히 '포이어바흐 정리Feuerbach's theorem'라 부른다. 안타깝게도 그는 기이한 정신 질환을 앓다 이른 나이에 사망했다.)

독일 철학자 프리드리히 니체Friedrich Nietzsche(1844~1900)는 루트비히 포이어바흐와 동시대를 살았다. 1869년에 니체는 스위스 바젤 대학교의 그리스어학과 교수가 되었지만, 병에 걸리는 바람에 곧 학교를 그만두어야 했다. 그는 독일의 반유대주의와 민족주의를 신랄하게 비판했다. 1882년에 출간한 《즐거운 지식The Gay Science》에서 "신은 죽었다"라는 유명한 말을 했고, 《차라투스트라는 이렇게 말했다Thus Spake Zarathustra》(1883~85년에 출판)에서 그 주제를 다시 다루었다.

니체는 초창기 세계시민주의자(민족과 국경을 중시하는 민족주의자와는 반대로, 스스로를 세계라는 공통 사회의 일원으로 여기는 사람)였으며, 경계 없이 하나로 통합된 세계를 지지했다. 그는 기독교의 도덕관이 '노예 도덕slave morality', 즉 자제와 자기 비하, 분노에 뿌리를 둔, 삶을 부정하는 태도이며, 종교인은 신경증 환자라고 썼다. 나이가 들수록 정신병은 깊어졌고, 그는 결국 1889년에 정신적으로 완전히 무너졌다. 니체가 죽은 후에 그의 여동생 엘리자베스 푀르스터 니체Elisabeth Förster-Nietzsche가 1935년에 사망할 때까지 오빠의 유고를 정리했다. 그러나 안타깝게도 그녀는 나치에 굴복해서 자신의 오빠를 위대한 나치 사상가로 포장하는 데 최선을 다했다. 생전에 니체는 민족주의와 반유대주의를 철저히 거부했기에, 부조리한 상황이 아닐 수 없다.

19세기 스웨덴에도 기독교와 교회 권력을 비판한 계몽주의 사상가들이 있었다. 1888년에 빅토르 렌스트란드Viktor Lennstrand(1861~1895)는 스웨덴 '공리주의자 협회Swedish Utilitarian Society'를 결성하고 초대 회장이 되었다. 본래 렌스트란드는 어릴 때 복음주의 기독교를 열렬히 믿었지만, 스무 살 즈음 모든 종교를 버린 후부터는 주로 종교를 비판하는 강연과 저술 활동을 했다. 이런 '범죄'를 저지르고 다닌 탓에, 그는 여러 번 교도소에 수감되었다.

1889년부터 렌스트란드는 《자유사상가: 스웨덴 자유사상가 기관

•
명료하게 생각하는 법

지《Fritänkaren: Organ för Sveriges fritänkare》라는 신문을 발간했는데, 그런 신문의 필요성을 창간호 1면에 다음과 같이 설명했다.

조만간 우리나라에 사람들을 중세의 미신에서 해방시키고 계몽할 목적으로 정직하게 진리를 추구하는 사람들이 자유롭게 생각을 나눌 자리가 남지 않게 될 것이고, 보수 반동 언론이 자유로운 추론과 사고, 자각 능력 함양을 목표로 하는 모든 운동을 가혹하게 억압하는 상황……이 만들어질 것이므로, 우리에게는 한 가지 선택밖에 없다. 우리만의 매체를 만들어서 각계의 진정한 자유사상가들을 보호하는 것이다. 이를 통해 우리는 생각하는 대중 앞에 진실을 제시할 수 있고 부당한 비난에서 벗어날 수 있으며 우리에 대한 평가를 대중의 판단에 맡길 수 있다.

이 글은 1889년 6월 1일에 《자유사상가》 창간호 1면에 실렸다. 아이러니하게도 이 신문사 건물은 시르코가탄Kyrkogatan('교회 거리'라는 뜻) 9A에 있었다.

빅토르 렌스트란드는 '기독교의 도덕과 합리주의적 도덕', '다음 생이 있는가?', '우리 공리주의자는 무엇을 원하는가?' 등의 제목으로 강연했고, 그로 인해 여러 번 신성 모독죄로 기소되었다. 또한 (스웨덴에서 강연한 도시의 이름을 따서 제목을 지은) 《외레브로에서 쓴 여섯 논문Six Theses of Örebro》을 출판했을 때는 출판의 자유를 침해했다고 기소되었는데, 책의 내용은 다음과 같았다.

1. 성경은 오늘날 우리가 책과 편지를 쓰는 방식과 똑같이 쓰였다.

●

2. 구약의 신은 죄인이다.

3. 기독교의 신은 오딘, 제우스, 세라피스Serapis(고대 그리스와 이집트의 신)처럼 실체가 없다.

4 자연, 인간의 경험, 역사 등 이 모든 것은 어디에나 있는 천국과 전능한 신에 대한 반증이다.

5. 새로운 예루살렘도, 불과 유황으로 타는 지옥도, 사후 영혼도 존재하지 않는다.

6. 최고의 도덕과 윤리는 신학이나 종교적 도그마와 관련이 없으며, 봉사하는 삶이 가능한 최고의 삶이다.

자유사상가와 무신론자

우리는 세속주의가 고대 그리스에서 발원했고, 르네상스 시대 이탈리아 그리고 계몽주의 시대 영국과 프랑스에서 더욱 발전해서 오늘날과 같은 단계에 이르렀다고 알고 있다. 그 모든 단계를 관통하는 공통 요소는 자유사상이다. 인간이 도그마의 지배를 받지 않고 타고난 추론 능력으로 사고하는 것은 우리의 권리(이자 의무!)다. 그러므로 이 책에서 '자유사상'이라는 용어는 비종교적 관점과 특히 신 없는 세계관과 바꿔서 사용해도 무방하다.

어떤 자유사상가들은 신이 '창조주'로서 세상을 만들고 작동하게 했지만, 그 이후에 벌어지는 사건들에 아무 역할도 하지 않을 수 있다고 상상했다. 이렇게 추상적인 신을 가정하는 태도를 이신론이라 한다. 이신론자는 세상을 창조한 신적 존재가 있다(혹은 있었다) 하더라도, 오늘날 우리 인간은 더 이상 그 존재와 어떤 관계도 맺지 않는다고 생각한다. 즉 종교와 교회는 인간의 발명품이며, 그들의 정통성은 신에게서 나오지 않는다.

또 다른 자유사상가들은 노골적인 무신론자이다. 이신론적 자유사상가와 무신론적 자유사상가의 공통점은 인간의 문제가 이성적 분석과 신중한 연구를 통해 그리고 보이지 않는 신과 같은 존재를 맹목적으로 믿기보다 인간의 가치에 근거한 도덕의 도움을 받아 해결해야 한다고 생각한다는 점이다. 그래서 자유사상은 계몽주의 사상과 협력해 계속 발전할 수 있었다.

오늘날 이신론은 어떤 신적 존재가 빅뱅(우주론자들이 가정한, 우주를 탄생시킨 대폭발)을 일으켰을지 모르지만, 그것과 별개로 그 신은 인간이나 우리가 사는 세상과는 무관할 것이라는 입장을 취한다. 그런데 이런 입장은 세속적 가치관과 사회가 조직되고 발전되는 방식에 대한 세속적 관점과는 양립할지 모르지만, 세계를 이성적으로 이해하고 설명할 수 있어야 한다는 세속적 휴머니즘과는 전혀 양립할 수 없다. 어쨌든 만약 우주가 자연스럽게 생겨났고 설명될 수 있는 것이라면, 그것을 창조한 초자연적이고 '설명 불가능한' 신은 불필요하기 때문이다.

막간글 - 자유 의지

우리 인간에게 자유 의지가 있을까?

우리의 선택은 과거에 의해 결정되거나 과거와 무관할 것이다. 그리고 우리는 자유롭게 결정하거나 그렇지 못할 것이다. 어느 쪽이 맞을까?

이 질문은 몹시 까다로운데, 특히 자연주의적 실재론을 믿는 사람들에게는 더욱 그렇다. 반면 신을 믿는 사람들에게는 좀 더 간단하다. 어쨌든 그들에게 인간은 육체와 영혼으로 이루어져 있고, 그 둘은 별개의 현상이기 때문이다. 그들의 관점에서는 '신'이 인간에게 자유롭게 행동할 수 있도록 자유 의지를 주었다. 그렇게 자유 의지는 독립적인 실체가 된다. 이야기 끝.

그러나 그런 견해를 인정하지 않는 사람들은 어떻게 생각할까? 우리처럼 성경을 믿지 않고, 신이 주신 자유 의지로 충만한 영혼이 불멸한다는 생각을 거부하는 사람들은 자유 의지에 관해 어떻게 생각할까?

우리는 모든 물리적 과정이 정확한 수학 법칙(자연법칙)을 따른다는 사실을 안다. 고전적 자연법칙(1920년대 중반까지 물리학자들이 믿었던 법칙)은 결정론적이었으므로, 모든 사건은 원칙적으로 예측 가능했다. 고전 물리 법칙을 대체한 양자 역학에 따르면, 결정론적으로 예측 가능한 것은 실제 결과라기보다 확률의 집합이며, 그 결과물은 아인슈타인이 싫어했던 '주사위'를 던져서 나온 결과와 같다. 이제 결정론적인 고전 물리학은 사라졌지만, 양자 역학에서도 각종 '의지'의 개입을 허용하거나 포함하지 않기는 마찬가지다. 즉, '의지'라는 개념은 물리 법칙의 일부가 아니다.

그렇다면 인간은 어떻게 자유 의지를 가질 수 있을까? 만약 의식이 물질과 그것을 지배하는 물리 법칙의 결과라면, 이 법칙은 의식이 포함된 현상에도 적용되지 않을까? 생물과 무생물 모두 고전 물리학이든 양자 역학이든 항상 자연법칙을 따른다는 사실은 자유 의지를 완전히 포기한다는 의미가 아닌가?

나는 내게 자유 의지가 있다고 느낀다. 가령 내가 좋아하는 이탈리아 레스토랑에 가면 나는 라비올리와 리소토 중에서 선택을 한다(혹은 그냥 인도 레스토랑에 갈 수도 있다). 또한 텔레비전 채널을 이리저리 돌리며 일본 요리 프로그램을 보거나 잉마르 베리만Ingmar Bergman의 고전 영화를 본다. 이런 내 선택의 결과는 사전에 결정된 것일까 아니면 초소형 주사위를 던져 무작위로 나온 결과일까?

혹시 양자 역학의 핵심인 무작위성이 내 자유 의지의 원천이 될 수 있을까? 이 말은 얼핏 흥미롭게 들리지만, 안타깝게도 전혀 타당하지 않다. 아무래도 내가 오늘 저녁에 라비올리 대신 리소토를 먹기로 한 것이나, 〈철인 요리왕Iron Chef〉 대신 〈한여름 밤의 미소Smiles of a Summer Night〉를 보기로 한 것은 아무래도 무작위 선택 같지는 않다. 그와 반대로, 두 경우 모두 나는 선택 전에 어떤 생각을 했고 그 결과를 토대로 판단을 했다고 느낀다. 무작위성이 신중한 사고 후 판단하는 행동과 무슨 관계가 있겠는가?

만약 내가 대안과 결과를 꼼꼼히 따져 생각하지만 선택 과정에서 그 생각을 무시하고 동전이나 주사위를 던져 최종 선택한다면, 심사

11. 사상의 역사: 세속적 계몽주의의 뿌리에 관하여

숙고가 무슨 의미가 있겠는가? 전혀 없다!

　현대 신경과학은 이 오랜 수수께끼를 풀어줄 흥미진진한 실마리를 제공한다. 우리가 의식적인 결정을 내리기 전에 뇌에서 의사 결정 과정이 활성화된다는 사실을 증명하는 실험이 있다. 신경과학자 존 딜런 헤인즈J. D. Haynes는 좌우 하나씩 버튼이 놓인 자리에 피험자를 배치했다. 피험자는 언제 어떤 버튼을 누를지 결정할 수 있다. 그러는 동안 피험자의 뇌에서 일어나는 활동을 fMRI(기능적 자기 공명 영상)기계가 기록한다. 이 실험에서 헤인즈는 간혹 어떤 결정은 버튼을 누르기 10초 전에 이루어진다는 사실을 발견했다.

　그뿐만 아니라 뇌의 각 부분은 곧 내릴 결정이 왼쪽 버튼인지 오른쪽 버튼인지에 따라 달리 활성화되었다. 따라서 어떤 버튼을 누를지에 대한 '자유로운' 결정은 이미 오래전에 완벽하게 정해진 것이었다.

　이런 실험(과 수많은 다른 실험들)으로 보아, 우리 모두가 가지고 있는 인상(즉, 의식적인 선택을 하고 있다는 인상)은 단순히 착각인 듯하다. 그런데 자유 의지는 정말로 환상에 불과할까?

　더글러스 호프스태터는 《나는 이상한 고리》 23장에서, '의지'가 실제 뇌 안에서 (급하게) 일어나는 현상이라는 생각을 기꺼이 받아들이면서도, 자신의 의지 혹은 타인의 의지가 "자유롭다"는 생각은 중대한 오류라고 주장한다.

　나는 의지가 있어서 기쁘지만…… 내 의지가 자유롭다는 것이 어떤 느낌인지는 잘 모른다. 대체 그게 무슨 말일까? 이따금 내가 내 의지를 못 따라간다는 의미일까? 그럼 그 이유는 뭘까? 스스로를 실망시키려고?

내가 나 자신을 실망시키고 싶다면 그런 선택을 할 수도 있을 것 같다. 그것은 내가 나 자신을 실망시키고 싶기 때문이고, 내 메타 수준의 욕망이 내 평범하고 낡은 욕망보다 더 강했기 때문일 것이다.

어느 날 내가 저녁 식사에 국수를 한 그릇 더 먹지 않기로 선택한 것은, 나는 (혹은 내 어떤 부분은) 국수를 더 먹고 싶지만, 또 다른 나는 살찌기 싫어하는데 이때는 또 다른 나의 욕구가 더 강했기 때문에 그런 선택을 했을 것이다. 그렇지 않았다면, 살찌기 싫은 또 다른 나는 패하고 식탐이 많은 내가 승리했기 때문일 텐데, 상관없다. 그러나 어떤 경우든 자유롭지 않은 내 의지가 이길 것이고 나는 내 머리를 지배하는 욕망을 따르게 될 것이다.

물론 확실히 나는 결정을 내릴 텐데, 내면의 자아 사이에서 투표를 한 다음 그렇게 할 것이다. 개표를 하면, 아마도 승자가 가려질 것이다. 그런데 이 모든 상황에서 '자유로움'은 어디에 있는가?

전혀 자유롭지 않은 우리의 의지는 내면의 자이로스코프처럼 늘 안정을 유지하며, 나와 너를 만들고 유지하는 것은 자유롭지 않은 의지의 안정성과 항상성이다.

나는 자유 의지라는 수수께끼가 착각에서 비롯된 가짜 문제에 불과하다는 호프스태터의 견해에 깊이 공감하고 그의 주장이 옳다고 느끼지만, 자유 의지라는 미스터리가 완전히 풀렸다고는 말하기 어렵다. 진실에 근접하긴 했지만, 아직은 진행 중이다. 그래서 나는 이 자유 의지의 문제가 아직은 의식의 연구와 '신경 철학neurophilosophy'의 핵심이라 생각한다.

11. 사상의 역사: 세속적 계몽주의의 뿌리에 관하여

자유 의지가 무엇이든 (혹은 무엇이 아니든), 한 가지는 확실하다. 우리는 자유 의지를 가진 것처럼 사회를 조직하고 삶을 꾸려가야 한다. 우리로서는 자유 의지가 없는 삶을 생각할 수 없다. 사람들이 스스로 사고하고 결정을 내린다는 사실을 믿지 못하면 도덕적 책임을 물을 수 없고 그러면 우리가 지금 아는 사회는 무너지기 때문이다.

당연히 우리 뇌는 모든 사람이 조화롭게 살 수 있게 해주는 도덕규범과 가치를 학습할 수 있다. 이것이 인간 본성의 위대한 점이다. 우리가 자유롭든 그렇지 않든, 우리는 보편적 도덕 기준을 기꺼이 받아들일 수 있고 또 그래야 한다.

12

우리 시대 세속주의자: 경외감, 정치, 종교에 관하여

증거 없이 주장할 수 있는 것은 증거 없이 버릴 수도 있다.

- 크리스토퍼 히친스Christopher Hitchens

20세기는 '세속적 휴머니즘'이라는 계몽사상이 꽃을 피운 시대였다. 이제 보게 되겠지만, 세속주의는 수백 년이 흐른 뒤에도 여전히 논쟁적인 주제임에도, 초창기 열렬한 지지자들의 집단 노력 덕분에 서구 사회에 정착할 수 있었다.

아마도 20세기 유럽에서 세속적 휴머니즘의 가장 중요한 지지자는 영국의 수학자이자 철학자, 사회 이론가였던 버트런드 러셀일 것이다. (러셀의 대부는 존 스튜어트 밀이었으며, 밀은 러셀이 태어난 지 불과 1년 만에 사망했다. 러셀이 나이가 들어갈수록 그의 사상에 끼친 밀의 영향력은 점점 커졌다.)

러셀의 저서 중 가장 영향력 있는 작품은 방대한 내용을 세 권으로 나눈 《수학 원리Principia Mathematica》(1910~1913)로, 저명한 영국 철학자 앨프리드 노스 화이트헤드Alfred North Whitehead(1861~1947)와 공저했다. 이 위대한 책에서 두 저자는 용감하게도 오직 공리들만 사용해 모든 수학 원리를 도출하려 했다. 그러나 20년 후인 1931년에 이 두 용감한 사상가의 고귀한 꿈은 오스트리아 논리학자 쿠르트 괴델의 혁명적인 발견으로 갑자기 그리고 영원히 산산조각 났는데, 괴델은《수학 원리》의 내용뿐만 아니라 수학적 진리를 포착하는 것이 목적인 **모든** 공리적 추론 체계에서 근본적이고 해결 불가한 **불완전성**을 발견했다. 러셀은 치명상을 입고 말았다.

러셀은 유명한(그리고 악명 높은) 책《나는 왜 기독교인이 아닌가》에서 자신이 왜 종교에 회의적인지 설명했다. 이 책의 출판은 영국의 주류 문화를 뒤흔들었다. 러셀은 정치 활동가이기도 했는데, 무엇보다 핵무기 철폐를 위해 싸웠고, 말년에는 베트남 전쟁을 신랄하게 비난했다. 그는《존재와 무Being and Nothingness》,《실존주의와 휴머니즘 Existentialism and Humanism》같은 유명 작품을 쓴 프랑스 철학자 장 폴 사르트르Jean-Paul Sartre(1905~1980)와 함께 1967년에 스톡홀름에서 국제 전범 법정International War Crimes Tribunal(간단히 '러셀 법정Russell Tribunal'으로 불린다)을 만들면서, 미국의 외교 정책과 베트남 전쟁을 조사하고 평가하는 것이 목적이라고 선포했다. 전 세계 유명 인사들이 이 법정에 참여했는데, 러셀은 이 법정의 구성 이유를 설명할 때 다음과 같이 뉘른베르크 전범 재판에서 수석 검사로 활약했던 로버트 잭슨Robert H. Jackson의 말을 인용했다.

만약 어떤 행위와 조약 위반이 범죄라면, 그 주체가 미국이든 독일이든 상관없이 범죄가 된다. 지금 우리에게는 호소된 사안들을 범죄로 처벌할 법률이 준비되어 있지 않다.

그러나 북베트남의 전범 혐의도 법정에서 조사할지를 두고 논란이 일었을 때, 러셀의 대변인은 오만하게 이렇게 답했다.

러셀 경은 바르샤바 게토 지구의 유대인이 나치에 저항해서 봉기를 일으키려 했다고 생각하지 않으실 것이다.

이 말은 당연히 조롱을 이용한 영리한 반박이었지만, 위대한 사상가도 가끔씩 이용하는 그런 식의 이중 잣대에 대해서는 놀라지 않을 수 없다. 어쨌든 이 사람에게 적용한 것은 저 사람에게도 적용해야 하는 법이니까.

예상했듯이, 버트런드 러셀은 세속적 휴머니즘에 깊이 관여한 탓에 곤란해졌다. 미국에서 그는 심한 중상모략에 시달렸으며, 1939년에는 뉴욕시티 칼리지로부터 교수직을 제의받았으나 무신론자이고 '부도덕'하다는 악의에 찬 공격을 받고 결국 제의가 철회되었다. 1950년에 러셀은 "의미 있는 여러 작품을 통해 인도주의적 이상과 사상의 자유를 옹호해 온 공을 인정받아" 노벨 문학상을 받았다.

또 다른 중요한 20세기의 세속적 휴머니스트는 4장에서 이미 만나본, 오스트리아의 과학 철학자 칼 포퍼다. 그는 에이어A. J. Ayer의 에세이 모음집 《휴머니스트 세계관The Humanist Outlook》(1968)에 '지식을 통한 해방Emancipation through Knowledge'이라는 제목의 에세이를 썼다. 여기에서 포퍼는 종교라는 족쇄에서 인간을 해방시키기 위한 지식의 핵심 역할을 설명했다.

한동안 포퍼는 영국 휴머니스트 단체British Humanist Organization에서 활동했다. 그는《열린사회와 그의 적들The Open Society and its Enemies》이라는 유명한 책에서, 자유롭고 민주적인 열린사회를 지지하고, 전체주의와 근본주의를 설득력 있게 비판했다. 또한 자연주의적 우주관과 객관적 진리관을 지지했다. 1976년에 발표한 자서전,《끝없는 탐구: 내 삶의 지적 연대기》에서 그는 이렇게 선언했다.

나는 실제 세계가 있고, 이 세계를 발견하는 방법에 관한 문제가 지식이라고 확신한다.

포퍼는 진리 상대주의(진리가 관찰자에 좌우된다는 생각)와 우리가 "우리 자신의 실재를 창조"해야 한다고 주장하는 포스트모더니즘을 경멸했다. 그는 자서전에 한 번 더 이렇게 썼다.

그런 문제들을 진지하게 생각하는 태도는 지식인으로서 일종의 반역이며, 현실 문제에 써야 할 시간을 낭비하는 일이라고 말하는 것이 내 사회적 책임이라고 생각한다.

미국의 퍼스트 휴머니스트 협회

1929년에 유니테리언Unitarian 교파의 목사, 찰스 프랜시스 포터Charles Francis Potter(1885~1962)는 '뉴욕 퍼스트 휴머니스트 협회First Humanist Society of New York City'를 설립했다. 그의 길고 긴 영적 여행은 이 대담한 행동으로 정점을 찍었다. 침례교 목사로 시작했다가 나중에 유니테리언으로 개종했고 결국은 그마저도 포기했는데, 그렇게 자유로운 조직도 자신에게 표현의 자유를 충분히 주지 못했다고 생각했기 때문이었다.

1923년과 1924년에, 포터는 유명 라디오 프로그램에서 존 로치 스트라톤John Roach Straton이라는 근본주의자이자 침례교 목사이며 그 자체로 괴짜인(가령, 스트라톤은 14세 설교자 울딘 어틀리Uldine Utley를 높이 평가한 나머지, 뉴욕시에 있는 자신의 갈보리 교회에 그를 설교자로 초빙할 정도였다) 사람과 연속 토론을 벌였다. 곧이어 두 사람의 토론 내용은 '성경을 둘러싼 싸움', '진화론 대 창조론', '동정녀 탄생, 사실인가 허구인가?', '그리스도는 인간이자 신인가?' 같은 자극적인 제목을 달고 네 권의 책으로 출판되었다.

포터가 1929년에 퍼스트 휴머니스트 협회를 세웠을 때, 그는 휴머니즘 자체가 급진적인 새로운 종교라고 생각했고, 그 내용을 이렇게 설명했다.

휴머니즘은 종교의 폐지가 아니라 진짜 종교의 시작이다. 종교를 초자연주의에서 해방시킴으로써, 지금까지 억눌려 있던 어마어마한 양의 힘이 방출되게 할 것이다. 인간은 스스로 해야 하고 할 수 있는 일을 '신' 이 해주기를 너무나 오래 기다렸다. … 휴머니즘은 상식의 종교가 될 것 이다. 인간의 주된 목표는 개인 차원이든 인류 차원이든 스스로를 향상 시키는 것이다.

포터는 휴머니스트라는 새로운 '신분'을 활용해, 사형제 반대, 산아 제한 지지, 여성권 옹호 등 각종 사회 이슈에 활발하게 목소리를 냈 다. 또한 그로부터 몇 년 후인 1938년에는 '미국 안락사 협회Euthanasia Society of America'를 만들었다.

퍼스트 휴머니스트 협회의 초창기 자문단에는 줄리언 헉슬리Julian Huxley, 존 듀이John Dewey, 토마스 만Thomas Mann, 알베르트 아인슈타인 같은 당대 최고의 지성인이 있었다. 헉슬리는 오랫동안 퍼스트 휴머 니스트 협회와 인연을 유지하다 나중에는 '국제 휴머니스트 윤리 연 합International Humanist and Ethical Union, IHEU'을 설립했다. 오늘날 이 단체는 전 세계에 백여 개의 세속적 휴머니즘 단체를 산하 조직으로 거느리 고 있다.

아인슈타인 종교인설

종교인들은 종교적 사고와 과학적 사고가 완벽하게 양립할 수 있는 모범 사례로 포터의 유명 자문위원 중 하나였던 아인슈타인을 자주 소환한다. 그들은 신적 존재인 아인슈타인이 자신과 같은 종교인이었다는 사실을 강조하고 싶은 마음에, 아인슈타인의 명언, "신은 주사위를 던지지 않는다"는 말을 마치 그가 신의 존재를 믿었다는 증명이라도 되는 양 자주 언급했다.

그러나 그들의 주장은 틀렸다. 아인슈타인은 전혀 종교인이 아니었다. "신은 주사위를 던지지 않는다"는 말은 아인슈타인이 양자 물리학을 비판하는 말이었을 뿐이다. 그리고 실제로 아인슈타인이 한 말은 "신은 주사위를 던지지 않는다"가 **아니었다.** 본래 이것은 아인슈타인이 1926년에 동료 물리학자인 막스 보른Max Born에게 쓴 편지에 있던 문장인데, 독일어 원문을 소개하면 이렇다.

어쨌든 나는 그 노인(the Old One)은 주사위를 던지지 않는다고 확신하네.(Jedenfalls bin ich überzeugt, dass der Alte nicht würfelt.)

아인슈타인은 "그 노인"이라는 재미있는 표현을 사용해, 알 수 없는 우주 법칙의 원천에 대해 농담을 한 것이다. 특히 그는 갓 등장한 양자 역학에 반대했는데, 그 이유 중 하나는 1916~1917년에 연구 중이던 복사의 양자 이론이 양자 역학에 맞지 않았기 때문이고, 다른 하나는 보른의 최신 연구를 받아들일 수 없었기 때문이다. 보른의 결론에 따르면, 소립자는 본질적으로 불확실한 운동을 하며, 어떤 과정은 이전 혹은 **고전** 물리학 법칙을 따르지 않고 오직 확률적으로만 예측이 가능하다. 아인슈타인의 아이디어는 확률론 발전에 핵심 역할을 했지만, 정작 아인슈타인은 다른 사람들(특히 친구인 막스 보른)이 도출했던 결론을 전혀 인정하지 않았다. 그는 우주에서 일어나는 모든 현상이 정확한 수학 법칙에 따라 일어나므로 본질적인 무작위성이 발생할 여지는 없다고 확신했다. 그래서 막스 보른에게 "그 노인은 주사위를 던지지 않는다"고 말했을 때, 이는 양자 역학에 대한 회의주의적 태도를 은유법으로 재치 있게 그리고 또렷하게 표현한 것일 뿐이다. 기독교든 유대교든 이슬람교든 신 혹은 심지어 "그 노인"에 대한 어떤 믿음도 암시하지 않았다.

오늘날 양자 역학의 예측력은 압도적으로 뛰어나다. 놀랍게도 정밀성이 상당히 요구되는 실험에서도 소수점 이하 10자리 혹은 12자리까지 정확하게 예측할 수 있다. 그런데 양자 역학이 모든 과학에서 가장 정확하고 완벽한 이론이라는 사실은 의심의 여지가 없지만, 그것이 실재의 본질에 대한 우리의 **직관적** 이해와 통합할 수 있는지는 아직 증명되지 않았다. 양자 역학에 대한 해석은 여전히 오늘날에도 논쟁거리가 되고 있다. 물론 (앞서 2장과 9장에서 논했듯이), 전문가들 사이에서 논쟁거리가 된다고 해서 양자 물리학이 다양한 종교 혹은 뉴에이지 사상을 뒷받침한다는 의미는 아니다. 그런데 여전히 종교 단체와 뉴에이지 집단은 자신들의 비과학적 견해를 그럴듯하게 뒷받침하기 위해 종종 양자 역학의 내용을 인용한다. 이 점이 참 안타깝다.

일부 종교인의 바람과 달리, 아인슈타인이 '퍼스트 휴머니스트 협회'에 가입했다는 사실은 요즘 말로 하면, 그가 세속적 휴머니스트를 자처했음을 암시한다. 그가 은유적으로 쓴 "그 노인"은 우주에 대한 궁극의 경외심과 경이감을 표현한 것이라고 이해해야 한다. 즉, 자연의 법칙에 대한 개인적 견해를 시적으로 표현한 말이었다.

《나는 세상을 어떻게 보는가 The World as I See It》(1930년경에 쓴 에세이)에서 아인슈타인은 이렇게 말했다.

우리가 할 수 있는 가장 아름다운 경험은 신비이다. 신비는 진정한 예술
과 과학의 요람에 있는 근본적인 감정이다. 그것을 모르고 더 이상 궁금
해하거나 놀라워하지 않는 사람은 죽은 사람이나 다름없으며, 그런 사
람의 눈은 희미해진다. 그 신비에 대한 경험이 (비록 공포가 섞였겠지만)
종교를 만들었다. 우리가 꿰뚫어볼 수 없는 존재에 대한 지식, 가장 심
오한 이성과 가장 빛나는 아름다움에 대한 인식, 이것들은 가장 원시적
인 형태일 때만 우리 마음에 닿을 수 있다. 이런 지식과 감정이 참된 종
교성을 구성한다. 오직 이런 의미에서만 나는 독실한 종교인이다. … 나
는 영원한 생명의 신비와 존재의 경이로운 구조에 대한 지식과 감각, 그
리고 자연스럽게 드러나는 '이성'을 조금이라도 이해하려는 겸손한 노
력에 만족한다.

이 글에서 아인슈타인은 **전통** 종교든, 신비주의든, 초자연적 현상
에 대한 믿음이든 그 무엇도 인정하지 않는다. 실제로 그는 신이나 사
후 세계 같은 이야기를 참을 수 없어 했다. 그에게 '미스터리'는 우주
의 규칙적 패턴에 대한 깊은 경외감을 의미했다. 연구자라면 이성을
사용해서 우주의 규칙적 패턴을 발견하고 이해하려 노력해야 한다.
그는 이렇게 썼다.

피조물에게 상벌을 내리면서, 피조물의 목적을 모방해 자신의 목적으
로 삼은 '신'을 나는 상상할 수 없다. 요컨대 그 '신'은 인간의 나약함을

반영하고 있다. 나는 육체가 죽은 후 영혼이 살아 있다는 것을 믿을 수 없다. 이는 연약한 사람들이 공포나 우스꽝스러운 이기심 때문에 품게 되는 생각이다.

아인슈타인은 취리히에서 영주권을 신청할 때(그는 말년에 다른 나라들에서도 영주권을 신청했다), '종교'란에 '무교'라고 적었다. 당시에 그런 단어는 상당히 논쟁적인 표현이었으므로(오늘날에도 많은 나라에서 논란이 된다), 대담하지만 정직했던 그 행동 때문에 그는 여러 번 곤란을 겪어야 했다.[123]

기성 종교계에서 이 위대한 과학자가 종교를 믿었다는 '증거'로 흔히 꺼내는 아인슈타인의 명언은 이것이다. "종교 없는 과학은 절름발이고, 과학 없는 종교는 장님이다."

그러나 아인슈타인은 이런 자극적인 표현에서 '신'에 대한 믿음이나 근거 없는 신념에 대한 존중 등 그 어느 입장도 밝히지 않았다. 그보다는 살고 있는 우주를 이해하고 싶어 하는 사람들의 원초적 충동을 이야기하고 우주를 이해할 수 있다는 개인적 신념을 밝혔다. 그런 명언이 나오게 된 맥락을 살피기 위해 그 내용이 담긴 아인슈타인의 의미심장한 회고록 《나의 노년의 기록들Out of My Later Years》의 관련 부분을 소개하겠다.

과학은 진리와 지식을 향한 열망으로 충만한 사람들에 의해서만 연구될 수 있다. 그런데 그런 열망은 종교에서도 일어날 수 있다. 여기에는 실제 세계에 유효한 규칙이 합리적일 수 있다는, 즉 그 규칙을 이성으로

명료하게 생각하는 법

이해할 수 있다는 믿음이 포함된다. 나는 깊은 믿음이 없는 진정한 과학자를 상상할 수 없다. 이것을 은유적으로 표현하면 이렇다. 종교 없는 과학은 절름발이고, 과학 없는 종교는 장님이다.

여기에서 아인슈타인은 신이 알기 쉬운 방법으로 우주를 창조했다는 기성 종교의 주장을 과학 이론의 탄생과 '신'의 작품을 이해하겠다는 인간 목표의 전조로 볼 수 있다고 말하고 있다. 그러나 이것이 그런 신이 정말 존재한다거나 아인슈타인이 신의 존재를 믿었다는 의미는 아니다.

사실 시간이 갈수록, 아인슈타인은 자신의 말을 종교적 목적으로 왜곡하는 사람들이 점점 거슬리기 시작했다. 1953년 7월에, 그는 한 침례교 목사로부터 성경 내용을 잔뜩 인용해서 쓴 감사 편지를 받았는데, 거기에서 그 목사는 불멸하는 영혼과 창조자와의 관계를 숙고해본 적이 있는지, 사후 세계를 확신하는지 등을 물었다. 아인슈타인은 이 편지의 여백에, 직접 영어로 이렇게 적었다. "나는 인간의 불멸을 믿지 않으며, 윤리는 초인적 권위가 없는 인간만의 문제라고 생각한다." 그가 그 목사에게 답장을 보냈는지는 알려지지 않았다.[124]

아인슈타인이 기성 종교에 점점 실망하는 모습은 그의 편지에 분명하게 드러난다. 가령 1954년에, 아인슈타인이 종교인이었다는 글을 읽은 한 이탈리아인 무신론자가 사실 여부를 확인하기 위해 아인슈타인에게 편지를 보냈고, 아인슈타인은 이렇게 답장했다.

제가 종교인이라는 글은 당연히 거짓말이며, 그 거짓말은 체계적으로 반복되고 있습니다. 저는 인격적인 '신'을 믿지 않으며, 이 사실을 부인한 적이 없고 분명하게 밝혀왔습니다. 만약 제 안에 종교적이라 부를 만한 무언가가 있다면, 그것은 과학이 밝혀낸 세상의 구조에 대한 무한한 존경심일 겁니다.

같은 해에, 이해는 아인슈타인이 사망하기 불과 1년 전이었는데, 그는 철학자 에릭 구트킨트Eric Gutkind에게 이런 편지를 썼다.

내게 '신'이라는 단어는 인간의 나약함을 드러내는 표현이자 그 산물이라는 의미밖에 없다. 성경은 영광스럽지만 대단히 유치하고 원시적인 전설의 모음집이다. 성경을 아무리 치밀하게 해석한다 해도, (나의) 이런 생각을 바꾸지는 못할 것이다. … 다른 모든 종교처럼, 유대교도 대단히 유치한 미신들을 구체화한 것이다.

아인슈타인이 20세기 최고 과학자라는 사실에는 이론이 거의 없으며, 바로 그런 이유 때문에 모든 종교 집단은 그런 탁월한 인물을 자기 쪽 사람이라고 주장할 수만 있다면 크게 도움이 되리라 생각했을 것이다. 그러나 앞에서도 봤듯이, 아인슈타인이 종교인이었다는 주장은 전혀 근거가 없다. 물론 곳곳에 전통 종교를 믿는 과학자들이 있기는 하다(과학적 업적이 뛰어날수록 그런 과학자의 비율은 급감한다). 어쨌든 아인슈타인은 거기에 속하지 않았다.

아인슈타인은 1921년에 노벨 물리학상 수상자로 결정되었으나 실제로 상은 1922년에야 받았고, 공로를 인정받은 업적도 유명한 상대성 이론이 아니라 잘 알려지지 않은 "광전 효과 법칙"의 발견이었다. 아이러니하게도 노벨상 위원회가 밝힌 수상 이유를 보면, 그들이 아인슈타인의 가장 위대한 업적을 이해하지 못했다는 사실이 드러난다.

"광전 효과 노벨상"에 얽힌 이상한 이야기는 1905년에 시작되었는데, 그해에 갓 박사학위를 받고 철저히 무명이었던 아인슈타인은 (스위스 특허청에서 하급 관리로 일하면서) 직접 생각해낸 절묘한 유추에 의해, 빛이 파동이 아니라 입자(그는 이것을 '광양자'라고 불렀다)라고 주장하는 논문을 썼다. 이 젊은 특허청 3급 심사관의 대담한 주장은 당시 물리학자들이 신성시 여기던 빛 이론과 정면으로 부딪혔고, 제임스 클라크 맥스웰의 심오한 전자기 방정식과 완벽하게 모순되었는데, 빛 이론과 맥스웰 방정식은 모든 물리학 법칙이 그래왔듯 전 세계 물리학자들에게 확인받은 것이었다. 결국 수년간 아무도 아인슈타인의 이 뻔뻔한 광양자 가설을 진지하게 받아들이지 않았다.

1905년 논문에서 아인슈타인은 빛의 성질에 대해 전통을 무너뜨리는 추측을 했을 뿐만 아니라 그 추측을 영리하게 **이용**해 금속에 빛을 쏘았을 때 전자가 어떻게 튀어나오는지를 예측했다. 이것이 바로 '광전 효과'였는데, 당시에는 소수의 전문가만 일부 내용을 알았을 뿐 깊이 연구하는 사람도 없고 이해하는 사람도 매우 적었다. (일정한 진동수 이상의 빛을 쏘았을 때) 방출되는 전류량을 계산한 아인슈타인의 시도는 수학적 정밀성을 공격받을 수 있는 대담한 예측이었지만, 이는 거의 알려지지 않은 광전 효과를 자세히 검토하다 보면 광양자 가설이 입증될 것이라고 동료들에게 은근한 암시를 보내는 일이었다.

1912년 즈음, 캘리포니아 공과대학의 유명 물리학자 로버트 밀리

12. 우리 시대 세속주의자: 경외감, 정치, 종교에 관하여

컨Robert Millikan은 아인슈타인이 예측했던 광전 효과 현상을 마침내 실험으로 증명했다. 밀리컨이 수년간 힘들게 연구한 결과를 발표했을 때, 아인슈타인의 예측이 당당하게 시험을 통과했음이 증명되었다. 즉, 그의 예측은 완벽하게 들어맞았다. 이는 밀리컨과 아인슈타인 모두에게 위대한 승리였다. 그런데 그 후에 밀리컨은 아주 이상한 의견을 덧붙인다. 밀리컨은 아인슈타인의 **예측**이 나오게 된 **기본 아이디어**, 즉 광양자 가설은 너무나 터무니없기 때문에, 그의 예측이 입증되었다는 사실이 놀랍다고 말했으며, 광전 효과에 의한 불가사의한 현상은 여전히 타당한 과학적 설명을 기다리고 있다고 결론 내렸다. 심지어 아인슈타인 본인도 결국 광양자 가설을 포기했다고 (근거도 없이) 뻔뻔하게 주장했다.

그로부터 7년 후인 1921년에도 **여전히** 광양자 가설을 믿는 물리학자는 지구에서 아인슈타인밖에 없었다. 모든 물리학자가 아인슈타인의 광전 효과는 옳다고 인정하면서, 아이러니하게도 그 이론이 나오게 된 배경에는 관심을 두지 않았다. 그러니 노벨상 위원회가 아인슈타인을 수상자로 지명하면서 오직 "광전 효과 법칙의 발견"만 수상 이유로 밝힌 것은 대단히 소심한 행동이었다. 아인슈타인의 위대하고 **강력한** 발견은 빛이 입자로 이루어져 있다(이것은 **혁명적인** 발견이었다!)는 내용이지, 광전 효과 예측은 그리 중요하지 않은 발견이었으며, 어쨌든 그것도 광양자 가설에서 도출된 것이니 말이다. 당시 물리학자들의 태도는 오늘날에도 거의 이해하기 어렵다.

아인슈타인은 늘 자신의 광양자 가설을 "내가 생각해낸 가장 혁명적인 아이디어"라고 말했지만, 그가 받은 노벨상은 그 업적이 아닌,

거기에서 평범하게 도출된 전혀 혁명적이지 않은 가설 덕분이었다. 아이러니가 아닐 수 없다.

그리고 (마지막으로 덧붙일 내용으로) 1923년에 아서 홀리 콤프턴Arthur Holly Compton이 원자에 빛을 쏘았을 때 전자가 튀어나오는 현상을 연구하던 중 맥스웰 방정식으로는 설명할 수 없지만 아인슈타인의 광양자 가설과는 완벽하게 일치하는 신비한 현상을 발견했다. 이 '콤프턴 효과'는 수많은 실험실에서 반복 및 확장 실험을 거쳤고, 그 결과 전 세계 물리학자의 의견은 빠르게 바뀌기 시작했다. 곧이어 모든 전문가가 광양자 가설을 믿게 되었다.

1926년에 좀 더 기억하기 쉬운 '광자'라는 용어가 등장함에 따라 아인슈타인의 기발한 용어 '광양자'는 유물이 되었다. 오늘날 광자는 흔한 단어가 되었으며, 누가 '빛의 입자성'을 언급하더라도 아무도 놀라지 않는다. 과학의 발전이란 이런 것이다. 한때는 전문가도 믿지 않을 정도로 과격했던 아이디어가 점점 널리 받아들여지다 마침내 초등학생도 다 아는 지식이 된다.

오늘날의 세속주의자

오늘날 전 세계에서 저명한 학자와 유명인들이 세속적 휴머니즘을 지지한다. 철학자로는 레베카 골드스타인, 스티븐 핑커, 대니얼 데닛, 피터 싱어Peter Singer, 앤서니 그레일링Anthony Grayling, 미셸 옹프레 Michael Onfray, 스티븐 로 등이 있고, 과학자로는 스티븐 와인버그Steven

Weinberg, 에드워드 윌슨E. O. Wilson, 리처드 도킨스, 샘 해리스Sam Harris, 짐 알칼릴리Jim al-Khalili, 브라이언 콕스Brian Cox 등이 있다. 또한 유명 작가로는 움베르토 에코Umberto Eco, 바버라 에런라이크Barbara Ehrenreich, 카롤린 푸레스트Caroline Fourest, 살만 루슈디, 앨리스 워커Alice Walker, 조이스 캐럴 오츠Joyce Carol Oates, 월레 소잉카Wole Soyinka, 타슬리마 나스린Taslima Nasrin, 필립 풀먼Philip Pullman, 아얀 히르시 알리Ayaan Hirsi Ali 등이 있다. 물론 이들 외에도 많은 세속적 휴머니스트가 있다.

의사 겸 작가인 타슬리마 나스린은 1962년에 방글라데시에서 태어났으며, 수년간 이슬람 세계에서 여성 인권과 세속주의 원칙을 위해 싸웠다. 그녀는 1994년까지 방글라데시에서 활동을 벌이다가, 반복적인 살해 위협 때문에 고국을 떠나야 했다. 지금도 경호원의 보호를 받고 있으며, 그런 위험에도 불구하고 세속주의 전파를 위해 저술, 여행, 강연 활동 등을 계속하고 있다.

나스린의 책들 중 몇 권은 무슬림이 다수인 나라에서 소수 종교인이 받는 억압을 다룬다. 1993년에 그녀가 방글라데시 신문에 그런 주제로 글을 기고했을 때, 무슬림 근본주의자들의 분노를 유발했고, 이들은 그녀에게 사형을 선고해야 한다고 요구했다. 그때 이후 나스린은 어쩔 수 없이 고국을 떠나야 했고, 한때 스웨덴에도 거주했었다. 최근에는 인도에 살고 있는데, 여전히 근본주의자들의 위협을 받고 있다.

미국 철학과 교수인 대니얼 데닛은 종교란 진화에 의한 특수한 정신 과정의 결과로서 하나의 순수한 자연 현상이라고 주장했다. 그의 연구는 이런 단순한 질문에서 시작한다. "종교는 왜 존재하는가?"

물론 그에 대한 답도 질문만큼이나 아주 단순하다. 굴복과 복종, 맹목적 숭배를 요구하는 신이 **실제로** 있다고 인정하기 때문이다. (세상을 창조했지만 그 이후의 과정에 간섭하지 않거나 어떻게 창조되었는지 밝히지 않고 세상이 알아서 돌아가도록 내버려두는 신을 충분히 상상해볼 수 있다. 그러나 인간과 관계를 맺는 신들은 늘 인간사에 얽히기 마련이고, 자신의 대리 기관[교회, 모스크, 사원 등]을 세우기 위해 지상으로 내려오며[혹은 올라오기도 하며?], 아들이든 누구든 후계자를 세우는 등의 일을 한다. 이렇게 인간처럼 평범한 행동을 한다는 점은 신을 인간의 발명품으로 보는 주장의 근거로 충분하지 않은가?)

물론 데닛의 질문은 **다른** 상황(즉, 신이 **없는** 경우)도 가정해서 생각해볼 필요가 있다. 여기에서의 질문은 세상에 존재하는 종교를 어떻게 설명할 수 있는가이다. 이 질문에 대한 답이 데닛의 책《주문을 깨다: 우리는 어떻게 해서 종교라는 주문에 사로잡혔는가?Breaking the Spell: Religion as a Natural Phenomenon》의 핵심 주제다. 데닛은 이렇게 썼다.

내 말은 종교가 초자연적이라기보다 자연적이고, 사건, 유기체, 사물, 구조, 양식 등으로 구성된 인간적인 현상의 일종이며, 모든 것이 물리학이나 생물학의 법칙을 따르므로 기적 같은 것은 일어나지 않는다는 뜻이다. 그러니까 이렇다. 인간을 사랑하는 전지전능한 창조자인 '신'이 정말로 존재할 수는 있지만, 종교 자체는 완벽하게 하나의 복잡한 자연 현상이라는 것이다.

미국의 심리학과 교수인 스티븐 핑커는 자신의 주된 관심사인 새로운 계몽주의의 필요성을 역설한 글에서, 일부 학문 분야와 문화 토

12. 우리 시대 세속주의자: 경외감, 정치, 종교에 관하여

론에 만연한 반과학 운동과 포스트모더니즘을 걱정했다. 흔히 휴머니스트들은 과학적 사고를 지지하는 사람들을 '과학만능주의scientism' 옹호자라며 호되게 비난한다. (과학만능주의는 과학이 만물에 대한 지식을 제공하며 전 세계의 모든 문제를 해결할 수 있다는 과장되고 독단적이기까지 한 신념을 가리키는 경멸적인 용어다.) 그런데 핑커는 '과학만능주의'라는 개념을 기꺼이 수용해 이를 긍정적으로 해석했다.

> 과학만능주의는, 좋은 의미에서, '과학자'라는 직업군에 속한 사람들이 특별히 현명하거나 고상하다고 생각하는 태도가 아니다. 오히려 공개 토론, 동료 평가, 이중 눈가림 테스트 등을 포함하는 과학적 방법은 인간으로서 과학자들도 범할 수 있는 오류와 과실을 확실히 막기 위한 수단이다. 과학만능주의는 지금 있는 과학적 가설이 전부 참이라는 의미가 아니다. 과학 분야는 예측과 반박이 순환하는 곳으로, 새로운 가설 대부분은 아직 참이 아니다. 과학만능주의는 인문학을 점령하려는 의도가 없다. 과학을 통해 인문학이 사용할 지적 도구의 양과 질을 높이려는 것이지 인문학을 무너뜨리려는 것이 아니다. 또한 과학만능주의는 오직 물질만 존재한다고 주장하는 도그마도 아니다. 과학자 자신도 수학적 진리, 논리적 이론, 직업적 가치관 등을 포함해 무형의 정보에 몰두한다. 이런 관점에서, 과학은 철학, 이성, 계몽주의 휴머니즘과 동류이다.[125]

그러나 핑커는 종교적 세계관에 대해서는 신랄하게 비판했다. (같은 논문)

명료하게 생각하는 법

우선 과학은 전 세계의 전통 종교와 문화의 신념 체계(생명, 인간, 사회의 기원에 관한 이론들)가 잘못된 사실에 근거한다는 점을 보여준다. 현생 인류가 농업을 발전시키고 국가를 세웠으며 나중에는 글을 발명한 아프리카 영장류에 속한다는 사실을 우리는 알지만 우리 조상들은 몰랐다. 또한 우리는 최초 생명체가 약 40억 년 전에 생물 발생 이전의 화학 물질에서 탄생했고, 인간이라는 종은 생명체 전체 계보에서 아주 작은 일부에 해당한다는 사실도 안다. 우리가 사는 행성은 우리 은하에 있는 천억 개 별 중 하나의 주위를 돌고 있고, 우리 은하는 138억 년 된 우주에 있는 천억 개의 은하 중 하나이며, 이 우주는 어쩌면 무수한 우주 중 하나일지 모른다. 우주, 시간, 물질, 인과성 등에 대한 우리의 직관은 대단히 크거나 대단히 작은 실재의 본질에는 맞지 않다. 물질계(사고, 질병, 각종 불행한 사건이 일어나는 공간)를 지배하는 법칙은 인간의 행복을 고려하지 않는다. 운명, 섭리, 카르마, 주문, 저주, 점, 천벌, 기도 응답 같은 것은 존재하지 않지만, 확률 법칙에 대한 오해로 사람들은 그런 일들이 일어난다고 믿는다. 또한 사람들이 늘 그런 것들을 믿었던 것은 아니고, 오늘날의 신념을 포함해 모든 시대와 문화에서 사랑받은 신념은 거의 틀림없이 조작되었다는 사실도 우리는 안다.

바꿔 말하면, 오늘날 교육받은 사람의 도덕적·정신적 가치관을 지배하는 것은 과학적 세계관이다.

또한 핑커는 《우리 본성의 선한 천사The Better Angels of Our Nature》에서, 수백 년간 세속주의와 교육이 발달하고 물질적으로 풍요로워지는 동안, 실제로 인간의 폭력성과 잔인함은 약화되었다는 사실을 증명했다.

영국의 작가이자 진화 생물학자인 리처드 도킨스는 우리 시대에 가장 신랄한 종교 비판가로 유명하다. 그는 《만들어진 신The God Delusion》에서 전 세계 종교 사상과 그것이 세상에 미치는 영향을 가차 없이 공격했다. 또한 《현실, 그 가슴 뛰는 마법: 종교, 신화, 미신에 속지 말라! 현실을 직시하라!The Magic of Reality: How We Know What's Really True》에서는 각종 미신을 나열하고 관련 현상들을 과학적으로 설명했다. 2013년에 잡지 《산스Sans》와의 인터뷰에서, 그는 진화 생물학적 관점에서 종교 현상을 이렇게 설명했다.

나는 그것(종교)이 특정한 심리 경향의 산물이라고 생각한다. 종교가 진화적 장점이 있기 때문에 발달된 인간의 특성이라고는 생각하지 않는다. 종교인은 비종교인보다 걱정이 적어서 궤양이 덜 생기기 때문에 더 오래 산다고 생각할 수는 있겠지만, 그런 종교론이 열렬하게 지지받을 것 같지는 않다. 종교적인 사람은 권위자에게 복종하는 경향이 있기 때문에 심리적으로 유리한 면이 있는 것 같다. 세상은 위험하고 어린아이는 연약하기 때문에, "부모님 말을 믿어!"와 같은 타고난 경험 법칙이 자연 선택에서 선호되는 이유를 쉽게 알 수 있다. 가령 아프리카에서 어떤 부모가 "뱀을 만지면 안 돼!"라고 말하는 건 그것이 생존에 도움이 되기 때문이다. 그런데 나중에 부모가 "염소를 제물로 바쳐야 흉작이 들지 않아"라고 말한다면, 그 아이의 뇌는 실용적인 조언과 어리석은 조언을 구분하지 못한다. 그 아이의 뇌는 부모의 말이면 무엇이든 믿도록 프로그램되어 있기 때문에, 컴퓨터가 외부 바이러스의 공격에 취약하듯, 무의미한 생각의 공격에 본질적으로 취약할 수밖에 없다. 컴퓨터는 지시자의 명령을 맹목적으로 따르는 기계이며, 당연히 그렇게 해야 한다. 그러나 바로 그런 이유로, "이 사람의 하드 디스크를 파괴하고 이 바이러스 프로그램을 다른 컴퓨터로 복사해!"라고 지시하는 바이러스에 본질적으로 취약하다. 나는 종교가 컴퓨터 바이러스와 비슷하다고 생각한다.

최근 리처드 도킨스는 세속화와 과학 발전을 위한 연구에만 거의 매달리고 있다. 2006년에 그는 '리처드 도킨스 과학 이성 재단Richard Dawkins Foundation for Science and Reason'을 설립했다. 여기에서는 계몽주의를 지지하고 세속적인 사상을 널리 알리고자 하는 사람들을 위한 온라인 모임을 연다.

우리 시대의 또 다른 종교 비판가는 작가 겸 기자로 활동한 크리스토퍼 히친스Christopher Hitchens(1949~2011)이다. 그의 책《신은 위대하지 않다God Is Not Great: How Religion Poisons Everything》는 근래 나온 가장 영향력 있는 종교 비판서 중 하나다. 히친스는 종교가 전 세계의 각종 정치 분쟁에 침투해 독을 퍼뜨린다고 주장했으며, 이 때문에 수많은 적으로부터 "공격적인 신무신론자neo-atheist"라 불렸다. 그는 책에 이렇게 썼다.

2001년 9월 11일 테러가 일어나기 한 주 전에, 나는 미국의 유명 방송인이자 종교인인 데니스 프래거Dennis Prager가 진행하는 프로그램에 패널로 참석했다. 그는 "예, 아니요로만 답하는 질문"에 공개적으로 대답해 달라고 내게 요청했고, 나는 흔쾌히 동의했다. 그가 좋습니다, 하고 시작했다. 나는 저녁 무렵 낯선 도시에 있다는 상상을 해야 했다. 내 쪽으로 한 무리의 남성이 다가오고 있었다. 그들이 막 기도 모임을 마치고 나온 사람들임을 알았다면, 나는 안심할까, 불안해할까? 독자들도 알다시피, 이것은 예, 아니요로 답할 수 있는 질문이 아니다. 나는 그 질문에 상상해서 답할 필요가 없었다. "그저 'B'라는 알파벳만 떠올리면 되는데, 실제로 저는 벨파스트, 베이루트, 봄베이, 벨그라드, 베들레헴, 바그다드에서 그런 경험을 했습니다. 그런 상황이라면 한 무리의 남성이 종교의식을 치르고 나온 것을 알았다고 하더라도, 저는 즉시 위협을 느낄 것이라고 확실히 말할 수 있으며, 그 이유도 댈 수 있습니다."

뒷부분에는 그런 장소들에서 목격한 장면이 묘사되어 있다. 예를 들어, 북아일랜드의 수도 벨파스트에 관한 내용은 이랬다.

벨파스트에서 나는 기독교 종파들 사이에 벌어진 전쟁으로 온 거리가 불에 탄 모습을 봤고, 그저 종파가 다르다는 이유로 친척과 친구가 경쟁 종파의 암살단에게 납치, 고문, 살해된 사람들을 인터뷰했다.

레바논 수도인 베이루트에 대해서는 이렇게 썼다.

그해(1982) 이스라엘의 레바논 침공도 헤즈볼라Hezbollah 창설을 자극했으며, 아랍어로 '신의 정당'이라는 점잖은 이름의 헤즈볼라는 시아파 하층민들을 움직여서 3년 전에 권력을 잡은 이란의 정교일치 독재정권 밑으로 들어갔다. 우리가 납치 사업과 조직범죄의 연계 방식을 알게 된 곳

도, 이슬람교도들이 우리에게 자살 폭탄 테러의 숭고함을 설명해준 곳
도 모두 아름다운 레바논이었다. 프랑스 대사관 주변 거리에는 참수된
머리가 흩어져 있었다. 주로 나는 기도 모임이 끝났을 때 길을 건넜다.

크리스토퍼 히친스의 글들은 상당히 불편하다. 그의 종교관은 거
칠고 비논리적이기 때문이다. 그는 인생의 대부분을 각종 종교와 전
체주의 이념을 비판하는 데 바쳤다.

히친스는 식도암으로 고생하다 2011년에 62세를 일기로 사망했
다. 그는 스스로를 무신론자(신을 믿지 않는 자)가 아닌 **반신론자**(신에 반
대하는 자)로 칭했다. 그는 마지막 책인《피할 수 없는 죽음Mortality》에서
암과의 싸움을 생생하게 묘사했다. 늘 그랬듯이 풍자와 블랙 유머를
곁들여 그는 이렇게 썼다.

《왜 믿음이 중요한가Why Faith Matters》의 저자이며 로스앤젤레스의 대형
유대교 교파 지도자이자 랍비인 데이비드 울프David Wolpe도 같은 말을
했다. 나는 울프와 토론회에 참여한 적이 있는데, 그 자리에는 뉴 세인
트 앤드루 칼리지의 더글러스 윌슨Douglas Wilson 목사와 앨라배마 버밍
햄 소재 '픽스드 포인트 재단Fixed Point Foundation'의 래리 톤턴Larry Taunton
등 몇몇 보수적인 개신교 복음주의자가 있었다. 윌슨과 톤턴은 자기네
모임에서 나를 위해 기도하고 있다며 내게 편지를 보내왔다. 그때 이런
답장이 떠올랐다. 뭘 위해 기도하시는지……?
윌슨 목사는 내 소식을 듣고 세 가지를 위해 기도한다고 말했다. 첫째는
내가 병을 이겨내기를, 둘째는 내가 회개하기를, 셋째는 그 과정에서 우

리가 교류하기를 바란다고 했다. 그러면서 세 번째 기도는 이미 응답을 받았다고…… 짓궂게 덧붙였다.

수많은 세속주의자와 무신론자 친구들은 잘난 척하는 말로 이렇게 격려했다. "누구나 이길 수 있으니, 당신도 할 수 있어요." "암은 당신 같은 사람을 이길 수 없어요." "당신이 이것을 극복하리라 믿어요." 기분이 나쁜 날, 아니 심지어 기분이 괜찮은 날이라도 그런 충고는 묘하게 사람을 우울하게 한다. 내가 세상을 떠나면, 이 친구들은 실망하겠군. 또 이런 질문도 떠올랐다. 만약 내가 병을 이겨내고 그 경건한 사람들이 자신들의 기도가 응답받았다고 주장한다면 어떻게 될까? 그건 좀 짜증날 거 같다.

기독교 옹호자 중 가장 지적인 블레즈 파스칼은 한참 과거인 17세기에 신의 존재에 관한 자신의 핵심 사상을 도박으로 단순화해서 설명했다. 그는 신을 믿으면 모든 것을 얻게 된다고 주장했다. 그러나 천국의 선물을 거절하고 내기에도 지면 모든 것을 잃는다. (일부 철학자는 이것을 '파스칼의 갬빗Pascal's Gambit'이라 부른다.)

그가 논문에 소개한 모든 추론은 기발했는데(그는 확률론의 창시자 중 하나였다), 파스칼은 냉소적인 신과 비열한 기회주의자로서의 인간을 가정한다. 만약 내가 마지막 순간에 호의를 얻을 수 있으리라는 희망에 평생 고수했던 원칙을 버린다면? 진지한 사람이라면 그런 야비한 선택에 감동받지 않기를 바라고 또 그러리라 믿는다. 한편, 그런 비겁하고 부정직한 사람에게는 보상을 하고, 타협할 수 없어 의심하는 사람은 벌하는 신은 내가 믿지 않는 많은 신 중에도 있다.

코미디언 리키 저베이스Ricky Gervais는 농담하듯 종교를 조롱하는데, 간혹 이것이 여러 사람을 자극했다. 그는 트위터에 이런 의견을 달았다.

성경은 사랑이 많은 하나님이 아닌, 거의 인종주의자, 성차별주의자, 동성애혐오자, 폭력적이고 성적으로 욕구 불만인 남성들이 쓴 것처럼 보인다. 한마디로 기괴하다.

다른 글에서는 이런 재치 있는 객관식 문제도 올려놓았다.

하나님이 끔찍한 일들을 막지 않는 이유가 무엇일지 골라보라.
(1) 그럴 능력이 없어서 (2) 그러고 싶지 않아서 (3) 자기가 일으켰으니까
(4) 존재하지 않으니까

코미디언 빌 마허Bill Maher, 스티븐 프라이Stephen Fry, 에디 이자드 Eddie Izzard, 마술사 제임스 랜디James Randi, 음악가 팀 민친Tim Minchin 등 수많은 유명 문화인이 다양한 장소에서 세속주의를 지지하는 뜻을 공개적으로 밝히고 있다. (팀 민친은 오스트레일리아 출신의 피아니스트, 가수, 작곡가, 예술가로, 종교와 뉴에이지 운동, 사이비 과학 등에 관한 훌륭한 영상을 만들기도 했다. 그의 영상은 내 웹사이트[www.sturmark,se/storm]에서 볼 수 있다.)

21세기가 시작되고 처음 몇 년간은 확실히 세속주의라는 이상이 긴급하고 절실한 주제였다. 2001년 9월 11일에 세계무역센터가 무너진 후부터, 점점 더 많은 사람이 세속주의의 필요성을 절감하게 되었

12. 우리 시대 세속주의자: 경외감, 정치, 종교에 관하여

다. 세속주의를 지지하는 수많은 유명인의 이름은 내 웹사이트(www.sturmark.se/sekulararoster)에서 확인할 수 있다.

물론 종교를 믿지 않는 사람 중에도 종교와 도덕이 밀접하다고 믿는 사람들이 아직 있다. 그 적절한 사례를 제시하자면, 스웨덴에서는 초중등 교육 과정에서 종교와 윤리학을 같은 수업 시간에 가르치며, 이를 '종교 교육'이라 부른다. 이 문제는 뒷장에서 다시 다룰 예정이다.

윤리학자 비르이타 포르스만은 《신 없는 도덕》에서 종교 율법과 무관한 도덕에 관해 이렇게 설명했다.

종교심과 나눔, 그리고 아마도 음악에 대한 사랑 같은 것들이 모두 사회가 발달하기 전에 인간의 생존에 도움을 주었을 것이다. 나누려는 마음은 집단을 결속시켜서, 우리 조상들처럼 경쟁자들(가령, 네안데르탈인)을 물리칠 수 있게 했다. 반면에 종교심은 우리의 진화를 방해했을지 모르겠다. 종교심에 필요한 것은 오직 생존을 위협하지 않을 정도의 환경이기 때문이다. 그러나 지금은 상황이 달라진 것 같다. 핵무기와 레이저 광선 같은 고도의 기술을 가진 세상에서는 우리에게 특정 행위를 명령하는 신들에 대한 환상이 오히려 우리의 생존을 위협할지 모른다.

언젠가 내가 유명 스웨덴 배우인 스텔란 스카르스고르드Stellan Skarsgård에게 '신'의 존재에 관한 문제로 고심했던 적이 있냐고 물었을 때, 그는 이렇게 답했다.

아니요. 저는 그 모든 이야기가 터무니없고 재미도 없다고 생각하는데,

만약 선한 신이 있다면, 그가 내 행동을 모두 관찰하고 평가할 수 있을 것이고, 그가 사람들이 자신에게 기도해주길 바랄 정도로 허영심이 강하다면, 그는 사람들의 기도를 받을 자격이 없기 때문입니다. 나는 '신'이 존재한다는 증거가 나오기 전까지 그의 존재를 믿지 않을 겁니다. 내게 '신'은 산타클로스나 다름없어요. 나는 '신'의 존재에 관한 문제로 고민할 필요가 없다고 생각하지만, 그렇다고 우리가 볼 수 있는 것만 존재한다고는 생각하지 않습니다. 사실 실재를 지각할 수 있는 능력은 대단히 제한적이죠. 그 능력은 인간이 60여 명 정도의 작은 무리를 이루어 수렵 채집 생활을 하던 시절에 진화되었어요.

수많은 동물은 생존하기 위해서 반드시 봐야 할 것만 봅니다. 그건 우리 감각 기관도 마찬가지예요. 우리가 모든 것을 지각할 수는 없어요. 제가 밀로스 포르만Milos Forman(체코 출신의 미국 영화감독)에게 나는 무신론자라고 말했더니 그가 이렇게 답하더군요. "신비한 감정을 모두 포기한다면 삶이 너무 초라할 텐데요!" 저는 신비한 감정을 포기한 것은 오히려 종교라고 말했어요. 그게 바로 종교의 문제예요. 놀랍고 불가해한 세상 만물을 2천 년 전 청동기 시대로 축소해버리니까요. 그게 신비를 부정하는 것이 아니면 뭘까요? 저는 대답 없는 질문에 열광합니다. 당연히 우리는 할 수 있는 만큼만 이해하려 해요. 그러나 이해하지도 못한 채 다짜고짜 '신'을 생각한다면, 글쎄, 그게 바로 신비에서 멀어지는 행동이 아닐까요.[126]

19세기부터 21세기까지 세속주의 지지자들의 발언에 관심 있는 독자들에게 S. T. 조시Sunand Tryambak Joshi가 엮은 《불신의 아이콘:

12. 우리 시대 세속주의자: 경외감, 정치, 종교에 관하여

무신론자, 불가지론자, 세속주의자Icons of Unbelief: Atheists, Agnostics, and Secularists》(Greenwood Press, 2008)를 강력 추천한다. 이 책에는 지그문트 프로이트, H. P. 러브크래프트Howard Phillips Lovecraft, 아얀 히르시 알리 Ayaan Hirsi Ali, 리처드 도킨스, 칼 세이건, 마크 트웨인Mark Twain 등 여러 유명인의 생각이 담겨 있다.

막간글 - 순간 이동과 죽음에 대한 공포

〈스타 트렉Star Trek〉이라는 드라마를 기억하시는지?

드라마에 나오는 엔터프라이즈 호에는 순간 이동 장치가 있는데, 이 장치를 이용하면 당신(혹은 모든 사람)은 몸이 원자 단위로 해체됐다 가 다른 장소에서 재조립되는 방식으로 장소를 이동할 수 있다.

우리는 물체가 원자로 이루어져 있고, 특정 원소를 이루는 원자는 모두 동일하다는 사실을 안다. 만약 어떤 물체의 원자 배열 구조를 완 벽하게 분석할 수 있다면, 그 물체의 원자들을 하나하나 다른 장소로 옮겨서 원래 모습으로 정확히 재구성할 수 있다. 그러면 원본과 완전 히 똑같은 물체가 생기게 되는 것이다. 우리든 혹은 누구든 그 둘을 구분할 방법은 없다.

그런데 재구성되는 물체가 사람이라면? 만약 우리가 철학적 물질 주의 관점에서 인간을 바라본다면, 좀 전에 이야기했던 내용을 인간 에게도 적용해야 할 것이다. 그런데 순간 이동 장치는 정말로 사람을 이동시킬 수 있을까? 인간도 물체에 불과하다는 주장을 우리가 받아들일 수 있을까? 말이 쉽지 그런 주장을 믿기란 어렵다. 사고 실험을 하나 해보자.

미래의 어느 날, 당신이 안전하게 두 공간 사이를 순간 이동할 수 있게 되었다고 상상해보자. 이런 일이 가능하려면 먼저 당신의 몸 안에 있는 모든 원자의 정보(형태, 정확한 위치 등 모든 정확한 정보)가 거대한 기억 장치에 기록된 후, 그 원자들이 파괴된다. 그런 다음, 다른 장소에서 그와 똑같은 원자들이 정확히 같은 방식으로 재조립된다. 그러면 당신의 몸은 새로운 장소로 이동한 것이 된다. 그리고 이런 장소 이동은 대단히 빠르고 효율적으로 진행된다.

그런데 순간 이동 장치에 누워서 당신 몸의 모든 원자가 곧 지워진다고 생각하면 죽을까 봐 두렵지 않을까?

아마 아닐 것이다. 어쨌든 당신은 다른 모든 것처럼 인간도 원자로 이루어져 있다는 사실을 확신하므로, 침착한 상태일 것이다. 또한 당신은 앞서 수천 명의 사람들이 똑같은 방식으로 순간 이동했다는 사실도 알고 있다. 다른 사람들에게 통한 방식이라면 당신에게도 그럴 것이다.

이제 여기에 한 가지 상황을 추가해보자. 당신이 장치에 누워서 순간 이동하기를 기다리는데 아무 일도 일어나지 않는다. 이때 노크 소리가 들리고, 담당자가 공손하게 장치 밖으로 나와 달라고 말한다. "죄송합니다만, 작은 문제가 하나 생겼습니다. 당신은 목적지에 안전하게 잘 도착하셨고, 그쪽에는 아무 문제가 없습니다. 그런데 이쪽에 문제가 발생해서, 지금 당신은 두 명인 상태입니다. 그러니까 목적지인 저쪽에 새로운 당신이 있고, 출발지인 이곳에 원래 당신이 있는 셈입니다. 물론 이런 일은 발생하면 안 되기 때문에, 지금 여기에 있는 당신은 곧 제거될 예정입니다. 복도 끝에 있는 작은 방으로 안내해 드릴 테니, 저를 따라오세요."

방 가까이 갔을 때 방문 밖에 걸린 작은 명판이 보였는데, 거기에는 "운명의 방"이라는 글자와 함께 그 아래에 웃는 얼굴 그림이 작게 그려져 있다. 담당자는 웃으며 말한다. "방 이름이 재미있지 않나요? 대부분 좋아하시더라고요. 자, 들어가시죠!"

자, 지금 기분이 어떤가? 원칙적으로는 아무 문제가 없다. 당신의 완벽한 복제본이 어딘가에 있으니까. 그러나 담당자가 당신을 그 작고 귀여운 '운명의 방'으로 안내할 때에도 기분이 괜찮았는가?

이 사고 실험은 우리가 육체와 정신을 별개의 독립체로 생각하는 것을 얼마나 어색해하는지를 보여준다. 그럼에도 불구하고, 과학은 육체와 정신이 동일하다고 분명하게 말해준다. 이따금 우리의 직관과 과학적 사실은 조화를 이루기가 어렵다.

명료하게 생각하는 법

13
계몽주의:
자유, 권리, 존경에
관하여

부조리를 믿지 않게 될 때 사람들은 악행을 멈출 것이다.

– 프랑수아 마리 아루에(볼테르)

이제는 문제를 나열하는 대신 미래를 바라보며 해법을 제시할 시간이다. 우리는 비합리적 사고, 각종 극단주의, 종교적 도그마가 만연하고 민주주의는 좌우로 나뉜 이 세상에서 어떻게 행동해야 할까?

세속적 계몽주의는 문화적 배경이나 인생철학과 상관없이 모두가 함께 평등하게 살아가는 사회에 대한 명확한 비전을 제시한다. 그런 사회는 종교와 정치를 엄격하게 구분할 것이다. 고대 예언자의 발언은 정치적, 법적 결정과 무관하다고 간주된다. 그런 결정의 토대는 신과 예언자의 말씀이 아니라 인간이 최선을 다해 생각한 것이다.

이런 세속적 민주주의 사회에서도 당연히 개인의 종교적 신념이 그 사람의 투표 행위에 영향을 미칠 수 있으며, 정치인도 종교를 영감의 원천으로 삼을 수 있다. 의원들은 개인의 신앙에 따라 특정 이슈에 대해 자유롭게 목소리를 낼 수 있다. 이는 보장받아야 할 언론의 자유다. 그런데 세속적 민주주의 사회에서는 독실한 정치인이라도 상대방을 설득하기 위해서는 **비종교적인** 주장도 할 수 있어야 한다는 사실을 깨닫게 될 것이다.

오늘날은 세속적 계몽주의를 실현하기 위해 세속적 도구들을 마음대로 이용할 수 있다. 즉, 민주주의, 교육, 과학, 기술 등 모든 도구를 사용해서 전 세계인의 삶의 조건을 개선한다는 목표뿐만 아니라 인류의 행복과 자유 증진이라는 대의도 실현할 수 있다.

보편적 권리와 인간 해방

세속적 계몽주의의 핵심 사상은 보편적 인권이다. 출신이나 문화에 상관없이 모든 인간에게 동일한 기본권을 부여해야 한다. 이는 이론상 타당한 말인데, 실제로는 어떤 의미일까?

먼저 이것이 과학이 아니라 가치와 관련된 문제라는 사실에 주목해야 한다. 그런 정책이 고통을 덜고 자유와 평등을 확대하는 정책인지는 경험적으로 증명될 수 있지만, 그것이 **바람직한가** 하는 질문은 가치의 문제이다. 기본적으로 그것은 자기 결정권에 대한 믿음이다. 혹은 칸트의 말을 빌리자면, 계몽이란 "자초한 미성숙 상태에서 벗어나는" 일이다. 핵심은 누구나 외부의 제약에서 자유로워야 하며, 그래야 자신의 목표와 가치관에 따라 행동할 수 있다는 것이다.[127]

보편적 가치와 인권 사상은 보편적 권리를 부인하는 **문화 상대주의**와 직접적으로 충돌한다. 문화 상대주의자는 특정 문화의 도덕관이 다른 문화의 도덕관보다 '더 나을' 수 없다고 주장한다. 이들은 인간을 연결하는 것은 기본적인 생물학적 사실이며, 사람들 사이의 중요한 차이는 그들이 속한 다양한 문화로 규정된다고 생각한다. 따라서 인류를 다양한 범주로 구분할 수 있고, 이런 범주가 구성원의 필요와 욕구를 결정하고 더 나아가 구성원의 자유와 권리도 규정한다고 말한다.

이는 위험한 관점이다. 여기에서는 원칙적으로 범죄든 일탈 행위든 모두 정당화될 수 있다. 내가 속한 집단과 그렇지 않은 집단을 나누었을 때 어떤 비극이 발생하는지는 역사를 통해 확인할 수 있다. 독일의 유대인, 현대 유럽의 집시, 르완다의 투치족, 발칸 반도의 무슬림 등을 떠올려보라.

다행히도 문화 상대주의는, 적어도 과학 분야에서는 설 자리를 잃어가는 것 같다. 구체적으로 신경과학, 사회학, 언어학, 진화 심리학, 실험 경제학, 진화 인류학 등은 모두 같은 결론을 지향한다. 즉, 인류는 다양한 문화를 초월해서 단일 종이라고 말해야 옳다.

흔히 보편주의는 '제국주의적'이라거나 '서양 중심적'이라는 비판을 받는다. 그러나 이는 잘못된 관점이다. 역사를 통틀어, 모든 문화와 전통은 인간의 자유를 옹호해왔다. 보편주의는 사상의 역사 곳곳에서 발견된다. 물론 어떤 시대와 장소에서는 보편주의가 훼손되고 억압받기도 했지만, 그 자체가 서구 문화의 전매품은 아니다.

보편적 권리를 실현하기 위한 전제 조건은 **평등**에 대한 깊은 이해

13. 계몽주의: 자유, 권리, 존경에 관하여

다. 그러므로 남녀에 대한 고정관념과 사람들에 대한 각종 부당한 분류를 없애야 한다. 미국의 사회 철학자 존 롤스John Rawls(1921~2002)는 자신의 책《정의론A Theory of Justice》에서 '정의의 제1원칙'을 다음과 같이 체계화했다. (롤스는 자신의 대표작인 이 책에서, 정치 철학으로서 공리주의와 밀접한 '결과주의consequentialism' 전통에 대해 자신만의 대안을 제시한다.)

> 모든 사람은 모두가 자유를 누리는 체제와 양립하고 평등한 기본적 자유가 보장되는 가장 광범위한 체제를 평등하게 누릴 권리를 가져야 한다.

보편적 인권 보장은 계몽 사회로 가는 첫 단계일 뿐이다. 인권 보장은 화려한 말로 치장한 웅변적 선언에만 그칠 것이 아니라 진지하게 다루어야 할 주제다.

정체성의 덫

개별 인간을 간단한 이름표 몇 개로 정의할 수 있다는 생각은 중대한 오류이다. 물론 성별, 성적 지향, 나이, 피부색, 인종, 국적 같은 특징을 정체성의 **구성** 요소로 삼을 수는 있다. 그러나 그런 몇 가지 기준(혹은 그 비슷한 것들)만으로 누군가의 **다른** 특성도 예측할 수 있다는 생각은 너무나 위험하다. 성적 지향이나 인종이 같아도 다른 특성은 완전히 다를 수 있기 때문이다.

역사적으로 타인을 범주화하려는 시도는 아주 많았다. 인종 생물학, 골상학, 점성술 등은 사람들을 작은 상자에 넣어 깔끔하게 분류하고 싶은 인간의 욕망을 보여준다. 왜 우리 인간은 정체성이라는 단순한 개념을 필요로 할까? 겉보기에는 복잡하고 혼란스러운 세상을 단순하게 범주화할 수 있다면 세상을 좀 더 쉽게 다룰 수 있다고 믿기 때문이다. 그러나 실제로 그런 간단한 분류 방식은 삶을 오히려 힘들게 만들고 심하게는 더욱 위험하게 만든다.

철학자이자 경제학자인 아마르티아 센Amartya Sen은 전 세계적으로 다른 사람들에게 이름표를 달고 싶어 하는 욕구가 증가하고 있으며, 안타깝게도 그 결과는 대단히 걱정스럽다고 지적했다. 1998년에 노벨 경제학상을 받은 센은 개인 및 집단의 합리성에 관한 연구로 잘 알려져 있다. 그의 책《정체성과 폭력: 운명이라는 환영Identity and Violence: The Illusion of Destiny》은 정체성의 개념과 정체성에 지나치게 많은 의미를 부여할 때 일어나는 위험을 다룬다. 책에서 그는 겉으로 보이는 정체성이 그 사람의 감춰진 성격을 모두 드러낸다고 생각할 때 걸려드는 덫을 설명한다.

사실 사람의 정체성은 아주 다양하다. 무슬림이나 기독교인, 백인 혹은 흑인, 동성애자 혹은 이성애자, 보수주의자 혹은 급진주의자, 세속주의자 혹은 정통파 신자, 사회주의자 혹은 자유의지론자, 페미니스트 혹은 반페미니스트, 헤비메탈 애호가 혹은 바로크 이전 시대 합창곡 애호가, 체스 애호가 혹은 배드민턴 애호가, 이론 물리학자 혹은 문맹인 노숙자 등이 될 수 있다. 그리고 그 사람에게 이런 정체성 중어느 것도 다른 것보다 더 중요한 것은 없다.

물론, 사람의 정체성은 부분적으로 피부색, 성별, 성적 지향, 나이

등에 뿌리를 둔다. 혹은 종교나 정치적 가치관 같은 태도나 신념에 근거하기도 한다. 아니면 출생지 같은 환경, 모국어나 문화적 전통 같은 무선 요인random factors(표본에 따라 값이 변하는 변수―옮긴이)에 토대를 둘 수 있다. 특성, 태도, 무선 요인은 서로 섞이지 않는 별개의 영역인데, 정치와 대중 담론에서는 항상 뒤섞인다. 그런 예는 스웨덴의 차별 금지법의 첫 단락에서도 발견할 수 있다! 그 내용은 이렇다.

이 법의 목적은 각종 차별을 금지하고, 성별, 성적 정체성, 성적 지향, 인종, 나이, 장애, 자기 표현법, 종교나 다른 유형의 신념 등을 구별하지 않고 동등한 권리와 기회를 보장하는 것이다.

이 문장에는 **특성**(나이, 성별, 유전적 장애 등)과 **태도**(종교나 관점 등)가 뒤섞여 있다. 물론 어떤 영역이든 차별을 금지해야 한다는 논의는 필요하다. 그러나 특성, 태도, 무선 요인은 서로 다르므로 같은 방식으로 다루면 안 된다. 예를 들어, 다른 사람의 신념은 비판할 수 있지만, 그의 타고난 특성은 그럴 수 없다. (타고난 특성과 달리) 신념과 태도는 적어도 원칙적으로 언제든 재고되거나 바뀔 수 있다. 즉, 그것들은 비판의 대상이 될 수 있다. 만약 자신의 신앙이 다른 사람에게 부정적인 영향을 준다면, 그 사람은 그 결과에 책임을 져야 한다.

만약 어떤 법이 종교적 신념을 **특성**(즉, 고정 불변하는 성격)으로 간주한다면, 종교인은 그 법에 따라 스스로 사고할 수 없는 존재가 된다. 이런 상황에서는 성별이나 피부색, 나이의 경우처럼 자신의 종교적 신념(혹은 그로 인한 결과들)에 대해서도 책임을 질 수 없다. 만약 당신이 경전에 기록된 성차별적 교리에 따라 범죄를 저질렀다면, 당신의 행동은 종교라는 (고정 불변하는) 특성에서 비롯된 것이므로 처벌받지 않을 것이다. 그와 반대로, 종교에 대한 객관적인 비판은 법에서 금지하는 차별 행위로 간주될 것이다. 정말 터무니없는 상황이다.

이슬람교와 종교 비판

요즘 스웨덴에서 가장 뜨거운 주제는 이슬람교이다. '외래' 종교가 스웨덴 사회에 모습을 드러내자, 갑자기 스웨덴인은 '종교'라 불리는 것이 존재한다는 사실에 주목하게 되었다. 어쨌든 대부분의 스웨덴인은 스웨덴의 전통에는 종교가 없거나 조금은 기독교적일 것이라고 가정한다. 그래서 어떤 스웨덴인은 이슬람교가 '기독교 가치관'에 위협이 된다고 생각하고, 어떤 이는 이슬람교에 대한 비판 행위 자체를 두려워한다. 이슬람과 연계된 사상과 가치관에 대한 비판을 주저하는 태도는 소위 '이슬람 혐오증Islamophobic'에서 기인한다.

그러나 사실 무슬림은 세계 곳곳에 있으며, 다양한 관심사, 교육적 배경, 성적 지향, 직업, 가치관 등을 가진다. 또한 이슬람교에 대해서도 다양한 견해를 보인다. 그들이 자신과 같은 믿음과 태도를 가진 사람들을 '무슬림'으로 칭한다는 사실을 제외하면, 그들 사이에는 공통점이 별로 없다.

'모든 무슬림'이라고 일반화해서 부르는 것은 '모든 기독교인', '모든 유대인', '모든 힌두교인', '모든 세속적 휴머니스트' 혹은 특정 인생관을 우연히 공유하게 된 모든 사람을 일반화하는 것만큼 타당하지 않다. 집단 구성원의 가치관과 규범을 파악할 때는 "이 집단의 구성원(무슬림, 유대인, 기독교인, 세속적 휴머니스트 등 누구나) 중 (가령) 여성 혹은 (가령) 동성애에 대해 특정 태도를 가진 사람의 비율은 얼마인가?"와 같은 질문을 통해 조사한다.

그런 조사를 통해 우리는 '주류 이슬람교', '주류 기독교', '주류 휴머니즘'이라 부르는 것을 이해할 수 있게 된다. 그러나 오늘날에는 통계 결과를 토대로, 특히 이슬람에 대해 일반화하는 것에 저항이 있다. 심지어 이슬람교든 다른 종교든, 종교와 관련된 어떤 견해도 밝히면 안 된다고 주장하는 사람들이 있다. 이런 생각은 무슬림에 대한 편견을 줄이려는 선의의 목적에서 비롯되었을 수도 있지만, 자칫 종교에 대한 **객관적**이고 **정당한** 비판마저 의심하는 안타까운 상황으로 이어질 수 있다. 이럴 경우 종교는 정확한 정의가 없기 때문에 모든 비판에서 면제된다. 이런 태도는 건전한 대화를 막는다.

그보다 훨씬 중요한 통찰은 이것이다. 이슬람교(혹은 다른 종교)를 믿는 사람들의 신념과 가치관에 대해 타당한 통계 결과를 얻었다 하더라도, 그런 신념을 가진 개인에 대해서는 확고한 결론을 도출할 수 없다. 다양한 인생철학과 그것들의 관계에 대해 일반적인 이야기만 할 수 있다. 그러므로 우리는 조사 결과와 그 내용을 비판적으로 분석할 수 있고 분석해야 한다. 구성원들에게 직접 물어보지 않고는 무슬림(혹은 기독교인, 힌두교인, 세속적 휴머니스트) 개인이 특정 이슈를 어떻게 생각하는지 예측할 수 없다.

명료하게 생각하는 법

본질주의와 인간관

2014년 선거에서 스웨덴 민주당은 13퍼센트의 득표율을 얻었던 지난 선거보다 두 배 이상 더 표를 얻었다. 그들은 재빨리 새로 얻은 권력을 휘두르기 시작했고, 그로 인해 스웨덴 의회는 혼란에 빠졌다. 이와 비슷하게, 포퓰리즘과 민족주의가 유럽 각지에서 세력을 키우고 있다. 이런 신호는 20세기에 암울했던 유럽 역사를 연상시키기 때문에 불길하다. 이런 흐름의 근저에는 포퓰리즘과 극단주의가 토대로 삼은 잘못된 사상에 길을 터준 비합리적인 인간관이 있다.

그 사상은 인간의 본성에 대한 본질주의적 관점인데, 종교적 인간관의 기초를 형성하며 안타깝게도 포퓰리즘, 극우, 인종주의에 두루 퍼져 있다. 여기에서 인종주의는 생물학적 인종주의와 광범위한 의미에서의 인종주의, 즉 윤리나 문화나 종교를 기반으로 한 정체성 정치를 모두 포함한다.

본질주의Essentialism의 요지는 어떤 실체의 특정 속성은 **반드시** 유지되지만 다른 속성은 **일시적**이거나 **있을 수 있다**possible는 것이다. 본질주의적 사고의 흔한 사례로는 '남성성'과 '여성성'이라는 고정 관념이 있다. 이런 관점은 남녀의 사고방식이 근본적으로 다르며, 이런 차이는 최종적으로 남녀의 생물학적 특징과 연결된다는 점을 시사한다. 또한 그런 차이가 문화 같은 요소에 영향을 받을 수 없다는 점도 암시한다.

그 반대 관점은 모든 사람이 그들의 생각, 가치관, 행동, 선택 등으로 정의된다는 생각에서 출발한다. 이런 것들이 곧 그 사람이 되게 한다. 혹은 장 폴 사르트르의 말을 인용해 "실존이 본질에 우선한다." 먼저 존재해야, 자신의 모습과 '본질'을 만들어낼 수 있다. 이 관점은 인간이 신의 형상에 따라 창조되었고 인간 안에 '반짝이는 신성'이 있다고 가르치는 종교적 도그마와도 정반대다.

종교적 도그마와 자연주의적 도그마 둘 다, 모든 사람이 이미 존재하는 본질을 가지고 태어난다고 전제한다. 둘 중 하나는 그런 본질을 신이 미리 주었다고 가정하고, 다른 하나는 '인종', 민족성, 문화, 종교 등에 의해 형성된다고 가정한다. 성차별주의는 인간의 성이 고정되어 있으며, 그것이 그 사람의 본질을 결정한다고 가정한다.

스웨덴에서 어떤 본질주의적 사상은 다른 것보다 쉽게 수용된다. 놀랍게도 오늘날 많은 스웨덴인이 "모든 흑인은 이런 특성을 가진다"와 같은 말은 해서는 안 된다는 사실은 예민하게 의식하면서, "모든 여성은 이런 특성을 가진다"는 말에 내재된 편견은 잘 의식하지 못하는 것 같다. "여성이 직장에서 성공하려면 남성을 모방해야 한다"와 같은 말들을 우리는 얼마나 자주 듣는가. "흑인이 직장에서 성공하려면 백인을 모방해야 한다"는 말은 얼마나 듣기가 힘든지 그리고 그 말이 얼마나 모욕적인지 떠올려보라.

본질주의의 또 다른 예는 유럽 극우 단체들이 놓지 않는 인종주의다. 이것은 부도덕할 뿐만 아니라 과학적으로도 오류가 많은 관점이다.

DNA 분석에 따르면, 동아프리카인은 서아프리카인보다 유럽인과 더 많은 유전자를 공유한다. 동아프리카인은 약 7만 년 전에 아프리카를 출발해서 아랍 반도를 거쳐 유럽으로 들어갔다. 이것이 동아프리카인이 서아프리카인보다 유럽인과 유전적으로 더 가까운 이유다.

이 지점에서 인종주의자들은 난감해진다.

연구에 따르면, 약 3만 년 전에 네안데르탈인과 현생 인류는 함께 살았지만, 나중에 네안데르탈인은 멸종했다. 그런데 현생 인류는 네안데르탈인과 짝짓기를 했기 때문에 오늘날 우리 DNA의 2~4퍼센트는 네안데르탈인의 염색체에서 왔다고 한다. 이는 순수 아프리카인을 제외한 모든 사람에게 적용된다. 즉, 네안데르탈인의 DNA가 남아 있지 않은 현생 인류는 아프리카인뿐이다.

젠더 본질주의와 젠더 렌즈

페미니즘 운동은 성 역할에 대한 새로운 통찰을 제공했는데, 특별히 젠더를 사회적 구성물로 바라본다. 젠더 렌즈로 사회를 바라본다는 것은 사는 동안 편견, 기대, 성적 규범이 자기 자신에게 투사되는 방식에 관심을 둔다는 뜻이다. 남성에게 높은 사회적 지위를 보장하는 특정 행위가 여성에게는 정반대의 기능을 한다(물론 그 반대도 마찬가지다). 사회가 요구하는 '적절한' 남성적 행동과 여성적 행동은 대개 말로 표현되지 않으므로, 우리는 다른 사람들과 상호작용하는 과정에서 그것을 습득하거나 언론이나 광고 메시지를 통해 은연중에 깨닫는다. 이렇게 구석구석 퍼져 있는 사회적 영향력이, 구성원이 '남성' 혹은 '여성'이 되어가는 과정에서 생물학적 특성(성별)과 함께 핵심 역할을 하리라는 것은 의심의 여지가 없다.

안타깝게도 일부 페미니스트와 젠더에 관한 글을 쓰는 작가들은 과학을 무시하며, 남녀의 생물학적 혹은 인지적 차이를 과학적으로 연구하는 행위는 악하지는 않더라도 유해하다고 생각한다. 그러나 과학적 연구는 이념이나 정치적 목적으로 통제해서는 안 된다. 진짜 문제는 과학 연구나 그 결과물이 아니고, 연구 결과와 전혀 다른 비합리적인 결론이다. 남녀의 생물학적 차이가 발견되더라도, 이것을 전통적인 성 역할이나 남녀 차별의 근거로 이용해서는 안 된다.

충분한 연구 끝에, 특정한 지적 영역에서 남녀의 평균 수행 능력이 다르다는 결과를 얻었다고 가정하자(보통은 이런 주장에 오류가 많다). 설사 결과가 그랬다 하더라도, 그 차이는 성별이 아닌 개인차일 가능성이 높다. 따라서 성별에 따른 차별 대우는 부적절하다.

다른 분류 기준은 무시하고 오직 성별로만 사람을 비교하면 논리적 함정에 빠지기 쉽다. 오른손잡이와 왼손잡이를 비교하거나, 키 작은 사람과 키 큰 사람을 비교하는 경우도 결과가 왜곡되기는 마찬가지다. 그런 결과를 근거로 사회 정책을 결정하고 싶은가? 우리 대부분은 그런 정책 제안을 비웃을 것이다. 그런데 성적 고정 관념은 머리 색깔이나 주로 사용하는 손, 키 등에 근거해 판단할 때처럼 편견을 막지 못한다.

편견에서 벗어나려면 본질주의를 완전히 포기해야 한다고 나는 생각한다. 이것은 새로운 계몽 프로젝트의 중요한 요소이다.

종교의 자유란 무엇인가?

종교의 자유는 스웨덴과 미국 모두 법으로 보장되는데, 그것의 실제 의미는 무엇일까? 물론 종교의 자유란 누구나 원하는 종교를 믿을 수 있다는 뜻이며, 이는 무엇에도 구속받지 않는 절대 권리다. 그러나 세속 국가는 종교적 믿음을 표현하는 방식과 관련해서 (그것이 사람들의 행위를 결정하기 때문에) 종교의 자유를 제한할 수 있어야 한다. 사람들이 종교의 이름으로 함부로 행동하지 못하게 해야 한다. 바로 이 지점에서 정치적 갈등과 논란이 일어난다.

다음은 세계 인권 선언의 제18조이다.

모든 사람은 사상, 양심, 종교의 자유를 가질 권리가 있다.

유엔 인권 위원회는 1993년에 위 조항의 내용을 다음과 같이 명확히 했다.

제18조는 유신론, 무신론, 비신론 등의 신념뿐만 아니라, 어떤 종교나 신앙을 공개하지 않을 권리도 보호한다.

또한 스웨덴 헌법은 우리 모두에게 제한 없이 말할 권리, 정보를 주고받을 권리, 집회 및 시위를 할 권리, 단체를 조직할 권리, 종교 활동을 할 수 있는 권리 등이 있다고 규정한다.

역사적으로 종교의 자유는 소수 종교 집단에 대한 탄압이나 박해

13. 계몽주의: 자유, 권리, 존경에 관하여

를 금지하기 위해 보호되었다. 비교적 최근인 1951년만 해도 다른 교파로 옮기지 않는 한 스웨덴 루터 교회를 떠나는 것은 불법으로 간주되었다. 오늘날에도 여전히 기독교를 믿기 위해 혹은 무신론자로 살기 위해 이슬람교를 버린 사람은 사형까지는 아니더라도 투옥되는 나라들이 있다. 이것이 바로 세계 인권 선언이 중요한 이유다.

모든 사람은 표현의 자유와 집회 및 결사의 자유를 가진다. 이와 마찬가지로, 종교적이든 문화적이든, 자신의 관습을 따를 권리도 보호받아야 하지만, 그 관습이 다른 법률과 모순되지 않아야 한다.

세계 인권 선언에 명시된 종교의 자유는 특정 상황에서 논리적 모순을 일으킨다. 예를 들어, 로마 가톨릭교회의 사례를 생각해보자. 가톨릭을 믿는 부모는 자녀를 가톨릭 교리에 따라 양육해서, 자녀들이 가톨릭을 믿고 그 교리를 실천하게 해야 한다. 세계 인권 선언에 명시된 종교의 자유에 따라 가톨릭 부모는 가톨릭 신자로서의 '의무'를 이행할 권리가 있다. 그런데 유엔 아동 권리 협약에 따르면, 모든 아동은 권리를 가진다. 특별히 아동은 종교의 자유를 가지며, 이는 그들이 가톨릭 신앙이나 의식에 강제로 참여해선 안 된다는 의미이다. 따라서 '종교의 자유'라는 개념 안에는 양립 불가능한 두 원칙이 포함된다.

실제로 스웨덴 사회에서는 다른 법들에 따라 종교의 자유를 보장받지 못하는 경우가 많다. 가령, 성인의 경우 타종교인과 마찬가지로 여호와의 증인 신자도 수혈을 거부할 수 있지만, 부모는 자녀의 수혈을 법적으로 거부할 수 없다. 이는 그들의 종교적 자유를 제한하는 것처럼 보이지만, 아동의 생명을 보호하는 세속법이 우선이다.

스웨덴은 종교 목적이라도 마취 없이 동물을 도살하지 못하도록 법으로 금지한다. 이에 따라 코셔kosher(유대교 율법에 따른 조리법)나 할랄halal(이슬람교 율법에 따라 허용된 음식)을 지키기 위한 동물 도살을 허용하는 문제를 둘러싸고 논쟁이 일어난다. 코셔나 할랄에 따라 해외에서 도살된 육류의 수입은 여전히 합법이기 때문이다. 이는 법률 사이에 발생하는 모순을 보여준다. 그러나 법은 일관성 있게 적용되어야 한다. 종교적 도살이든 엘크나 뇌조를 레크리에이션용으로 사냥하든, 동물권은 항상 보호되어야 한다.

또 다른 문제는 어떤 신앙 체계를 종교로 해석할지, 그것을 다른 종교와 동등하게 대우해야 하는지에 대한 고민이다. 특정 관습이나 복장 예절을 지키겠다고 주장하는 사람들은 그런 전통이 기독교, 유대교, 이슬람교 같은 잘 알려진 종교에 뿌리를 둔다고 주장함으로써 존중받는다. 그러나 옛 노르웨이 종교를 믿거나 자연을 숭배한다고 말하는 사람은 회의적인 시선을 받거나 제정신이 아닌 사람으로 취급받을 것이다.

종교의 자유를 존중해야 하는 입장에서, 다양한 종교(라는 주장)의 진실성을 판단할 때 어떤 기준을 적용해야 할까? 신자의 숫자? 역사? 경전의 문학적 가치? 일단 그런 판단 기준은 상당히 자의적으로 보인다. 법정에서 다룰 때도 그렇지만, '종교'라는 단어는 명확한 정의가 없기 때문에 변덕스럽고 일관성 없는 관례가 가득하다. 특정 신에 대한 믿음이 종교로 간주되기 위한 필수 기준일까? 그렇다면 전통 불교는 무신론적 인생철학이므로 종교라 부를 수 없다. 아니면 사람들을 결집시키는 무언가에 대한 숭배는 어떨까? 그것도 종교라면, 열정적인 축구 팬도 종교적 신념을 가졌다고 말해야 한다.

13. 계몽주의: 자유, 권리, 존경에 관하여

신을 믿는 신념 체계를 법적으로 보호해야 할 객관적인 이유는 찾기 어렵다. 모든 사람이 신의 존재 유무와 관계없이 자유롭게 자신의 믿음을 실천할 수 있도록 권리의 범위를 확대하는 것이 좀 더 합리적이라고 생각한다.[128]

좋은 예로 평화주의pacifism(자기방어가 필요한 상황에서도 폭력 사용을 거부하는 이념)가 있다. 어떤 사람은 종교적 이유에서 무기 보유나 폭력 사용을 거부한다. 그런데 이런 거부 행위를 세속적 신념 체계나 철학적 신념에 따라 할 수도 있다. 만약 어떤 나라가 징병제를 시행하되 종교적 병역 거부를 허용한다면, 비종교적 이유(가령, 인본주의적 윤리관)로 평화주의를 지지하는 사람의 병역 거부도 허용해야 한다. 그러지 않으면 그 법은 비합리적이다.

사례: 시크교도와 칼

스웨덴 법은 공공장소나 학교에서 그리고 대중교통을 이용할 때 칼이나 다른 위험한 물건을 소지하지 못하도록 금지한다. 그런데 16세기 인도에서 창시된 시크교의 교리에 따르면, 시크교도는 항상 다섯 가지를 지녀야 한다. 그것은 깎지 않은 머리(와 남성의 경우는 수염도), 빗, **키르판**kirpan(칼 혹은 단검), 쇠 팔찌 그리고 무릎길이 속바지이다.

이 교리는 공공장소에 칼을 소지하지 못하게 금지하는 규칙과 충돌한다. 이런 갈등이 법적 시험대에 올랐던 유명한 사건이 캐나다에서 일어났는데, 한 학교에서 교칙으로 칼 소지를 금지하자 해당 학생이 소송을 제기했다. 캐나다 시민이자 정통파 시크교도였던 발비르 싱 물타니Balvir Singh Multani는 아들과 함께 퀘벡에 있는 성 카타리나 라부레 학교에 갔다. 물타니는 시크교의 전통에 따라 명예와 고귀함을 상징하는 **키르판**(종교적 의미가 담긴 칼)을 아들이 항상 지니고 다니기를 바랐다.[129]

하지만 교칙에 따라 학교에서는 어떤 무기도 소지할 수 없다. 학교는 모든 학생의 안전을 보호할 의무가 있다. 그래서 학교 당국은 만약 그 시크교도 학생이 칼을 가지고 다닌다면, 아무나 그 칼을 뺏어서 폭력적으로 사용할지 모른다고 생각했다.

그러나 캐나다 최고 법원은 시크교도의 손을 들어주었고, 모든 칼을 금지하는 교칙이 종교의 자유를 침해했다고 판시했다. 하지만 그 교칙은 학교에 칼을 가지고 오고 싶어 하는 **다른** 학생들에게 여전히 적용되고 있다. 이 교칙은 오직 **종교적** 사유에서만 적용이 면제됐다.

그런데 그 소년이 시크교도가 아니라 여러 세대에 걸쳐 캐나다 본토에 살면서 전통 문화를 실천하는 집안의 학생이었다고 가정해보자. 여러 문화에서 "소년이 성인 남자가 될 때" 치러야 할 의식을 따로 두고 있다. 그중에는 아버지가 아들에게 집안의 가보인 특별한 칼을 전달하는 의식이 있다. 이런 의식은 대개 소년이 열네댓 살이 되었을 때 치른다. 그런 칼을 항상 지니고 다니는 모습은 성인이 되었다는 징표이자 가족적 유대감을 상징한다.[130]

캐나다든 다른 나라든, 이 가상의 소년은 그 특별한 칼을 학교에 가지고 갈 수 없지만, 시크교 소년은 예외를 인정받는다.

여기에서 우리는 어떻게 종교의 자유라는 개념이 인간의 행동, 윤리적 가치관 및 태도에 대해 일관적이지 않고 그래서 (장기적으로) 유지되기 어려운 관점으로 이어지는지 명확히 확인할 수 있다. 말할 필요도 없지만, 도덕성이 종교적 관념이나 전통에 근거할 때만 '더 강화'되거나 '더 많은 가치'가 생기는 것은 아니다. 개인은 자신의 뿌리와 상관없이, 특정 태도와 행동에 자극받고 의미를 둔다.

종교의 자유보다 윤리적 독립성

이제 법에 명시된 종교의 자유를 좀 더 포용적이고 중립적인 개념으로 대체할 때가 왔다. 가령 '윤리적 독립성ethical independence'이라는 개념이 후보가 될 수 있는데, 이는 모든 시민이 국가와 다른 사람들에 좌우되지 않고 독립성을 유지할 권리를 가진다는 뜻이다. 이 사상은 영국계 미국인 법철학과 교수 로널드 드워킨Ronald Dworkin(1931~2013)이 제안한 것으로, 그는 윤리적 독립성을 이렇게 정의했다.

> 윤리적 독립성이란 어떤 삶의 방식이 본질적으로 다른 것보다 더 낫다고 가정해서(그 삶의 방식이 그 자체로 가장 가치 있다는 생각에서) 정부가 한 가지 삶의 방식만 강요하면서 사람들의 자유를 제한하면 안 된다는 의미이다. 더 나은 삶의 방식은 그것의 결과가 아닌 그렇게 사는 사람들의 됨됨이로 판단해야 한다.[131]

그러므로 윤리적 독립성의 핵심 원리는 국가가 사람들에게 특정 윤리 법칙을 강요할 권리가 없다는 것이다. 예컨대, 어떤 약물이 건강에 해롭다는 이유만으로 국가가 그 약물의 사용을 금지할 순 없다. 하지만 어떤 이유, 가령 무고한 사람을 보호하기 위해 개인의 선택에 개입할 순 있다. 예컨대, 국가는 특정 약물이 사회 전반에 유해한 영향을 미칠 수 있다고 판단되면 그 사용을 금지하는 법안을 통과시킬 수 있다. 이런 법률로 해당 약물의 오남용자를 돌보는 사회적 비용도 아낄 수 있다. 드워킨은 종교의 자유에 특권이 있다는 생각을 버려야 한다고 말한다. 그보다는 종교, 세속적 사상, 철학 등 그 뿌리가 어디에 있든 모든 사상과 신념에 동일한 자유를 주어야 한다고 주장한다. 바꿔 말하면, 모든 신념을 똑같이 대우해야 한다.

추측하건대, 법에서 종교의 자유라는 말을 빼고 그 자리에 윤리적 독립성을 보장받을 권리를 넣으면, 언론·정보·집회·시위·결사의 자유 등 다른 자유는 훼손되지 않을 것이다. 이런 자유들은 남에게 해를 끼치지 않는 범위 내에서, 모든 사람이 원하는 신념을 믿고 혼자든 함께든 자신의 종교적 신념을 실천할 권리를 보호한다.

종교와 의학 윤리

오늘날 의학계에는 새로운 발견과 발명이 대단히 빠르게 일어나고 있다. 이와 더불어, DNA 분석, 대리모 출산, 산전 검사, 줄기세포 연구 등 일부 사례가 중요한 윤리적 딜레마를 일으키는데, 이 문제는 결코 간단하지 않다. 철저하게 세속적인 사회라도 윤리적 딜레마는 일어나기 마련인데, 여기에 종교적 도그마가 개입해 의학의 연구와 발전을 방해할 때는 상황이 더욱 복잡해진다. 그 대표 사례가 배아 줄기세포 연구다.

영국의 발생 생물학자 존 거든John Gurdon(1933~)은 줄기세포 연구의 개척자로 여겨진다. 그는 1958년에 최초로 동물 복제에 성공했는데, 성체 개구리에서 얻은 줄기세포로 새로운 올챙이를 탄생시켰다. 이 업적을 인정받아 2012년에 노벨 의학상을 받았다. 오늘날 줄기세포 연구는 알츠하이머병, 파킨슨병, 루게릭병 등 불치병에 대한 치료법을 찾게 해줄 가장 전도유망한 방법 중 하나다. 그러나 현재 세계 여러 나라에서 종교적 이유로 줄기세포 연구를 불법으로 규정하거나 철저히 제한한다. 이런 조치의 저변에는 수정되는 순간 인간의 영혼이 신에 의해 창조된다고 믿는 종교적 신념이 깔려 있다. 반면 줄기세포 연구를 금지할 세속적 이유는 전혀 없다.

배아 줄기세포는 배반포기에서 추출한다. 즉, 수정되고 며칠 후에 생성된 세포에서 가져온다. 이 시기는 수정란이 여러 번 분열해서 약 300개 정도의 세포가 생성되었을 때이다. 이 세포의 크기를 가늠하고 싶다면, 파리의 뇌에 약 10만 개의 세포가 들어 있다는 사실을 참고하면 된다.

발달 초기 배아 줄기세포는 아직 기능이 분화되지 않은 세포다. 이 것들은 나중에 골수세포, 간세포, 신장세포 등 특정 세포로 발달한다. 따라서 배아 줄기세포는 태아 때의 세포와는 전혀 다르다. 즉, 어떤 경우에도 줄기세포는 태아에게서 추출할 수 없다.

오늘날 전 세계의 수많은 병원에서는 난임 부부를 돕기 위해 **체외**

수정(이전 명칭은 '시험관 수정') 기술을 사용한다. 체외에서 수정시킨 수정란 중 한두 개를 여성의 자궁에 이식시키는 방식이다. 이식하지 않은 수정란은 폐기하거나 시도 중인 체외 수정이 실패할 때를 대비해 따로 냉동시켜 놓는다. 줄기세포는 이런 수정란들에서 추출한다.

줄기세포 연구는 생명을 살리고 삶이라는 선물을 제공하겠다는 의학의 목표에 부합한다. 세속적 윤리관은 인간의 고통을 최소화하려 하므로, 오늘날 불치병 환자에게 치료법과 희망을 제공할 목적으로 줄기세포 연구를 장려한다.

새로운 의학적 발견은 늘 새로운 유형의 윤리적 딜레마를 일으키므로, 이를 논의할 때는 종교와 과학의 차이를 존중하는 자세가 중요하다.

세속주의와 사회 보건

신의 존재 여부와 관계없이, 신을 믿으면 건강해질까? 신이 존재하지 않아도 플라세보 효과가 일어날 수 있을까? 신을 믿으면 더 친절하고 정직하고 관대한 사람이 될까? 그런 인과관계는 **개인**의 수준에서는 가능할지 모르지만, **사회** 전체적으로도 가능한지는 따져봐야 한다. 바꿔 말해, 어떤 사회에서 종교인의 비율이 그 사회의 전반적인 보건과 복지와 상관관계가 있을까?

미국인의 약 5퍼센트는 스스로를 무신론자로 여긴다. 그러나 컬럼비아 대학교 멜라니 브루스터 교수에 따르면, 미국 감옥의 수감자 중

오직 0.09퍼센트만 무신론자를 자처한다.[132]

즉, 미국 감옥에는 미국 내 전체 무신론자 중 50분의 1만 수감되어 있다. 물론, 이 통계 수치가 무신론자가 종교인보다 더 친절하고 정직하고 관대하다는 의미는 아니지만, 시사하는 바는 있다. 이것은 인과관계가 아닌 통계적 상관관계만 보여줄 뿐이다. 또한 이 통계 결과는 그 **반대** 결론, 즉 신을 믿는 사람이 무신론자보다 더 도덕적이라는 결론도 입증하지 않는다.

우리는 (강요가 아닌) 진짜 비종교인의 비율이 높은 세속 국가들이 건강하고 교육 수준도 높으며 열린사회라는 사실을 안다. 또한 그런 나라들은 유아 사망률이 낮고 성 평등 수준도 높다.

유엔의 여론 조사 결과에 따르면, 유럽에서 비종교인의 비율은 증가하고 있다. 예컨대, 영국에서 스스로를 무신론자로 생각하는 사람의 비율은 1963년에는 14퍼센트였는데 2012년에는 42퍼센트였다.[133] 스웨덴은 인구의 29퍼센트만, 일본은 훨씬 적은 16퍼센트만 종교가 있다고 응답했다.[134]

2018년 유엔의 인권개발보고서[135]는 187개국의 인간개발지수 Human Development Index, HDI를 산출해 순위를 매겼다. (HDI는 파키스탄 경제학자 마붑 울 하크Mahbub ul Haq와 인도 경제학자 아마르티아 센이 함께 개발했다.) 이 지수는 기대 수명, 1인당 국민소득, 식자율(읽고 쓰는 능력), 교육 수준, 유아 사망률 등을 기준으로 삼는다. HDI 상위 10개국은 다음과 같다.

1. 노르웨이 2. 스위스 3. 오스트레일리아 4. 아일랜드 5. 독일 6. 아이슬란드 7. 홍

콩 8. 스웨덴 9. 싱가포르 10. 네덜란드

하위 10개국은 다음과 같다.

180. 모잠비크 181. 라이베리아 182. 말리 183. 부르키나파소 184. 시에라리온 185. 부룬 186. 차드 187. 남수단 188. 중앙아프리카공화국 189. 니제르

상위 25개국 중 아일랜드와 미국을 제외하고는 비종교인의 비율이 압도적으로 많았다. 아일랜드는 전통적인 가톨릭 국가이긴 하지만, 2018년에 낙태를 허용했고 중세적인 신성 모독죄를 폐지했다. 그뿐만 아니라 인도계 동성애자가 총리를 지내기도 했다. 상위국들에서 조사 결과에 큰 영향을 미친 요소는 비종교적 인생관이었다.

하위 25개국은 비종교인의 비율이 대단히 낮았는데, 방글라데시, 네팔, 아프가니스탄, 파키스탄 같은 나라들은 기본적으로 전 국민이 특정 종교를 믿는다.

한편 종교인의 비율이 높은 나라에서 살인율이 높았으며, 비종교인의 비율이 높은 나라는 살인율도 낮았다. 또한 유아 사망률이 높은 75개국은 모두 종교 국가였다.**136**

영국에서 설립된 '세이브더칠드런Save the Children'은 매년 '모성지수maternity index'를 발표하는데, 이는 어머니가 가장 살기 좋은 나라와 나쁜 나라의 순위를 매긴 지표이다. 여기에서는 출산 돌봄, 유아 사망률, 출산 휴가 같은 여러 요인을 분석한다. 2015년 기준 상위 10개국은 대체로 세속 국가인 반면, 하위 10개국은 모두 종교 국가였다.**137**

·
13. 계몽주의: 자유, 권리, 존경에 관하여

그럼 평화는 어떨까? 세계에서 가장 평화로운 나라는 어디일까? '비전오브휴머니티Vision of Humanity'가 매년 발표하는 '세계평화지수Global Peace Index, GPI'는 주관적으로 느끼는 안전감, 폭력 범죄 비율, 전쟁 관여도, 무기 접근성 등을 기준으로 삼는다. GPI 결과도 앞의 지수와 비슷하다. 세속 국가일수록 평화를 누렸고, 종교 국가일수록 평화롭지 못했다.

이 모든 자료에서 도출할 수 있는 결론은 무엇일까? 아니, 그보다 먼저 도출할 수 **없는** 결론부터 생각해보자. 웰빙과 세속주의 사이에 통계적 상관관계는 분명하게 증명되었지만, 그렇다고 이것이 **인과관계**를 의미한다고는 단정할 수 없다. 이 통계 수치는 세속주의가 웰빙의 **이유**라거나 종교성이 가난과 질병의 **이유**라는 사실을 입증하지는 않는다. 그러나 통계적 연관성은 부정할 수 없다. 세속 사회와 세속적 태도는 건강 및 웰빙과 밀접하다. 또한 역사적으로 세속주의는 여러 면에서, 특히 여성과 동성애자의 권리와 관련해 사회 발전의 주된 원동력 중 하나였다.[138]

기독교인이든 무슬림이든 유대인이든 힌두교인이든, 수많은 보수 종교인은 평화롭고 번영하는 사회를 만들기 위해 모든 시민이 신을 섬기고 신에게 복종해야 한다고 주장한다. 이스라엘 팔레스타인 서안 지구의 정통파 랍비, 사우디아라비아의 와하비 종교 지도자, 이라크와 시리아의 살라피스트Salafists(이슬람 근본주의 집단—옮긴이), 바티칸의 교황, 미국의 기독교 우파 등이 공통적으로 그렇게 주장한다. 이들은 모두 신의 뜻이 사회생활의 핵심이며, 신에게 복종할 때만 도덕적이고 건전하고 안전한 공존을 확보할 수 있다고 주장한다. 대체로 이들은 사회 구성원의 대다수가 신의 존재를 부정할 경우 사회의 안전성이 훼손될 것이라고 믿는다. 그래서 범죄, 빈곤, 형편없는 교육, 에이즈 등 만악의 근원을 신을 두려워하는 사람들의 수가 줄어드는 현상에서 찾는다.[139]

만약 그들의 주장이 사실이라면, 종교적이지 않은(혹은 무신론적인) 나라일수록 심각한 범죄와 빈곤, 질병에 시달릴 것이다. 그리고 같은 논리로, 종교적인 나라일수록 사회 안정의 귀감이 될 것이다. 그러나 현실은 정반대다. 비종교인의 비율이 높은 나라들은 평화롭고 안정적이며, 풍요롭고 부유하고 자유로운 반면, 종교적인 나라들은 불안정하고 가난하며, 폭력적이고 억압적이다.

이 모든 통계 결과에서 도출할 수 있는 결론은 세속주의가 부도덕한 사회와 문명의 붕괴로 이어지지 않는다는 것이다. 확실히 신을 믿으면 개인은 위안을 얻을 수 있지만, 종교계가 뭐라고 주장하든, 사회는 세속적일수록 건강해지는 것 같다.

오늘날 종교인의 수는 증가하는가, 감소하는가?

의심할 여지없이 세계 여러 나라에서 종교가 정치에 미치는 영향력이 증가하고 있다. 오늘날 '신의 귀환the return of god'이라는 말이 자주 들린다. 또한 이전보다 강력하고 극단적인 종교 선언을 하는 집단이 늘고 있다. 힌두교와 불교는 말할 것도 없고, 기독교, 유대교, 이슬람교를 믿는 지역에서 교리를 보수적으로 해석하는 집단이 생기고 있다.

13. 계몽주의: 자유, 권리, 존경에 관하여

(이런 추세에서 스웨덴의 루터 교회는 예외다. 여기에서는 기독교 성경을 자유롭고 심지어 세속적으로 해석한다.) 그런데 역설적으로, 종교인을 자처하는 사람의 비율은 시간이 갈수록 줄어들고 있다.

미국은 전체 국민의 20~30퍼센트가 종교가 없다고 말한다. 1990년에는 미국 국민의 10퍼센트만 무교라고 답했다. 이런 변화는 젊은 층에서 훨씬 뚜렷했다. 30세 이하 미국인의 32퍼센트가 기성 종교를 믿는다고 답했다. 1980년대에 30세 이하 집단에서 복음주의 기독교인이 비종교인보다 2배 많았다. 오늘날 그 비율은 정확히 반대가 되었다. 30세 이하 집단에서 비종교인의 수가 복음주의 기독교인보다 2배 많다.[140]

갤럽 인터내셔널 조사에 따르면, 2005년과 2012년 사이라는 짧은 기간에 여러 나라에서 많은 변화가 있었다. 다음의 표는 스스로를 '종교인' 혹은 '비종교인'으로 생각하는 사람들의 비율을 보여준다. 여기에서는 전체 37개국에서 2005년과 2012년에 자칭 '종교인'이라고 답한 비율을 나란히 배치했다. 순서는 (2012년 기준으로) **가장 종교적인** 나라부터 **가장 종교적이지 않은** 나라 순이다. 마지막 열은 2005년과 2012년의 비율차를 보여준다.[141]

국가명	2005	2012	증감
가나	96	96	0
나이지리아	94	93	-1
마케도니아	85	90	+5
루마니아	85	89	+4
케냐	89	88	-1
페루	84	86	+2
파키스탄	78	84	+6
몰도바	78	83	+5
콜롬비아	83	83	0
카메룬	86	82	-4
말레이시아	77	81	+4
인도	87	81	-6
폴란드	85	81	-4
세르비아	72	77	+5
이탈리아	72	73	+1
아르헨티나	80	72	-8
우크라이나	70	71	+1
에콰도르	85	70	-15
리투아니아	75	69	-6
보스니아 헤르체고비나	74	67	-7
남아프리카공화국	83	64	-19
미국	73	60	-13

13. 계몽주의: 자유, 권리, 존경에 관하여

국가명	2005	2012	증감
불가리아	63	59	-4
아이슬란드	74	57	-17
러시아	57	55	-2
핀란드	51	53	+2
대한민국	58	52	-6
스페인	55	52	-3
독일	60	51	-9
스위스	71	50	-21
캐나다	58	46	-12
네덜란드	42	43	+1
오스트리아	52	42	-10
프랑스	58	37	-21
베트남	53	30	-23
체코	22	20	-2
일본	17	16	-1

표에서 보듯이, 많은 나라에서 사람들이 점점 종교에서 멀어지고 있다. 전체 37개국 중 24개국에서 신자의 비율이 줄어들었으며, 11개국은 소폭 증가했다.

따라서 '신의 귀환'은 오직 한 가지 면에서만 사실이다. 세계 곳곳에서 종교가 점점 위협적이 되어가고 있으며, 가톨릭교회가 화형과 끔찍한 고문을 하던 시절처럼 낡은 방식으로 되돌아가는 지역이 있

명료하게 생각하는 법

다. 그러나 초자연적 힘이나 전능한 창조자를 믿고 싶어 하는 인간의 성향은 서서히 사라지고 있는 것 같다.

막간글 - 감사와 죄의식

우리는 감사하는 마음을 가져야 할까? 만약 그렇다면 누구에게 무엇에게 감사해야 할까?

친절을 베풀었거나 위로를 해주었거나 어려울 때 내 편에 서준 친구에게 고마움을 느끼는 건 건강하고 분별력 있는 태도이다. 또한 우리는 사랑하는 사람들과 자신이 건강하다는 점뿐만 아니라 심지어 살아 있다는 사실에도 감사할 수 있고 감사해야 한다.

그런데 강제적이고 부자연스러운 감사도 있다. 이런 감사는 주로 종교에서 요구된다. 지금 나는 신에 대한 감사를 말하고 있다.

우리가 저 바깥에 있는 전지전능한 존재에 고마움을 느끼기 시작하면, 상황은 복잡해진다. 이 전지전능한 존재는 본질적으로 나쁜 일도 일으킬 수 있기 때문에, 그에 대한 감사는 상황에 따라 달라진다.

왜 나만 사고에서 살아남고, 다른 사람은 그런 행운을 누리지 못했을까? 왜 나는 건강한데, 내 친구 중 상당수는 심각한 병에 걸려 고생할까? 다른 친구들은 건강한데 왜 나만 암에 걸렸을까?

목사가 여섯 살짜리 어린이들에게 이렇게 질문한다. "얘들아, 오늘 너희는 무엇을 하나님께 감사하고 싶니? 리사, 하나님께 뭘 감사하고 싶지?"

"우리 부모님을 기쁘고 행복하게 해주셔서 감사해요." 리사가 답한다.

"샘, 넌 하나님께 뭘 감사하고 싶니?"

"누나를 건강하게 해주셔서 감사해요."

이런 대화 자체는 별 문제가 없어 보인다. 그러나 부모가 불행한 것을 알고 있는 가여운 레나는 어떻게 생각할까? 레나의 부모는 조만간 이혼할지 모른다. 혹은 어쩌면 한쪽 부모가 중병에 걸렸는지도 모른다. 그럴 때 레나는 어떻게 생각할까?

왜 하나님은 우리 부모님을 행복하게 해주지 않으실까요? 왜 우리 아빠는 건강이 나쁠까요? 저는 하나님의 돌봄을 받을 자격이 없나요? 저는 왜 하나님에게 중요한 사람이 아닐까요?

사람들에게 영향을 주려는 의도와 욕구가 있고 그렇게 할 수 있는 힘을 가진 존재를 무엇이라 부르든, 그런 우주적 존재에게 감사하는 행동은 지극히 온당해 보인다. 단, 자신의 삶에 긍정적인 일들만 일어나고 다른 사람들의 삶을 걱정하지 않아도 되는 한 그렇다.

그러나 인생은 그렇지 않다. 갑자기 불행이 닥치면, 신에게 감사했던 마음은 이내 부끄러움이나 죄책감, 혹은 심지어 배신감이나 증오로 바뀔지 모른다.

우리는 아이들에게 신적인 존재 앞에서 수치심이나 죄의식을 느끼라고 가르치면 안 된다. 그와 마찬가지로, 신에게 감사하라고도 가르치면 안 된다. 좋은 일이 일어나면 겸허히 받아들이고 언제든 불운이 닥칠 수 있다는 사실을 인식할 때 좀 더 인간적인 감사함을 느낄 수 있다. 그저 건강한 몸에, 우연히 만난 행운에, 사랑하는 사람들과의 돈독한 인연에 감사하면 그만이다.

그러므로 불가사의한 초자연적인 힘에 고마워하지 않도록 최선을 다해야 하며, 인생에서 좋은 일이 일어났을 때는 거기에 초자연적인 힘이 개입했다고 믿지 말고, 그것 자체에 감사하는 습관을 길러야 한다.

14
우리 아이들에게 무엇을 가르쳐야 할까?: 신념, 과학, 학교 교육에 관하여

> 만약 정부 당국이 학교에서 아이들에게
> '신'이 최고 권위자라고 가르치는 것이 유익하다고 생각한다면,
> 그들은 철저히 스스로를 속이고 있는 것이다.
> 요즘 아이들은 그런 터무니없는 말을 믿지도 않는다.
> – (스웨덴 최고의 작가 중 하나인) 얄마르 쇠데르베리Hjalmar Söderberg

새로운 계몽 시대가 출현한다면, 먼저 아이들에게서 시작되어야 할 것이다. 광신주의와 미신이 급증하는 세상에서 학교는 아이들에게 명확히 사고하는 방법을 가르치고 비판적 사고 능력을 길러주는 대단히 중요한 역할을 한다. 교육은 계몽적 사고를 길러준다. 그러나 세계 여러 지역에는 학교에 가지 못하는 아이들(특히 소녀들)이 많다. 반면, 서양인은 학교를 당연시하는 혜택받은 나라에 살고 있다.

그러나 학교에 가는 것만으로는 충분치 않다. 학교에서 가르치는 내용의 수준도 높아져야 한다. 스웨덴은 실존적·과학적 질문을 다루는 교육이 대단히 부족한데, 거의 모든 서구 사회가 비슷한 상황이다.

어린아이들에 대해 말할 때, 우리는 정치 이념을 말할 때처럼 외부

자의 시각으로 아이들을 분류하는 경향이 있다. 우리는 생각 없이 함부로 이슬람교 어린이, 기독교 어린이, 유대교 어린이라고 말한다. 하지만 그런 어린이는 없다. 그저 이슬람교, 기독교, 유대교를 믿는 부모를 둔 어린이만 있을 뿐이다. 여섯 살짜리 리사에게 민주당 어린이, 일곱 살짜리 칼에게 공화당 어린이라고 말하면 안 된다. 그냥 리사와 칼의 부모님이 민주당원이거나 공화당원이라고 말해야 한다. 우리는 아이들을 종교 없이 태어난 한 개인으로 보는 법을 배워야 한다.

어린이가 세상을 있는 그대로 보게 하자

스웨덴에서는 어린이가 최소 9년간 학교에 다녀야 하는데, 이 의무 교육 기간은 곧 10년 이상으로 늘어날 수도 있다. 어쨌든 핵심 질문은 우리 아이들에게 무엇을 가르쳐야 하는가이다. 좀 더 구체적으로 말하면, 교육 주제와 내용을 정할 때 무엇을 기본 원칙으로 삼을 것인가이다. 모든 아이에게 합리적 세계관을 길러주는 것은 국가의 의무이다. 그러므로 학교에서는 특정 종교를 믿으라고 가르치면 안 되며, 세상이 어떻게 만들어졌는지, 그 세상에 대해 인류가 발견한 과학적 사실들은 무엇인지를 가르쳐야 한다. 유엔 아동 권리 협약에 따르면, 모든 아동은 종교의 자유가 있다.

협약 가맹국은 아동이 사상, 양심, 종교의 자유를 누릴 권리를 존중해야 한다.

14. 우리 아이들에게 무엇을 가르쳐야 할까?: 신념, 과학, 학교 교육에 관하여

따라서 학교가 창조론, 천벌과 지옥 불, 각종 종교 사상 등을 가르치지 못하게 해야 한다. 교육 내용은 종교적이지 않아야 한다. 물론 인생철학으로서 종교에 **관해** 가르칠 수 있지만, 그것을 **전파**해서는 안 된다. 이런 원칙은 의무 교육뿐만 아니라 고등교육 기관에서도 유지되어야 한다.

뜻밖에도 미국은 전 세계에서 유엔 아동 권리 협약을 비준하지 않은 두 나라 중 하나(다른 하나는 소말리아)이다. 1995년에 클린턴 대통령은 협약에 서명했지만, 협약에 반대하는 단체들이 상원에 압력을 넣어 비준하지 못하게 했다. 이 단체들은 협약을 채택할 경우 아이들이 부모의 종교 대신 자기 마음대로 종교를 선택할 수 있고, 합법적으로 부모의 결정에 반항하고 반대할 수 있다고 주장했다. 또한 협약 때문에 미국 정부가 국방비보다 아이들의 복지에 더 많은 돈을 쓰게 될까 봐 두려워했다. 이런 공포감 조성 작전이 성공하면서, 20년이 훨씬 지난 지금도 여전히 미국 상원은 아동 권리 협약을 비준하지 않고 있다.

아이들은 취약하다. 아이들은 어른 세계의 시끄럽게 떠드는 목소리들 틈에서 자신의 자리를 파악할 수 있는 지적, 감정적 도구가 전혀 없다. 그러므로 반드시 학교는 현실을 탐색하고 분석하는 데 필요한 중립적이고 객관적인 방법을 제공해야 한다. 또한 의회가 법제화한 기본적인 가치 체계도 제공해야 한다. 이는 학교가 피부색, 성별, 성적 지향, 인생철학, 인종 등과 무관하게 모든 사람이 평등하다는 민주주의의 기본 가치를 가르쳐야 한다는 의미이다. 또한 학교는 종교적 관점에 근거한 도덕관이나 윤리관을 옹호하면 안 된다.

지능의 발달과 의식의 본질을 연구하는 영국의 저명한 심리학과 교수 니콜라스 험프리Nicholas Humphrey(1943~)는 몇 년 전에, 옥스퍼드 대학교에서 논란이 되는 강연을 했다. 국제앰네스티Amnesty International 가 주관한 이 강연에는 비종교 학교들도 참여했는데, 험프리는 부모가 자녀 문제에 선택권을 가지되 지나친 자유는 제한해야 한다고 주장했다. 물론, 오늘날의 법은 이미 부모의 양육권을 어느 정도 제한한다. 실제로 스웨덴은 자녀 체벌을 금지한 최초의 나라(1979년)이며, 오늘날은 대부분의 유럽 나라가 체벌을 금한다. 또한 아동 성 착취는 불법이다.

그런데 험프리의 주장은 아동을 **신체적** 공격뿐만 아니라 **심리적** 공격으로부터도 보호해야 한다는 취지였다. 즉, 학교는 별자리가 우리의 삶을 통제한다거나 혼전 성관계를 한 사람은 지옥에서 벌을 받는다거나 여성은 남성에게 복종해야 한다거나 이교도를 살해할 의무가 있다고 가르치면 안 된다. 또한 성경의 내용이 문자 그대로 참이라거나 약 6,000년 전에 신이 인간을 창조했다고 가르쳐서도 안 된다. 학교는 아이들에게 세상을 고찰하고 이해하는 데 필요한 추리 및 분석 도구를 제공할 책임이 있다. 이것이 학교의 주된 의무이다.

마술적, 종교적 관념은 생명력이 강해서 대를 이어 살아남는다. 아마도 자라는 아이들에게 부모의 생각이 강하게 각인되기 때문일 것이다. 다른 동물들과 달리 인간은 이전 세대가 축적한 지식을 말과 글로 남겨 후대에 전달한 덕분에 생존하고 진화한다. 부모에게 "뱀을 만지지 마라!" "호랑이를 쓰다듬지 마라!" "악어들이 있는 강에서 수영하지 마라!" 같은 세상과 위험에 관한 지식을 전수받은 아이는 생존 확률이 높다. 그러나 어린아이는 "호랑이 근처에 가지 마라!"와 같은

14. 우리 아이들에게 무엇을 가르쳐야 할까?: 신념, 과학, 학교 교육에 관하여

현명한 조언과 "비가 오게 하려면 보름달이 떴을 때 염소를 제물로 바쳐야 한다" 같은 쓸데없는 조언을 구분하지 못한다.

안타깝게도 아이의 믿음은 악용되기 쉽다. 자녀에게 "나쁜 생각이 들 때마다 신에게 기도하지 않으면 나중에 지옥에 간다"고 말하는 부모는 아이의 남은 인생에 해를 끼칠 가능성이 크다.

수많은 종교 단체와 종파의 입장에서는 신도들이 외부인의 영향을 받지 않는 것이 중요하다. 그래서 그들이 사용하는 핵심 **수법**modus operandi은 신도들이 다른 집단과 어울리지 못하게 금지하는 것이다. 자기 집단을 비판하는 신도를 귀신이나 사탄에 홀렸다고 몰아붙인다. 집단에 대한 순종을 미덕으로 간주하고, 세상에 대해 질문하지 않는 것을 영적 순결함으로 여긴다. 신도들에 대한 세뇌가 성공하면, 그 다음에는 외부 사상이 침투하지 못하도록 열심히 높은 벽을 쌓는다.

어릴 때 세뇌를 당하면 벗어나기가 대단히 어렵다. 이런 이유로 어린이들에게 가하는 심리적 공격은 신체적 공격만큼이나 해롭다. 이는 돌이킬 수 없는 상처가 된다. 그러므로 경우에 따라 학교는 자녀를 세뇌하고 바깥세상과 교류를 막는 부모에게서 아동과 청소년을 보호할 수 있어야 한다.

스웨덴의 종교 학교

스웨덴에서는 종교 단체가 학교를 운영하는 것이 합법이다. 앞서 나는 스웨덴 남부에 있는 '플리머스 형제단'이라는 기독교 종말론파에 대해 얘기했다. 이 종파는 자체적으로 학교를 운영하고 있으며, 신도의 자녀만 받는다. 신도 수가 약 400명인 이 단체는 아마도 오늘날 스웨덴에서 가장 극단적인 종파일 것이다. 이들의 종교관은 전통적인 기독교와 상당히 다르다.

1960년대에 '플리머스 형제단'의 지도자는 종말이 가까웠으며, 적그리스도가 이미 세상을 장악했다고 선언했다. 그리고 신도들에게 외부와 완전히 접촉을 끊으라고 했다. 그때 이후로 '이교도', 즉 신도가 아닌 사람들과 완벽하게 분리된 삶이 이 종파의 핵심 생활 지침이 되었다. 이런 생활이 지옥의 영원한 '불바다'에 빠질 운명으로부터 아이들을 구해낸다고 여겨졌다. 이곳 신도는 외부인과 식사나 생활을 같이할 수 없다. 비신도가 소유했거나 그들이 거주하는 건물에도 살지 못한다. 심지어 비신도와 계약도 맺을 수 없다.

이들은 바깥세상을 악마의 작품으로 여긴다. 이곳 젊은이는 신 앞에서 교만해지지 않도록 학문을 가까이하지 말라고 배운다. 그뿐만 아니라 기혼 여성은 집 밖에서 일을 할 수 없다. 남성이 여성보다 우월하다고 여긴다. 동성애는 악마의 창작물이므로, 그에 상응하는 벌은 죽음이다. 이들은 성경의 내용을 문자 그대로 해석하므로, 모두 창조론자이다. 즉, 약 6,000년 전에 신이 인간을 창조했다고 믿는다. 진화론은 인간을 신에게서 멀어지게 하는 허튼수작에 불과하다고 생각한다.

'플리머스 형제단'의 아이들은 외부에서 친구를 사귈 수 없다. 지역 축구 경기에 출전할 수 없고 지역 음악 학교에서 다른 아이들과 음악을 연주할 수도 없다. 그곳 아이들은 열두 살이 되었을 때 선택권이

14. 우리 아이들에게 무엇을 가르쳐야 할까?: 신념, 과학, 학교 교육에 관하여

주어진다. "남을 것인가, 떠날 것인가?" 떠나기로 한 아이는 공동체 밖으로 나가야 하고 가족과 식사도 할 수 없다.

얼마 전까지 그런 아이들은 지역 공립학교로 가서 또래 아이들과 정상적인 관계를 맺으며 생활할 수 있었다. 그러나 2007년부터 '플리머스 형제단'은 합법적으로 자체 학교를 운영하고, 스웨덴의 다른 학교들처럼 국가의 지원금도 받을 수 있게 되었다. 이런 상황은 이미 불행한 아이에게 세금을 동원해서 심리적 공격을 가하는 것이나 다름없다.

학교 종교 교육

2011년에 스웨덴 교육청은 초등학교와 중학교의 종교 교과 과정을 새로 발표했다. 새 교과 과정은 이전 것보다 훨씬 개선되었다. 교육 내용이 더욱 포용적이고 포괄적이고 객관적으로 바뀌었다. 그리고 처음으로 아이들은 세속적 휴머니즘을 배울 수 있게 되었다. 즉, 아이들은 교과 과정을 따르기만 하면, 도덕적인 인생철학이 초자연적인 이야기나 신(들)의 존재, 각종 마술적 힘에 의존할 필요가 없다는 사실을 이해하게 될 것이다. 사실 입법자들이 관련 법을 진지하게 검토했다면, '종교 교육'이라고 불리는 과정은 '인생철학 교육'으로 (혹은 그런 비슷한 계열로) 이름이 바뀌었을 것이다. 그러나 그들은 교과 과정의 대대적인 개편까지는 감히 생각하지 못했다. (앞에서 봤듯이, 모든 종교는 '인생철학'이 될 수 있지만, 인생철학이 전부 종교인 것은 아니다. 그러므로 종교는 인생철학에 관한 수업의 내용에 포함될 수 있지만, 인생철학이 종교 수업에 포함될 수는 없다.)

7학년부터 9학년까지 학생은 학교 종교 수업에서 다음과 같은 내용을 배운다.

- 기독교의 핵심 사상과 경전 및 기독교 3대 교파(개신교, 가톨릭, 동방정교회)의 특징
- 이슬람교, 유대교, 힌두교, 불교 등 다른 주요 종교의 핵심 사상과 경전
- 오늘날 세계 주요 종교의 다양한 해석과 의식
- 세계 주요 종교의 역사 개요
- 새로운 종교 운동, 종교성, 개인의 종교성, 종교성과 종교 운동이 발달해온 방식 등
- 세속적 휴머니즘을 포함한 세속주의 인생관

스웨덴 교육청은 이 교과 과정에 대한 상세 설명 자료를 추가로 발간했다. 그 내용은 이렇다.

7학년부터 9학년까지 교과 과정에는 세속적인 인생철학의 내용을 의무적으로 포함한다. 그런 철학은 주로 과학적 세계관에 기초하며, 윤리적 가치관에 신성한 기원이 있다고 보지 않는다. 그보다는 윤리 원칙이 철저하게 인간이 만든 사상들로 정당화된다는 생각을 고취한다. 이것이 세속적 휴머니즘으로 불리는 철학의 특징이다.

14. 우리 아이들에게 무엇을 가르쳐야 할까?: 신념, 과학, 학교 교육에 관하여

예를 들어, 무신론이란 어떤 신의 존재도 부정한다는 의미이다. 이를 토대로 우주의 기원부터 여러 윤리 문제와 관련된 개념들을 만들어낼 수 있지만, 무신론적 세계관 자체가 각종 질문에 대한 유일한 답이 되지는 않는다.

새로운 교과 과정이 나온다는 소식을 들었을 때 자연스럽게 나는 세속주의가 교과서에 어떻게 설명될지 무척 궁금했다. 그러나 애석하게도 결론은 대실망이었다.

내가 확인한 책들 중에는 대단히 오래된 것도 있지만, 새로운 교과 과정이 채택된 후에 출간된 책들도 있다. 이 책들은 개념 혼동과 뻔한 사실 오류가 가득했다. 가장 큰 문제는 종교적 시각에서 세속적 인생철학을 틀리게 서술했다는 점이다.

물론 세속적 인생철학을 올바르게 설명한 교과서도 일부 있었다. 그러나 제대로 설명한 책보다 그렇지 못한 책이 훨씬 많았다. 특히 나는 교육자이자 목사인 뵈르게 링Börge Ring의 교재 몇 권을 꼼꼼하게 조사했다. 책 곳곳에 성직자의 흔적이 나타났는데, 이는 인생철학에 대해 철저히 중립적으로 가르쳐야 할 교과서로서는 부적절하다. 내가 예로 선택한 링의 책 대부분에서 같은 문제가 반복된다.

링은《종교: 간단 설명서Religion – helt enkelt》의 마지막 장에서 세속적 휴머니즘을 여호와의 증인, 모르몬교, 창조론, 악마 숭배 등과 함께 논했다! 링은 여러 책에서 악마 숭배를 중요하게 다루었는데, 이는 전 세계적으로 악마 숭배가 점점 사라지고 있는 추세에 맞지 않다.

엉성한 내용은 세속적 인생철학을 설명한 단락에만 국한되지 않는다. 링은 진화론 거부자와 창조론자에 관해 이렇게 썼다.

…… 창조론과 과학은 서로 대립하며, 관련 논의에는 물리학에 관한 수
많은 모호한 주장이 포함된다.[142]

물론, 창조론은 과학과 양립할 수 없는데, 이는 물리학이 아닌 생
물학과 양립할 수 없다는 의미이다. 나중에 링은 이렇게 썼다.

(창조론) 추종자의 수는 정확하게 말할 수 없지만, 창조론 운동이 큰 영
향을 미치는 곳은 미국밖에 없다.

이는 전혀 사실이 아니다. 비록 지금까지 스웨덴에서는 창조론(과
그 사촌격인 '지적 설계')의 영향력이 그리 강하지 않았지만, 창조론은 스
웨덴 자유 교회뿐만 아니라 전 세계 복음주의 기독교 운동(현재 인기가
상승 중인 기독교 분파)에서 자주 인용되고 있다. 더구나 창조론은 이슬
람교에서 지배적인 신념이기 때문에, 수많은 이슬람 국가에서 막강
한 영향력을 행사한다.

링은 '인문학'이나 인류애 같은 '휴머니즘'의 다른 의미와 뒤섞어서
인생철학으로서 '세속적 휴머니즘'의 개념을 모호하게 만들었는데,
사실 세속적 휴머니즘은 기독교인, 무슬림, 세속적 휴머니스트 등 누
구나 가질 수 있는 인생철학이다. 저자(와 그의 독자)는 인생철학으로서
세속적 휴머니즘의 진짜 의미를 전혀 이해하지 못했다.

또한 링은 책에서 과학이란 무엇인지 설명하는데, 여기에 할애한

14. 우리 아이들에게 무엇을 가르쳐야 할까?: 신념, 과학, 학교 교육에 관하여

분량은 반 페이지 정도이고, 그 단락의 제목은 "과학은 우리에게 무엇이 옳은지 말해줄 수 있을까?"이다. 링은 과학을 이렇게 설명했다.

'과학'이라는 단어는 '지식'을 의미한다. 과학적으로 연구하는 사람은 조각 지식들을 배열하고 정리한다. 조각 지식은 조사, 인터뷰, 텍스트 분석, 대상 관찰 등을 통해 수집된다. 또한 연구자는 사람이나 동물을 대상으로 실험을 해서 지식을 모을 수 있다. 만약 연구자들에게 누구의 연구가 맞는지 물어보면, 그들은 아주 다양한 답을 내놓을 것이다. 어떤 연구자는 그 질문에 아예 답조차 하지 않을 것이고, 어떤 연구자는 모호하고 난해하게 답할 것이다. 연구자 자신도 누가 맞는지 모르는데, 어떻게 다른 사람이 그 답을 알 수 있겠는가?

이런 괴상한 설명으로 '과학'이라는 개념을 접한 사람은 과학에 전혀 흥미를 느끼지 못할 것이 분명하다. "연구자 자신도 모르는" 것을 뭐 하러 신경 쓰겠는가?

과학에 대한 링의 무성의한 설명은 오해의 소지가 많다. 물론 과학자들은 자주 논쟁을 벌이지만, 어떤 이론이 타당하고 타당하지 않은지, 세상은 어떻게 작동하는지에 대해서는 대체로 의견이 일치한다.

링은 새로운 교과 과정을 고려하여, 이전 판의 내용을 최신화해서 《종교와 기타 등등Religion och sånt》(Liber, 2013)을 출판했는데, 이 책에서는 세속적 휴머니즘에 대한 정의가 더욱 모호해졌다. 다음 문장을 한 번 보자.

명료하게 생각하는 법

이슬람교는 종교적인 인생철학인 반면, 휴머니즘 철학은 종교적일 수도 아닐 수도 있다.

만약 '휴머니즘'의 의미를 단순히 '인문학'이나 '휴머니티와 관련된 모든 것'으로 이해한다면 위 문장은 사실이지만, '휴머니즘'을 **인생철학**으로 이해할 경우에는 완전히 거짓이다. 인생철학으로서의 세속적 휴머니즘은 새로운 교과 과정의 의도와 마찬가지로, 철저히 비종교적이며, 이는 대부분의 사람이 다 아는 사실이다.

다음으로 링은 무신론의 개념을 다루면서 그것을 인생철학으로 설명하고 싶어 하지만, 이것 역시 명백히 사실이 아니다. 그는 노골적으로 거짓말을 하고서, 학생들에게 이렇게 질문한다. "당신은 우리가 볼 수 있고 측정할 수 있는 세상 외에 아무것도 존재하지 않는다고 주장하는 무신론에 동의하는가?"

앞에서도 언급했지만, 무신론자는 유령, 동종 요법, 점성술 등을 믿을 수 있는데, 세속적 휴머니즘이 제공하는 충만한 인생철학을 공유할 필요가 없기 때문이다. 또한 무신론자는 사랑, 평등, 인권, 외계 생명체 등 볼 수 없거나 측정할 수 없는 것들도 당연히 믿는다.

어쨌든 링의 질문은 학생들로 하여금 '무신론자'를 자처하지 못하게 하려는 의도가 다분하다. 대체 누가 볼 수 있고 측정할 수 있는 세상만 믿는 지루한 사람이 되고 싶겠는가?

링은 전체 220쪽 중에서 고작 4쪽만 세속적 휴머니즘(그는 이것을 무신론과 동일한 개념인 것처럼 모호하게 정의했다)에 할애했고, 불교는 20쪽에 걸쳐 설명했다. 또한 주목할 점은 이 책에 전 세계인을 대상으로 인생

14. 우리 아이들에게 무엇을 가르쳐야 할까?: 신념, 과학, 학교 교육에 관하여

철학을 묻는 조사 결과가 들어 있다는 사실인데, 그 내용에 따르면[143] 약 22억 명이 기독교를, 16억 명이 이슬람교를, 9억 명이 힌두교를 선택했다. 4위는 비종교적 철학으로 약 7억 5천만 명이 선택했다. 물론 세속적 휴머니즘도 응답지에 있었다. 불교는 7위에 머물렀는데, 이를 택한 응답자는 약 3억 5천만 명이었다.

이 책의 구판은 뉴에이지 운동에 대해서도 비판적인데, 그 이유는 사람들의 기대와 달랐다. 이 책은 뉴에이지 운동을 "기독교와 다른 주류 종교에 대한 저항"으로 표현했다.

뉴에이지 신봉자들은 기성 종교, 특히 기독교에 반대한다.

이제는 뉴에이지 운동을 비판할 근거가 많아졌지만, 위 내용은 그런 근거에 포함되지 않는다. 사실 뉴에이지 운동이 주로 비판하는 대상은 기독교가 아니라 합리적 사고와 과학적 태도이다. (일부 스웨덴 자유 교회에서는 뉴에이지 운동이라는 이름으로 악령, 악마, 악인과 관련된 오컬트 의식을 치른다. 아마도 이런 사실이 뵈르게 링을 괴롭혔던 모양이다.)

링은 개정판(2013)에서 위의 문장을 삭제했다. 그리고 그 자리에, 수천 년 전에 살았던 것으로 보이는 혼령과 교신하는 사람의 이야기를 실었다.

베름란드(스톡홀름 서쪽에 있는 주)에 스투레 요한슨이라는 전직 목수가 살고 있는데, 그는 고대 이집트에 살았던 암브레스라는 남자와 교신해서 그가 아는 사실과 겪은 경험을 전달받을 수 있다. 암브레스에게 메시지를 받을 때면, 요한슨은 자기 자신을 암브레스라 부른다. 암브레스는 스투레 요한슨을 통해 오래전에 사라진 생활방식을 접할 기회를 참가 자들에게 제공한다.[144]

링의 최근작인 《종교와 그 관련 문제들Religion och sammanhang》[145]은 새로운 교과 과정이 시행되고 2년 후에 출간되었음에도 관련 내용이 별로 개선되지 않았다. 출판사는 구판에서 지적된 모든 오류를 인지 하고 있었지만, 그중 상당수를 수정하지 않은 채 개정판을 냈다.

이 책에서도 링은 악마 숭배에 집착했는데, 그것이 세상에서 드문 현상이라는 점을 고려하면 그런 집착은 터무니없다. 그리고 한 번 더 세속적 휴머니즘을 무신론뿐만 아니라 '휴머니즘'의 다른 개념들과 뒤섞어 의미를 모호하게 설명했으며, 그 분량도 전체 350쪽 중 불과 4쪽밖에 되지 않았는데, 이는 불교 관련 내용을 39쪽에 걸쳐 설명한 것과 대조적이다.

링은 최신판에서 무신론이 인생철학인지 아닌지를 검토한 후 무신 론이 "무엇보다 삶의 지향life orientation"이라는 모호한 결론을 내린다. 이는 더 이상 무신론을 인생철학으로 생각하지 않는다는 점에서는 진일보한 것이다. 그런데 대체 그가 말하는 "삶의 지향"이란 무엇일 까? 짐작컨대, 아마 그것은 한 사람의 삶에 배어 있을 무언가를 말할 것이다. 가령, 암 치료법을 찾는 데 일생을 바치기로 한 사람은 암 연 구를 삶의 지향으로 삼은 사람일 것이다. 그리고 엘리우드 킵초게Eliud Kipchoge(케냐의 마라톤 선수)에게는 마라톤이 삶의 지향이 될 것이다. 그 러나 마라톤을 하지 **않거나** 항암 치료를 받지 **않는** 것을 '삶의 지향'이

521
•
14. 우리 아이들에게 무엇을 가르쳐야 할까?: 신념, 과학, 학교 교육에 관하여

라 부르는 것은 타당하지 않을 것이다.

무신론에 대한 뵈르게 링의 비합리적인 관점은 그가 목사라는 배경과 무관하지 않으며, 그렇기 때문에 그의 사상을 교과서에 싣는 건 부적절하다.

링의 책《종교와 그 관련 문제들》에서 가장 터무니없는 내용은 이것이다. 찰스 다윈이 악마 숭배자들의 우상이자 그들에게 영감을 준 사상가였다는 것이다! 비록 링이 실제로 "다윈은 나의 영웅!"이라고 신이 나서 선언한 한심한 악마 숭배자 몇몇을 조사하긴 했지만, 그들의 선언 때문에 다윈의 생각이 과학과 인간의 사고방식에 그렇게 중요해진 것은 아니다.

뵈르게 링의 책에는 오류, 오해의 소지가 있는 표현, 어설픈 설명이 많다. 2014년에 나는 링과 그의 사상을 직접 토론하는 한 세미나에 참가했었다. 그 현장을 촬영한 영상 자료는 내 웹사이트(www.sturmark.se/ring)에서 볼 수 있다.

새로운 인생철학 교육

지금까지 인생철학에 관한 이야기를 왜 그렇게 자세하게 다뤘을까? 이는 아이들의 교육을 걱정하는 사람에게 대단히 중요한 문제이다. 즉, 우리가 어떤 **사실**을 가르치고 싶은지뿐만 아니라 어떤 **가치**를 전달하고 싶은지도 관련된다.

우리는 윤리학이 종교와 뗄 수 없는 관계라는 흔한 오해에서 벗어나야 한다. 종교적 선입견을 참고하지 않아도 도덕적 사고를 할 수 있고 해야 한다. 만약 학교에서 아이들에게 도덕적인 삶의 유일한 길이 종교에서 시작된다고 가르친다면, 이는 아주 위험하다. 윤리적·실존적 문제에 합리적으로 접근할 수 있도록 아이들에게 비종교적인 인생철학을 만날 기회를 줘야 한다.

또한 무신론이 인생철학이라는 생각과 그것이 재미없고 지루한 세계관이라는 생각에서 벗어나야 한다.

우리는 아이들에게 온 세상에 가득한, 광범위하고 중립적이며 객관적인 다양한 인생철학을 제공해야 한다. 특히 교육 자료를 출판하는 사람들은 세계 곳곳에 있는 수많은 철학을 소개하고 알릴 중요한 의무가 있다.

막간글 - 자연과 초자연

우리는 초자연적인 것이 없다고 확신할 수 있을까?

10대 초반에 나는 오픈 릴 테이프 녹음기로 망자의 목소리를 녹음했다고 주장하는 어느 노부부를 방문하곤 했다. 그곳의 수많은 테이프에서는 탁탁, 쉭쉭 하는 소리가 났다. 간혹 알아들을 수 있는 목소리도 있었다.

우리는 그 테이프 녹음기로 교령회를 녹음하기도 했다. 한번은 그분들이 《테이프에 녹음된 망자의 목소리De döda talar på band》라는 제목의 소책자를 보여주시기도 했다. 나는 그분들의 이야기에 매료되었

523
•
14. 우리 아이들에게 무엇을 가르쳐야 할까?: 신념, 과학, 학교 교육에 관하여

고, 나중에 그 녹음기를 입수해 망자의 목소리를 직접 조사해보려 했다. 그러나 안타깝게도 나는 아무것도 녹음하지 못했다.

초자연적 존재에 관한 생각은 '자연스럽다'는 단어의 의미를 오해한 데서 비롯된다. 일반적으로 '초자연적'이라고 불리는 현상이 실제 일어난다면, 그것은 초자연적이지 않은 것이다. 그저 아직은 설명할 수 없을 뿐이다. 망자의 말을 기록하는 능력이나 염력 등은 초능력에 해당할 것이다. 만약 그런 초능력이 실제로 존재한다고 증명된다면, 그것은 초자연적 현상이 아닌 자연스러운 현상이 될 것이다.

다양한 현상을 조사할 때, 그 현상의 유형과 상관없이 우리는 먼저 그 현상이 존재한다는 증거를 찾으려 애써야 한다. 그런 다음에 그것을 설명할 방법을 찾아야 한다. 가령, 독심술을 예로 들어보겠다. 독심술이 실제 가능한지 직접 확인하고 싶다면, 실험을 통해 그것을 테스트해봐야 한다. 그렇게 해서 독심술을 입증할 증거를 찾았다면, 그 증거가 독심술이 초자연적인 현상이 아니라 아직 설명되지 않았지만 실제로 존재하는 현상임을 알려준다.

다음 단계는 독심술이 어떻게 작동하는지 밝히는 것이다. 거기에는 전에 본 적 없는 자연의 힘이 들어 있을까? 아니면 미지의 생물학적 현상일까? 그 현상에 대한 그럴듯한 가설을 몇 가지 세울 수 있을 때에야 비로소 그것을 설명할 수 있다는 희망이 생긴다. 그러나 어떤 현상이 실제로 일어난다는 증거가 없는 한 이론을 세우는 일은 무의미할 것이다.

실제로 존재하는 것은 자연의 일부이지, 초자연적인 것이 아니다. 또한 존재하지 않는 것도 초자연적인 것이 아니다. 그것은 그냥 존재하지 않는 것이다. 만약 망자의 영혼이 '다른 곳'으로 갔고 우리와 소통했다면, 그것은 아직 설명되지 못한 자연스러운 현상이 된다.

흔히 '자연스럽다'는 표현은 '부자연스럽다'의 반대어로 사용된다. 따라서 혹자는 '자연스러운' 음식과 약이 '부자연스러운' 음식과 약보다 낫다고 믿는다. 그런데 이게 무슨 의미일까? 특별히 자연스럽지 않아도 일부 약은 효과가 있다. '자연' 식품이 다른 식품보다 늘 영양가가 더 높은 것은 아니다.

한 도시인이 홀로 숲속에서 숲이 제공하는 물질로만 생활하는 임무를 부여받았다고 해보자. 이 도시인은 그리 오래 살지 못할 것이다. 버섯 같은 식물은 잘못 먹으면 위험하기 때문이다.

나는 자주 스웨덴 전역에 있는 자유 교회(루터교의 공식 분파가 아님) 지도자들과 토론을 한다. 이들이 심심찮게 주장하는 내용은 동성애가 비정상적일 뿐만 아니라 부자연스럽다는 것이다.

그러나 사실은 그 반대다. 인간(과 동물)의 일정 비율은 동성애자이므로, 동성애는 부자연스러운 것이 아니다. 이런 논증에는 "동성애자는 아이를 낳을 수 없다!"는 반박이 자주 따라붙는다. 그러나 지구는 인구 과잉으로 몸살을 앓고 있으므로, 인구가 줄면 지구가 입는 피해도 줄어들 것이다. 이런 관점으로 보면, 동성애자가 늘 때 세상은 분명히 나아질 것이다.

더구나 운전, 아파트 거주, 페니실린 같은 항생제 복용 등도 '자연스러운' 일은 아니다. 그러므로 '자연스러운' 삶을 옹호할 때는 신중하게 생각해야 한다.

14. 우리 아이들에게 무엇을 가르쳐야 할까?: 신념, 과학, 학교 교육에 관하여

맺음말
그리고
감사의 말

볼테르의 《캉디드》에 나오는 팡글로스 박사는 "우리는 가능한 최선의 세계에 살고 있다!"고 외친다. 그의 말은 사실일까? 소설에서 캉디드는 세상 밖으로 나가 자연 재해, 고문, 전쟁, 살인, 대학살, 강간, 배반 등 증강하는 공포를 차례로 경험한다. 물론, 볼테르의 소설은 낙관주의를 풍자하고, 신정론 문제와 대결한다. 만약 전지전능하고 선한 '신'이 있다면, 세상에 왜 이렇게 고통이 많겠는가?

오늘날의 세상은 이성의 불꽃이 어둠에 가려 그저 희미하게만 반짝인다. 가령 마이크로칩을 심은 백신으로 인류를 통제하려는 비밀 집단이 있다는 괴상한 음모론이 퍼지고 있다. 종교 근본주의는 세계 각지에서 입지를 강화하고 있다.

그러나 나는 희망적이다. 이성과 과학 덕분에, 50년 전이었다면 훨씬 많은 사람이 사망했을 팬데믹에서 우리 대부분은 살아남았다(물론, 50년 전이었다면 확산 속도가 이렇게 빠르지도 않았겠지만). 또한 정보 통신 기술이 사악하고 터무니없는 아이디어를 삽시간에 퍼뜨리기는 하지만, 다행스럽게도 그 기술은 좋은 생각과 과학 지식도 널리 퍼뜨려준다. 기술은 양날의 칼인 셈이다.

세속주의 인생관을 가진 사람들은 신정론 딜레마를 해결하려 애쓸 필요가 없다. 그저 우리가 가진 도구(이성, 창의력, 호기심, 연민, 재고하는 능력)를 이용해서 세상과 그 안에 존재하는 자기 자신을 책임지면 그만이다. 그렇게 함으로써 우리는 참된 자아를 찾게 될 것이다.

나를 달로 데려가줘요, 별들 사이에서 놀게 해줘요.
목성과 화성의 봄이 어떤지 보여줘요.

바트 하워드Bart Howard가 쓴 명곡 〈플라이 미 투 더 문Fly Me to the Moon〉은 100년마다 나아지는 세상에서 짧은 순간이나마 느끼는 존재론적 혼란과 행복감을 전달한다.

우리는 저 너머의 세계를 발견하고 싶은 인간의 욕망을 기억해야 한다. 우리 내부에는 발견이 주는 황홀한 기쁨을 갈망하는 마음이 있다.

전 세계적인 전염병이 2020년부터 계속 이어지고 있으나, 사람들은 외부로 눈을 돌려 태양계를 탐사했다. 2021년에 미국, 중국, 아랍에미리트가 (무인) 화성 탐사선을 발사했다. 머지않아 인류는 그 '붉은 행성'을 여행할 수 있게 될 것이고, 그러는 동안 화성 표면을 연구하는 로봇들은 새로운 정보를 무수히 제공해줄 것이다.

데이비드 보위의 대표곡 〈화성에서의 삶Life on Mars〉이 마침내 현실이 될까? 새로운 달 탐사 계획도 지금 진행 중이다. 오늘날의 시청각 기술로 우주여행을 관찰하는 경험은 얼마나 짜릿할까!

전 세계 과학계가 협력해서 효과적인 전염병 백신을 개발한 사례는 위대한 과학의 힘을 증명한다는 점을 짚고 넘어가야겠다. 19세기에 개발된 다양한 백신과 20세기 초에 발견된 페니실린은 수억 명의 생명을 구했다.

그러나 전쟁, 포퓰리즘, 민족주의, 인종주의는 어떤가? 세상을 악화시키지 않았던가? 우리 기억 속에 아직 남아 있는 끔찍했던 양차대전, 최근에 일어난 수많은 전쟁, 그리고 오늘날의 종교 근본주의와 테러리즘은 "가능한 최선의 세계"와 아주 멀어 보인다. 그러나 오늘날은 폭력으로 사망할 위험이 역대 최저다. 우리는 더 건강하게 더 오래 살며, 학교에 가는 아이는 늘고 굶주리는 사람은 줄었다.

흔히 그리스 철학자들은 마음의 평화를 누린 덕분에 추상적 관념을 성찰할 기회가 생긴 최초의 사람이라고 말한다. 아마 그 말은 사실일 것이다. 우리에게도 그런 기회가 필요하다.

하늘에서 세상을 내려다본다면, 지금 이 세상이 가능한 최선의 세계 혹은 적어도 인류 역사에서 가장 좋은 시대라고 말할 수 있다. 물론 개인이 처한 상황에 따라, 지금처럼 글로벌 팬데믹의 한가운데에서는 이런 낙관주의가 적절하지 않은 관점일 수도 있겠다. 그러나 음악은 삶이 비참할 때도 희망을 잃지 말고 긍정적으로 생각하라고 말한다.

웃어요, 마음이 아프더라도.

웃어요, 가슴이 무너지더라도.

하늘에 구름이 끼어도, 괜찮을 거예요.

두렵고 슬퍼도 미소를 지어본다면,

웃는다면, 어쩌면 내일은

당신을 비추는 태양을 보게 될 거예요.**146**

찰리 채플린Charlie Chaplin의 명곡에서처럼, 노래는 우리를 자신만의 더 큰 세계로 안내해 주는 작은 세계다. 잉마르 베리만의 영화 〈파니와 알렉산더Fanny and Alexander〉에서 오스카는 그것을 이렇게 멋지게 표현했다.

밖에는 큰 세계가 있는데, 그 세계를 잘 이해할 수 있게 이따금 작은 세계가 짧게나마 큰 세계를 반영한다.

그래서 나는 희망적이다. 우리는 이성의 불꽃을 피워야 하며, 개인의 삶과 믿음은 물론 정치에서도 그렇게 하기 위해 노력해야 한다. 만약 우리가 옳은 일을 한다면, 이성의 불꽃은 (간혹 희미할 때가 있을지언정) 계속 타오를 것이며, 영원히 꺼지지 않을 것이다. 나는 그렇게 믿고 있다.

이 책은 내 인생 프로젝트다. 이 책에는 내가 믿고 옹호하는 모든 것이 압축되어 있다. 이 책을 함께 작업해준 더글러스 호프스태터에게 감사드린다. 제가 스무 살 때 당신은 저의 지적 영웅이 되었습니다. 반생이 지난 지금 당신은 제 소중한 친구가 되었습니다. 괴델도 상상 못한 일이지요! 지금까지 너무나 감사했고, 앞으로도 계속 함께 작업하면서 심오한 지적 대화를 나눌 수 있기를 간절히 바랍니다!

또한 이 프로젝트를 물심양면으로 도와준 사랑하는 내 인생의 동반자 빅토리아에게 고맙다고 말하고 싶다. 당신의 낯설지만 아름다운 지성, 음악과 미술에 대한 조예, 사상사에 대한 깊은 탐구는 내 사유 과정에 깊은 영향을 미쳤어요. 그리고 날마다 거의 열 번씩 나와 블리츠blitz 체스 게임을 함께해준 덕분에, 나는 신중하게 행동하는 법을 배웠어요(물론, 내 승리 확률이 서서히 그리고 확실히 줄어들고 있는 점은 좀 걱정스럽지만!) 이 모든 것에 대해 너무나 고마워요!

그리고 마지막으로 내 인생 최고의 실존적 의미가 되어준 내 아들 레오나르도(중세 이탈리아의 수학자 레오나르도 피보나치Leonardo Fibonacci의 이름을 따서 지었다)에게 고맙다고 말하고 싶다. 아직은 네가 이 책을 읽기에 너무 어리지만, 가까운 미래에 읽을 수 있으리라 확신한다. 네가 처음 학교에서 집에 돌아온 날 했던 말이 기억난단다. "아빠, 우리 반 애들 대부분이 유령을 믿는대요! 정말 짜증나요! 어떻게 하면 좋아요?" 이성의 불꽃이 이미 피어났더구나. 몹시 아름다웠단다.

주

1 그는 친절하게 이메일을 보내서, 잘못된 사실들과 스웨덴어(내 모국어!)의 문법 오류를 바로잡아 주었다.

2 '세속적'이라는 용어는 '지상의worldly'라는 뜻의 라틴어 'saecularis'에서 유래했으며, 그 반대어로는 '교회의churchly', '종교의ecclesiastical' 등이 있다.

3 로버트 에드워드Robert G. Edwards는 체외 수정 기술을 발명한 공로로 2010년에 노벨 의학상을 받았으나, 가톨릭교회로부터 격렬한 항의를 받았다.

4 루이스 캐럴은 영국의 작가, 수학자, 논리학자, 사진가이며, 본명은 찰스 루트위지 도지슨Charles Lutwidge Dodgson이다. 1865년에 발표된 환상 소설《이상한 나라의 앨리스》와 그로부터 7년 후에 발표된《거울 나라의 앨리스Alice through the Looking-glass》는 불후의 명작이 되었다.

5 레이먼드 스멀리언은 미국의 수학자, 마술사, 피아니스트, 논리학자, 도교 사상가, 철학자이다.

6 "지나치게 공부만 했다"는 말의 의미는 다음 문장에 대한 반응으로 가늠할 수 있다. "세상에는 열 가지 유형의 사람이 있다. 이진수로 숫자를 셀 수 있는 사람과 그렇지 못한 사람들로." 이 말에 웃는 사람은 확실히 공붓벌레다.

7 일례로 마이클 셔머Michael Shermer는 1997년에 출간한 《왜 사람들은 이상한 것을
   믿는가Why People Believe in Weird Things》에서 콜드 리딩cold reading(상대에 대한 사전 정보 없
   이 그의 속마음을 알아내는 기술ㅡ옮긴이), 형태 재인pattern recognition, 통계적 속임수 등을
   다룬다.

8 오컴 출신의 윌리엄William of Ockham(1285~1349)은 옥스퍼드 대학에서 공부한 영국의
   신학자 겸 철학자이자 프란체스코회 수도사였다. 여기에서 '면도날'은 상황에 대
   한 너무 복잡한 설명은 "밀어 버려야" 한다는 생각을 표현한다.

9 영문판 역자(호프스태터) 메모: 스웨덴어 원문에서 저자는 신God을 대문자로 쓰지 않
   았다. 현대 스웨덴어에서는 관용적으로 그것을 허용한다. 그러나 영어는 그렇지
   않다. 가령, "우리가 믿는 신god"이라는 말은 "크리스테르 스투르마르크의 책을 더
   글러스 호프스태터가 영어로 번역했다"는 문장에서 인명을 소문자로 표기하는 것
   처럼 잘못된 표현이다. 만약 우리가 스웨덴어의 용법대로 영어를 사용하면, 저자
   는 본의와 다르게 모든 종교를 공격하고 조롱하는 사람처럼 보일 것이다. 그래서
   여기에서는 좀 다른 방법을 택했다. 즉, 신God이라는 단어가 특정 대상을 가리킬
   때는 대문자 'G'를 썼다. 그러나 그 명사가 불특정하게 혹은 복수로 사용될 때는 소
   문자 'g'가 적절하다고 생각했다. 별도 판단이 필요한 경우에는 문맥에 맞게 적절
   한 단어를 선택했다. (한국어판에서는 영어판의 God를 (작은따옴표 안에 넣어서) '신' 혹은 문맥
   에 따라 하나님(개신교), 하느님(가톨릭, 성공회)으로 번역했으며, god(s)는 작은따옴표 없이 신
   혹은 신들로 번역했다.ㅡ옮긴이)

10 산스크리트어 '테라와다theravada(소승)'는 '가장 오래된 종파the oldest school'라는 의미
   이다. 오늘날 소승 불교의 원형은 스리랑카, 미얀마, 태국, 라오스, 캄보디아, 베트
   남 등에서 널리 발견된다.

11 세속적 휴머니즘에 관해 더 많이 알고 싶다면, 필립 키처Philip Kitcher가 쓴 《믿음
   이후의 삶: 세속적 휴머니즘의 사례Life After Faith: The Case for Secular Humanism》(Yale
   University Press, 2014)나 스티븐 로Stephen Law의 《휴머니즘: 아주 짧은 입문서Humanism:
   A Very Short Introduction》(Oxford University Press, 2011)를 보라.

12 학술지 《순수 및 응용 수학 논문집Communications in Pure and Applied Mathematics》 13
   권 1호(1960년 2월)에 실린 유진 위그너Eugene Wigner의 논문 〈자연과학적 설명에
   서 수학의 비합리적 효과성The Unreasonable Effectiveness of Mathematics in Describing the
   Natural Sciences〉과 맥스 테그마크Max Tegmark의 책 《맥스 테그마크의 유니버스Our
   Mathematical Universe》를 보라.

13 《물질의 분석The Analysis of Matter》, p. 201.

14 양자 역학의 미스터리를 제대로 알고 싶다면, 니콜라스 지생Nicolas Gisin이 쓴《양자 우연성: 비국소성, 순간 이동Quantum Chance: Nonlocality, Teleportation, and Other Quantum Marvels》(Springer, 2014)을 보라.

15 로버트 브랜덤Robert Brandom의 책《로티와 그 비판가들Rorty and His Critics》(Blackwell Publishers, 2000)에 로티의 사상이 잘 소개되어 있다.

16 폴 보고시안Paul Boghossian의 책《지식의 공포: 상대주의와 구성주의 비판Fear of Knowledge: Against Relativism and Constructivism》(Oxford University Press, 2006)을 보라.

17 라투르의 책《판도라의 희망: 과학 연구의 실재성에 관한 에세이Pandora's Hope: An Essay on the Reality of Science Studies》(Harvard University Press, 1999)를 보라.

18 오필리어 벤슨Ophelia Benson과 제러미 스탠그룸Jeremy Stangroom이 쓴《진리가 왜 중요한가Why Truth Matters》(Continuum Books, 2006)를 보라.

19 오늘날 우리는 리센코의 이론이 부분적으로 틀렸다는 사실을 알고 있다. 후성유전학epigenetics이라 불리는 학문은 실제 환경이 유전 형질에 미치는 영향이 생각보다 훨씬 크다고 주장한다.

20 사회 구성주의에 대한 비판은 철학자 이안 해킹Ian Hacking의 책《무엇을 사회적으로 구성하는가?The Social Construction of What》(Harvard University Press, 1999)를 보라.

21 포스트모더니즘은 대단히 광범위한 개념이며 다양한 의미로 해석된다. 일반적으로 포스트모더니즘은 오직 주관적이고 개인적인 진리만 존재하며, 과학 기술의 발전과 합리주의를 통해 인간이 해방된다는 믿음을 포기해야 한다고 주장한다.

22 이 유명한 사건과 그 여파에 대한 논의는 앨런 소칼의 책《거짓말 너머Beyond the Hoax》(Oxford University Press, 2009)에 잘 정리되어 있다.

23 그녀의 논문〈젠더와 텍스트: 물리학 교재에서 언제 평등을 말할 수 있는가?Genus och text: När kan man tala om jämställdhet i fysikläromedel?〉(www.skolverket.se/om-skolverket/publikationer, p. 24)를 보라.

24 같은 논문 64쪽

25 같은 논문 65쪽

26 같은 논문 65쪽

27 수학에서 증명은 논리적으로 결론을 도출하는 일련의 단계를 의미한다. 즉, 첫 번째 원리(공리)가 엄격한 형식 규칙(추론 규칙)을 따라 최종 결론(정리)에 이른다.

28 그러나 내가 아는 한, 그런 의존 관계를 제대로 설명한 신학자는 한 명도 없었다.

29 이 예는 쇠렌 홀스트Sören Holst의 책,《모든 것을 바꾸는 사고Tankar som ändrar allt》(Fri Tanke, 2012)의 내용을 각색했다.

30 앞서 언급했듯이, 갈릴레오는 성경의 일부 내용을 사실이 아니라고 주장했다가 가톨릭교회와 첨예한 갈등을 빚었다. 그중 하나가 천동설이었으며, 갈릴레오 자신은 지동설을 믿었다.

31 2014년 노벨 생리의학상은 우리 뇌가 주변 공간에서 위치를 파악하는 방법을 발견한 사람들에게 돌아갔다. 영국의 존 오키프John O'Keefe, 노르웨이의 마이브리트 모세르May-Britt Moser와 에드바르 모세르Edvard Moser 교수는 뇌에서 방향 감각을 책임지는 새로운 세포들을 발견했는데, 바로 해마에 있는 소위 '장소 세포place cells'와 내후각 피질entorhinal cortex에 있는 '격자 세포grid cells'였다.

32 닐스 닐슨Nils J. Nilsson의 《신념 이해하기Understanding Beliefs》(MIT Press, 2014)를 보라.

33 앞에서 간단히 언급했던 끈 이론은 물질의 최소 단위를 추상적인 수학적 방식으로 설명한 이론이다. 아직 경험적으로 검증되지는 않았지만, 많은 연구자가 기대를 접지는 않았다. 시간이 충분히 지나면 이 이론의 유효성이 입증될 것이다.

34 칼 포퍼,《끝없는 탐구: 내 삶의 지적 연대기Unended Quest: An Intellectual Autobiography》.

35 닐스 닐슨의《신념 이해하기》를 보라.

36 칼 포퍼,《끝없는 탐구: 내 삶의 지적 연대기》.

37 현재 프린스턴 대학교 명예교수인 대니얼 카너먼은 "불확실한 상황에서 인간의 판단과 의사결정에 관해 심리학과 경제학을 아우르는 통찰을 제공한 공로로" 2002년에 노벨 경제학상을 받았다.

38 대니얼 카너먼과 에이머스 트버스키Amos Tversky의 논문 〈불확실한 상황에서의 판단Judgment under Uncertainty〉을 보라. 《사이언스Science》, 1974: (185), 4157, pp. 1124-1131.

39 니컬러스 에플리Nicholas Epley와 에린 위트처치Erin Whitchurch의 논문, 〈거울, 벽 위의 거울: 자기인식력 향상Mirror, Mirror on the Wall: Enhancement in Self-Recognition〉을 보라.

40 내 웹사이트 www.sturmark.se/bollspel을 보라.

41 대부분의 독자처럼 당신도 이것을 난센스로 느낀다면, 내 웹사이트 www.sturmark.se/tredorrar에 있는 설명을 확인하기 바란다.

42 New York: Alfred Knopf, 1979.

43 이 퍼즐의 답은 www.sturmark.se/kortspel에서 찾을 수 있다.

44 이 두 번째 수수께끼의 답은 www.sturmark.se/krogen에서 찾을 수 있다.

45 이 답은 www.sturmark.se/eva에서 찾을 수 있다.

46 www.sturmark.se/vem을 보라.

47 대니얼 데닛의 책, 《주문을 깨다: 우리는 어떻게 해서 종교라는 주문에 사로잡혔는가?Breaking the Spell: Religion as a Natural Phenomenon》를 보라.

48 예를 들어, 토드 트렘린Todd Tremlin의 책, 《마음과 신: 종교의 인지적 토대Minds and Gods: The Cognitive Foundations of Religion》(Oxford University Press, 2010)를 보라.

49 www.researchgate.net/publication/13742090_Electric_current_stimulates_laughter를 보라.

50 Atria Books, 2012.

51 여기에서 행위자는 목표나 의도를 가진 존재, 즉 의식 있는 독립체로 생각할 수 있다. 우리는 자연스럽게 돌, 막대기, 스토브 같은 단순 사물과 사람과 동물, 혹시 가능하다면 외계인이나 신과 같은 행위자를 구분하는 경향이 있다.

52 행위자 탐지에 대한 상세한 설명은 스티븐 로의 책, 《왜 똑똑한 사람들이 헛소리를 믿게 될까Believing Bullshit: How Not to Get Sucked into an Intellectual Black Hole》를 참고하라.

53 《애틀랜틱 먼슬리Atlantic Monthly》, 2005년 12월.

54 소수란 1과 그 자신으로만 나눌 수 있는 자연수이다. 개수가 얼마 안 되는 소수의 예에는 2, 3, 7, 37, 2001 등이 있다. 이와 달리, 111은 3과 37로 나뉘므로 소수가 아니다.

55 www.gallup.com/poll/155285/atheists-muslims-bias-presidential-candidates-aspx.

56 영역본의 번역이 형편없지만, 내용을 제대로 이해할 수 있기를 바란다.

57 이 '고전'의 영어 번역이 형편없는 것에 다시 한 번 유감을 표한다. 그러나 이런 끔찍한 책들은 형편없이 번역해도 괜찮지 않을까 하는 생각도 든다.

58 데릭 파핏(1842~2017)은 옥스퍼드 대학교 철학과 교수였으며, 훌륭한 심리 철학자로서 널리 존경받았다. 그의 가장 유명한 책 《이성과 사람Reasons and Persons》(Oxford University Press, 1984)은 도덕성과 인간의 정체성 문제를 다룬다.

59 Oxford University Press, 2001.

60 힌두교에서 시바Shiva는 중요한 '신' 중 하나이며, 제우스는 크로노스Kronos와 레아Rhea의 아들로, 고대 그리스 신화에서 최고의 신이다.

61 이것은 미국인이 총기 규제 논쟁에 넌더리를 낼 때 하는 말과 비슷하다. "총이 사람을 죽이는 것이 아니다. 사람이 사람을 죽이는 것이다." 이제 '총'의 자리에 '종교'를 넣어보라.

62 네덜란드 생태학자 프란스 드 발Frans de Waal의 책, 《영장류와 철학자들Primates and Philosophers: How Morality Evolved》(Princeton University Press, 2006)과 《착한 인류: 도덕은 진화의 산물인가The Bonobo and the Atheist: In Search of Humanism among the Primates》를 보라.

63 잡지 《스켑티컬 인콰이어러The Skeptical Inquirer》(www.csicop.org/si)를 보라.

64 스콧 릴리언펠트Scott O. Lilienfeld, 스티븐 제이 린Steven Jay Lynn, 존 루시오John Ruscio, 배리 베이어스타인Barry L. Beyerstein이 공저한 《유혹하는 심리학Fifty Great Myths of Popular Psychology》을 보라.

65 피라미드 판매 전략은 '다단계 영업'이라고도 불리며, 사기성이 짙은 악명 높은 영업 마케팅 방법으로, 판매원을 모집해서 그들에게 영업 방법을 가르침과 동시에 새로운 판매원을 모집하게 한다.

66 https://skepticalinquirer.org/2013/03/an-indian-test-of-indian-astrology/

67 1988년에 로저 컬버Roger B. Culver와 필립 이안나Philip A. Ianna가 출간한 《점성술: 진실 혹은 거짓?Astrology: True or False?》(Prometheus Books)을 보라.

68 《문화와 우주: 점성술과 천문학의 역사 저널Culture and Cosmos: A Journal of the History of Astrology and Astronomy》을 보라. (www.cultureandcosmos.org/abstracts/1-1-BauerAndDurant. html).

69 데이비드 피텐저David J. Pittenger의 글(www.indiana.edu/~jobtalk/Articles/develop/mbti.pdf) 을 보라.

70 렌나르트 쇠베르그Lennart Sjöberg의 글(swoba.hhs.se/hastba/papers/hastba2000-009.pdf)을 보라.

71 이 주제를 연구하기 위해 나는 MBTI 검사와 상담을 받았다. 대화를 나누는 동안 상담사는 내 태도가 회의적인 것을 파악하고는, 내가 의심이 많다며 내 말을 반박하려 했다. 내가 회의적인 것은 의심할 만한 뭔가가 있기 때문이라는 생각을 상담사는 전혀 하지 못하는 듯했다.

72 http://reproductiverights.org/worldabortionlaws.

73 《국제 인권 감시 보고서Human Rights Watch Repor》(www.hrw.org/en/reports/2007/ 10/01/ over-their-dead-bodies).

74 오필리어 벤슨, 제러미 스탠그룸 공저, 《신은 여성을 싫어할까?Does God Hate Women?》(Continuum 2009).

75 《여성 뉴스 네트워크Women's News Network》(www.womennewsnetwork.net/2012/01/ 06/ jewish-women-jerusalem-segregation).

76 하산 F.Hassan, F, 《이슬람법의 자료들: 1982년 미국 국제법학회 연례회보The Sources of Islamic Law: Proceedings of the Annual Meeting of the American Society of International Law, 1982》

77 www.oic-oci.org/english/article/human.htm.

78 www.wilsoncenter.org/event/islamic-law-the-nation-state-and-the-case-pakistan

79 E.CN.4/1992/SR.20, paragraphs 17-20. 1991년 12월 5일 제네바에서 열린 '국제 법률가 위원회International Commission of Jurists'의 공식 발표 내용도 참고하라.

80 루시 캐럴Lucy Carroll, 〈파키스탄과 방글라데시의 무슬림 아내들의 이혼권 연구A note on the Muslim wife's right to divorce in Pakistan and Bangladesh〉, 《뉴 커뮤니티New Community》, 13:1, 94-98, DOI: 10.1080/1369183X.1986.9975949, 1986.

81 《자의적 구금 전문 유엔 실무 그룹 보고서Report of the United Nations Working Group on Arbitrary Detention》, 2003년 6월 27일, E/CN.4/2004/3/Addition 2.

82 위키피디아Wikipedia 문서(en.wikipedia.org/wiki/Diya_(Islam))를 보라.

83 엘리스 시머지안Elyse Semerdjian의 《진로 이탈: 알레포의 간음, 법률, 공동체Off the Straight Path: Illicit Sex, Law, and Community in Ottoman Aleppo》, (Syracuse University Press, 2008년) 를 보라. www.amnesty.org/download/Documents/56000/mde130012008en.pdf 도 참고하라.

84 갤럽 인터내셔널, '글로벌 종교 및 무신론 지수Global Index of Religiosity and atheism'. www.scribd.com/document/136318147/Win-gallup-International-Global-Index-of-Religiosity-and-atheism-2012.

85 www.theguardian.com/world/2011/jan/05/pakistan-salman-taseer-liberal.

86 www.eurasiareview.com/28012011-barelvis-and-deobandhis-%E2%80%9Cbirds-of-the-same-feather%E2%80%9D/

87 www.dawn.com/news/654867/slain-salman-taseers-son-kidnapped.

88 https://uk.reuters.com/article/uk-afghanistan-woman/afghan-cleric-and-others-defend-lynching-of-woman-in-kabul-idUKKBN0MG1ZA20150320.

89 www.dawn.com/news/1326729/mardan-university-student-lynched-by-mob-over-alleged-blasphemy-police.

90 https://www.thedailystar.net/news-detail-253751.

91 《사상의 자유 보고서Freedom of Thought Report》, 2018(freethoughtreport.com).

92 https://timesofindia.indiatimes.com/city/hyderabad/fir-filed-against-babu-

gogineni-for-hurting-religious-sentiments/articleshow/64751449.cms.

93 '칼리파'라는 용어는 예언자 무함마드가 7세기에 세운 왕국, 즉 신이 지배하는 완
    벽한 사회를 연상시킨다.

94 ISIS에 대해 더 깊이 알고 싶다면, 다른 책보다 로레타 나폴레오니Loretta Napoleoni의
    《ISIS: 테러의 나라ISIS: The Terror Nation》(Seven Stories Press, 2014)를 보라.

95 www.nytimes.com/2014/09/24/opinion/the-ancestors-of-isis.html.

96 《일신교에 관한 책The Book of Monotheism》, 1986.

97 제프리 마크리스Jeffrey R. Macris, 〈무함마드 이븐 압둘 와하브, 초기 와하비즘, ISIS
    의 유대관계 연구Investigating the Ties between Muhammed ibn Abd al-Wahhab, early Wahhabism,
    and ISIS〉, 《중동 아프리카 저널Journal of the Middle East and Africa》 7:3, pp. 239-255,
    2016.

98 https://www.bbc.com/news/world-middle-east-33369701.

99 https://www.theguardian.com/world/2014/jul/28/islamic-state-destroys-
    ancient-mosul-mosque.

100 '종교 및 공적 생활에 대한 퓨 포럼Pew Forum on Religion and Public Life'(www.pewforum.org).

101 멜라니 브루스터Melanie Brewster, 《미국의 무신론자들Atheists in America》(Columbia
    University Press, 2014.

102 2014년 12월 6일자 《뉴욕 타임스New York Times》(www.nytimes.com/2014/12/07/us/in-
    seven-states-atheists-push-to-end-largely-forgotten-ban-.html).

103 다큐멘터리 〈지저스 캠프〉는 다소 무섭긴 해도 유익한 내용을 담고 있다. (https://
    vimeo.com/186081009).

104 www.joshuageneration.org.

105 미셸 골드버그Michelle Goldberg, 《하나님 나라의 도래Kingdom Coming》(Norton & Co. Ltd.,
    2007).

106 헨리 모리스Henry Morris, 《창조론 연구소Institute for Creation Research》.

107 '탈레반'이라는 단어는 파슈토어Pashto language로 '학생'이라는 뜻이지만, 오늘날에
    는 아프가니스탄의 수니파 이슬람 근본주의 집단을 지칭한다.

108 www.reformed-theology.org.

109 www.chalcedon.edu/magazine/stoning-disobedient-children.

110 www.theguardian.com/media/2007/may/17/broadcasting.guardianobituaries.

111 여담이지만, 2005년에 톰 딜레이는 범죄 공모와 돈세탁 혐의로 기소된 후 하원 원

내대표를 사임했다.

112 www.discovery.org/about/programs.

113 키츠밀러 대 도버 학군 사건Kitzmiller et al. vs. Dover Area School District, 2005년.

114 이 주제와 관련해서 국립과학교육센터 웹사이트의 게시글을 읽으면 도움이 된다. (www.ncse.com/taxonomy/term/218/all?page=1).

115 예를 들어, 스웨덴 교회로 불린 핑스트쉬르칸Pingstkyrkan(루터교에서 갈라져 나온 복음주의 기독교의 한 교파)는 400년간 스웨덴의 국교였으나, 2000년 1월 1일 현재 폐지되었다.

116 www.dinosaurier.nu.

117 그의 책《네안데르탈인: 잃어버린 유전자를 찾아서Neanderthal Man: In Search of Lost Genes》(New York: Basic Books, 2014)를 보라.

118 프란스 드 발,《영장류와 철학자들》.

119 《논어》(15편 23장)에서 발췌. 이 모음집은 기원전 400년경에 공자의 제자들이 공자의 사상을 정리한 책이다.

120 Fri Tanke, 2011.

121 아베로에스의 본명은 '아불 왈리드 무함마드 이븐 아흐마드 이븐 루시드Abū l-Walīd Muḥammad Ibn ʿAḥmad Ibn Rushd'이며, 그의 첫 책은 의학서였다. 그가 가장 위대한 업적을 남긴 분야는 철학이었다.

122 이런 도발적인 발언이 있고 약 15년 후에 라칭거 추기경은 교황으로 선출되어 '베네딕토 16세'가 되었다.

123 월터 아이작슨Walter Isaacson이 쓴 전기,《아인슈타인: 삶과 우주Einstein: His Life and Universe》를 보라.

124 헬렌 듀카스Helen Dukas와 배너쉬 호프만Banesh Hoffmann이 애정을 담아 정리한《알베르트 아인슈타인: 인간적 면모Albert Einstein: The Human Side》(Princeton University Press, 1979)를 보라.

125 잡지《뉴 리퍼블릭The New Republic》에 실린 에세이〈과학은 당신의 적이 아니다 Science Is Not Your Enemy〉(2013년 8월 6일)에서 발췌했다.

126 이 내용은 크리스테르 스투르마르크의 책,《자유사상가들과의 사적인 대화 Personligt: Samtal med Fritänkare》(Fri Tanke, 2008)에서 발췌했다.

127 크리스티안 벨첼Christian Welzel의《자유의 신장: 인간의 자율권과 인간 해방Freedom Rising: Human Empowerment and the Quest for Emancipation》(Cambridge University Press, 2013)을 보라.

128 로널드 드워킨의 《신이 사라진 세상Religion Without God》을 보라.

129 '물타니 대 마르게리트 부르주아 직업학교Multani vs. Marguerite-Bourgeoys, Comm. scolair' (2006) 판례를 보라. https://www.cdn-hr-reporter.ca/hr_topics/religion-and-creed/barring-kirpan-violates-freedom-religion.

130 브라이언 라이트너Brian Leitner의 《왜 종교를 용인하는가?Why Tolerate Religion?》 (Princeton University Press, 2013)를 보라.

131 《신이 사라진 세상》.

132 《미국의 무신론자들》.

133 '2012년 유럽 여론 조사' 결과는 ec.europa.eu/digital-agenda/futurium/en/content/future-religion를 보라.

134 갤럽 인터내셔널, '글로벌 종교 및 무신론 지수' 2012년.

135 웹사이트 www.hdr.undp.org/en/를 보라.

136 필 주커먼Phil Zuckerman의 〈무신론, 세속성, 웰빙: 사회과학은 부정적인 고정관념과 가정에 어떻게 대응하는가Atheism, Secularity, and Well-Being: How the Findings of Social Science Counter Negative Stereotypes and Assumptions〉, 《소시올로지 컴퍼스Sociology Compass》, 2009:3 (6), pp. 949~971.

137 https://www.savethechildren.org/content/dam/usa/reports/advocacy/sowm/sowm-2015.pdf를 보라.

138 필 주커먼의 책 《종교 없는 삶Living the Secular Life》(Penguin, 2014)을 보라.

139 필 주커먼의 책 《신 없는 사회Society Without God》를 보라.

140 앞서 언급한 필 주커먼의 《종교 없는 삶》을 보라.

141 갤럽 인터내셔널, '글로벌 종교 및 무신론 지수', 2012.

142 뵈르게 링, 《종교: 간단 설명서》(Liber, 2012), 231쪽.

143 《뉴사이언티스트New Scientist》, 2012.

144 《종교와 기타 등등》, 201쪽.

145 Liber, 2013.

146 이런 마음 상태를 유지하도록 돕는 최고의 음악으로 내 좋은 친구이자 재즈 가수인 이사벨라 룬드그렌Isabella Lundgren이 녹음한 앨범이 있다. https://www.isabellalundgren.com/ 참고.